한국전쟁과 포로

한국전쟁과 포로

초판 1쇄 발행 2010년 12월 15일
　　2쇄 발행 2011년 6월 10일

지은이　조성훈
펴낸이　윤관백
펴낸곳　선인

제　작　김지학
편　집　이경남 · 김민희 · 소성순 · 하초롱
표　지　김현진
영　업　이주하

등록　제5-77호(1998.11.4)
주소　서울시 마포구 마포동 324-1 곳마루빌딩 1층
전화　02)718-6252 / 6257
팩스　02)718-6253
E-mail　sunin72@chol.com

정가 · 32,000원
ISBN 978-89-5933-408-7　93390

· 잘못된 책은 바꾸어 드립니다.

한국전쟁과 포로

조성훈

책을 내면서

금년은 6·25전쟁이 일어난 지 벌써 60주년이 되는 해이다. 6·25전쟁 시기 포로문제는 최근에도 끊이지 않고 북한에서 탈출해오는 국군포로가 존재하듯이 간단하지 않았다. 그들이 왜 돌아오지 못했는지에 대해 의문을 가져 봄직도 하다.

북한에서 돌아오지 못한 국군포로 문제가 부각되면서, 전쟁 중 거제도 포로수용소에 수용되었다는 소문을 들었지만 사망했는지 북한으로 갔는지 그 행방을 확인하려는 가족·친지들의 의문이 계속되고 있다. 전쟁을 겪지 않았던 전후 세대들도 거제도 포로수용소기념관을 찾았을 때, 6·25전쟁 중 좌우익포로들 사이에 일어났던 갈등의 흔적을 실감했을 것이다.

6·25전쟁에서 국군과 유엔군 측은 물론 북한군과 중국군 역시 수많은 전사자와 부상자를 냈으며, 포로도 많았다. 북한 측 발표에 따르면 전쟁 시기 국군포로를 포함한 유엔군 포로는 10만 명 수준이었고, 북한군과 중국군 포로의 수는 17만여 명이 훨씬 넘는 규모였다. 이들에 대해 유엔군과 공산 측이 각각 포로 대우에 관한 제네바협약을 준수하여 수용 중 포로들을 우대하고 전후에 모두 송환했더라면, 포로문제는 간단히 해결될 수 있었을 것이다.

그런데 6·25전쟁은 자유진영과 공산진영 사이의 이념적 대립이라는 성격을 지니고 있어 포로들에게도 커다란 상흔을 남겼다. 휴전협상에서 유엔군과 공산 측 대표가 송환될 포로규모와 직결되는 송환원칙을 둘러싸고 대립을 거듭하는 사이에 포로들은 포로수용소에서 서로 대립하여 많은 희생을 낳기도 했다. 거제도 포로수용소의 공식 명칭은 '유엔군 제1포로수용소'로 한국군은 주로 경비대로 활동했고 미군이 주도적으로 관리했다. 북한에 있었던 공산 측 포로수용소에 비해 급식, 의료지원 등 포로의 우대에도 불구하고, 휴전협상이 진행되면서 거제도 포로수용소의 갈등이 증폭되었다. 미국과 한국 정부의 송환을 거부하는 반공포로를 보호하려는 자원송환원칙의 관철은 이념적 대결을 떠나 인도주의 차원에서도 의의 있는 일이었으나, 그에 따른 수용소에서 갈등을 증폭시켜 많은 희생을 낳았다.

좌우익포로의 격렬한 갈등 속에 제3국으로 갔던 주영복은 "나는 지금껏 단 한번도 중립국을 택했던 나의 선택이 잘됐다고 생각한 적은 없다. 지금이라도 40여 년의 세월을 되돌려 놓을 수만 있다면 나는 결코 이 길을 선택하지 않았을 것이다. 그만큼 나의 중립국에서의 40여 년간 세월은 고독과 절망으로 뒤엉킨 눈물 많은 가시밭길이었다"는 통한을 남기기도 했다.

이 책은 필자의 박사학위 논문을 보충한 것이다. 몇 번의 출간 기회가 있었으나, 학위논문을 낸 지(1999년 2월) 10년이 지나 이제 발간하게 된 이유는 부지런하지 못한 탓이 컸지만, 논문 제출 당시에는 유엔군의 포로정책이 강조되어 갈등 배경과 경과에 대해 좀 더 깊이 있게 정리하고 싶은 생각이 간절했기 때문이었다.[*]

다른 주제에 대한 욕심도 많았다. 미국 국립문서보존청(National Archives and Records Administration, NARA)에서 자료수집을 하고 있는 동안 너무 넓은 바다를 보았기 때문에 북한의 평양 재건·인민위원회선거·경제, 세균전 논쟁 등 다른 주제에 대해 의욕을 부렸다.

---

[*] 그 사이 거제시에서 발간한 『거제도 포로수용소』(2000)에서는 저자의 연구성과를 전혀 언급하지 않았다.

또한 지난 10년간 연구소에서 『유격전사』, 『외국군사사연구기관의 조직과 활동』, 『한미군사관계사의 형성과 발전』 등을 위해 제한된 기간에 나름대로 질적 연구를 갖추느라고 늘 쫓겨서 시간이 없었던 점도 있었다.

그동안의 망설임이 충족되었다고 생각되지는 않지만, 전쟁 60주년이라는 의미있는 해를 맞이하여 이제 본서를 출간한다. 거제도 포로수용소에서 왜 그렇게 많은 사건이 일어났는지에 대해 얼마나 충실히 답했는지 의문이 있으나, 앞으로도 북한과 중국 측의 문서, 거제도 포로수용소를 거쳐간 북한군, 중국군 포로들의 객관적인 회고가 수집되는 대로 증보 노력을 계속할 것이다.

시골에서 자란 탓에 한때 성공지향적인 뜻을 가지고 서울의 철도고등학교로 올라와, 1981년 단국대 법학과에 입학한 후 수험공부를 하면서도 한편으로는 바로 옆에서 사회현실에 고민하는 동료들, 지도자들을 보면서 역사학에 사로잡혔다. 대학원 3차 학기인 1986년 5월 6일 구입한 책에 적은 한 메모에는 "긴장, 분노, 실망, 희망을 안고서"라는 제목 아래 "대치, 돌과 최루탄의 난비, 한숨 섞인 허탈함. 전경·학생·시민을 지나오면서 신림동 책방에 들려 일본근대사(피터 두우스) 등을 구입했다"고 당시 사회형편과 고민을 적었다. 적어도 3~4년이면 끝날 것 같은 고시공부에 비하면 고달프고 긴 학문의 여정에 들어선 것을 실감하지 못한 채 시작했다.

이 책이 나오기까지 많은 분들의 도움이 있었다. 먼저 한국학중앙연구원(전 한국정신문화연구원) 한국학대학원에 감사드린다. 문턱까지 간 고시공부를 마무리하는 대신에 역사학을 택했기 때문에 학비가 지원되지 않는 다른 대학원을 선택하기는 현실적으로 어려웠다. 단순히 장학 및 지원제도에 그치는 것이 아니라, 한국대학원에는 역사적 안목과 실증적인 연구를 강조하시는 이성무·박성수·정구복·

권희영 등 훌륭한 선생님들이 많이 계셨다. 또한 정치학·사회학 등을 폭넓게 접할 수 있는 장점이 있었다.

더욱이 대학원 프로그램으로 1993년 12월부터 1년간 미국 국립문서보존청, 미 의회도서관 등에서 자료조사를 할 수 있었던 점은 이후 연구에 커다란 자극이 되었다. 이때 좀 더 욕심을 내 1년쯤 더 미국에 있었다. 너무 늦었지만 장슈광(Zhang, Shu Guang) 교수를 비롯해 메이요(Mayo, Marlene J.) 교수 등 메릴랜드주립대 역사학과 선생님들께 감사드린다. 미국에서 자료수집할 때는 물론 빠듯한 살림살이까지 걱정해주시던 방선주 선생님의 배려에도 감사함을 깊이 간직하고 있다.

병고에도 불구하시고 『울릉도와 독도』에 대해 4번째 보정판을 내시면서 학문적 엄밀함을 보여주신 송병기 교수님, 미흡한 저를 '자랑스런 제자'로 여겨주시는 온창일 교수님, 뵐 때마다 격려해주시는 김학준 동아일보사 회장님께도 크게 감사드린다.

학문적 교류를 통해 커다란 자극을 받았던 한국전쟁학회 김계동 교수님·이완범 교수님·서주석 박사님·김영호 교수님, 한국근현대사학회 한시준 교수님·김상기 교수님·김양식 박사님·장규식 교수님·이민원 박사님, 한국민족운동사학회 박환 교수님, 한국정치외교사학회 이재석 교수님, 비록 거리가 있지만 깊이 배려해주셨던 한남대 한기범 교수님, 뚜렷한 업적으로 한국현대사 연구에서 늘 자극이 되었던 여러분들, 군사편찬연구소의 동료 연구원 등 감사드릴 분이 너무 많다.

본서의 근간이 된 학위논문을 작성하던 강사 시절엔 참 암담했고, 다시 법학 쪽으로 되돌아가고 싶은 고민도 많았다. 고시공부를 마무리하기를 고대하셨던 바람을 저버리고 지난한 학문의 길로 들어서는 아들을 보시면서 한편으로는 서운해 하셨지만 늘 이해해 주시는 부모님께 깊이 감사의 마음을 드린다. 미처 자리도 잡기 전에 세상을 떠나셔서 고생하는 모습만 보여 드린 장인어른께 죄송하면서도 자주 찾아뵙지 못한 장모님께 감사드린다. 경제적으로 어려운 여건 아래에서 엉뚱하게도 역사학을 쫓아 공부할 수 있었던 것은 형제들의 따뜻한 이해가 있었기 때문에 가능했다. 이 외에도 시간을 절약한다며 고시학원에서 강의할 때 도움을 많이 주셨던 박영규 원장님, 법학 공부를 마무리 못했지만 늘 격려해주신 한수 변호사님, 친우 김형수·이종현 등의 후의도 잊을 수 없다.

주말이나 화창한 날에 같이 놀아주지 못했지만 아빠를 이해하고 잘 자라주는 강은과 강현이에게 미안함을, 본서와도 관련된 자료들을 비롯해 이사할 때마다 끌고 다니는 박스 꾸러미 때문에 투덜거리면서도 필자의 원고에 대해 제일 먼저 붉은 줄을 쭉쭉 그어주면서 주제의식을 강조했던 사랑스런 아내에게는 특별한 고마움을 전한다.

끝으로 이 책의 출판을 기꺼이 맡아 주신 윤관백 사장님을 비롯해, 적절한 표지 디자인과 자꾸 늦추어진 탈고를 기다리며 꼼꼼하게 다듬어주신 편집진에게도 감사드린다.

2010년 10월
산본 수리산 자락에서

차례

책을 내면서 ▮5

Ⅰ. 서론 ··· 15

Ⅱ. 공산포로의 발생과 포로수용소 ······················ 27
  1. 전쟁의 전개와 포로 발생 ▮27
    1) 포로 발생 현황 · 27
    2) 포로의 구성 · 40
  2. 기본정책과 수용소 설치 ▮64
    1) 포로의 처리방침 · 64
    2) 수용소 설치 · 72

Ⅲ. 포로 대우와 교육 ··· 97
  1. 포로 관리 ▮97
    1) 포로의 수속과 미분리 수용 · 97
    2) 포로의 자치 허용 · 107

Contents

   2. 포로 대우 ▎119
      1) 포로 우대 · 119
      2) 포로의 반응 · 141
   3. 포로 교육 ▎145
      1) 민간정보교육국의 조직과 운용 · 145
      2) 포로 교육의 실시와 내용 · 155
      3) 교육의 영향 ▎169

Ⅳ. 포로수용소의 갈등과 분규 ·················· 181
   1. 휴전협상 이전 시기 갈등 ▎182
   2. 포로의 송환 협상과 갈등 격화 ▎188
      1) 휴전협상과 포로문제 · 188
      2) 포로의 심사와 분리 · 220
      3) 포로 심사와 저항 · 248
   3. 분산정책과 통제 강화 ▎259

차례

    1) 분산정책 · 259
    2) 통제 정책의 강화 · 274
  4. 분산 이후의 갈등 ▎287
    1) 통제정책의 한계 · 287
    2) 제주시 중국 포로수용소 사건, 봉암도 사건 등 · 293
  5. 희생자 규모와 인식 차이 ▎307
    1) 희생자 규모 · 307
    2) 다양한 사망 원인들 · 315

Ⅴ. 포로 교환과 송환거부포로의 처리 ················· 325
  1. 포로협상의 지연과 중립국의 개입 ▎325
    1) 미국의 입장 · 325
    2) 한국 정부의 반응 · 339
  2. 한국 정부의 포로 석방 ▎343
    1) 민간인억류자 석방과 공산 측의 반발 · 343

Contents

  2) 6·18 반공포로 석방 · 349

 2. 포로 교환과 송환거부포로의 처리 ▎373

  1) 상병포로 및 송환희망포로 교환 · 373

  2) 송환거부포로의 설득과정 · 381

  3) 제3국 행 포로들 · 410

Ⅵ. 결론 ··· 419

참고문헌 ▎433
찾아보기 ▎449
저자소개 ▎455

Ⅰ. 서론

　포로는 고래로부터 전쟁과 동반되는 특수집단이었다.[1] 6·25전쟁[2]에서도 여느 전쟁과 마찬가지로 포로가 발생했다. 전쟁 초기에는 북한군이 국군포로를 많이 획득한 반면에, 인천상륙작전 이후에는 국군과 유엔군이 더 많은 북한군과 중국인민지원군이라고 일컬었던 중국군[3]을 포로로 했다.
　대체로 포로문제는 종전 후 모두 송환함으로써 해결되는 것이었지만, 제2차 세계대전 이후 냉전체제 아래 일어났던 한국전쟁에서는 매우 복잡했다. 동서 양 진영의 대리전쟁 성격을 띠었던 한국전쟁에서 휴전 후까지 정확한 포로수용소의 위치조차 알 수 없었던 북한

---

[1] 程來仪, 『朝鮮戰爭 戰俘之迷』, 북경: 중앙문헌출판사, 2000, 1쪽.
[2] 특히 역사학계에서는 한국전쟁이라는 개념에 논란의 여지가 있어서 6·25전쟁이라고 부르자는 견해가 강하다(강만길, 『역사는 이상의 현실화 과정이다』, 창작과비평사, 2002, 177~180쪽). 한국전쟁이라고 하면 한반도에서 일어난 전체 전쟁을 의미하는 한계가 있지만, 필자는 국제전의 성격을 드러내는 이 용어를 함께 사용할 것이다.
[3] 당시 공산 측이 '중국인민지원군'이라 했고 한국 측에서는 여전히 중공군이라 부르고 있는 경우가 많지만, 전자의 용어가 중국이 미국과 직접 대결을 피하려는 미봉적 용어에 불과한 것이고, 후자도 냉전이 종식된 현재로서는 부적절한 것으로 여겨서 중국군이라고 칭했다.

포로수용소4)에 비해 유엔군 포로수용소는 점점 더 제2의 전선이 되어 갔다. 유엔군과 공산 측은 휴전협상이 지연되고 있는 가운데 공산포로 중 송환거부포로문제를 통해 각각 이념적 우세를 실현하려고 했다. 1951년 7월 휴전협상이 시작되면서 양측은 38선에 교착된 전선에서 소모전을 치루면서 한편으로는 거제도 포로수용소에서 또 다른 전쟁을 수행했다. 이를 두고 연구자 가운데에는 한국전쟁을 포로전쟁(战俘之争)5)이라고 부르는 이도 있었다.

1951년 중엽 전선이 38선에서 교착됨에 따라, 미국 정부는 전쟁을 확대하는 대신에 국지전(局地戰)으로 종결하려 했고 공산 측도 중국군의 4~5차 공세 이후에 막대한 인적 물적 피해를 입으면서 휴전을 모색했다. 휴전협상에서 1951년 12월 11일부터 논의되기 시작한 포로문제는 1953년 6월 8일 포로 송환에 대한 합의를 볼 때까지 가장 커다란 쟁점이 되었다. 6월 18일 반공포로의 석방으로, 정전협정은 다시 한 달 넘게 지연되었다. 이토록 포로문제가 장기화된 것은 유엔군 측의 자원송환원칙과 공산 측의 강제송환원칙이 서로 대립했기 때문이었다. 그 결과 휴전회담의 다른 주요 의제인 군사분계선과 휴전감시기구 등의 문제가 매듭 된 이후에도, 포로문제는 1년 이상을 더 지연시키는 논쟁의 대상이 되었다.

이러한 대결 양상은 정전협정이 조인될 때까지 지속되었지만, 공산포로 가운데 송환을 거부했던 포로는 강제로 억류된 것이 아니라 스스로 잔류를 선택했다는 점이 이전 전쟁의 포로들과 크게 달랐다. 이 점은 제2차 세계대전 후 소련이나 중국이 독일군이나 일본군 포

---

4) 조성훈, 「6·25전쟁 중 북한 포로수용소 실태와 국군포로 사망자 유해 발굴 가능성」, 『군사』 75, 2010. 6, 162~163쪽.
5) 김학재, 「진압(鎭壓)과 석방(釋放)의 정치: 한국전쟁기 포로수용소와 국민형성」, 제노사이드학회, 『제노사이드 연구』 5, 2009. 2, 45쪽 ; http://www.tianyabook.com/junshi/176.htm.

로를 강제로 억류했던 경우와 구별되며, 1994년 10월 조창호 소위의 탈북 이래로 양순용·장무환 등 국군포로 70여 명이 연이어 탈출하여 그들의 존재가 확실히 드러났듯이 북한의 강제억류와도 다르다. 또한 송환거부포로에 대한 자원송환원칙의 이행은 제2차 세계대전이 끝난 후 유럽에서 일부 소련 포로들이 귀환을 거부했을 때 강제송환을 했던 사실과도 구별되었다.

포로문제로 휴전이 지연되면서 전선에서 아군 측 사상자 13만 명을 비롯해 공산 측에서도 수많은 희생자가 추가로 발생했으며, 민간인도 희생되었다.[6] 또한 포로수용소에서도 송환 여부는 포로들의 운명과 결부되었으므로 좌우익 갈등을 드러내며 포로들끼리 혹은 수용소 당국과의 끊임없는 충돌로 많은 희생이 발생했고, 잘 알려진 대로 수용소장이 포로들에게 붙잡히는 사건이 일어나기도 했다. 그러므로 유엔군과 공산 측 쌍방에 억류되어 있던 포로에 대한 연구는 전쟁 발발의 요인이나, 전개과정 등과 같이 한국전쟁을 이해하는 중요한 문제라고 판단된다.

그동안 한국전쟁에 관한 연구는 미국·중국·일본 등지의 학자들이 전쟁 기원, 미국의 개입과 역할, 중국군의 참전 및 휴전협상 등[7]에 대해 주로 다루었으나, 이제 국내 연구자들도 이러한 주제뿐만 아니라 월남민, 민간인희생자, 전개과정, 전쟁의 영향 등으로 연구범위를 확대시키면서 깊이를 더하고 있다.[8]

---

[6] 마크 클라크, 김형섭 역, 『다뉴브강에서 압록강까지』, 국제문화출판사, 1981, 178쪽 ; K. S. 티마야, 라윤도 역, 『판문점일기』, 소나무, 1993, 44쪽 ; 강정구, 『분단과 전쟁의 한국현대사』, 역사비평사, 1996, 235쪽.

[7] 브루스 커밍스, 김주환 역, 『한국전쟁의 기원』 상·하, 청사, 1986 ; 윌리엄 스톡, 김형인 외 옮김, 『한국전쟁의 국제사』, 푸른역사, 2001 ; 와다 하루끼, 서동만 역, 『한국전쟁』, 창작과비평사, 1999 ; 션즈화, 최만원 역, 『마오쩌둥 스탈린과 조선전쟁』, 선인, 2010. 이러한 번역 외에 연세대학교 현대한국학연구소에서 2001년 2월에 발간한 『해외한국학평론』 2호에 한국전쟁에 관한 해외저서에 대한 서평과 토론이 정리되어 있다.

한국전쟁 포로에 관한 연구는 이미 전쟁 당시 미군 당국의 요청으로 수행된 보고서를 비롯해 휴전 직후부터 이루어지기 시작했다.9) 더욱이 미국에서 한국전쟁을 비롯한 베트남전쟁 등에서 실종된 미군에 대한 활발한 추적과10) 제2차 세계대전시기 연합군 및 일본군 포로, 일본군 포로의 시베리아 강제억류실태 등에 관한 수많은 연구성과11)도 연구의 심화뿐만 아니라 본서의 발간을 고무시켰다.

6·25전쟁 중 주로 공산포로에 대한 연구성과를 검토하면, 첫째 한국전쟁사의 일부분으로서 혹은 휴전협상과 연관시킨 경우이다.12)

---

8) 박명림,『한국전쟁의 발발과 기원』1~2, 나남, 1996 ; 김영호,『한국전쟁의 기원과 전개과정』, 두레, 1998 ; 김귀옥,『월남민의 생활경험과 정체성』, 서울대출판부, 1999 ; 김계동,『한반도의 분단과 전쟁: 민족분열과 국제개입·갈등』, 서울대출판부, 2000 ; 김동춘,『전쟁과 사회』, 돌베개, 2000 ; 정병준,『한국전쟁: 38선 충돌과 전쟁의 형성』, 돌베개, 2006 ; 서상문,『모택동과 6·25전쟁』, 군사편찬연구소, 2006 ; 양영조,『남북한 군사정책과 한국전쟁: 1945~1950』, 한국학술정보, 2007 ; 김경현,『민중과 전쟁기억: 1950년 진주』, 선인, 2007 ; 최정기 외,『전쟁과 재현: 마을 공동체의 고통과 그 대면』, 한울, 2008 ; 서주석,『한국의 국가체제 형성 과정: 제1공화국 국가기구와 한국전쟁의 영향』, 한국학술정보, 2008 ; 정구도 외,『한국전쟁기 인권침해 및 역사인식의 문제』, 두남, 2008 ; 유영익 편,『수정주의와 한국현대사』, 연세대출판부, 2009 ; 김경학 외,『전쟁과 기억』, 한울, 2009 ; 남정옥,『미국은 왜 한국전쟁에서 휴전할 수밖에 없었을까?』, 한국학술정보, 2010 ; 역사문제연구소·포츠담현대사연구센터 편,『한국전쟁에 대한 11가지 시선』, 역사비평사, 2010 등.

9) Alapatt, G. K., "The Legal Implications of the Repatriation of War Prisoners in Relation to the Korean Armistice and in View of the Division of Korea", Saint Louis University. Ph. D. Dissertation, 1958 ; Kim, Myong Whai, "Prisoners of War as a Major Problem of the Korean Armistice, 1953", New York University, Ph. D. Dissertation, 1960.

10) Cole, Paul M., *POW/MIA Issues: Vol.1, The Korean War*, California: Rand Corp., 1994.

11) 內海愛子,『日本軍の捕虜政策』, 東京: 青木書店, 2005 ; 阿部軍治,『시베리아 강제억류의 실태』, 東京: 彩流社, 2005 ; Kochavi, Arieh J., *Confronting captivity*, The University of North Carolina Press, Chapel Hill and London, 2005, etc.

12) 김응택,「한국휴전협상」, 동아일보사 안보 통일문제조사연구소,『분단국의 대화』, 1979 ; 김학준,「한국정전협정의 과정」,『통일논총』6~2, 1986 ; 바톤 J. 번스타인, 「휴전에 대한 논쟁: 포로의 본국 송환」, 브루스 커밍스 외, 박의경 역,『한국전쟁과 미국』, 청사, 1987 ; 유상영,「휴전협정의 성립과정과 성격」,『한국전쟁의

이 가운데에 전쟁 후 얼마 안 된 시점에서 김명회는 제2병참사령부와 포로수용소에서 교육 문관의 경험을[13] 반영하여 휴전협상에서 송환원칙의 합의과정을 연구했다. 1980년대에 이루어진 번스타인(Bernstein, Barton J.)의 연구는 미군이 자원송환정책을 수립하는 과정과 이를 휴전협상에서 수행하려는 측면을 체계적으로 고찰했다.

맥더날드(MacDonald, Callum A.), 푸트(Foot, Rosemary), 베일리(Bailey, Sidney D.)나 스툭(Stueck, William W.) 등의 연구는 한국전쟁사라는 큰 틀 속에서 혹은 휴전협상의 일부분으로 포로문제를 다루었다. 이 가운데 맥더날드, 푸트, 스툭 등은 포로가 냉전의 희생물이라는 인식 아래 수용소의 여건과 좌우익포로의 갈등과정을 비판적으로 정리했으나, 휴전에 이르는 과정과 국제관계에서 미국의 역할에 더 중점을 두었다. 이에 비해 양대현은 휴전협상에서 한국 정부가 배제되고 미국이 주도하는 과정에서 나타난 갈등관계를 분석했다.

이 외에 이승만 대통령의 반공포로 석방이 휴전 후 한국의 안전보장을 확보하는 방안이라는 측면과 인도의 한국전쟁의 종결을 위한 평화 중재안에 대한 노력과 중립국송환위원회에서 활동에 대한 고찰이 있다.[14]

이해』, 청사, 1989 ; 김보영, 「휴전회담연구」, 한양대 박사학위논문, 2008 ; 양대현, 『역사의 증언』, 형설출판사, 1993 ; Schnabel, James F · Watson, Robert J., 채한국 역, 『한국전쟁사』 상·하, 국방부 전사편찬위원회, 1990~1991 ; Kaufman, Burton I, The Korean War, New York: Alfred A, Knopf, 1986 ; MacDonald, Callum A., Korea: The War Before Vietnam, New York: The Free Press, 1986 ; Foot, Rosemary, A Substitute for Victory: The Politics of PeaceMaking at the Korean Armistice Talks, Ithaca, N.Y.: Cornell University Press, 1990 ; Hermes, Walter G., Truce Tent and Fighting Front, Washington D. C.: Center of Military History US Army, 1992 ; Bailey, Sidney D., Korean Armistice, New York: St. Martin's Press, 1992 ; Stueck, William W., The Korean War: An International History, New Jersey: Princeton University Press, 1995.

13) 박찬웅, 『6·25일지』, 아우내, 1994, 206쪽.
14) 정해구, 「휴전회담 교착과 미국의 전략」, 『역사비평』 5, 1989 ; 온창일, 「휴전을

둘째, 포로수용소 내의 관리정책이나 갈등 등에 주목하는 연구가 있다.15) 쿠퍼(Cooper, B)의 학위논문은 수용소에서 유엔군의 라디오 방송이 포로에 미친 영향에 주목했다. 그의 연구는 전쟁 중 심리전과 교육을 이해하는 데에 시사점을 주었다.16) 최근에는 포로 교육에 대해 문화냉전의 의미를 부여하고 종교 활동 등에 주목하는 연구도 진전되었다.17)

김행복이 공산포로를 비롯해 국군과 유엔군 포로를 함께 포괄하면서 거제도 포로수용소의 폭동 배후에 있는 친공포로의 조직과 연락체계, 반공포로 석방 등에 주목했다면, 소설가 박태순은 일찍이 거제도 포로수용소에서 전쟁을 바라보면 전쟁범죄, 그 비인간적 폭력

둘러싼 한미관계」, 김철범 편, 『한국전쟁-강대국의 정치와 남북한의 갈등』, 평민사, 1989 ; 문창극, 「한미상호방위조약의 체결」, 『한미갈등의 해부』, 나남, 1994 ; 김계동, 「한국전쟁 초기 印英의 평화적 종전 모색」, 『군사』 30, 1995 ; Poles, Joseph H., "From Koje-do to Panmunjom: The problem of repatriation of prisoners of war during the Korean armistice negotiations", M.A. dissertation, Florida: Florida Atlantic University, 1997 ; Heimsath, Charles Herman, "India's Role in the Korean war", Yale university, Ph. D. Dissertation, 1957.

15) 김원관, 「거제도포로폭동과 그 교훈」, 『군사연구』 89, 1978 ; 죠셉 굴든, 김쾌상 역, 『한국전쟁』, 일월서각, 1982 ; 김행복, 『한국전쟁의 포로』, 국방군사연구소, 1996 ; 김행복, 「한국전쟁시 포로장악을 위한 공산군 및 친공포로의 조직과 그 연락체제」, 『군사』 34, 1997 ; Cooper, B., "Radio Broadcasting to Chinese and Korean POW's: a Rhetorical Analysis", Stanford University, Ph. D. Dissertation, 1956.
16) 휴전 후에 공산 측을 선택한 미군포로에 대한 연구는 미국이나 소련이 포로를 선전전으로 이용했음을 밝히고 있다(Rice, Gary Harold, "The lost sheep of the Korean War", Ph.D. dissertation, Texas: The University of Texas at Austin, 1998 ; Faillace, Richard Joseph, Jr., Prisoners of Cold War: Soviet and United States exploitation of American Korean War prisoners 1950~1956, Oklahoma State University, 2000 ; Young, Charles Stewart, "Name, rank, and serial number: Korean War POWs and the politics of limited war", Ph.D. dissertation, New Jersey: Rutgers The State University of New Jersey, 2003).
17) 小林聰明, 「조선전쟁기에 국련군의 포로교육프로그램」, 貴志俊彦・土屋由香 編, 『문화냉전시대: 아메리카와 아시아』, 동경: 국제서원, 2009 ; 이상호, 「한국전쟁기 미군의 공산포로 '미국화' 교육」, 한국역사연구회, 2010.6. ; Robin, Ron Theodore, The Making of the Cold War Enemy: Culture and Politics in the Military −Intellectual Complex, Princeton: Princeton University Press, 2003.

성 등을 절감한다고 지적했다. 이러한 인식을 이어 전쟁 중 양민희생 사건에 대한 연구가 늘면서 미군의 진압정책 등에 대한 연구로 확대되었다.[18]

이상에서 살펴본 대로, 공산포로에 대한 기존 연구는 미국에서 주로 이루어졌던 관계로 한국의 실정이나 포로들의 반응이 소홀했고, 휴전협상에서 미국 입장에서 포로의 송환정책에 치중했다. 또한 수용소에서 포로 관리나 갈등 등이 부분적으로 연구되었기 때문에 포로문제의 구체적인 실상을 파악하는 데는 소홀했다고 할 수 있다.

따라서 본서는 그동안 연구 성과를 토대로 유엔군이 관리한 공산포로를 집중적으로 다루면서 휴전협상에서 주요 쟁점이자, 수용소 내에서 갈등의 요소가 된 송환거부포로의 처리를 중심으로 정리하려고 한다. 이 과정에서 포로정책을 주도했던 미국의 정책을 살피면서도, 공산 측의 대응과 함께 한국의 역할에 대해 고찰하고자 했다. 즉 포로를 통해 6·25전쟁사를 이해하기 위해 인도주의적 혹은 피해자 중심만이 아니라 갈등과 폭동의 구조적인 원인 역시 규명하려고 했다.

본서는 포로의 발생, 국군과 유엔군 측의 수용과 관리, 포로의 송환협상에 따른 좌우익포로 사이 및 포로와 수용소 당국과의 갈등, 포로문제로 인한 휴전협상 지연, 송환거부포로 처리 등으로 구성되어 있다. 이러한 일련의 과정이 결국 수용소 내에서 갈등요소가 되었다는 문제제기에 이어 제2장에서는 포로의 발생 현황을 토대로 그들의 다양한 성향이 후에 송환거부포로의 발생요인이 되었음을 살펴보고, 포로정책의 기본방침과 수용소의 설치과정 및 수용소 기구에 관하여 고찰했다.

제3장은 포로 대우에 대해 포로 수속과정에서 나타난 포로의 이념

---

[18] 박태순, 「거제도의 6·25, 그 전쟁범죄」, 『사회와 사상』 1989.6 ; 김학재, 「진압과 석방의 정치: 한국전쟁기 포로수용소와 국민형성」.

적 미분리 수용, 자유로운 활동을 허용한 포로의 자치, 급식 등 보급이나 노동력의 이용, 교육 내용 등을 고찰하여 결과적으로 포로의 잔류에 어떠한 영향을 미쳤는지를 검토했다.

제4장에서는 휴전협상에서 포로문제가 논의되면서 포로수용소에서 갈등이 본격화된다. 특히 유엔군 측이 자원송환원칙을 실현시키는 과정에서 나타난 포로의 심사와 분리, 분산정책을 다루면서 이에 대한 포로들의 저항을 고찰해 사건이 반복되는 원인을 규명하고자 했다.

제5장은 휴전 후 포로교환과 송환거부포로의 처리에 대한 정책을 검토하기 위해 중립국에 의한 해결방안을 모색하는 과정과 이 문제로 야기된 이승만 대통령과 미국 정부와의 갈등이 낳은 반공포로 석방, '마지막 전쟁'이 된 중립국 감시 아래 공산 측의 설득에 대해 송환거부포로들을 보호하려 했던 유엔군 송환위원단의 임무와 그들의 최종처리 과정, 제3국으로 간 포로 등을 고찰했다.

본 연구를 위하여 국내외에서 발간된 자료집[19] 외에 전쟁 당시 포로정책을 주도했던 미군의 문서를 미국 국립문서보존청(National Archives), 의회도서관, 트루먼 대통령도서관(Harry S. Truman Library, HSTL) 등지에서 직접 수집했다. 또한 군사편찬연구소를 비롯해 국사편찬위원회와 국립중앙도서관 등에서 체계적으로 수집·정리한 문서를 활용했다.

미국 문서는 포로 관리에 관한 미군 자료가 많지만, 포로들의 청원서·항의문 등도 포함되어 있다. 중립적인 입장인 국제적십자사 대표의 수용소 방문 보고서[20]는 임시수용소의 설치와 포로 대우를

---

[19] 정용욱 편, 『주한미국대사관 주간보고서(Joint WeeKA)』 전8권, 영진문화사, 1996 ; 국사편찬위원회, 『남북한관계사료집』 제1~25권, 1996 ; 『합동참모부 기록』, 아름출판사, 1996 ; 국방군사연구소, 『한국전쟁 자료총서』 1~17, 1996~1997 ; US Department of State, *Foreign Relations of the US*(이하, *FRUS*로 줄임), Washington D. C.: U. S. Government Printing Office, 1976~1988.

[20] "Report established by the International Committee of the Red Cross"(이하, "ICRC"로

밝히는 데에 도움이 된다. 그러나 아쉽게도 국군의 포로정책을 살펴볼 수 있는 자료는 포로 경비대 배치 및 이동, 송환거부포로의 설득 등에 관한 일부를 제외하고는 거의 없다.21)

미 의회, 링컨대통령도서관 등의 참전자 구술사(Veterans Oral History Project) 기록을 비롯해 한국전쟁프로젝트(Korean War Project)에서도 거제도 포로수용소 헌병대, 공정대 장병들의 간단한 회고가 정리되어 있다.22) 반공포로의 활동과 포로수용소 경험에 대해서는 휴전 직후부터 발간된 투쟁사와 회고록이 축적되어 있고23) 대만으로 간 반공포로들의 투쟁사에 관한 사료들도 국사편찬위원회에 수집되어 있다.24) 제3국으로 간 포로 가운데 일부는 직접 회고록을 남겼다.25)

줄임), 12/389.
21) 육군본부 군사연구실, 『한국전쟁 사료』 90·99, 1990, 1991 ; 헌병사편찬회 편, 『한국헌병사』, 헌병사령부, 1952 ; 국방부 정훈국 전사편찬위원회, 『한국전란 1년지』 -『한국전란 5년지』 1951~1956 등.
22) http://lcweb2.loc.gov/diglib/vhp-stories/loc.natlib.afc2001001.01649/ ; http://www.alplm.org/oral_history/veterans_remember/veterans_remember.html ; http://www.koreanwar-educator.org/memoirs/curtis_george/index.htm ; http://www.koreanwar.org, etc.
23) 한은송, 「거제포로들의 만행」, 『자유공론』 11~16, 1976 ; 강용준, 「반공포로석방」, 조선일보사 편, 『전환기의 내막』, 1982 ; 이한, 『거제도일기』, 국제신보사, 1952 ; 최철우, 『꽃피는 철조망』, 청구출판사, 1953 ; 황세준, 『신생의 날』, 1954 ; 석보, 「피묻은 철조망」, 연합신문사, 1954 ; 강용준, 『나성에서 온 사내』, 정음사, 1985 ; 『구술 한국현대사: 새로 캐낸 이 땅의 이야기』, 미완, 1986 ; 백응태, 『거제도에서 판문점까지』, 대원출판사, 1987 ; 이건숙, 『거제도 포로수용소』, 혜진서관, 1989 ; 김응교 보고문학(김진계 구술), 『조국: 어느 '북조선인민의 수기'』 상·하, 현장문학사, 1990 ; 이상은, 『포로수용소의 밤과 낮』, 행림출판, 1990 ; 주영복, 『내가 겪은 조선전쟁』 1·2, 고려원, 1990~1991 ; 장정문, 『머나먼 고향 길』, 을유문화사, 1992 ; 박종은, 『그날 0시』, 종화사, 1994 ; 박종은, 『PW』, 종화사, 1999 ; 한국역사연구회 현대사 증언반, 『끝나지 않는 여정』, 대동, 1996 ; 김석태, 『내 인생 내 마음대로 할 수 있나요』, 홍성사, 1996 ; 김교갑, 『아버지의 일기』, 집문당, 1998 ; 오세희, 『65포로수용소』, 만인사, 2000 ; 이보근 편, 『연암면 사람들의 기억』, 예당, 2007 ; Biderman, Albert D., *March to Calumny: The Story of American's POWs in the Korean War*, New York: MacMillan Press, 1963 ; Meyers, Samuel M. and Biderman, Albert D. ed., *Mass Behavior in Battle and Captivity*, Chicago University Press, 1968.

공산 측 자료로는 전쟁 당시 『로동신문』, 『조선인민군』, 중국의 『인민일보』 등을 비롯해 송환된 포로를 상대로 한 공산 측 보고서,[26] 한국전쟁 50주년을 전후하여 중국에서 발간된 중국 조선족과 중국포로들의 회고록 등을 활용했다. 이 가운데에는 유엔군 포로수용소와 미군과 영국군 포로 등의 포로우대를 비교시킨 점도 눈에 띤다.[27] 그런데 이들 자료들은 피해자 입장에서 기술된 점 외에 이념적 요소가 반영되어 유엔군 측 포로 대우에 대한 인식 차이가 크지만, 좌익 포로들의 입장을 이해하는 데 유용하다고 할 수 있다.

그 외에 전쟁과 휴전협상 경과와 포로수용소 운용 등에 대해 클라크(Clark, Mark W.) 유엔군사령관과 밴 플리트(Van Fleet, James A.) 미 제8군사령관 등을 비롯해 정일권·백선엽·최덕신 등 국군 장성, 포로, 언론인 등의 각종 회고록을 이용했다.[28]

---

[24] 유지원, 「대만 소재 한국문제·한국전쟁 관련자료 해제」 1, 국사편찬위원회, 『중국·대만 소재 한국사 자료 조사보고』 2, 2007 ; 『留韓反共義士處理案』 1~5, 中華民國國防部史政局, 1953 ; 黃安道等 編, 『反共義士佳作選』, 臺北: 反共義士就義輔導處, 1954 ; 反共義士奮鬪史編纂委員會, 『反共義士奮鬪史』, 臺北: 反共義士就義輔導處, 1955 등 관련 자료를 소개해주고 이용에 도움을 준 조명희 선생님께 감사드린다.

[25] 주영복, 『76인의 포로들』, 대광출판사 ; 문명철, 『슬픔도 고통도 짜우 짜우』, 두란노, 1997 ; 현동화 구술(정동현 씀), 『격랑의 세월 인도에 닻을 내리고: 소설 『광장』 실존 인물의 생생한 증언과 인도 체험』, 나무와숲, 2003.

[26] 『조선인민군 및 중국 인민군 포로들에 대한 미국 침략자들의 만행에 관한 자료집』, 국립출판사, 1954 ; 고성순·김종윤·정인철, 『참패한 미국의 군사외교』, 국립출판사, 1954 ; 고상진·전도명, 『조선전쟁시기 감행한 미제의 만행』, 평양: 사회과학출판사, 1989 등.

[27] 한태욱, 「거제도 포로수용소 견문」, 정협 연변조선족자치주 문사자료위원회 편, 『돌아보는 력사』, 심양: 료녕민족출판사, 2002 ; 大鷹, 『志願軍 戰俘 紀事』, 北京: 昆侖出版社, 1987 ; 邊麗君·馮金暉, 『朝中戰俘 遣返內幕』, 北京: 華藝出版社, 1990 ; 程來儀, 『朝鮮戰爭戰俘之謎』, 북경: 중앙문헌출판사, 2002 ; Ha Jin, 왕은철 역, 『전쟁쓰레기』, 시공사, 2008 ; 張澤石, 손준식 역, 『중국군 포로의 6·25전쟁 참전기』, 군사편찬연구소, 2009, 胡海波 編, 『조선전쟁비망록 1950~ 1953』, 제남: 황하출판사, 2009 ; China Information Bureau, Press Administration, *Daily News Release* ; *China Monthly Review*.

본서에서 다루려는 포로문제는 바로 남북의 대립, 이념 대립과 밀접하게 관련되어 있어서 사료에 근거하여 비판적이고 객관적인 시각으로 접근하고자 했다.[29] 예를 들면 수용소에서 발생한 사건의 경우 공산 측이 모든 책임을 유엔군에 전가시키려는 태도나, 거꾸로 그 책임을 전적으로 공산 측, 특히 판문점 협상대표의 사주라고 인식하는 일방적 입장을 비판적으로 고찰하고자 했다.

---

[28] 최덕신, 「휴전협정성립의 비화: 포로문제를 중심으로」, 『사상계』 1962년 7월 ; 최덕신, 『내가 겪은 판문점』, 삼구문화사, 1955 ; 이수영, 「나의 외교관생활비화」, 『신동아』 1964.9~12 ; 최덕신, 『제2의 판문점은 어디로』, 청운문화사, 1968 ; 송효순, 『대석방』, 신현실사, 1973 ; 중앙일보사 편, 『민족의 증언』 4·7, 1983 ; 마크 클라크, 김형섭 역, 『다뉴브강에서 압록강까지』 ; 정일권, 『전쟁과 휴전』, 동아일보사, 1986 ; 전영호, 『324일: 6·25 참전 소대장의 전투실기』, 청림출판, 1987 ; 백선엽, 『군과 나』, 대륙연구소, 1989 ; 유재흥, 『격동의 세월』, 을유문화사, 1994 ; K. S. 티마야, 라윤도 역, 『판문점일기』 ; Braim, Paul F., 『위대한 장군 밴 플리트』, 육본, 2001 ; Joy, C. Turner, *How Communists Negotiate*, New York: Macmillan, 1955 ; Vatcher, William H., *Panmunjom: The story of the Korean Military Armistice Negotiations*, New York: Frederick A. Prager, Inc., 1958 ; Vatter, Hal, *Mutiny on Koje Island*, Vermont: Charles E. Tuttle Company, 1965 ; Goodman, Allan E., *Negotiating While Fighting: The Diary of Admiral C. Turner Joy at the Korean Armistice Conference*, Stanford University, 1978.

[29] 이념적 긴박에서 벗어나서 한국전쟁을 이해하자는 주장은 다음과 같은 글에서 나타나고 있다(박태순, 「거제도의 6·25, 그 전쟁 범죄」, 190쪽 ; 나종일, 『끝나지 않는 전쟁 – 한반도와 강대국의 정치 1950~54』, 전예원, 1994, 291~292쪽 ; 박명림, 『한국전쟁의 발발과 기원』 1, 31~33·38~40쪽).

II. 공산포로의 발생과 포로수용소

1. 전쟁의 전개와 포로 발생

1) 포로 발생 현황

　한국전쟁에서 포로의 발생은 전투의 성과이면서 심리전의 결과이기도 했다. 북한군이 남진을 계속했던 전쟁 초기 유엔군의 심리전 목표는 그들의 점령지역에서 아군의 병력증강을 강조하여 한국인을 안심시키는 점에 중점을 두었다. 그 후 점차 적군의 전투능력 저하와 투항과 반란을 유도하도록 조정되었다. 미군은 방송중대(Broadcast & Leaflet Company)를 설치했고, 국군도 육본 작전국에 심리전과를 두었다. 심리전 요원들이 대형스피커와 전단을 통해 북한군이나 중국군에게 투항이나 귀순을 권고한 결과 상당수의 포로가 이 영향을 받았다. 전단은 주로 동경 유엔군사령부와 미 제8군사령부에서 제작했다.[1]

전쟁 초기 후퇴시기에도 포로 획득

북한군은 남침 후, 한강을 넘어 수원지구와 금강지구 등을 거쳐 중부지방과 호남 일대로 계속 밀고 내려 와서, 한 달여 동안에 낙동강선까지 전선을 압축했다. 이에 대응하는 국군은 춘천전투, 음성지구전투 등을 제외하고는 후퇴의 연속이었다. 이러한 전황에 대해 한 장성은 "6·25 공산 남침으로부터 한 달 남짓 전투다운 전투 한 번 못해보고 겨우 목숨만 부지하고 있는 형편"이라고 안타까운 심회를 나타내었다.[2]

밀리는 전황이었지만 국군은 전쟁 첫날부터 포로를 획득했다. 1950년 6월 26일 오전 8시 국방부가 발표한, "국군 정예가 북상하여 총 반격전을 전개한다"는 기사[3]는 결국 오보였지만, 그 가운데 "제8사단에서 사로잡은 북한군 4명을 포함하여 7명을 포로로 하였다"[4]는 기사는 사실로 보인다.

6월 26일에도 제18연대 제2대대가 동두천 근처의 158고지에서 북한군 보급수송대를 공격하여 총위 1명과 11명의 사병을 생포했다. 같은 날 문산 근방에서 제11연대가 북한군을 기습하여 몇 명을 포로로 했고, 6월 29일 밤에는 제15연대 3대대도 수도고지에서 10여 명을 사로잡았다.[5]

---

1) 박찬웅,『6·25일지』, 아우내, 1994, 186~190쪽 ;「무초 주한 미국대사, 미 제8군의 향후 심리전 계획에 대해 미 국무부에 보고」1950.8.3,『미국 국무부 정책연구과 문서 Korea Project File Vol. Ⅳ: 한국전쟁 자료총서』29권, 258~259쪽 ; 1st Loudspeaker and Leaflet Company, Army, "Command Report # 5" May 1951, Box 5369/Record Group 407, National Archives, USA(이하, Box/Record Group, National Archives는 생략함).

2) 예관수·조규동,『한국의 동란』, 병학연구사, 1950.12, 132~155쪽 ; 이응준,『회고 90년』, 동 기념사업회, 1982, 290·300쪽 ; 백선엽,『군과 나』, 55쪽.

3)『동아일보』1950년 6월 27일자 ; 국방부 정훈국 전사편찬위원회,『한국전란 1년지』, 1951, B14·B21쪽 ; 김행복,『한국전쟁의 포로』, 13쪽.

4)『조선일보』1950년 6월 27일자.

육군 제6사단이 담당하고 있던 춘천지구와 홍천 동북지구에서도 1950년 6월 25일부터 29일까지 5일간 120여 명을 포로로 했다. 국군은 이 지역에서 비교적 북한군을 잘 방어하고 있는 형편이었으나 서울과 서부전선이 무너지자, 후퇴를 하지 않을 수 없었다. 하지만 제6사단 제7연대는 7월 5일 음성군 금왕면 무극리와 중원군 신니면 일대에서 북한군 2,700여 명을 살상했고 소좌 1명을 포함해서 90여 명을 포로로 했다. 제2사단 7연대도 7월 18일 상주지역에서 30여 명을 사로잡았다.[6] 임충식 대령은 대구 부근 전투에서 안동지구로부터 남진하는 적을 물리치면서 사살 2,000여 명, 포로 150여 명, 포 5문, 기관총 30여 정, 박격포 20여 문, 소총 200정 기타 다수의 무기를 노획하는 전과로 이승만 대통령으로부터 표창장을 받았다.[7] 이처럼 국군은 인천상륙작전 이전에도 적지 않은 포로를 획득할 수 있었다.

한편 미군 측에서도 1950년 7월 1일 북한군 비행사를 첫 포로로 획득한 이래, 2일에는 주문진 지역에서 미국과 영국 해군이 북한 함정과 교전 끝에 5명을 포로로 했다.[8] 미군이 본격적으로 북한군과 대적한 것은 미 육군 보병 제24사단 '스미스 부대'가 7월 1일 부산에 도착해서 5일 오산 죽미령에 첫 배치된 이후였다. 이 무렵부터 미군은 포로를 획득하기 시작하여, 8일 대전에 있는 제24사단 헌병 중대에서 북한군 34명을 포로로 했다고 보고했다.[9] 인천상륙작전 이전

---

[5] 김기옥, 『38선 초기전투(서부전선)』, 국방부전사편찬위원회, 1985, 84~85・195・321쪽.
[6] 예관수・조규동, 『한국의 동란』, 147~148・153~160・171쪽.
[7] 『대구매일』 1951년 3월 23일자.
[8] 김행복, 『한국전쟁의 포로』, 13쪽 ; "Provost Marshal Activities in Korea" April 1952, 17/338, p.4 ; US Army, "Logistical Support", 1955, p.1 ; HQ US Army, "The Handling of POWs During the Korean War", Oct. 1960, p.2.
[9] 김기옥, 『신녕・영천전투』, 국방부 전사편찬위원회, 1984, 1쪽 ; 짐 하우스만・정일화, 『한국 대통령을 움직인 미군대위-하우스만의 증언』, 한국문원, 1995, 266쪽 ; "The Handling of POWs", p.3.

전황이 불리하던 시기에는 포로획득이나 북한군의 투항이 적었지만, 1일 평균 1~2명, 때로는 20명 정도의 포로가 발생했다. 1950년 7월 말까지 북한군 포로는 모두 224명이었는데 이 가운데 196명이 국군의 전과였다.10)

낙동강 전선에서 치열한 공방전이 전개되면서 1950년 8월 중순 이후에 하루 30명 이상의 포로가 발생하여 28일까지 그 규모는 2,056명으로 늘어났으며, 그중 1,700명이 부산 수용소에 수용되었다. 9월 11일 미 제1기병사단 제731연대가 왜관지구 가산과 도덕산에서 북한군 1,000명 이상을 살상하면서 800여 명을 포로로 했다.11) 이때 인천상륙작전 이전 유엔군이 최대 규모로 포로를 획득한 것으로 보인다. 일본 군사소식통에 따르면, 8월 말경에 북한군 장교 투항자가 중령 1명 외 위관급이 59명에 이르렀다. 포로들은 이처럼 장교 투항자가 늘어난 배경으로 유엔군의 본격적인 개입 이후 북한군이 승기를 잃었기 때문이라고 진술했다. 유엔군사령부에서도 8월 말까지 2주일 동안 북한군 포로가 2,000명에 이르자 그들의 붕괴조짐을 추정하기도 했다.12)

---

10) 1950년 7월 말 현재 〈표 1〉에 따르면 수용 중 포로는 39명에 불과했다. 이 시기 외에도 통계상의 차이는 사살·부상 등으로 인한 사망자, 도망자 혹은 행정미숙에서 비롯되었을 것이다. 또한 유엔군은 라디오 방송을 통해 1950년 7월 초에 국군 7사단이 음성에서 1,500~2,000명가량을 포로로 획득했다고 주장했으나, 선전전일 가능성이 크다(Psywar Branch, Military Intelligence Section, FEC, GQ, "Radio Program to NK" July 9, 1950, 미국무부 보고서, 군사편찬연구소, SN 234).

11) 『한국전란 1년지』 B43·D1쪽 ; 『신한민보』 1950년 9월 21일자 ; 정채호, 『그날의 산하』, 드라이브사, 1983, 138~139·148쪽 ; "The Office of Provost Marshal General, FE to CG, PM" Aug. 30, 1950, 29/389 ; "Logistical Support", p.2. 그러나 일부 통계는 9월 9일에 이미 포로의 수가 총 2,688명으로 파악되고 있다. 이러한 수치의 차이는 포로수속상의 혼란에 비롯된 것으로 보인다. 심지어 거제도 수용소에 근무했던 헌병대 장교는 명부가 아주 자주 바뀌었다고 회고했다("HQ US Army Garrison, the Office of the Provost Marshall to Smith, Malcom, Lt. Col., Military Police Career Branch", March 4, 1966, 19/338).

12) 『부산일보』 1950년 8월 29일자·9월 2일자.

인천상륙작전 직후 북한군 포로 대량 발생

1950년 9월 15일 유엔군의 인천상륙작전의 성공으로 전세는 순식간에 역전되었다. 유엔군은 북진과 동시에 일부는 영등포에서 수원으로 남하했고, 16일부터는 낙동강 전선에서도 총반격을 개시했다. 국군과 미군이 다부동 북쪽에서 북한군을 격파하여 김천으로 북진하기 시작했고 동해안 전선에서도 아군의 북상이 이루어지자, 북한군은 23일 낙동강 전선에서 병력의 퇴로가 차단될 것을 두려워하여 총 후퇴를 개시했다. 국군과 유엔군은 10월 10일 원산을 점령했고 12일 해주를, 19일에는 평양을 함락시켰다. 26일에는 국군 제6사단 제7연대가 초산을 점령했고, 11월 22일 미군 제7사단 제17연대는 혜산진에 이르렀다.[13]

이 과정에서 1950년 9월 말까지 1만여 명이던 북한군 포로는 10월부터 더욱 늘어났다. 이를 구체적으로 살펴보면, 국군 제1사단은 북진하면서 퇴로를 차단당한 북한군을 공격하여 10월 13일부터 20일까지 약 1주일 동안 2,640명을 포로로 했다. 전진부대는 후속부대에 포로들을 맡긴 채 북상을 서둘렀다. 이 시기 미군도 매일 3,000명 이상의 포로를 획득했다. 10월 17일 사리원에서 미군 제1기병사단 예하의 호주군 대대는 1발의 총도 쏘지 않고, 인민군 1,982명을 생포하면서 이들의 후송과 보급에 많은 어려움을 겪었다.[14]

나중에 거제도 포로수용소에서 위장 귀순과 여러 사건의 배후인물로 지목되었던 북한군 제13사단 참모장 이학구 총좌[15]도 1950년

---

[13] 김종구,『평양탈환작전』, 국방부 전사편찬위원회, 1986, 5~7쪽 ; 채한국 외,『한국전쟁사』상, 508~512·539·572·593쪽 ; 정일권,『전쟁과 휴전』, 247~249쪽 ; 차규헌,『전투』, 병학사, 1985, 153쪽.

[14] 김종구,『평양탈환작전』, 98·113~115·177쪽 ; "The Report of the UNC Operation in Korea, No.6(1950.10.1~15)", Sec.2/93/218.

[15] 총좌는 중성 4개로 대좌보다 중성 1개가 더 많다(이영식,『빨치산』, 행림출판, 1988, 109쪽).

9월 21일 대구 북방 다부동에서 미군 제1기갑사단에 의해 포로가 되었다. 그는 포로가 된 후 부산 수용소를 거쳐 거제도로 이송되었다.16) 이 무렵에 포로가 된 평남 순천 출신의 박○흥[포로번호 4757]은 일제 말기 징병으로 일본군에 끌려갔다가 소련군의 포로가 된 후 하바롭스크 수용소에서 석방되었다. 귀향 후 인민군에 입대하였다가 포로가 되었다.

〈표 1〉에서 알 수 있듯이 10월 중에는 51,859명, 11월에는 35,465명, 12월에는 38,975명으로 총 포로의 수가 137,000여 명에 이르렀다. 1950년 10월부터 12월까지 3개월 동안 포로 총수는 126,299명으로 한국전쟁 가운데 전체 북한군 포로인 150,420명의 약 84%를 차지할 정도로 많은 규모였다. 이 때문에 유엔군은 급속히 늘어난 포로의 수용이나 보급에 큰 어려움을 겪어야 했다.

이렇게 단기간에 포로가 많이 발생한 것은 인천상륙작전 이후 전세의 역전으로 북한군의 사기가 낮았기 때문이었다. 위의 시기보다 늦은 조사결과이기는 하나, 1951년 5~6월 미 제10군단에 수용되어 있던 인민군 포로들은 조사에서 그들이 사기가 낮았던 이유로 불충분한 식량, 높은 사상율, 질 낮은 보충병, 국군포로의 편입으로 인한 불신과 전투효율 저하 등을 들었다. 그리고 1952년 9월 이후의 포로 156명에 대한 조사한 결과에서도 과로, 유엔군의 화기와 공습에 대한 두려움, 불충분한 식량 배급, 질 낮은 음식, 거짓 선전, 질병 치료의 부족 등으로 나타났다.17)

---

16) 『신한민보』 1950년 9월 28일자 ; 『동아일보』 1950년 10월 6일자 · 11월 14일자 ; 『한국전란 1년지』 B50 · 54 · 57쪽. 그는 거제도 수용소 제7구역 72수용소에 수용되었고 그의 번호는 63 NK 4592이었다("POW PMS No.17" Oct. 15, 1951, 19/497).
17) "Daily Korean Bulletin"(이하, "DKB"로 줄임), 국방군사연구소, 『한국전쟁 사료 총서』 17(이하, RCIA II로 줄임), pp.216~217 ; "Command Report" Sep. 1952, 14/338.

〈표 1〉 수용소 포로 통계[18]

(단위: 명)

	북한군	중국군	소 계	누 계
1950.7	39		39	39
1950.8	1,706		1,706	1,745
1950.9	9,074		9,074	10,819
1950.10	51,859		51,859	62,678
1950.11	35,465		35,465	98,143
1950.12	37,730	1,245	38,975	137,118
1951.1	102	115	217	137,335
1951.2	2,121	190	2,311	139,646
1951.3	4,083	122	4,205	143,851
1951.4	15	1,750	1,765	145,616
1951.5	1,366	5,214	6,580	152,196
1951.6	956	8,525	9,481	161,677
1951.7	254	407	661	162,338
1951.8	395	95	490	162,828
1951.9	1,848	492	2,340	165,168
1951.10	852	1,510	2,362	167,530
1951.11	495	750	1,245	168,775
1951.12	103	150	253	169,028
1952.1	37	88	125	169,153
1952.2	83	34	117	169,270
1952.3	104	42	146	169,416
1952.4	1,248	14	1,262	170,678
1952.5	90	0	90	170,768
1952.6	91	53	144	170,912
1952.7	73	73	146	171,058
1952.8	72	21	93	171,151
1952.9	118	6	124	171,275
1952.10	1	9	10	171,285
1952.11	0	97	97	171,382
1952.12	1	6	7	171,389
1953.1	14	1	15	171,404
1953.2	22	5	27	171,431
1953.3	3	7	10	171,441
1953.4	0	0	0	171,441

[18] HQ UNC, "A Tabulation of the Number of Korean and Chinese Communist POWs(1950.7.15~1953.7.28)", 19/338.

1953.5	0	5	5	171,446
1953.6	0	12	12	171,458
1953.7	0	36	36	171,494
	150,420	21,074		

1950년 10월 19일 국군과 미군이 평양을 함락시켰을 때, 이날 밤부터 펑더회(彭德懷)를 총사령관으로 하는 중국군은 압록강을 건너 한국전쟁에 참전했다. 이로써 한국전쟁은 중국군 개입이라는 새로운 국면을 맞게 되었다. 중국군의 규모는 4개 군 12개 보병사단, 3개 포병사단 약 26만 명을 비롯해 예비대로 2개 군의 8만 명이였고 제2, 제3단계로 20여 개 사단 수준이었다.[19]

10월 25일 국군 제1사단 제15연대가 북한군 복장의 중국군을 포로로 한 이래, 미 제8군에서 5명, 제10군단에서 2명 등의 중국군 포로를 확인했다. 하지만 미 제8군사령부는 야전부대들이 대규모 중국군과의 교전에 대해 보고한 적이 없어서 중국군이 한국전에 실질적으로 개입하고 있다는 사실을 받아들이려고 하지 않았다.[20] 미군 정보당국은 운산에서 잡은 포로 344명 가운데 단 2명만 중국군이라는 점, 서로 모순된 진술 등을 이유로 중국군의 공개적인 개입(open intervention) 징후로 보기 어렵다고 결론을 내렸다.[21]

당시 미군은 중국군의 개입 가능성을 인식했으나 적절한 대비책을 세우지 않았다. 그 사이 중국군은 유엔군에 막대한 인명 손실을 입히면서 1950년 12월 말 38선을 넘어서 이듬해 1월 3일 서울에 침입

---

[19] 柴成文·赵勇田, 『板门店谈判』, 解放军出版社, 1989, 97쪽 ; 중국 군사과학원, 오규열 역, 『중국군의 한국전쟁사』 1, 군사편찬연구소, 2002, 298~310쪽.

[20] 군사편찬연구소 편, 『미 국무부 한국 국내상황 관련문서 XI(Records of the U.S. Department of State, Relating to the Internal Affairs of Korea』, 315쪽.

[21] "Assistant CS, G-2 to CS, US Army: Chinese Communist Forces' Participation in the North Korean People's Army" Oct. 28, 1950, 170/319 Army Intelligence Project Decimal File 1949~1950, 군사편찬연구소, SN 1619.

했다. 이 시기는 유엔군의 포로가 다시 증대되었다.22)

평택, 제천, 삼척 등지까지 밀렸던 국군과 유엔군은 1951년 1월 25일부터 다시 반격에 나서서 2월 28일에는 한강에 도달했고, 3월 31일에는 38선 전역에서 공격을 전개했다. 이에 맞서 중국군은 4월 하순 제1차 춘계공세를 전개했고, 5월 중순경 제2차 공세를 계속했으나 유엔군의 반격을 이기지 못하고 많은 사상자와 포로를 내고 물러갔다. 이때 육군 제6사단이 용문산 전투와 화천 진격전에서 2,183명을 포로로 한 것처럼 5월에 5,000여 명과 6월에 8,500명 넘는 포로를 획득했다. 6월 15일에 유엔군은 철원에까지 이르렀고 이때부터 전선은 교착되기 시작했다.23)

1951년 7월 휴전협상이 시작되었으나 38선으로 할 것인지 현 접촉선으로 할 것인지를 둘러싼 군사분계선 논쟁과 포로문제 등으로 지연되는 동안 '피의 능선' 전투나 '단장의 능선' 전투 등 치열한 고지쟁탈전이 전개되었다[打打停停, 停打打].24) 이후부터 포로 규모는 크게 줄어들었다. 특히 1952년 10월 6일부터 15일까지 10일간의 백마고지 전투는 국군 제9사단과 중국군 제112사단·제114사단이 참여하여, 중국군 8,000명 이상을 희생시켰으나 포로는 50여 명에 불과했다. 10월 하순 국군 제2사단의 '저격능선' 전투에서도 중국군 3,772명을 사살한 반면 포로는 72명에 그쳤다.25)

---

22) 『한국전란 1년지』 B58~60쪽 ; "UNC Operation, No.8," Oct. 16~30, 93/218 ; "Provost Marshal Activities in Korea" April 1952, 17/338, p.3.
23) 「밴 플리트 제8군사령관, 追敵작전은 다대한 전과를 거두고 종료 성명」, 『경향신문』 1951년 6월 4일자 ; 전사편찬위원회, 『한국전쟁사』 6, 1973, 266쪽 ; 중국 군사과학연구원 군사역사부, 한국전략문제연구소 역, 『중공군의 한국전쟁사』, 세경사, 1991, 392~394쪽.
24) 李英等, 『揭開戰爭序幕의 先鋒: 40軍在朝鮮』, 瀋陽: 요녕인민출판사, 1996, 455쪽.
25) 정일권, 『전쟁과 휴전』, 340쪽 ; 정채호, 『그날의 산하』, 365·371~374·386~388·391~393쪽.

포로의 총 규모

포로의 규모에 대해, 1951년 6월 8일 유엔군사령부는 포로 대우에 관한 제네바협약26)에 따라 국제적십자사에 176,733명이라고 통보했다. 이후 13개월간 수용소에 수용 중인 포로의 수를 중국군 14,347명을 포함하여 총 163,539명으로 정정했는데27) 이는 포로의 수 가운데 중복된 자나 사망자 등을 제외한 것으로 보인다. 부산 병원수용소에서 발생한 사망자들은 부산 제2적군묘지에, 거제도 수용소의 경우에는 연사리 등지의 적군묘지에 매장했다. 1951년 11월 18일부터 12월 26일까지 사망자는 포로 107명과 민간인억류자 9명 등 116명이었다. 이 중 거제도 포로수용소 묘지에 37명이 묻혔고, 91명은 부산 제2적군묘지에 매장되었다.28) 1952년 1월 중 부산 적군묘지에 78명이 묻혔고, 거제도 적군묘지에 1951년 12월 27일부터 1월 20일 사이에 13명이 묻혔다.29)

한국군이나 미군은 포로의 규모를 파악하는 데에 혼선을 빚고 있었다. 먼저 국방부 자료에 따르면, 포로의 총 수는 1951년 6월 15일 중국군 포로 39,606명, 북한군 90,143명, 의용군 49,405명, 여자 663명, 기타 6,165명 등 185,382명으로 파악했다. 6월 28일 국군 헌병사령부는 중국군을 43,139명으로 계산하여 총 포로의 수를 191,291명으로 파악했다.30) 그러나 유엔군사령부의 자료에는 1951년 6월 말 인민군

---

26) 포로 대우에 관한 1949년 8월 12일자 협정으로 제3협약으로 불렀다(김정건 공편, 『국제조약집』, 연세대출판사, 1986, 759쪽).

27) "Special Report to the UN relative to the Handling of POW", 309/319 ; "US Aambassador to Secretary of State" Aug. 10, 1950, 29/389 ; Vatcher, William H., *Panmunjom: The story of the Korean Military Armistice Negotiations*, pp.126~128. 공산 측은 후에 휴전협상에서 176,733명에 근거하여 송환을 요구했다.

28) HQ, EUSAK, "Command Report" Dec. 1951, 군사편찬연구소, SN 1514, p.19·23.

29) EUSAK, "Command Report" Jan, 1952, 군사편찬연구소, SN 1515.

30) 『한국전란 1년지』 D3쪽 ; 한국헌병사 편찬위원회,『한국헌병사』, 1952.1, 389쪽, 391쪽. 그러나 같은 책에서 1951년 6월 1일 현재 국군이 취급하고 있는 포로는

포로 144,516명과 중국군 포로 17,161명 등 총 161,677명으로 나타나 있다. 위와 비슷한 시기인 1951년 5월 27일, 중국 측도 그들의 포로를 20,700명이라고 한 것31)을 볼 때 국방부의 통계는 중국군 포로의 수가 과대하게 계산된 것으로 보인다.

미군 역시 보고체계의 미흡으로 전체 통계가 실제의 수보다 훨씬 많게 보고되었다. 미 제8군과 제10군단은, 1950년 12월 3일 총 포로의 수는 146,135명32)이며, 각각 66,200명, 14,236명을, 국군이 65,124명, 터어키군이 54명 등을 수용하고 있는 것으로 파악했다. 그러나 1950년 12월 7일 미 제8군, 제10군단 및 국군 수용소에 있는 포로의 총수는 133,788명이었다. 이러한 차이는 미군이 포로 중 포함되었던 민간인을 비전투원으로 파악하여 석방했기 때문이었다. 미군도 이를 인식하고 제8군사령부에 포로를 인수할 때, 그 수를 확인하도록 했다.33)

한편 1954년 7월 26일 미군 적 포로정보국(Enemy Prisoner of War Information Bureau Korean Section)에서는 포로의 총 규모로 인민군 포로 156,902명, 중국군 포로 22,192명 등 179,094명이라고 보고했다.34) 이 통계는 미군 헌병대의 통계를 정리한 〈표 1〉에 나타난 수와 7,600명의 차이를 보이고 있으나,35) 전투 중 부상으로 인해 도착 즉시 사망

중국군 253명, 북한군 13,383명, 의용군 25,548명, 여자 107명, 피난민 378명, 기타 1,411명 등 40,980명이었다. 미군이 취급하고 있는 포로는 중국군 2,207명, 북한군 69,289명, 의용군 25,607명, 여자 486명, 피난민 947명, 기타 3,301명 등 101,837명이었고, 모두 합하면 142,817명이었다(『한국헌병사』, 30쪽).

31) 邊麗君·馮金暉, 『朝中戰俘 遣返內幕』, 70쪽.
32) 유엔군은 1950년 12월 15일까지 사로잡은 공산군 포로가 145,000명을 넘었다고 하는 통계도 있다("Special Report to the UN relative to the Handling of POW", 309/319, p.4).
33) "CINCUNC to HQ, Eighth Army" Dec. 4, 8, 1950, 679/338.
34) Enemy Prisoner War Information Bureau(EPWIB) Korean Section, "Accounting of POW, Korean Conflict" July 26, 1954, 20/389.
35) 한국언론 자료 간행회, 『한국전쟁 종군기자』 2, 1987, 229쪽 ; Johnson, U. Alexis, *The Right Hand of Power*, New Jersey: Prentice Hall, Inc., 1984, p.132. 포로수용소

한 자와 수용 중 사망한 자 등이 포함되어 있어서 전체 사망자의 규모를 파악하는 데에 유용하다.

빨치산포로

전쟁 초기에 국군이 후퇴하면서 정규 병력이 부족해지자, 보충된 경찰병력이 획득한 빨치산포로가 있다. 좌익빨치산들은 남한 내 좌익동조세력 외에 인천상륙작전 이후 퇴로가 막힌 인민군들로 지리산, 태백산 등지에서 게릴라 활동을 했다. 이들은 유엔군의 통제를 받지 않고 한국 정부에서 광주와 남원에 수용소를 설치하여 관리했다. 전쟁 시기와 휴전 후 남한지역에서 게릴라 활동을 하다가 경찰에 의해 생포된 빨치산은 1950년에 16,291명, 1952년 8,831명 등 1954년 6월 말까지 27,698명에 이르렀다.[36] 이들 가운데 수용 중 발진티푸스, 대장염 등으로 많은 희생자가 발생했고, 1951년 말부터 1952년 말까지 광주 포로수용소에서 인민군 출신 포로 가운데 환자와 부상자를 제외하고 2차례 150여 명을 거제도 수용소로 이관했다. 이후부터 광주 포로수용소 간판에서 포로라는 명칭을 제외시켰다고 한다.[37]

빨치산포로에 대한 당시 군 당국은 2가지로 나누어 처리했다. 남한주민이라 하더라도 북한군이 조직한 빨치산부대에 편입되어 본국인 한국에 대항하다가 포로가 된 경우에는 제네바협약에 의한 포로

의 인사참모부장 대리 가벨 대령은 포로의 수가 약 186,000명이라고 진술했다 (Co. Francis S. Gabel' Interview, formerly Ass't Chief of Staff G1, POW Command, Jan. 10, 1954, Major Henry A. Jeffers and Corporal L. Reinhart, FEAF, 8086th AU, M.H.D, "Maintenance of Troop Strength in Korea" April 1954, SN 438).

[36] 『한국전란 1년지』 D2쪽 ; 『한국전란 2년지』 D4쪽, 제6표 ; 『동아일보』 1950년 11월 10일자 ; 『한국전란 3년지』 D1쪽 ; 『한국전란 4년지』 D2쪽 ; 『한국전란 5년지』, 1956, D3쪽.

[37] 허찬행·이찬근 증언, 2006.8.10, 대전 ; 이태, 『남부군 비극의 사령관 이현상』, 학원사, 1990, 31~32쪽.

대우를 하도록 했다. 하지만, 아군의 점령지에서 대한민국을 변란시킬 목적으로 조직된 폭도의 단체인 빨치산부대에 편입되었거나 혹은 적의 정규군에 편입되었다고 하더라도 아군의 공격으로 인하여 적군의 직접적인 지휘명령에 의한 조직적인 적대행위를 감행하지 못하고 산악지대에 잠복하여 마을을 습격함으로써 주민의 의류, 기타 식량을 약탈하거나 경찰지서를 습격하여 경찰관 또는 양민을 살상하는 등 반국가적인 적대행위를 하다가 체포된 경우에는 폭도에 불과함으로 국내법에 의한 군법회의에서 이를 처벌하도록 했다. 미군사고문단에서도 작전 중 체포된 한국인을 심문하여 분류할 때 포로로 대우해야 하는 유격대로 남용하지 말고, 피난민 혹은 소개인 등으로 구분할 것을 권고했다.[38]

생포된 빨치산의 처리경과를 보면, 1953년 12월부터 1954년 9월 30일까지 붙잡힌 빨치산 402명 가운데 31명은 석방되고 38명은 수용 중 사망했으며 나머지는 재판을 거쳐 40명에게 사형이 선고되었다.[39] 사형을 면한 이들은 감옥에 수감되었다. 이들은 비전향장기수,[40] 장기 수감중 전향자, 일반 석방자 등으로 나눌 수 있다. 장기간 수감된 빨치산들은 재소 중 전향공작을 받았으나,[41] 끝까지 거부한 경우도 많았다. 그 대표적인 인물은 1993년 3월 19일 판문점을 통해 북송했던 이인모의 경우였다. 그는 1950년 전쟁이 발발한 후 인민군 문화부 소속 종군기자로 낙동강 전선까지 남하했다가 인천상륙작전으로

---

[38] 「의용군(부역)처리에 관한 건 응신」 1952.2.13, 육본 법무감실, 『육군법무관계법령급 예규집』, 1953.8, 22~23쪽 ; 「미 제8군사령부지시(포로체포 혹은 구금한 한국인의 적절한 분류)에 대한 재시요청지건」 1952.3.3, 같은 책, 30~31쪽.
[39] 육군본부 인참부, 「포로관계철(1953~54)」, 육본 기록정보관리단 ; 김정남, 『나의 동지들』, 평양: 문학예술출판사, 2005, 21~33쪽.
[40] 반공법, 국가보안법 등의 위반으로 7년 이상 장기간 수감되었으나 사상전향을 하지 않는 공산주의자를 의미한다.
[41] 사상전향 제도는 위헌판결이 내려지면서 1998년 7월 폐지되었다.

낙오되어 지리산으로 들어갔다. 그는 경남도당 선전부장 대리로 빨치산 신문을 만들다가 1952년 지리산에서 부상을 입고 포로가 됐다. 그런데 석방된 인민군 출신 가운데 일부는 자신들이 포로로 처리되지 않고 부역자 처리를 위한 '전시하 비상사태 특별조치법'과 국방경비법의 위반자로 처리되었다면서 북송을 희망했다. 방장련은 자신과 같이 '부당하게 처리된' 인민군 포로가 1,000명 쯤 된다고 주장했다.[42] 그 규모를 정확히 파악하기 어렵지만 송환희망자는 그다지 많지 않다.

2) 포로의 구성

(1) 포로의 분류

전쟁 중 공산포로의 규모는 거의 18만 명에 이르므로 이들을 세분하여 고찰하고자 한다. 전체 포로 가운데 여성포로는 1951년 12월 현재 중국군 포로 1명, 민간인억류자 150명 등 모두 668명[43]에 지나지 않았으므로 성별 구분을 하지 않고, 국적과 이념적 요소와 결부된 귀순 동기별로 살펴보고자 한다.

북한군과 중국군 포로

먼저 포로들은 출신에 따라 북한군 포로, 중국군 포로,[44] 전 한국

---

42) 「인민군 포로도 억류됐다」, 『한겨레 21』 326, 2000.9.28 ; 『민족 21』 2001.5, 34~35쪽 ; 「2차 송환희망자 연속 인터뷰」, 『민중의 소리』 2004.8.26.

43) 『신한민보』 1951년 12월 20일자 ; Bieri, Fred, "UN POW Camp No.1 Kojedo and POW En. No. 10, Pusan" Jan. 4 to 16, 1952, "ICRC Report of Visit POW Camp", 군사편찬연구소, SN 1853.

44) 중국군 포로 중 일본국적 마츠시쯔(Kazuyoshi Matsushits)는 중국군 제58사단으로 참전하던 중 포로가 되었다. 그는 일본군으로 1944년 12월 20일 실종이 되었으므로, 일본에서 1947년에 사망자로 처리되었다. 유엔군은 그에게 포로 번호 제1

군 포로, 북한 및 남한 출신 민간인포로 등으로 구별할 수 있다. 이 가운데 민간인포로는 민간인억류자로 따로 다룰 것이다.

첫째, 북한군 포로는 유엔군 측 휴전협상 대표였던 조이(Joy, C. Turner) 제독의 지적처럼, 그들 대다수가 자발적으로 투항한 것이 아니라 인천상륙작전 이후 맥아더의 거대한 덫에 걸려 붙잡혔다.[45] 그러나 포로의 성향은 다양해서 열렬한 공산주의자도 있었으나, 전쟁 초기 상당수는 순진한 농부들로서 경비병이 없이 후방으로 보낼 수 있을 정도였다. 이들 중에는 언제 유엔군에 가담해서 공산주의자들과 싸울 수 있느냐고 질문하여 유엔군 측을 놀라게 하는 포로도 있었다.[46] 이와 같이 포로들은 모두 유엔군에 의해 생포된 것이 아니라 투항한 경우도 있어서 그들 사이에는 이념적 요소가 복잡하게 존재했다.

북한군 포로의 대다수는 군복무 기간이 6개월 이하로 전쟁 직전에 징병된 경우가 많으므로 훈련이 제대로 되어 있지 않았다. 북한군 포로는 평균적으로 일제하에서 4년간의 교육을 받은 24세였다. 포로들의 연령은 16세 이하와 45세 이상은 소수에 그쳤고, 86%가 18세에서 35세였다. 16세 이하는 1951년 10월 당시 2,641명이었다.[47] 이들의 15% 정도가 문맹자였으며, 해방이 된지 겨우 몇 년 만에 전쟁이 일

번을 부여하여 국제적십자사에 통보했지만, 포로명단에 포함시키지 않았고 후에 일본으로 송환되었다("CINCUNC, Tokyo to CINCUNC" Feb. 10, 1952, 12/389). 실제 포로번호 1번(KIM HYO SHING)은 북한군 포로였다.

[45] Joy, C. Turner, *How Communists Negotiate*, pp.147~148.
[46] 중앙일보사 편, 『민족의 증언』 4, 1983, 22~24쪽 ; 윌리암 린드세이 화이트, 조영철 역, 『한국전쟁 포로』, 국방부전사편찬위원회, 1986, 34~35쪽 ; "Communist Utilization of POW", Oct. 1952, p.5 ; Vatter, Hal, *Mutiny on Koje Island*, pp.98~99.
[47] 『신한민보』 1951년 12월 20일자 ; "Command Report" Oct. 1951, 4980/407. 이 때문에 어린이가 3,000명이라는 주장도 있었다(Robin, Ron Theodore, *The Making of the Cold War Enemy: Culture and Politics in the Military-Intellectual Complex*, p.146).

어났기 때문에, 일부를 제외하고는 교육을 제대로 받을 기회가 없어서 어떤 교육에도 쉽게 영향을 받을 수 있는 상황이었다.[48] 이들 대다수가 농부였으며 직업 군인은 단지 1.4%에 불과했다. 이와 같이 낮은 교육 수준과 북한에서 불합리한 생산 할당, 강제 공출, 국가소유의 임차인 수준에 그치는 토지개혁, 노동력 징발, 식량부족 및 친척이나 친구의 숙청 등을 경험한 농부 출신의 포로들은 전쟁의 우세에 따라 이념의 경향이 변화될 가능성이 있었다.[49]

둘째, 22,000명 규모였던 중국군 포로는 우천터(Woo Chen The, 포로번호 719663) 소장을 비롯하여 장성급이 6명, 영관급 41명, 위관급 600여 명, 일반사병 20,000여 명으로 구분할 수 있다.[50] 미 육군 헌병사령부에서는 중국군 포로 가운데 전 국민당군 출신이 30%를 차지했고, 그 외 약 30%는 1948년 이후 징병되었으며 25%는 내전시기 제대자, 15%는 태평양전쟁 제대군인 등인 것으로 파악했다.[51]

---

[48] "Psywar Report" Dec. 1952, 15/338, pp.58~62.

[49] Kendall, Willmoore, "Beliefs of Enemy Soldiers about the Korean War", Operations Research Office, The Johns Hopkins University, 1952, pp.64~65 ; Hansen, Kenneth K., *Heroes behind Barbed Wire*, New York, 1957, pp.316~323 ; Lt. Col Schafer, R.W., "Program of Education and Recreation for oriental POW", 1956, pp.6~7.

[50] 邊麗君・馮金暉, 『朝中戰俘 遺返內幕』, 70쪽 ; GHQ FEC/UNC, "Command Report" Aug. 1953, 군사편찬연구소 HD 1563, p.97 ; Xu Yan, "The Chinese Forces and their Casualties in the Korean War: Facts and Statistics", *Chinese Historians*, Fall 1993, pp.57~58.

[51] 션즈화, 최만원 역, 『마오쩌둥, 스탈린과 조선전쟁』, 선인, 2010, 410쪽 ; US Army Military Police Board, Forte Gordon, Georgia, "Control and Administration of POWs during the Korean conflicts" May 1957, 30/389, p.51.

〈사진 1〉 대만에서 전 국민당 출신 포로를 기다리는 가족

　중국군 포로 가운데 반공적인 성향이 강했던 16,768명(거제도 제72호와 86호수용소)에 대한 조사라는 한계를 지니지만, 그들의 사회경제적 배경을 살펴볼 수 있다.52) 그들은 44.8%가 문맹이었으며, 81.2%는 3년 이하 교육을 받았을 뿐이며, 93.6%가 고등교육을 받지

---

52) "Psywar Report" Dec. 1952, 15/338, pp.58~62 ; "Vital Statistical Survey of Chinese POWs" 1952, 1/333.

않았다. 그들 중 0.2%만이 대학을 다녔으며, 장교와 사병의 학업의 평균 연한은 28.4개월이었다. 좌익포로의 교육 평균은 25.4개월로 전체 평균보다 낮으나 이전 국민당군 출신은 31.4개월이었다. 연령별로는 18세에서 35세까지가 91.9%로 대다수를 차지했다. 지역분포는 35.9%가 남서 지방, 30.7%는 북방 지역 출신이었고, 11.1%는 만주지역, 그리고 사천성 출신이 28.9%였다. 이들 사천성 출신 대부분은 국민당 제95군 출신으로 반공적 성향이 강했다. 직업별 분포를 보면 50% 이상이 직업군인이었고, 30.9%는 농민이었다. 직업군인 중에 상당수는 전 국민당군이었다. 또한 이들의 결혼 여부는 미혼과 기혼비율이 23:10으로 미혼자가 많았다. 복무기간은 1년 이하가 46.7%이었고, 32.7%는 1~2년, 15%는 2~3년이었다. 이처럼 중국군 포로 중 상당수가 전 국민당군이었고, 미혼인 경우가 많았기 때문에 후에 많은 포로가 송환거부를 결정했으리라 생각된다.

셋째, 포로 중에는 국군포로들이 북한군에 잡혀서 다시 단기간을 교육을 받은 다음 해방전사라는 명칭을 붙여 편입되었다가, 다시 유엔군의 포로가 된 경우였다.53) 이들은 전 국군이었기 때문에 쉽게 유엔군에 투항할 수 있었는데, 그 규모는 한국 정부와 유엔군 측이 조사한 민간인억류자 중에서만 900여 명으로 밝혀졌고, 일반 포로 중에도 상당수 존재했다.54)

유엔군사령부는 북한군에 강제 편입된 전 국군을 포로로 분류할 수 없다는 방침이었다. 이들 중에서 보안상 위험이 없는 자는 한국군으로 돌려보내고, 나머지는 민간인억류자로 분류하여 1951년 6월

---

53) 강석오, 「중공군에 포로되어 43일」, 전남재향군인회, 『6·25가 남긴 증언』, 1986, 62쪽 ; 조성훈, 「한국전쟁 중 공산 측의 유엔군 포로정책에 대한 연구」, 한국근현대사학회, 『한국근현대사연구』 6, 1997, 230쪽 ; "DKB" Dec. 27, 1951, *RCIA II*, p.217.

54) 전 국군포로 37,000명을 자유송환하는 데에 공산 측이 동의했다는 기록이 있으나, 민간인억류자와 혼돈이 아닌가 한다(『한국전란 2년지』, A19쪽).

석방할 것이라고 발표했다.[55] 그러나 당시 국군도 이들을 불신했으므로[56] 상당수의 국군 출신 포로들은 수용소에 억류되어 있었다. 그 예로 육사 생도로 전투에 참여했다가 포로가 되어 북한군에 편입되었던 용태영이나 진주 출신이면서 전 국군 하사관인 박모, 1952년 6월에도 여전히 수용되었던 국군 낙오병 42명의 대표 리학규, 최규환, 조성균, 리연국 등이 그들이다.[57] 전쟁이 나던 해 3월 중학교를 중퇴하고 19세 나이로 학도병으로 입대했던 허병욱(Heo Byong Wuk)의 사례처럼 정규군이 아닌 경우에도 인민군으로 오인돼 석방되거나 부대로 복귀시키지 않고 민간인억류자의 대우를 받아 수용소에서 1952년 하반기까지 계속 억류되었다.[58]

투항자와 귀순자

포로들은 발생 과정에서 투항자, 귀순자 등으로 나눌 수 있다. 1950년 10월 17일 사리원에서 북한군 150명이 미 제7기병연대에 투항했다.[59] 거제도 제78호수용소의 한 포로는 1951년 11월 5일 교육시간의 설문조사 때, 송환되면 자신은 유엔군에 투항을 했기 때문에 죽음을 당할 것이라며 결코 북으로 돌아가지 않을 것을 분명히 했다.[60]

---

[55] "Conversation: POW" July 25, 1952,『남북한관계사료집』12, p.261 ; "Major, Charles' Report" July 29, 1952, 21/338 ; "North Korean and Chinese POW" Sep. 19, 1952, 『남북한관계사료집』12, p.303. 전 국군포로 가운데 민간인억류자로 처리되어 한국군으로 이관된 명단은 다음과 같다. 최병국[142387], 한의태[142391], 황석[140939], 임창수[140969], 김인선[121571], 김종일[140948], 김상오[125571] 등이었다. 김상오는 1951년 6월, 최병국·황석 등은 1951년 12월, 나머지는 1952년 2~3월에 수용소에서 나갔다.

[56] 주영복,『내가 겪은 조선전쟁』2, 76~77쪽.

[57] 용태영,『황야의 노방초』, 진선미출판사, 1996, 269~274쪽 ; "POW's Petitions" June 1952, 12/389.

[58] 「6인 무명학도병 「무덤지기 30년」/정읍 하매마을 참전용사 허병욱 씨」,『세계일보』1990년 6월 24일자.

[59] 「전쟁포로 예비 신문조서」1950.10.22, 군사편찬연구소 사료, 90~3331.

심지어 남로당이나 북로당의 출신도 북한 체제에 대한 실망으로 투항을 했다고 밝히고 있다.[61] 투항자 가운데에는 중국에서 강제로 편입된 조선의용군 출신 가운데에도 개인의 의지가 반영되지 않았던 경우도 있었을 것이다.[62] 한 포로에 의하면 투항자가 많이 발생하자, 북한 최고인민회의에서 1951년 10월 25일 투항자의 가족 가운데 18세 이상에게는 2~5년까지 징역형을 받도록 하는 법령을 제정해서 일선의 인민군에게 심리적 압박을 했다고 했다.[63]

특히 귀순자는 후에 송환을 거부해서 휴전협상과 수용소 갈등의 중심이 되었다. 이들은 심문할 때에도 협조적이었고 질문에 충실하게 답변했다.[64] 북한군이 승리하던 전쟁 초기에는 귀순자가 드물었으나, 1950년 8월 말에 25명, 9월 말에는 203명, 10월 말에는 635명 등으로 꾸준히 증가했다. 한국 육군의 전과에 따르면, 1950년 6월 25일부터 1952년 6월 30일까지 총 포로 88,448명 가운데 귀순자는 2,823명이었고, 1952년 6월부터 휴전까지는 428명이었다. 이 시기에 해군도 각각 1,332명과 33명의 귀순자가 있었다. 전체 통계는 약간 차이가 있어서 5,681명이었다.[65] 그 규모는 육군이 획득한 전체 포로 가운데 3.2%에 불과하여 그 비중이 그다지 크지 않았으나, 해군의 경우에는

---

[60] 「78호의 한 포로의 청원서」 1951.11.5, 2/333.
[61] 주영복, 『내가 겪은 조선전쟁』 2, 317~318쪽 ; 「6·25후 중립국행 선택 전쟁 포로 27명」, 『조선일보』 1998년 10월 14일자.
[62] 김중생, 『조선의용군의 밀입북과 6·25전쟁』, 명지출판사, 2000, 143·147·267쪽.
[63] Office of the Assistant Chief of Staff, G-2(302nd Mil Intel Svc Co), HQ EUSAK, "POW Preliminary Interrogation Report: 俞承勳(함북 나진군 관해면 서리)" 28 Nov. 1951, 군사편찬연구소, SN 1716 ; G-2. GHQ, FEC, "Staff Section Report" Dec. 1951, SN 1613.
[64] Office of the Assistant Chief of Staff, G-2(302nd Mil Intel Svc Co), HQ EUSAK, "POW Preliminary Interrogation Report" Nov~Dec., 1951, 군사편찬연구소, SN 1716.
[65] 『한국전란 1년지』 D1쪽 ; 『한국전란 2년지』 D1·D3쪽 ; 『한국전란 4년지』 D1·D2쪽 ; 나종삼, 『진천·화령장전투』, 1991, 국방부 전사편찬위원회, 214~215·225~226쪽.

46%에 이르렀다. 전쟁이 1년 이상 지속되었기 때문에 국군의 경우도 약간 더 늘었을 것이고, 유엔군 전과 가운데에도 귀순자가 포함되어 있을 것이다. 유엔군의 경우에 귀순자의 규모를 확인할 수 없지만 유엔군이 획득한 포로 규모가 국군의 경우보다 약간 적은 수준[66]이었던 점에 비추어, 전체 귀순자의 규모는 1만 명 정도로 추산할 수 있겠다.

귀순자의 유형은 먼저 북한 정치체제에 불만을 품고 있는 사람들로, 이들은 대개 전 지주, 일본에서 교육을 받았던 몇몇 분야의 전문가들로서 대부분 부르조아 계급 출신이었다. 이들 가운데 상당수가 남한으로 탈출을 했지만, 미처 이남으로 나오지 못한 이들은 북한에서 핍박을 당했을 것이다. 1948년에 정치보위부에 반동적 행위로 인해 체포된 자가 1,284건에 2,734명이었다. 1949년에는 정치범의 수가 증가하여, 상반기 동안만 이미 665건에 2,771명으로 크게 늘었다. 북한에 편입된 우익이나 중립세력들도 북한의 조치에 대체적으로 지지하는 입장이었으나, 남한에서 자신의 당을 전쟁에 동원할 만큼 적극적인 조치는 없었다.[67] 이들 북한군은 포로가 된 후 자신들이 강제로 징집당했다고 주장했다.

북한군 제8사단 제7연대 제6대대 소속의 전사 김창일은 1950년 9월

---

[66] 한국군이 포로로 한 경우는 육군이 1950년 6월 25일부터 1952년 6월 30일까지 91,251명이었고, 해군은 같은 기간에 4,227명이었다. 그리고 1952년 6월부터 종전까지 육군의 전투 성과는 1,702명이었고 해군은 74명이었다. 그러므로 전쟁 중 한국군이 포로로 한 총 수는 97,274명이었다. 미군을 비롯한 기타 유엔군이 획득한 포로의 수는 1950년 9월 말까지 3,319명이었고 10월 말에는 38,250명으로 늘어났으며 11월 말에는 81,765명에 이르렀다(『한국전란 1년지』 D1쪽 ; 『한국전란 2년지』 D1-3쪽 ; 『한국전란 4년지』 D1-2쪽 ; US Army Military Police Board, "Monograph, Control and Administration of POW during the Korean Conflict" 1957, 30/389, p.3).

[67] 슈티코프, 「북한의 정치, 경제 상황」 1949.9.15, 『소련 극비외교문서』 3, 40~41쪽 ; 슈티코프, 「미국의 개입과 관련하여 현 북한정세보고」 1950.7.1, 같은 책, 74쪽.

10일 부대를 탈출하려다가 보안대에 의해 체포된 후, 10월 4일 재차 탈출하여 유엔군에 투항했다. 그는 군대를 싫어했고, 싸우기를 원치 않는다고 말했다. 고영근도 인민군 입대를 피해 산 속으로 피해 있다가 공산당원들이 가족들에 해를 끼칠 것을 두려워 입대한 후 1951년 10월 22일 귀순했다. 또 다른 포로는 자신이 소속된 수송 중대원들 가운데 많은 병사가 반공주의자라고 말했다.[68]

또한 귀순했던 한 북한군 소좌는 유격대의 포섭공작에 의해 귀순하면서 진남포항 기뢰 부설현황 등을 포함한 항만시설 도면을 가지고 나와서 주요한 정보를 제공했다.[69] 후에 중립국을 선택했던 이준희도 "16세 나이에 전교생이 집에도 가보지 못한 채 전쟁터로 끌려왔다"며 그들의 징집이 강제성을 띠었음을 진술했다.[70]

귀순 요인을 좀더 구체적으로 살펴보면, 첫째 조선민주당계열의 우익청년학생들처럼 북한체제에 회의적이거나 불만을 품은 포로들의 존재를 지적할 수 있다. 이미 포로가 되기 전부터 공산주의에 회의적인 경우가 많았다. 주영복은 1946년 인민군에 자원입대하여 1950년 9월 19일 김포에서 포로가 될 때, 공병 중좌였다. 그는 자신이 "인민군으로서 나는 누가 보더라도 직분에 충실한 훌륭한 군인이었다. 그러나 전쟁에 대한 회의와 자유에 대한 그리움은 내 가슴 구석에 끊임없이 번민을 만들어냈다……무엇이 우리로 하여금 동족끼리 서로 죽이고 죽는 사태를 빚어 놓았단 말인가. 시간이 갈수록 난 전쟁 도발자인 김일성과 스탈린이 증오스러웠다"고 번민했다. 그는

---

[68] 「전쟁포로 예비 신문조서: 전사 김창일」 1950.10.20, 군사편찬연구소 사료 90~3331 ; Office of the Assistant Chief of Staff, G-2(302nd Mil Intel Svc Co), HQ EUSAK, "POW Preliminary Interrogation Report: 金任出(함북 청진시 천마리)" 30 Nov. 1951, SN 1716 ; 황세준, 『신생의 날』, 107~109쪽 ; 고영근, 『우리 겨레의 나아갈 길』, 생활개혁운동본부, 2001, 174~175쪽.
[69] 강기천, 『나의 인생여로』, 계몽사, 1996, 119~120쪽.
[70] 「6·25 후 중립국행 선택 전쟁 포로 27명」, 『조선일보』 1998년 10월 14일자.

포로 심문시 그가 않고 있는 정보를 제대로 제공하지 않으면 부역자 단체 명단에 넣을 것이라고 위협하기도 하였다. 북한군 병사들에 대한 심문은 미군 당국이 강점을 갖고 있었지만 민간인 억류자 심문의 경우 미군의 정보 수집 활동의 문제점이 곳곳에서 노출되고 있었다.[71]

동계 상황으로 잡은 중 미군의 동원이나 장비에 장애가 많이 일어났는데 그 결정적인 원인은 미군이 사전에 상상한 것보다 훨씬 많은 수의 인민군 포로와 이후 분류된 민간인 억류자들이 공존하고 있었기 때문이다. 인원상으로 가중되고 있는 적대자 사기지들을 관리하기 위해서 미군은 이중 삼중의 감시 체계를 두고 미군과 한국군 헌병, 포로 중 선출된 자들이 공동으로 감시하는 체계를 가동하였다.[72] 1950년 미군 포로수용소에는 그 때까지 유례없던 매우 활동조직이었다. 만일 북한군 포로 중에 미군 정부에 적극 부역한 자들이 있다면 이는 그들이 가졌던 정치적 기회들의 계급주의적인 잠재성을 뜻하는 사람이 없었다고 볼 수 없다. 해방 대성인이 되어서 이들이 경제적으로 성공했다고 추청해 볼 수 있는데, 특이한 정황은 제네시이다 두드러지게 발표되고 있다. 그들 중 11명과 특이하게 유업공관을 유리하게 생각하고 활용하여 새양이에 동물들을 남겼고, 유업에 상당히 추정하고 열심이 경청이 교수상태에 있던 1952년 1월 14일 경정도 있고 각 목수하였다.[74]

---

71) 「대한민국육군작전총본부 정기 보고」 프로파간다 대책현도,『 민사자료』, 1951년 12월 24일자 ; 주진욱,『 76일의 프로파간다』, 31쪽 ; "ATIS Intelligence Report No. 1369; Chu, Yong Bok, Sep. 26, 1950; 국사편찬위원회,『 남북한관계사료집』 24, 1996, pp.388~390.
72) 서대철,『 석녀』, 135·149쪽 ; 주영복,『 내가 겪은 조선전쟁』 2, 167쪽 ; "Allied Translation and Interpretation Section(ATIS), No. 14" Sep. 27, 1950, "남북한관계사료집』 25, p.50 ; Office of the Assistant Chief of Staff, G-2(302nd Mil Intel Svc Co), HQ EUSAK, "POW Preliminary Interrogation Report; 御茶(舎監)(포로) 재山섬 2연대, 警務 나갔던 공병대 사건)." Nov. 28, 1951, 국사편찬위원회, SN 1716.
73) 수도신문,「 미군이 개입한 평양경찰 후 유엔공세하고, 1950.7.1.『 주일 타이피고 공사』 3, 74쪽.
74)「 장정도로 예비 신인공조사; 주진 김정칠, 1950.10.22, 공소사편찬위원회 자료, 90~3331.

김일성고지 및 제732고지에서 김성원 가족들을 찾으려고 38일간이나 신공장 공원이고 활약했다. 주장하던 그 자신이 미공고 장비 우리를 이용공으로 포로로 잡혀있다가 그는 "미국고 장비 우리를 이용공으로 포로로 바꿨다"며 이용공들을 호소했다.[75]

〈자료 1〉 중국군 포로 석방 기념사진(장윤식기증)

새터로는 유엔군 진지의 영향을 떠나서 가공성 경향이다. 유엔 포로 집중 중 이미 1952년 1월 조지가 유엔군고 중공군이 특정한 것 고려가 한국어 8월 6월인 때 이상의 정당을 장축했다. 1952년 1월 조 영국인 중인 배경 정당이 1,800만 매가 되었다.[76] 유엔공사정부에

75) "52달 가족 김성원선" '명인화보', 『동아일보』, 1990년 6월 24일자.
76) "Psywar Operations, 2 through 8 Jan. 1952," Jan. 12, 1952, PSB 387.4 Korean /HSTL
(등리만 대통령도서관), p.8. 중동공사령부에서는 재로부터 수거에 의해 작성된 1만
명 총이는 데에 1만 15만 정당가 포로들로 데어 마음에, 김성원의 경우 7월 1일을

서 군사적 심리전 효과를 최대로 얻기 위한 것이 프로에게 상당한 영향력을 미쳤음을 알 수 있다. 1952년 5월을 중순으로 32명과 하명한 포로 65명을 조사한 결과, 특히 전향자의 경우 삼선사상에 긍정적으로 반응한 비율적으로 영향력을 받은 자가 각각 25%, 35.36%로 나타나고, 개 공산 당수가 각각 40.6%, 46.15%, 생황된 포로의 경우 각각 34.37%, 18.46% 등으로 사 공산당 포로가 많다. 특히 1952년 9월 이후 포로 180명에 대한 집합에서 유엔군사령부의 라디오 방송, 신문, 대형스피커 방송 등의 효과에 대해 87명, 즉 48%가 그 영향을 받았다고 나왔다.[78] 또 1950년 10월 12일부터 시작된 미곡 심리전에 배치된 하지원 선전 대공군대(장총국 초속)의 방송을 듣고, 이를 지키 80명, 중향리 40명, 공강지구 80명 등 매일 10여 명쨰 기조했다. 이들 중 80% 이상이 그 방송의 영향을 인정했다.[79]

셋째, 유엔군 측의 선전 포로 동호이 이들이 돌아갈 동기로 되는 과정 등 공산군 측의 군중 진정 가능성을 엿볼 수 있다. 1950년 7월 중순 남북이 공주가 고령과 총백사 중앙로 유행하고 사동에서 나눠져 진격을 안양할 때, 미군이 개발한 비행기 매국에 적당한 수상이 없어 있으로 들어을 살포했다. 그 당시 정시가 부탁으로 뛰어내린 상은 이 개산인 대오 마국 개인의 영향을 발교 있었다는 것이다. 결국 그 투산의 경장부대에서 수송용을 계속 사업한 후 만분을 지산 에 진행했다.[80] 포로 소개동(3615)도 단체로 동치으로서 유행군이 자전 한 빌려줍다. 중공군시고구공중전이 그렇게도 보기 된 원 주에 이곳의 심부, 공산주의간에 싫나은 그를인 그 집 주 미군이

프로로 하는 데는 2,200달라가 들 뿐이어서 매우 경계적이라는 평가를 했다.

77) "Psywar Operations, 2 through 8 Jan. 1952," Jan. 12, 1952, PSB 387.4 Korean/HSTL, p.11; "Psywar Section Report," May 1952, 14/338, p.12.
78) "Command Report," July 1952, p.11, 14/338; "Command Report," Sep. 1952, 광동 상자.
79) 「고립된 독수리공」, 『동아일보』, 1950년 10월 18·22일자.
80) 김영호, 『324일: 6·25 공집 조국강의 진두실기』, 54~56·194~195쪽.

에 활발하였다. 양양군도 반공 청년으로 정기 시기에 북한의 정책 집행
에 협조했다가 인공 말기에 이용당하다, 후퇴할 적에 살해당할 운명
등 그 경로를 답습하게 이기지 못해서 가조했다고 한다.81)

용공분자 또 공산당 가두열성 분자 기타 강력한 종산분자를 우선으로 이
송한 듯 보인다. 세 때부터 용의자가 가지고 있는 것이다. 용공분자들
이 미군들의 포로가 되곤 하는 경우 총을 못 하는 가족에게 살해 당할
정도였다. 인공하에서 공산당의 정책을 실제 집행에 교량 되었다.82) 또
공공 이민에서 10월 18일 양양읍 중앙동 25일 신두리 부근에 또
살해했다. 이넘 공지난 가난해 둘 형 종산한 인민재판에 생활한 형
후 처형해 북한군이 후퇴하다가 1950년 4월 인민재판에 생활한 형
이를 제40군에 인도했다.83) 양양은 집결소 또 중장리 집결소 가서는
평양공지였으며 본성을 기록이기까지 수장됐다. 그 세대 중에
118살거나 제354명에 채니하게 인민재판으로 보선활동 되고 2형을 안내
해 1950년 11월 24일 미군 부대에 소탈했다.84)

1951년 5월 19~30일까지 광정리 집결소에서 종산주동들이 아랑집이 사
용되지 않아서 30~40원대 때 이 특활했으며, 배도지 것형하지
못한 이는 표시 교신이 이상 옥에 구급 정도 정환지 상이 있다. 상이자는
치가를 하지 않고 서상에서 이해하며 풀들이 결심 정도였다. 또
한 이들은 대다수 유리공이 강고 관광 정신들이 있었고 정시
맨발 것도 갔다. 중합 것이고 있어나 마에 옷이 닳고 일, 수가 되
고 지경에게 총배 있지 없지 사기들의 집원을 이별할 경우 있었다.85) 이들

---

81) 이양재 편,『항토향토유산지 강사』, 통강도향토유산기 강수동, 1992, 310쪽 ; "ATIS
No.1403", Sep. 27, 1950,『북한관계사료집』 25, p.47.
82) 상기,『정잡조기기』, 56·67~68·75쪽.
83) 「경찰포로 예비 신문조사 : 경사 李順林, 1950.10.28, 군사편찬연구소 자료 90~3331.
84) 「경찰포로 예비 신문조사 : 이사무장 王順漢」, 1950.11, 군사편찬연구소 자료 90~3332.

중 상당수는 유엔군에 협조적이었으며, 후에 대만으로 송환되기를 원했다.86)

이상에서 살펴본 대로 다양한 포로들의 구성은 나중에 휴전협상에서 유엔군 측이 자원송환원칙을 제시하는 배경이 되었다. 이에 대해 친공적인 호주 출신 특파원 버쳇(Burchett, Wilfred G.)이 북한군에는 정규군 외에도 수만 명의 남한 출신 의용군과 수천 명의 전 한국군이 참여하고 있다고 보도한 것87)처럼 공산 측도 포로들의 구성이 단순하지 않음을 알고 있었던 것으로 보인다.

(2) 민간인억류자

삼국시대를 비롯한 전통시대에는 전쟁에서 승리한 나라는 노동력을 확보하기 위해 전투원 포로보다는 민간인을 전리품으로 약탈해 가는 경우가 많았다.88) 현대 전쟁에서 민간인억류자란 전쟁 중 적군에 동반 혹은 복무한 민간인들을 보안상 이유로 억류하는 자들로서 상대국의 상선원을 비롯해 시민·공무원·외교관 등을 일컫는다.89)

유엔군은 민간인억류자의 범주를 정하기 위해 남한 출신 포로를 5가지 유형으로 나누었다. 첫째로 민간인 신분에서 자발적으로 북한군에 가담한 자, 둘째로 민간인 중에서 북한군에 강제로 복무한 자, 셋째로 한국군이 포로가 된 후 강제로 북한군에 편입된 자, 넷째로

---

85) 하진, 『전쟁쓰레기』, 44~45쪽.
86) 정채호, 『그날의 산하』, 353쪽 ; 강성호, 『용문산 전투』, 국방부전사편찬위원회, 1983, 226·232~233쪽 ; 쑨우지에, 조기정·김경국 역, 『압록강은 말한다』, 살림, 1996, 152쪽 ; Psywar Division, HUMRRO, "Wang Tsung-ming: Anticommunist", GW University, Nov. 1954, p.64.
87) "American 'voluntary' Repatriation explained", *People's China*, Jan. 1952.
88) 김진규, 『조선조 포로소설 연구』, 보고사, 2006, 22~23쪽.
89) "Staff Study on the Settlement of CI and POW" Aug. 1960, 61/389, p.1.

한국군 낙오병 가운데 실수로 억류된 자, 다섯째로 미군 보급창고에서 먹을 것을 훔친 자들과 민간인 복장으로 위장을 했지만 북한군일 가능성이 있는 자 등이다. 이에 대해 미 극동군사령부에서는 둘째와 다섯째의 경우만 민간인억류자로 분류해야 한다는 입장에 대해,[90] 유엔군사령부에서는 첫 번째의 경우도 주소지가 남한이었으므로 민간인억류자로 분류했다.[91] 결국 포로가 된 한국군과 낙오병 등을 제외하고 나머지는 민간인억류자로 처리되었다.

1951년 중반에 유엔군사령부는 제네바협약 제4조의 포로 범주에 포함되지 않는 사람들을 포로로 수속하지 말도록 지시했다.[92] 이후로 이 범주에 해당하는 자가 발생하면, 한국군은 우리 정부에서 제정한 1952년 4월 "비상사태하의 범죄처단에 관한 특별조치령"에 따라서 처리했다.[93] 이 법은 대통령령(긴급명령 제1호)으로 전쟁 당일 제정되어 1951년 1월 30일자로 법률 175호로 개정된 것으로, 비상사태 아래에서 행해지는 살인, 방화, 강간 및 군사 교통 통신 등 중요시설의 파괴와 훼손 등의 범죄를 처벌 대상으로 했다.[94]

민간인억류자의 구성

민간인억류자를 구체적으로 살펴보면, 첫째로 북한군이 서울을 점령하자 이전에 좌익활동을 했거나 좌익에 동조적인 자들이 자발적으로 인민군에 가담한 경우이다. 이들은 국군이 곧 궤멸당할 것이라

---

90) 국방부 전사편찬위원회, 『한국전쟁 휴전사』, 1989, 197~198쪽 ; Hermes, Walter G. *Truce Tent and Fighting Front.*, p.138.
91) "Internment of Subversive Koreans" Aug. 4, 1951, 807/338.
92) "HQ, EUSAK to CG, 2nd Logistical Command" Sep. 19, 1951, 807/338.
93) 유영옥, 「북한의 비전향자 송환요구에 대한 우리의 대응모형에 관한 연구」, 『극동문제』 1995.5, 39쪽.
94) 『한국전란 1년지』, C48·C72쪽.

고 믿고 자원한 경우가 많아서, 북한 정부가 "미제의 무력침공을 구축하고, 이승만 잔당을 소탕하기 위하여 해방된 남한의 노동자, 청년, 학생들이 참여할 것"이라는 주장에 동조했다.[95] 이미 서울이 함락되는 날 서대문 교도소에 수감되어 있던 좌익들은 '유격대', '선무공작대' 등의 부대를 편성하여 남진하는 인민군에 합류하기도 했다. 6월 29일 성균관대생 280여 명이 전선출동을 선동했고, 7월 2일과 3일에는 민주학련 산하 16,000명이 서울운동장 앞과 금화초등학교에서 "전선을 지원하자"라는 기치로 시위를 했으며, 동대문과 광화문에서 '애국학생궐기대회'를 개최했다. 그들은 시내 학생들로 하여금 빨치산 투쟁에 대한 참가와 인민군을 지원하기 위한 학생의용대를 편성하자는 안 등을 가결시켰고, 이에 따라 그 자리에서 남학생 325명과 여학생 68명 등이 의용군에 지원했다.[96]

〈그림 1〉 북한군의 의용군 지원 독려 선전전단, NARA

---

[95] 「전선출동을 기다리는 의용군들 맹훈련!」, 『로동신문』 1950년 7월 24일자.
[96] 『로동신문』 1950년 7월 6일자 ; 『조선인민보』 1950년 7월 14일자. 1997년 11월 고정간첩으로 기소되어 충격을 준 고영복 교수는 서울대 재학중 한국전쟁이 터지자 의용군에 입대했다가 생포돼 거제도 포로수용소에 수용됐다(「고영복은 누구」, 『한국일보』 1997년 11월 21일자).

이러한 동원과정에서 공산주의자들은 일부 민청원이나 당원의 자원입대를 유도하기 위해 거짓으로 응모한 경우도 상당수 있었다. 이는 충청도 아산군 둔포면에서 80명이 자원입대한다고 했으나, 선동자 20명이 빠진 60명이 상급기관에 보고되었으며 그중에서도 일부가 이탈하여 실제로는 그 수가 훨씬 줄어든 예에서 살펴볼 수 있다.97)

이들 중 일부는 "대한민국이 옳으냐 인민공화국이 바르냐 하는 확고부동한 태도가 아니라, 결국은 어느 쪽이 이길 것이냐 그럼 어느 쪽을 위하여 일하는 것이 유리할 것이냐"에 따라 판단했던 것으로 보인다.98) 그러나 자발적으로 입대한 대다수는 포로가 된 후에 남한 출신이면서도 이념적 성향 때문에 북한으로 송환되기를 희망했다.

둘째로, 북한군이 남한을 점령하자 '인민위원회'나 '민주청년동맹' 등에 가입하여 활동하다가 그들이 물러나면서 사로잡힌 경우이다. 시인 김수영은 북한군이 서울을 점령할 때 사상을 넘어 그들의 문학과 임화라는 사람에 대한 존경심으로 문학가동맹에 가입했다. 그는 1950년 9월 문화공작대라는 이름으로 의용군에 강제 동원되어 평남 개천으로 끌려가 1개월간 군사 훈련을 받았다. 그는 이때를 지옥과 같은 순간이라고 회상하면서 공산주의자들의 이념 전쟁에 죄 없는 시민들이 희생된다는 점에 분개했다. 틈만 나면 탈출을 시도하던 중, 유엔군이 평양을 점령하자 평양 북쪽의 순천에 배치되어 있던 그는 유엔군과 인민군의 혼전을 틈타 야간 탈출에 성공했다. 천신만고 끝에 서울 충무로의 집 근처까지 내려왔으나, 집 근처에서 경찰에 의해 체포당해 거제도 포로수용소에 수용되게 되었다. 아내는 임신까지 한 상태였는데, 정말 가슴이 무너져 내리는 순간이었다고 회고했다.99)

---

97) 예관수·조규동, 『한국의 동란』, 379~380쪽.
98) 김성칠, 『역사 앞에서』, 역사비평사, 1993, 98·103쪽.
99) 「시인 김수영, 그의 시선으로 그를 말하다」, http://blog.naver.com/wjdal1205/50073896442. 시인 정지용도 박창현이라는 가명으로 거제도 수용소에서 포로생

또한 인민군의 군수품 등을 수송했거나 보급을 지원하다가 잡힌 민간인의 경우이다. 예를 들면, 1950년 7월 19일 경북 상주군 상서면에서 인민군의 독려를 받아 가면서 소, 말과 양곡을 싣고 가는 민간인 2명이 인민군과 함께 포로가 되었다. 특히 인천 수용소에는 인민군을 도와주었던 전화교환수, 임시 간호사, 식당에서 일했던 부인들 등이 수용되어 있었다. 이들은 엄밀한 의미에서 북한군은 아니었다.[100] 이러한 소극적인 가담자들은 국군이 진격하자 체포되면서, 자신들이 인민군도 의용군이 아니므로 "군번없는 전쟁포로" 혹은 "포로 아닌 포로"라고 주장했다.[101]

〈사진 2〉 용산에서 붙잡힌 북한 민간인들(1950.9, NARA)

활을 했다는 주장도 있지만(김종욱,「시인 정지용의 北行 비화」,『월간중앙』 31~32, 2005.2), 1902년생인 그가 1933년생(포로 번호 98017)으로 속여 20대 행세를 했다고 하기에는 석연치 않다. 박창현은 고향을 함남 고원군 수동면으로 했고 연고지 주소도 강원도 신고산면으로 등록했다.

[100] 강용준,「반공포로석방」, 639~640쪽 ; 주영복,『내가 겪은 조선전쟁』 2, 41~42쪽 ; 나종삼,『진천·화령장전투』, 220~221쪽 ; "ICRC" Feb. 19, 1951, 12/389.

[101] 오세희,『65 포로수용소』, 20쪽. 그러나 전쟁 당시 거제도 포로수용소 기록에는 그가 인민군 전사(pvt)로 분류되어 있다(www.imhc.mil.kr/거제도포로수용자 DB).

셋째, 북한군에 의해 남한지역에서 강제로 인민군에 편입된 경우이다. 한국전쟁에서 민간인억류자의 대부분은 남한 출신으로서 강제로 북한군에 입대하여 포로가 된 자들이다. 이들은 전쟁 중 피난민과는 달리, 북한군과 함께 전투에 참여했거나 인민위원회의 복구사업과 치안활동에 동원되었다.[102] 강제로 동원된 의용군도 정치교육과 군사훈련을 약 2주간을 받고 전선과 점령 지역에 배치되었다.[103] 그러므로 이들은 북한군의 적대행위와 관련이 있다고 해서 보안에 위험을 줄 것을 우려해 억류되었다.

북한군은 서울과 수원까지 점령한 후, 계속 남진하는 동안 보급의 곤란, 기동성의 상실, 전선확대에 따른 병력 부족 등으로 대량으로 의용군을 모집했다.[104] 이미 1950년 7월 1일 북한 정부는 최고인민회의 상임위원회 정령으로 공포된 전시 동원령을 점령지역에서도 실시하도록 했고, 7월 6일 '의용군 초모사업에 대하여'라는 노동당의 결정으로 구체화되었다. 그들은 각 지방에 지시를 내려서 그 대상을 광범위하게 18세 이상의 청년층으로 하되, 빈농층을 많이 끌어들이는 한편, 전 노동당원으로서 남한에서 변절하여 보도연맹에 가입한 자도 의무적으로 참가시키도록 했다. 북한 측은 전쟁이 시작된 지 불과 2주일 남짓한 사이에 북한에서 74만 명의 청년학생들이 참전할 것을 탄원했고, 1950년 8월 15일까지 남북한에서 124만여 명의 각계각층 인민들과 청년학생들이 인민군입대에 탄원했다고 선전했다.[105]

이들 가운데 의용군의 규모로 1950년 8월 현재 45만여 명의 청년

---

[102] 「전남 청년 학생들 패잔병 소탕에 협조」, 『로동신문』 1950년 8월 5일자 ; 「행진하는 의용군부대 사진」, 『승리를 위하여』 1950.8.15 ; 「인민군부대들과 협동하에 의용군부대들 혁혁한 전과 획득」, 『조선중앙통신첩』 1950.9.22, 통일원 MF 593.
[103] 「전선출동을 기다리는 의용군들 맹훈련!」, 『로동신문』 1950년 7월 24일자.
[104] 예관수·조규동, 『한국의 동란』, 142쪽.
[105] 『조선중앙통신』 2003년 7월 26일자.

학생들이 참가했다고 선전되기도 했고, 전쟁 당시 북한군 제12사단 문화부중대장의 일지에도 40만 명이라고 기술되어 있다. 휴전 후 북한의 『조국해방전쟁사』와 『조선전사』에서도 40만 명 수준으로 주장되었다. 이는 1950년 8월 15일 축사에서 김일성은 남한지역에서 벌써 40여만 명의 노동자와 농민들이 의용군과 빨치산에 참가하고 있다고 허풍을 떨었던 점에서 비롯된 것으로 보인다. 하지만 내부적으로 1950년 9월 말 김일성과 박헌영은 남한에서 동원된 병력 규모가 10만 명이라고 밝혔다.[106]

먼저 공산 측은 당원들을 동원하여 "적어도 대학생이 된 자는 지금 의용군으로 나가서 한 번은 치르고 와야지만, 앞으로 인공에서 사람값을 하지, 그렇지 않으면 반동이 아님을 증명할 수 없다"거나 "적어도 묵은 흠집을 버리고, 새나라의 새로운 백성, 그것도 지도층이 되려면 의용군 지원은 필수의 길"이라고 선동했다.[107] 그리고 북한군은 동원규모를 확보하기 위하여 위협하는 경우도 있었다. 안경희는 서울의 유복한 신문 편집인의 둘째 딸로 전쟁이 나자 가족들과 함께 전라남도로 피난을 갔으나, 그곳이 공산군에게 점령당한 후 그들의 위협으로 의용군에 편입되었다.[108] 또한 당시 먹을 것이 없었던 상황도 의용군 지원의 한 원인이 되었다. 의용군이 되면, 남은 가

---

[106] 『로동신문』 1950년 8월 16일자 ; 「김일성·박헌영이 스탈린에게」 1950.9.29, 「소련 극비 외교문서」 4, 72쪽 ; 「제12보병사단제32연대제2대대문화부중대장의 일지」 1950.11.7~1951.2.1, 『해방직후 극비자료』 6, 고려서림, 1998, 167·169쪽 ; 「위대한 수령 김일성 동지의 현명한 령도밑에 조국해방전쟁시기 군민일치의 전통적 기풍의 발양」, 『력사과학논문집』 8, 1978, 159~160쪽 ; 배경식, 「민중의 전쟁인식과 인민의용군」, 『역사문제연구』 6, 2001, 275~276쪽 ; 조성훈·김미영, 「6·25전쟁 납북자 대상자별 실태 파악 및 명예회복방안」, 통일부 정책과제연구보고서, 2009.10, 98쪽.

[107] 김성칠, 『역사 앞에서』, 98·103쪽 ; 박진목, 『민초』, 원음출판사, 1983, 72~73쪽.

[108] Chang, Henry(ed.), *6 Insides from the Korean War*, Dae-dong Moon Hwa Sa, 1958, pp.124~126.

족에게 식량의 특별배급이 있고 인민위원회에서 생활을 모든 면에서 배려해 주겠다고 선전했기 때문이었다.[109]

1950년 7월 하순부터는 이미 의용군의 모집에 반강제적 성격을 띠었다. 북한군은 내무서원, 인민위원회, 민청원, 여맹원 등을 동원하여 청년 남녀에게 모두 의용군 대열에 나서라고 외쳤다. 휘문중학교 6학년 한 학생은 학교에 나와서 등록하라고 하고는 직접 전선으로 끌고 갔다고 일기에 적고 있다. 이 외에도 마을, 직장 및 거리에서까지 젊은 사람을 붙들어 전선으로 보낸다고 하여 마을마다 큰 불안이 일어나 이후 거리에 젊은 사람의 내왕이 부쩍 줄어들었다. 또한 그 무렵에는 무슨 모임이 있으면 부인들이 나서는 것이 버릇처럼 되었는데, 이는 다른 목적으로 모였던 회합이 곧 의용군의 징모를 위한 궐기대회로 변해서 그 자리에서 의용군으로 뽑혔기 때문이라는 글[110] 에서 당시의 강제성을 짐작할 수 있다.

이렇게 모집된 의용군들은 북한군이 낙동강 전선에서 전황이 다급해지자 대거 투입되었다. 예를 들면, 북한군 제1군단 제1보충연대에는 1950년 8월 8일부터 9월 20일까지 약 5,000명의 남한 징집병들이 며칠간의 훈련을 받고 북한군 제2, 4사단에 배속되었다.[111] 북한군 제13사단은 1950년 8월 말까지 2,000명의 병력이 보충되었는데, 대부분 서울에서 징집된 병사들이었다. 북한군 제4사단의 70%는 신병으로 보충되었는데 그 대다수는 남한 출신 의용군이었고, 제15사단의 경우도 마찬가지 형편이었다고 한다.[112]

---

[109] 김성칠, 『역사 앞에서』, 197쪽.
[110] 예관수·조규동, 『한국의 동란』, 251~252쪽 ; 이범선, 「적치하 90일」, 조선일보사, 『전환기의 내막』, 1982, 406~407쪽 ; 이영식, 『빨치산』, 123쪽 ; 김성칠, 『역사 앞에서』, 96·105쪽.
[111] 「전쟁포로 예비 신문조서: 소위 황덕주」 1950.10.5, 군사편찬연구소 사료 90~3330.
[112] "Prisoner of War Preliminary Interrogation Report:Kim, Ik Chun", Sep. 16, 1950, 군사편찬연구소 HC 1810 ; "Prisoner of War Preliminary Interrogation Report: Shin,

그러나 전선에 투입된 의용군들은 싸울 의지도 훈련도 받지 않아서 싸우기를 원치 않았기 때문에 사기가 매우 저조해서 기회만 되면 아군에 투항했다. 특히 인천상륙작전 이후 북한군이 후퇴할 때 투항 혹은 도주하다가 포로가 많이 되었고, 나머지는 북한군을 따라 북으로 철수했다. 포로가 되지 않는 강제의용군들은 전시 피랍자 범주와 연결된다.

넷째로, 인천상륙작전 이후 북한의 고향에서 치안대 활동을 하던 중 중국군의 개입으로 아군이 후퇴하면서 미군이 포로로 처리한 경우이다. 심지어 미군 중에 일본계가 있어서 "치안대원인데 왜 잡아두느냐"고 항의를 했으나 치안대장이 남쪽으로 이미 피난을 떠나 신분확인이 안되어 결국 포로가 되었다. 홍모[포로 번호 123026]는 아들, 사위, 조카 등이 한꺼번에 수용소에 억류되었던 경우도 발생했다.[113] 구월산 반공청년들은 미군 지원 아래 서해안에서 반공유격대 활동을 하다가, 지휘권을 둘러싸고 미군과 갈등을 일으켜 포로가 되었다.[114] 이외에 국군 패잔병 가운데 일부가 전선에 나가 싸우지 않기 위해 원대 복귀를 피해 남아있는 경우도 있었다.[115]

다섯째로, 북한 주민이나 서울 인근 지역에서 남쪽으로 내려오다가 유엔군에 붙잡혀 포로로 처리된 경우이다. 전쟁 시기에 우리 정부가 수많은 피난민에 대한 적절한 원조체제를 정비할 겨를이 없었으므로 피난민 가운데 일부가 포로로 분류된 경우가 발생했다. 1951년 8월까지 북한에서 온 피난민은 40만 명으로, 1952년 6월에는 65만

Chong Han, Che Ju Yong, Pang Ke Un, Sep. 25, 26, 28, 1950, 군사편찬연구소 HC 813.
113) 홍송식, 『가시밭길을 헤치고』, 국제출판사, 1984, 178·187쪽 ; 이보근 편, 『연암면 사람들의 기억』, 예당, 2007, 168~171쪽.
114) 조성훈, 『한국전쟁의 유격전사』, 군사편찬연구소, 2003, 272쪽.
115) 오세희, 『65 포로수용소』, 215~216쪽.

명, 1953년 6월 말까지는 83만 명에 이르렀다. 이들과 남한 내의 실향민까지 합친 수는 1951년 8월까지 370만 명에 이르렀다.[116] 남·북한인은 서로 인종적 차이가 없었기 때문에, 수많은 피난민 틈에는 민간인 복장으로 갈아입은 북한군 패잔병이 많이 섞여 있었다. 유엔군 장병들은 이들을 모두 포로로 처리했다.[117] 황해도 안악 출신 유경수는 1950년 10월경 남한으로 내려오다가 미군에 붙잡혀 포로로 간주되어 서울로 이송된 후 인천을 거쳐 동래 수용소로 이관되었다. 50여 년이 지나서도 그는 인천 소년형무소에서 겨울에 가마니 한 장으로 잠을 자고 하루에 2끼 밖에 먹지 못하면서 고생한 사실이 생생하다고 증언했다.[118]

더욱이 인천상륙작전 이후 기하급수적으로 늘어난 포로에 대해, 국군과 유엔군이 이를 제대로 분리하여 처리할 행정능력이 모자라서 혼란이 가중되었다. 이에 대한 일례로, 서울 마포의 포로수용센터에는 북한군 포로와 민간인 842명이 뒤섞여서 수용 중이었다. 이 중에 어떤 포로들은 민간인들과, 반대로 민간인들은 포로와 구분하기가 어려워서, 전선에서 사로잡힌 모든 사람이 수용되는 상황이었다. 심지어 전선 인근 지역에서 장사를 지내던 민간인들이 붙잡히거나 임신 중이거나 아기를 등에 업은 부인도 있었고, 아이들도 포함되었다.[119] 이들 중에서 군복을 입은 포로들은 바로 인천 수용소로 이송되었고, 민간인 복장을 한 자들은 한국 경찰과 방첩부대에 의해 임의로 포로 혹은 민간인으로 분류되었다.[120]

---

[116] UNC, "Civil Assistance and Economic Affairs-Korea" July 1952~June 1953, 4/469 Mission to Korea, A-Division, p.9.
[117] 백선엽, 『군과 나』, 87쪽 ; 「김남수 씨의 기구한 삶」, 『주간 한국(미주판)』 1994.3, 19쪽.
[118] 유경수 증언, 2007.1.10, 군사편찬연구소.
[119] "CI's Release" Nov. 19, 1950, 679/338.
[120] "ICRC" July 29, Sep. 30, Oct. 1, 1950, 12/389.

〈사진 3〉 나이 어린 수용자들(거제도 포로수용소유적공원)

인천 수용소에서도 피난민을 후방으로 이송하기 전에 충분히 심사할 여건이 되지 못했다. 당시 피난민 가운데 상당수가 소화기(小火器)를 소지하고 있었고, 간혹 북한군이 민간인으로 변장한 경우도 있어서 이들에 대한 철저한 심사가 요청되었으나 당시 한 명의 소령이 이를 담당하고 있었기 때문에 제대로 한다는 것은 불가능한 상태였다.121) 따라서 이들에 대한 심사를 위해 경찰조직의 증강이 요구되었지만, 크게 개선된 것으로 보이지 않는다.

민간인억류자 가운데 거제도 포로수용소 명단을 통해 최고령자로 파악된 경우는 충청북도 영동군 출신으로 1876년인 한종녹(Han Jong Nok)으로 추정되며, 강원도 원주 출신인 강재우(Kwang Je Woo)는 1879년생이었고, 황해도 재령군 출신의 리명구는 1881년생이었다. 최연소자는 1945년생인 하영도(Ha Yung Do)로 추정되나, 그는 수용 중 1951년 3월 7일 사망했다.122) 민간인억류자 중 아동들도 많아, 이

---

121) "HQ, EUSAK to CINCFE" July 14, 1950, 679/338 ; "CTG 90.1 to HQ, EUSAK" Dec. 27, 1950, 같은 상자.
122) 국방부 군사편찬연구소 홈페이지(http://www.imhc.mil.kr)에는 전쟁 당시 거제도

들을 위해 거제도 포로수용소에 '애육원'이 설치되었다.[123]

이상에서 살펴본 대로 포로 가운데에는 5만여 명의 민간인억류자가 있었다. 이들은 1950년 11월 22일, 강원도 철원지구에서 미군이 포로로 압송한 전 경찰관과 청년단원 115명을 한국헌병대가 심사한 결과, 포로가 아니라고 판명되어 전부 원대 복귀시켰던 것처럼[124] 일부가 석방되었지만, 대다수는 포로로 처리되었다. 이를 두고 당시에도 '엉터리 체포'라고 지적했다.[125] 유엔군은 이들을 일률적으로 포로로 처리하여 가능한 빨리 수용소로 옮겨서 심사하려고 했다.[126]

2. 기본정책과 수용소 설치

1) 포로의 처리방침

교전국들이 포로들의 전선 재투입을 막으면서 그들의 인권에 대해 고민하게 된 것은 그렇게 오래 되지 않았다. 근대 이전 포로는 동서양을 막론하고 대개 전쟁터를 떠나기 전에 살해했었으나, 점차 노예나 인질로서 가치가 인식되었다.[127] 제2차 세계대전에서 미군 장

포로수용소에 수용된 남한 출신 의용군 포로를 비롯해 북한군과 중국군 포로 명단이 정리되어 있어 검색할 수 있다. 아쉽게도 이름, 처리결과 등은 당시 포로수용소를 미군이 관할하고 있어서 영문으로 정리되어 있다.

[123] "Questions about Photos" Nov. 7, 2009, http://www.koreanwar.org/html/units/kojedo. htm.
[124] 『한국헌병사』, 371쪽.
[125] 강용준, 「반공포로석방」, 627쪽.
[126] GHQ UNC, "Policy for Integration of Forces into the US Command" Sep. 26, 1950, 29/389 ; HQ, CINCFE, "Conversation" Jan. 9, 1951, 1/407 ; "The 60th Depot's Order" Oct. 19, 1951, 4980/407.
[127] 김진규, 『조선조 포로소설 연구』, 22~23쪽.

교들은 포로의 인도적 처우가 그들의 품위 있는 행동을 유도할 뿐만 아니라, 아직 포로가 되지 않는 독일군의 전투력을 저하시키는 데에도 효과적이라는 사실을 이해했다.[128] 하지만 오늘날에도 제2차 세계대전의 연합군 포로에 대한 강제노동, 구타 등 학대로 전후 보상 문제가 논란이 되고 있는 것처럼[129] 일본, 독일, 구 소련 등지에서 포로에 대한 구타, 강제노동 등이 존재했다.

북한의 남침이 일어난 다음 날, 국제적십자사는 남북한에 전문을 보내 포로에 대한 제네바협약의 인도적 원리를 적용해 줄 것을 요청했다. 한국 정부는 1950년 7월 3일 이 원칙의 수용을 국제적십자사에 통보하는 한편, 이승만 대통령도 제네바협약을 준수할 것을 약속하면서, 포로에 대한 인도적 대우를 명령했다. 신성모 국방장관이 포로 심문센터를 방문해서 포로들을 제네바협약에 의거해 대우하라고 지시했다.[130]

1950년 9월 28일 이선근 국방부 정훈국장이 보다 구체적인 지침을 내렸다. 그 내용은 포로를 심사 분류하되, 먼저 장교와 사병을 구분하고, 이들을 다시 공산주의자(주로 당원)와 그의 동정자 및 반공산주의자를 엄격히 분류하며 그 가운데 반공주의자인 소위 의용군이나 민간인억류자 등은 조속한 시일 내에 한국 정부에 인계하여 석방시킬 것, 포로의 감시와 교양을 국군 측에 맡길 것 등이었다. 그러나 국군은 포로를 집결소에서 수용소로 이송하는 책임만을 졌으므로

---

[128] Dillon, J. V., Brigadier General, USAF, "The Genesis of the 1949 Convention relative to the Treatment of Prisoner of War", undated, 16/338 ; Prugh, George S., "POW at War: the POW Battle Ground," undated, 1/338, p.5.

[129] Dobson, Hugo and Nobuko, Kosuge ed., *Japan and Britain at war and peace*, NY: Routledge, 2009.

[130] 「포로에 대한 처우 제네바회의 원칙에 준행」, 『대한신문』 1950년 7월 13일자 ; 『한국전란 1년지』 B16쪽 ; "CG, EUSAK to CG, CINCFE" July 8, 1950, 679/338 ; The American National Red Cross, "The Role of the Red Cross in the Exchange of Prisoners During the Korean Conflict" Jan. 17, 1967, 16/338, p.1.

그러한 지침을 제대로 이행할 수 없었다. 1950년 10월 이후 유엔군과 절충을 거듭한 끝에 1951년 1월과 2월 사이에는 우리 정부에서 인계할 태세를 갖추고 교양을 담당할 준비를 하라 했으나, 3월 이후에도 시행되지 못했다.131) 그 후 현실적으로 국군이 공산포로를 대거 획득했던 북진 시기에도 군 당국은 전군의 실천목표로 한·중 국경 방어대책 수립, 적 유격부대 완전 섬멸, 조직편성의 강화, 전력배양의 강화, 엄정한 군기확립 등을 제시했지만, 포로의 처리에 대한 언급은 없었다.132)

한국 지도자들의 포로에 대한 입장은 제네바협약의 준수와는 거리가 있었다. 휴전협상 당시 국군 대표 중 한 사람이었던 최덕신 소장133)은 "한국전쟁은 어디까지나 합법적인 정부에 대해 반역집단이 불법적으로 공격하여 일어난 전쟁이므로, 우리 편에 항복하여 온 '북한포로'를 반란군이 정부에 항복하여 온 것"으로 보았다.134) 당시 외무장관이었던 변영태도 군부 측과 같은 입장으로서 제네바협약이 우리나라와 같이 국내에서 일어난 일을 규정한 것이 아니라, 영국과 소련 같은 국가 간의 국제전쟁에 적용되는 것이므로, 북한과 남한이 독립한 2개 국가로 제네바협약을 준수해야 한다고 생각하지 않았다. 그는 포로에 대해서도 공산당의 멍에로부터 해방된 우리 자신의 형제라고 인식했다.135) 이승만 대통령은 귀환을 반대하는 반공포로들

---

131) 『한국전란 2년지』 A23쪽 ; 양대현, 『역사의 증언』, 186쪽.
132) 예관수·조규동, 『한국의 동란』, 324~326쪽.
133) 최덕신(1914~1989)은 전쟁 발발 이후에 육군 제8사단장과 11사단장을 거쳐 1953년 4월부터 휴전회담 한국군 대표를 역임했다. 그는 전후에 제1군단장과 주월 남대사를 지냈고 박정희 정부시절 외무부장관과 주 서독대사를 거쳐 천도교 교령으로 활동하다가, 1977년 미국으로 망명한 후 1986년 부인과 함께 월북했다.
134) 최덕신, 『내가 겪은 판문점』, 27쪽.
135) 변영태, 『나의 조국』, 자유출판사, 1956, 252쪽 ; 국회속기록 제15회 75호, 1953. 5.28, 13·18쪽.

이 "모두 우리의 동포요, 애국하는 청년들이야"라고 인식했다.136)

미군의 포로 처리 원칙

전쟁 중 미군이 유엔군의 이름 아래 사실상 포로를 관리했다. 포로에 대한 관할권이 미군에 있게 된 배경에는 한국군에 대한 지휘권이 1950년 7월 유엔군사령관에게 인계되었다는 점과 초기 한국군의 포로 관리에 대한 불신에서 비롯되었다. 미군은 전쟁 초기의 포로 대우에 있어서 한국군이 "포로들을 후방으로 호위해 가는 번거로움과 감시하고 통제하는 불편을 피하기 위하여 살해하거나, 미군이 요구하는 정보를 얻기 위하여 잔인한 방법을 사용했다"고 비난했다.137) 인천 포로수용소의 한 미군 헌병 대위가 "아무런 대책 없이 포로들을 한국 정부나 국군 관리 아래 두면 어린이에게 칼을 쥐게 한 결과가 될 것"138)이라는 언급에서 당시 미군의 입장을 짐작할 수 있을 것이다. 이러한 인식은 제2차 세계대전시 일본군 포로수용소에서 연합군 포로를 학대한 한국인의 부정적인 이미지가 일부 영향을 미쳤을 것이다.

또한 미군은 여러 나라로 구성된 유엔군의 참전으로 포로 대우에 관한 국제법의 이해와 관습이 매우 다양해서, 그 처리원칙에 대한 일관성이 없을 것을 우려하여 결국 자신들이 포로문제를 총괄하기로 했다. 이 원칙이 정해지기 전에도 유엔군에 참전한 캐나다와 네덜란드군 등이 획득한 포로들은 미군으로 이송시켜서 수용하도록 했다. 그들이 처음에 포로를 수용할 시설이 없었기 때문에 임시적으로 미군에 의뢰했지만, 나중에 미군 측에서 포로를 모두 책임지게 되었다.139) 따라서 북한군 포로들은 미 제8군사령관의 통제 아래 포

---

136) 허정, 『우남 이승만』, 태극출판사, 1970, 342쪽.
137) 죠셉 굴든, 『한국전쟁』, 198쪽.
138) 주영복, 『내가 겪은 조선전쟁』 2, 89쪽.

로집결소(collecting point)에서 즉시 부산의 수용소로 보내졌으며,140) 미군이 유엔군 포로의 통제에 대한 전적인 책임을 지게 되었다.

1951년 10월 하순 거제도 포로수용소에서 폭동 사건이 자주 일어나자, 우리 국방부에서는 폭동에 대처하기 위해 포로수용소 관리권의 이양을 유엔군 측에 요구했으나, 유엔군사령부에서 이를 거부했다.141) 결국 휴전 후까지 포로수용소에 대한 통제는 유엔군사령부에서 수행했다.

미군은 한국전쟁에 개입하면서 곧 포로의 수용과 관리에 대해 고려하기 시작했고, 1950년 6월 28일 국제적십자사의 서비스 제공에 대한 제의를 즉각 수락했다. 7월 3일 맥아더(MacArthur, Douglas) 사령관의 포로 대우에 관한 제안 성명을 합동참모본부에서 승인했다. 그 내용은 적대행위와 관련해서 유엔군 아래 억류된, 북한군과 북한의 다른 인민들은 인도적 원리에 의해 처리될 것 등이었다. 미군은 제네바협약의 정신이 큰 도덕적 성취라고 평가하여, 이러한 원칙이 공산 측에 억류된 미국 시민과 미군, 유엔군에게도 적용될 것을 기대했다. 7월 4일 맥아더 사령관은 포로를 인도적 원리에 따라 처리하도록 예하 사령관과 한국 정부에 통보했고, 북한 측에도 유엔군 포로들을 인도적으로 대우해줄 것을 기대했다. 미국 정부도 이를 확인하여 국제적십자사에 "1949년 제네바협약 제3조의 포로 대우에 관한 인도적 원리에 따를 것"이라고 통보했다. 같은 날 애치슨(Acheson Dean) 미 국무장관도 포로처리에 있어서 "미국 정부는 제네바협약의 인도주의적 원칙에 의해서 지도될 것"이라고 천명했다.142)

---

139) "CINCFE to CG, EUSAK and X Corps" Oct. 6, 1950, 679/338 ; "Foreign Financial Affairs, OCA to OPMG" July 27, 1956, 14/389.
140) "Logistical Support", p.1~2.
141) 『자유신문』 1951년 10월 23일자.
142) 「포로에 대한 인도적 처우」, 『충청매일』 1950년 7월 13일자 ; "CINCFE to

미국 정부가 1955년 7월 14일 제네바협약을 비준했으므로,[143] 한국전쟁 당시 미군은 제네바협약의 준수에 대한 의무는 없었으나, 법적 적절성에 상관없이 1929년의 부상, 질병 및 포로협정과 1949년 제네바협약의 인도적 원리, 특히 그 협약 제3조 적군의 포로처리에 의해 그 원리를 준수하도록 했다. 당시 미 군부는 제네바협약에 대해 일부 이견이 있었으나, 1949년 협정의 원칙이 이미 비준된 1929년의 협정과 실질적으로 일치한다고 인식했다. 결국 미군은 모든 포로를 전범으로 다루거나, 포로를 경멸하는 일이 없이 공정하고 강제적이되 인도적으로 대우하도록 했다.[144]

제네바협약 가운데 주요한 규정을 살펴보면 다음과 같다. "포로는 항상 인도적으로 대우되어야 하고, 그들의 숙소, 식량, 피복 및 의료를 억류국의 군대와 동일하게 운용하도록 한다. 포로는 폭행, 협박, 모욕 및 대중의 호기심으로부터 항상 보호되어야 한다. 포로로부터 어떠한 정보를 획득하기 위하여 물리적 혹은 정신적 고문을 사용해서는 안 된다. 포로는 위험한 곳에서 일하도록 요구될 수 없고, 군사적 성격의 작업이나 계급에 맞지 않는 일을 하도록 강제되지 않는다. 대중적 처벌과 견책은 금지되고, 도주 시도와 방조에 대한 최대한 처벌은 독방감금이 30일이고, 하루에 2시간을 넘지 않는 범위에서 노동을 시킬 수 있다. 포로들은 협정의 규정이 준수되지 않으면, 수용소 당국과 억류국 당국 및 중립국 보호기관에 불만을 제기할 권리가 있으며, 이로 인하여 처벌되지 않는다. 이러한 사실에 대해 포로의 억류국은 제네바협약의 사본을 포로들이 사용하는 언어로 읽

CINCUNC" July 4, 1950, 679/338 ; "Secretary's Memo to JCS" July 6, 1950, 29/389.
[143] 북한이 1957년, 한국은 1966년 이 협약에 가입했다(Bailey, Sidney D., *Korean Armistice*, p.86).
[144] "PMG to the Adjutant General" 1953, 22/407 ; The Provost Marshal General's school, "Handling POWs", May 13, 1953, 1/497.

을 수 있는 곳에 게시해야 한다."145) 등이 포함되어 있다. 유엔군사령부는 수용소 요원들에게 제네바협약의 준수를 위해 3시간씩 교육을 이수하도록 했고, 한편으로는 공산군 측에도 그 이행을 요구했다.146)

미군은 제네바협약과 제1, 2차 세계대전의 경험을 기초로 포로 처리 지침을 마련했다. 그들은 포로뿐만 아니라, 제네바협약 제4조의 포로 범위에 들지 않는 적성 인물들(all enemy persons)까지도 포로로 간주했다. 이 때문에 민간인억류자의 범주가 생겼다. 포로에 대한 구체적인 처리지침은 1944년 발간된 「적 포로(TM 19~500, Enemy Prisoners of War)」와 이를 1949년 제네바협약에 의하여 개정한 「포로의 처리(FM 19~40, Handling Prisoners of War, 1952)」 등에 기초했다.147)

미군은 포로에 대한 제네바협약의 준수와 인도적 대우가 공산 측의 유엔군 포로에 대한 보복을 방지하면서, 그들의 제네바협약과 인도주의의 원칙에 대한 위반에 대비하여 심리전에서 확실한 우위를 확보할 수 있다는 의도가 있었다. 전쟁 초기에는 이러한 포로 우대 정책이 한국 통일의 전제로서 북한인의 마음을 얻기 위한 한 방법으로 파악했고, 이를 위해 포로 처우에 있어 완전히 합리적이며 공개적이도록 했다.148) 유엔군사령관은 1950년 7월 18일 비에리(Bieri, Frederick)를 국제적십자사(ICRC)의 남한지역 대표로 인정하여 각지

---

145) 김정건, 『국제조약집』, 박영사, 1981, 276~297쪽 ; DA, "Behind Enemy Lines" Oct. 1951, 4073/407, p.20 ; HQ 2d Logistical Command, "Briefing Program: Geneva Convention 1949" Nov. 18, Dec. 3, 1951, "Command Report" Dec. 1951, 4781/407.
146) "CINCFE to CINCUNC" July 4, 1950, 679/338 ; HQ EUSAK, "Order" Nov. 18, 1951, 4981/407 ; "Enemy adherence to the Geneva Convention" July 17, 1952, 3/389. p.1.
147) GQ, UNC, "Policy for Integration of Forces into UNC" Aug. 27, 1951, 29/389 ; Maglin, W.H., Major General, USA The Provost Marshal General, "OPMG to ACofS, G1: Program of Education and Recreation for Oriental POWs" Jan. 4, 1956, 18/389 ; US Army Military Police Board, "Control and Administration of POWs during the Korean conflicts", p.2.
148) "Special Report of the Unified Command on the UN Action in Korea" Oct. 18, 1952, Papers of Dean Acheson, Subject File, 63/HSTL, pp.13~14.

의 수용소를 감시할 수 있게 했고, 수용소 마다 그에게 충분한 협조를 하도록 했다.149)

이상의 대외적 방침 외에 미 군부는 내부적으로 포로정책의 목표를 포로 노동력의 최대한 이용과, 부수적으로 포로의 전향(defection)이나, 야전에서 공산군의 투항, 공산 측의 내부 붕괴, 군대편입 등을 위한 적극적 활용에 두었다. 포로를 공인된 반공주의자(avowed anticommunist)로 궁극적인 이용을 위해 포로의 심문이나 교육을 위한 계획을 실행해야 한다는 입장을 취했다.150) 이미 1950년 9월 마셜(Marshall, G. C.) 미 국방장관은 유엔군사령관에게 포로를 활용하기 위해 시험적 규모(pilot plant scale)로나마 교화 및 훈련센터를 세우도록 했다.151) 이러한 정책은 후에 포로 교육으로 구체화되었으며, 동서 이념전쟁에서 포로를 적극적으로 활용하려는 공산 측의 포로정책과 맞물려 더욱 강화되었다.

미군의 포로정책은 미 국방부, 육군부, 합동참모본부, 유엔군사령부 및 국무부 등에서 입안되어 시행되었다. 국무부는 포로정책이 갖는 정치적 영향을 감안하기 위해 미국인과 세계여론 및 공산 측의 반응에 대해 검토했고, 육군부 산하 심리전 부서(Psychological War Section)에서는 북한군과 중국군의 투항을 유도하고 포로를 확보하기 위한 정책에 깊이 간여했다. 이 과정에서 송환원칙과 같이 중요한 정책은 심리전 부서의 건의를 통해 미국 대통령과 안전보장회의(NSC)에 상정해서 처리되었다. 한국 정부는 유엔군사령관이나 국무부 등에 의견을 개진하여 입장을 반영하려고 했지만 종속적 지위에

---

149) "SCAP Tokyo to Sec State" July 23, 1950, 17/338.

150) "S/P: RGHooker, Draft" July 31, 1950, 41/389 ; "JCS to CINCFE" May 1, 30, 1951, *FRUS* 1951, p.398·492 ; "Armistice Negotiation(Dennison, Robert L. to the President)" May 19, 1952, PSF Korean War File, 243/HSTL.

151) "Directive to the Commander of the UN Forces in Korea" Sep. 30, 1950, DSF Korean War File, 243/HSTL.

있었기 때문에 후에 민간인억류자와 송환거부포로의 처리를 둘러싸고 미국과 갈등을 겪게 되었다.152)

2) 수용소 설치

(1) 수용소 정비과정

미군은 전쟁 초기에 북한군 포로를 효과적으로 관리하기 위해 일본이나 미국 등으로 이송을 검토했다. 1950년 7월 3일 극동군사령부는 한국에서 발생한 포로에 대해 동 사령부에 보고하도록 했고, 6일에는 주한미군에도 획득한 북한군 포로를 한국 정부에 보고나 인계하지 말고, 그 경비도 미군이 감독하도록 지시했다. 이는 당시 미 극동군사령부가 북한군 포로를 한국 이외의 지역이나 부산 혹은 한국의 어느 지역에 수용할 것인지에 대해 정책적으로 검토를 하고 있었기 때문이었다.153)

미 제8군사령부에서는 1950년 7월 14일 극동군사령부에 보낸 전문에서 북한군 포로를 한국 밖으로 이송할 것을 다시 권고했다. 그러나 미 극동군사령부에서는 포로를 한국 이외에 미국이나 극동군사령부 소관지역으로 이송하는 것은 긴급상황이 아니면 고려하지 않을 것이라고 회신했다. 미 극동군사령부는 포로를 우선 부산지역에 수용하고 한국 정부와 협의하여 제주도나 다른 섬 지역을 특별히 검토하도록 했다.154) 결국 포로들이 해외로 이송되지 못한 이유는 군

---

152) "The Adjutant General, CINCFE to the Adjutant General, DA" Aug. 3, 1950, 29/389 ; HQ, UNC and FEC, "The Communist War in the Camps", Jan. 1953, pp.1~2 ; "Command Report" May 1952, 4/407, p.75.
153) "CINCFE to CG, EUSAK" July 6, 1950, 679/338.
154) "EUSAK to CINCFE" July 19, 1950, 679/338 ; "CINCFE to CG, Army Eight Korea" July 23, 1950, 같은 상자.

지도자들이 휴전협상이 쉽게 타결되어 포로교환이 곧 이루어질 것이라는 안이한 인식 때문이기도 했다.[155)]

후에 부산 수용소의 포로를 어디로 옮길 것인가에 대해 논의할 때, 그들을 다시 미국으로 이송하는 문제가 제기되었다. 당시 맥아더 사령관도 포로의 미국 이송을 건의했지만, 미 합동참모본부에서는 이를 수용하지 않는 대신에 포로들을 전선에서 떨어진 섬 지역으로 이송하는 문제에 대한 결정권을 그에게 주었다. 맥아더 장군은 공산포로를 미국으로 이송시키지 못한 점이 포로문제 해결을 어렵게 했다고 여겼다.[156)] 한국전쟁에서 포로들을 미국으로 이송했다면, 막대한 수송비용이 소요되었을 것이나 관리하는 데에는 훨씬 용이했을 것이다.

전쟁 초기 수용소

전쟁 전인 1949년 11월 1일, 육군 헌병사령부 직할로 육군포로수용소가 영등포에 설치되어, 기간요원은 헌병사령부 인원으로 편성되었다.[157)] 6·25전쟁이 발발했을 때 초기에는 공산포로에 대해 국군이 담당했지만, 1950년 7월 한국군의 작전지휘권이 유엔군에 이관된 후 포로 관리도 유엔군에서 취급하게 되었다.

전쟁 초기 국군의 일부 부대에서 포로를 헌병대가 있는 육군본부로 보낸 경우가 있었지만,[158)] 육군 헌병대는 주로 낙오병을 수습하는 일을 다루었다. 공식적인 첫 포로수용소는 1950년 7월 7일에 대전형무소 내에 육군형무소와 함께 개설되었고, 육군형무소의 헌병대가

---

155) Braim, Paul F., 『위대한 장군 밴 플리트』, 438쪽.
156) "DA to CINCFE, Tokyo" Jan. 11, 1951, 1/407.
157) 육본 일반명령 제61호 1949.10.28, 『일반명령철』 군편사료 629.
158) 김기옥, 『38선 초기전투-서부전선』, 국방부전사편찬위원회, 1985, 84~85쪽 ; 이형근, 『군번 1번의 인생』, 중앙일보사, 1993, 62쪽.

그들을 관할했다. 이튿날 포로 5명이 이곳에 처음으로 수용되었다. 그러나 북한군이 대전을 점령하자, 국군은 육군본부를 7월 14일 대구로 이동시켜 17일 효성초등학교에 제100포로수용소를 설치했다.[159) 8월 1일 대구 수용소의 지소로서 부산 영도 해동중학교에 부산 수용소가 설치되었다가 나중에 한국군 제2수용소로 바뀌었다. 이 과정에서 9월 14일 육군형무소는 포로수용소와 분리되었고, 대구 수용소는 포로집결소로 변경되어 전선으로부터 이송된 포로를 모아서 2~3일에 한번씩 부산으로 보냈다.[160)

미 제8군사령부는 1950년 7월 초 부산에 포로수용소를 설치할 계획이었으나 자재 부족으로 보류했고, 제24사단 헌병중대가 대전에 처음으로 구역수용소(Enclosure Camp)를 설치했으며 공주와 조치원에 포로집결소를 설치하여 포로들을 대전으로 이송하도록 했다. 후에 미군이 대전에서 철수하면서 제25사단이 영천에 포로수용소를 설치했고, 제24사단에서는 영동에 수용소를 설치하여 포로들이 대구로 이송되었다. 7월 14일 미 제8군사령부는 부산에 수용소 건설 부지를 물색하기 시작하여 18일 500명 단위의 수용소를 건설할 곳을 정했고, 24일까지 수용소 외곽에 철조망이 건설되었다.

인천상륙작전 이후 전선에서 포로집결소는 각 연대별, 사단별 혹은 군단별로 설치된 것으로 보인다. 전선의 포로집결소에서는 포로를 텐트나 노지 혹은 농가 등에 임시 수용했다가, 사단과 군단별로 합친 후에 가능한 빠른 시간에 임시수용소로 이송시켰다. 중국군의 개입 후에도 포로집결소는 최소한 중국어를 하는 유엔군 장교나 사

---

159) 『한국전란 1년지』 B17~19쪽 ; 『한국헌병사』, 367~368쪽 ; 부산일보사 편, 『임시수도 천일』, 1985, 624쪽.
160) 『한국헌병사』, 1952.1, 14쪽, 369~370·381쪽 ; "ICRC" July 26, 1950, 12/389. 영천지역의 임시포로수용소는 금호면 금호의용소방대 창고였다고 한다(김재원, 「포로에게 애국가를 가르치다」, 대한민국 참전경찰 유공자회 경찰전사편찬위원회, 『경찰전사』, 2003, 월간조선사, 976쪽).

병이 배치된 점이 다를 뿐 비슷하게 운용되었다.161)

전선에서 떨어진 임시 포로수용소는 비교적 규모가 컸다. 인천상륙작전 후 늘어나는 포로를 수용하기 위하여 인천을 비롯하여 서울, 평양, 대전, 원주 등지에 수용소가 설치되었다. 먼저 인천 포로수용소는 인천 소년형무소를 개조한 것으로 수용능력이 2,500명 정도였다. 수용소장은 물론 경비도 미군이 담당했다가 1950년 10월 25일 한국군 제32포로경비대대가 배치되었다. 상륙작전 직후인 9월 말에 6,000여 명이었던 포로들이 11월 초에 32,107명으로 늘어나서 2개 동이 더 건설되었다. 중국군 개입 이후 전세의 악화로 1950년 12월 폐쇄되었다.162) 이곳에 수용되었던 포로들은 인천역에서 기차로 혹은 항구에서 수송선과 화물선으로 부산 수용소로 이동했다.

평양 포로수용소는 1950년 10월 20일경 설치되어서 미 제1기병사단과 제2사단이 관할했다가, 이 달 25일 인천에서 파견나온 국군 헌병 파견대와 제33포로경비대대가 포로의 감시, 배식 등 수용소 관리를 맡았다. 10월 말 수용소는 3개의 구역수용소로 정비되어, 제1구역 수용소는 평양 형무소, 제2구역은 양곡창고, 제3구역은 평양 방직공장에 있었다.163) 그 외에 함흥·원산·흥남 등지에도 포로수용소가 설치되었다.164)

---

161) 오세희, 『65 포로수용소』, 102쪽 ; "ICRC" Dec. 6, 1950, Feb. 12, 19, May 16, Oct. 17, Nov. 28~30, 1951, 12/389.

162) 『서울신문』 1950년 11월 18일자 ; "ICRC" Sep. 30, Nov. 8, 30, Dec. 4, 1950, 12/389 ; EUSAK, "Command Report" Jan. 1951, 군사편찬연구소, HD 1503 ; The Office of PMG, "Lessons learned in Korea" Jan. 12, 1953, pp.5~6. 10월 1일 현재 국군 경비대 소속 장교 5명, 사병 915명이 포로 관리를 위해 유엔군에 배치되었다(HQ, EUSAK POW Enclosures, "Historical Report, EUSAK POW En. No.1, for the month of Oct. 1950," Dec. 6, 1950, 군사편찬연구소, HD 1497 Army-AG Command Report: 1950~1952).

163) "Alley, John A., Jr. Colonel, MPC, Army Provost Marshal to Office of the Provost Marshal" Jan. 4, 1967, 14/338, p.5.

164) "HQ, X Corps to CINCFE, Tokyo" Dec. 11, 1950, 679/338.

서울에는 영등포와 마포에 포로수용소가 설치되었다. 영등포 포로수용소는 유엔군 제1임시수용소로 당시 미 제8군의 중요한 포로집결소로서, 원주에서 이송된 포로들이 수용됐다가 부산으로 옮겨졌다.165) 또한 대전 포로수용소가 다시 설치되면서 안성·제천·수원 수용소 등지에서 포로들이 이송되어 왔다.166) 유엔군 제2임시수용소는 1951년 9월 15일 원주에서 개소되었다.167) 이외에도 동해안에 위치하고 있던 파한리 유엔군 임시수용소는 1951년 4월 4일 개소된 후 12월 1일 폐쇄되면서 이 날짜로 주문진에 수용소가 새로 설치되었다. 충주에 있던 유엔군 임시수용소는 1952년 2월 10일 시 형무소에 설치되었다.168)

미 제8군사령부에서는 일반명령 제184호를 통해 부산 포로수용소를 유엔군 제1포로수용소로, 인천 포로수용소는 제2포로수용소, 평양 포로수용소는 제3포로수용소로 지정했다. 그러나 중국군 개입 후 평양과 인천 포로수용소는 1950년 12월 1일과 5일에 각각 폐쇄되어, 포로와 함께 경비 병력도 부산으로 이동했다. 전쟁 기간 내내 계속 유지되었던 영등포·춘천·주문진 등의 임시수용소의 포로들은 수송하기에 적정한 규모가 되면 부산 포로수용소로 이송되었다.169)

1950년 7월경 미군 정보당국은 전쟁이 끝날 때까지 총 포로의 수를 15,000명으로 예상하여 부산 포로수용소 규모를 15,000명에서 2만명 수준으로 대비했다.170) 이 때문에 부산 포로수용소만으로 포로들

---

165) 『한국헌병사』, 383쪽 ; "ICRC" Sep. 12, Oct. 1, 1951, 12/389.
166) "ICRC" Feb. 15, May 23, Oct. 6, 1951, 12/389.
167) "ICRC" Oct. 18, Nov. 29, 1951, 12/389.
168) "ICRC" May 18, 1951, Feb. 12~13, April 6~7, 1952, 12/389 ; HQ, EUSAK, "Command Report" Dec. 1951, 군사편찬연구소, SN 1514, p.19.
169) 죠셉 굴든, 『한국전쟁』, 611쪽 ; EUSAK, "Command Report" Jan. 1952, 군사편찬연구소, SN 1515 ; "PM Activities" April 1952, 7/338, pp.1~4.
170) US Army Military Police Board, "Monograph, Control and Administration of POW

을 수용할 수 없어서 결국 거제도로 옮겨야 했다.

국군의 부산 포로수용소는 작전권이 이양된 후인 1950년 8월 12일자로 동래 거제동에 있는 미 8군 수용소와 합쳐져서 거제초등학교 일대에 적정 수용 규모를 약 5만 명으로 하는 유엔군 제1포로수용소가 되었다. 수용소의 관리는 미 제8군의 감독 아래 미 제8070헌병 경비중대와 포로 수속중대 및 한국군의 제100헌병중대가 맡았다. 후에 포로의 수가 늘어나자 미 제92, 94헌병대에서 관할했고, 한국군 경비병이 지원했다.[171] 한국군이 주식과 부식의 보급과 경비를 맡았고, 행정과 여러 시설의 관리는 미군이 담당했다. 국군포로 경비연대는 1951년 4월 8일 헌병사령부 작전명령 제16호로 동 사령부 직할 대대인 제31~33대대 등 3개 대대가 포로 경비업무를 담당했다.[172]

〈사진 4〉 부산 포로수용소(1951.4)

during the Korean Conflict", p.23 ; "The Office of PMG, CINCFE" Aug. 30, 1950, 29/389.
171) 헌병사편찬회 편, 『한국헌병사』, 369쪽 ; "ICRC" July 29, Sep. 5, 1950, 12/389 ; "Historical Report, EUSAK POW Enclosure, No.1 1950.10", Dec. 6, 1950, 4735/407.
172) 『한국헌병사』, 369·380~381쪽 ; Parker, E.P., Major General, USA, the PM G, "POW Operation in Korea" Dec. 20, 1952, 2/389.

부산 제1포로수용소는 늘어나는 포로를 수용하기에 역부족이었다. 즉 중국군의 남진에 따라, 미 극동군사령부는 평양 포로수용소의 포로를 1950년 12월 1일자로, 인천 포로수용소의 포로는 5일자로 부산 수용소로 모두 이송토록 했다. 이때 제10군단을 제외하고 8군이 통제하는 모든 포로는 부산지역으로 이송되어, 1950년 12월 말에는 중국군 포로 616명을 포함해 137,212명으로 늘어남에 따라 기존 시설로는 도저히 수용할 수 없었다. 이들을 수용하기 위해 미 제8군사령부는 서면, 수영 대밭, 가야리 등지에 수용소를 증설해 5개 구역수용소가 있었다.[173] 이 외에 포로 환자를 위한 의료시설로 제14야전병원, 스웨덴병원, 제8054병원 등이 있었다.[174]

1951년 2월 초부터 부산 포로수용소에는 북한 출신 포로들이 거제도로 이송된 후 남한 출신 포로들이 남았다. 이해 5월 중순에는 남한 출신 의용군포로들도 거제도로 이송되었다.[175] 부산 수용소에는 주로 질환이 있는 포로를 비롯해 여성포로, 민간인억류자 등이 남았다. 이에 따라 부산 수용소는 제10구역(Enclosure No. 10)으로 재지정되면서 제14야전병원의 통제를 받았다. 환자들의 규모는 1952년 3월 10,800명으로 최고조에 이르렀다가 그 해 말에 이르면 7,574명으로 줄어들었다.[176]

---

[173] 이한, 『거제도일기』, 123쪽 ; 백응태, 『거제도에서 판문점까지』, 68쪽 ; 김행복, 『한국전쟁의 포로』, 26쪽 ; CINCFE, Tokyo to DEPCOMSTSWESPAC, Tokyo" Oct. 14, 1950, 679/338 ; "CINCFE Tokyo to CG Army Eight, Korea" Dec. 1, 1950, 679/338 ; "CG, Army Eight, Korea to CINCFE, Tokyo" ; "ICRC" March 3, 1951, 12/389.

[174] "ICRC" Oct. 14~15, 1950, 12/389 ; "Historical Report, POW En. No.1" Dec. 6, 1950, 4735/407.

[175] 오세희, 『65 포로수용소』, 183·198쪽.

[176] US Army Military Police Board, "Control and Administration of POWs during the Korean conflicts," pp.5~6.

거제도 포로수용소

 13만여 명으로 크게 늘어난 포로 외에 당시 부산에는 많은 피난민이 정착하고 있어서 유엔군의 보안에 위협이 되었다. 유엔군 측은 포로들을 피난민들과 분리시킬 수 있는 시설이나 관리할 병력이 부족했고 중국군의 개입 이후 밀리면서 그들을 섬으로 보낼 것을 고려했다. 미 제8군사령관은 부산 포로수용소에 있는 포로들을 제주도로 가능한 한 빨리 이동시키는 것이 가장 적절하다고 극동군사령부에 건의했다. 그러나 제주도는 한 때, 한국 정부와 유엔군 전체의 철수지역으로 고려되면서 제외되었고, 포로들을 거제도로 이송하기로 했다.[177)]

 거제도 역시 118,000명의 원래 거주민 외에 1951년 1월 당시 흥남에서 소개된 많은 피난민들이 증가하고 있었고 전쟁 전 좌익 성향을 나타낸 곳이어서 보안에 위협이 되었지만 대안이 없어서, 유엔군사령부는 이곳에 새로운 수용소를 건설하여 포로들을 이송하기로 했다. 당시 수용소 부지에 살고 있던 주민 1,260세대를 강제로 이주시키고 토지 1,680에이커를 수용했으나, 이들에게 보상을 제대로 하지 않고 구호물자만 제공하여 원망을 사기도 했다.[178)]

 유엔군사령부에서는 거제도에 수용소의 규모를 6만 명에서 9만 명 수준으로 계획했다. 1951년 1월 10일 정찰대가 포로수용소의 부지 선정을 위하여 거제도를 방문했다. 한국군 제202공병대와 미군 제8206부대가 제60종합보급창의 소속으로 편입되었다. 수용소의 건

[177)] 죠셉 굴든, 『한국전쟁』, 611쪽 ; "CG, Army Eight Korea to CINCFE, Tokyo" Jan. 11, 1951, 1/407 ; "Lucius. D. Battle's Memo" Jan. 19, 1951, FRUS 1951, p.105 ; "Koje-Do" 1952, 12/389. 태평양전쟁 시기에 일본군은 미군포로들을 거제도에 수용한 적이 있었다(反共義士奮鬪史編纂委員會, 『反共義士奮鬪史』, 17쪽 ; 하진, 『전쟁쓰레기』, 98쪽).

[178)] 『주한미군정보일지』 1, p.394·441 ; 『주한미군정보일지』 6, p.11·449 ; 『자유신문』 1951년 10월 23일자 ; 박태순, 「거제도의 6·25, 그 전쟁범죄」, 193쪽 ; "Command Report" May 1952, 4/407, pp.75~76.

설은 1951년 1월 15일 시작해서 8월 15일까지 완수시킬 계획이었으나, 건자재의 부족과 건설 중의 태풍과 비로 인해 12월 15일까지 지연되었다. 수용소 건설에는 포로들과 인근 민간인이 동원되었다. 1951년 1월 중에는 매일 12,000명 규모의 포로들이 동원되었다.179)

〈사진 5〉 전쟁 당시 거제도 포로수용소(『경향신문』 2010년 6월 22일자)

수용소가 완전히 건설되지 못한 채, 1951년 2월 4일 포로 3,015명이 처음으로 이동했고, 2월 말까지 53,839명이 이송되었다. 4월 중순에 이미 93,776명이 수용되어 그 한계를 벗어나자 추가로 10만 명 규모의 수용소를 건설하려 했으나, 행정과 운용 병력이 부족했기 때문에 이 계획은 축소되었다.180) 이처럼 유엔군 측은 거제도 수용소의 수용 규모에 대한 확실한 방침이 없었다.

거제도 포로수용소는 수용소 본부, 제8137헌병단, 제64병원, 제6~9

---

179) G-4 Section, 3D Logistical Command, "Historical Command" Jan. 1951, 군사편찬연구소, HD 1493.
180) "Command Report, G-4 Section" Feb. 1951, 5256/407 ; "Logistical Support", pp.9~12 · 20~22.

구역 및 특별 동으로 건설되었다. 각 구역은 60단위, 70단위, 80단위 및 90단위로 불렸다. 60단위 수용소는 남한 출신 의용군 포로들이 수용되었고, 70단위의 70, 71, 72 및 86호수용소는 중국군 포로, 나머지는 북한군 포로들이 수용되었다. 휴전협상이 진행되기 전까지 이념적 성향에 따라 갈등이 그다지 드러나지 않았기 때문에 포로들을 구분하지 않아서 좌익수용소와 우익수용소가 인근에 배치되었다. 〈그림 2〉 배치도에 나타난 것처럼 좌·우익 주도권이 표시되어 있지 않는 곳은 서로 주도권을 장악하려 살육도 서슴지 않는 혈투를 벌였다.

휴전협상이 진행되면서 수용소별 성향은 배치도에 표시된 대로 좌우익 세력이 드러났다. 제62호수용소는 북한으로 송환을 희망하는 민간인억류자가 수용되었고, 제63호와 65호수용소 등은 반공적인 민간인억류자들이 수용되었다. 70단위 수용소 가운데 75, 78, 79호수용소는 반공포로들이 장악했고, 제76과 77호수용소는 좌익포로들이 주도권을 차지했다.[181] 제81, 83호수용소 등은 반공포로들이 수용되어 있는 반면에 85호수용소는 좌익포로들이 있었다. 제95수용소는 중립적인 곳으로 알려졌지만,[182] 좌익이 주도권을 차지했다. 장교포로들과 여성포로들은 별도로 수용했다. 이 가운데 제76~77호수용소는 좌익수용소, 제82호수용소는 우익수용소를 대표했다.[183]

---

[181] 『한국전란 2년지』, C447쪽 ; 오세희, 『65 포로수용소』, 213쪽 ; "ICRC" May 29~June 9, 1951, 12/389 ; "MP Activities" April 1952, 17/338, p.2·4 ; "Briefing held for General Taylor" Dec. 20, 1952, 12/389, p.1.
[182] 박종은, 『PW』, 101쪽.
[183] 「국제적십자사 보고」 1952.1.12 ; 국방부 전사편찬위원회, 『한국전쟁 휴전사』, 214쪽 ; 백응태, 『거제도에서 판문점까지』, 90쪽 ; 유경성 증언, 2006.12.4, 군사편찬연구소.

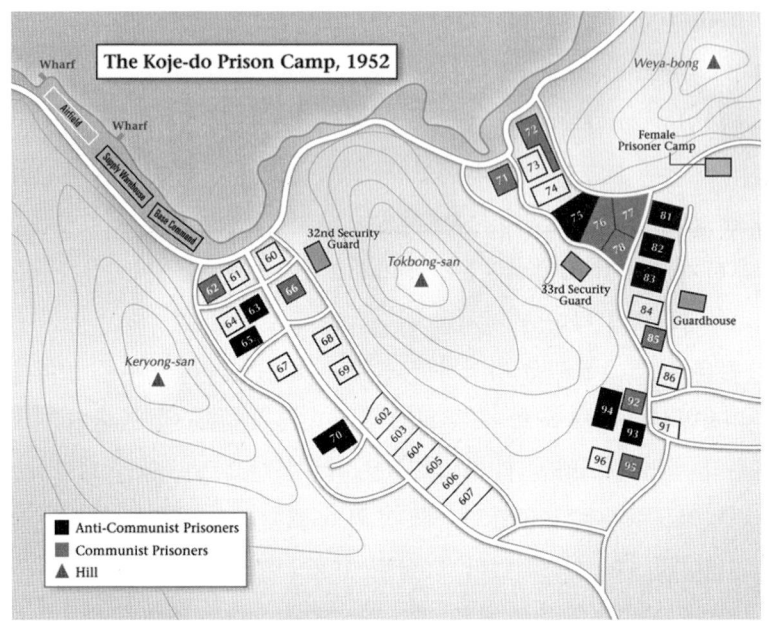

〈그림 2〉 거제도 포로수용소 전체 배치도

〈표 2〉에서 나타난 것처럼 각 구역은 부산 포로수용소 2~5구역 포로를 재편성했다. 1개 구역(Enclosure)은 대개 9개 단위 수용소 (Compound)[184]로 구성되었고, 그 규모는 처음에 4,500명 정도 수용 케 건설되었다. 하지만 규모가 큰 곳은 제72수용소 8,500명, 제86수용소 8,150명 등이 수용된 것처럼 7,000명에서 9,000명 정도 수용되었다.[185] 그러므로 포로 통제를 위한 적정규모로 여겼던 구역수용소에 4,000명, 단위 수용소에는 500명보다 훨씬 많은 인원이 수용되었다.[186] 이렇게 과밀하게 수용한 점은 수용소 당국이 수용소 사이에

---

[184] 당시 포로들은 수용소[集中營], 호, 동, 연대, 여단 등으로 다양하게 불렀다.
[185] 죠셉 굴든, 『한국전쟁』, 611쪽 ; 反共義士奮鬪史編纂委員會, 『反共義士奮鬪史』, 19~20쪽 ; "HQ, POWC, NO.1 to the Office of PMG" May 5, 1952, 15/338, p.1.
[186] "POW's Strength" July 6, 1953, 12/389.

간격을 두어 포로를 통제하려 했으나, 나중에 그들의 장악을 어렵게 만들었다.

〈표 2〉 수용소 설치187)

수용소	위치	설치시기	변경 후 수용소	위치	시기
제1수용소	부산	1950.7	제1수용소	거제도	1951.6
제1구역	부산	1950.7	제10구역→ 제2수용소 (병원, 1952.8)	부산	1952.4
제2구역	부산	1950.9	제6구역	거제도	1951.1
제3구역	부산	1950.10	제7구역	거제도	1951.2
제4구역	부산	1950.11	제8구역	거제도	1951.3
제5구역	부산	1950.12	제9구역	거제도	1951.4

단위 수용소에는 취사장, 의무실, 숙소, 학교, 예배당 등이 있었다. 포로 숙소는 노천에 천막을 친 것으로 이곳의 적정 수용 규모는 24인이었으나 실제로는 50~80여 명에 이르렀다.188) 이를 개선하기 위해 수용소 당국은 텐트를 점차 영구막사(Barrack hut)로 대체했다. 1951년 10월 초 포로의 절반 정도는 막사에서 생활하게 되었으며, 1952년 1월 초에는 막사가 이미 400개 동 이상이 완성되었으며 170동 정도가 건설 중이었다.189) 수용소에는 도망자들이나 규율위반자의 처벌을 위해 각 구역에 영창이 있었고, 포로의 교육과 여가활동을 위한 건물도 건설되었다. 수용소는 축구나 200미터 경주도 할 수 있는 연병장이 수용소의 중앙에 있어서, 각 대대별 운동경기가 이루어졌다.190)

---
187) 「수용소의 정비」 1952, 15/338.
188) 「학대로 포로들은 빈사상태」, 『로동신문』 1952년 1월 20일자 ; 박태순, 「거제도의 6·25, 그 전쟁범죄」, 191쪽 ; 김교갑, 『아버지의 일기』, 37쪽 ; "The Office of PMG's Inspection" March 4, 1953, 15/338.
189) HQ 60th General Depot, "Weekly Intelligence Summary(1951.9.29~10.25)"(이하, "Weekly ISUM"으로 줄임) 1951.10.7, 4980/407 ; "ICRC" Oct. 24~28, Dec. 5~11, 1951, Jan. 4~16, Dec. 10, 1952, 12/389.
190) "ICRC" May 29~June 9, July 17~19, Aug. 19~20, Aug. 28~Sep. 19, 12/389 ; Boatner,

포로 중 환자를 치료하기 위해 1951년 3월 8일 거제도에 임시 포로병원이 개소되었다. 수용소 당국은 추가로 텐트를 세워, 병원 수용능력을 350~400명으로 확대했다. 이렇게 하여 거제도 의료부대는 제545, 546종합의무실(General Dispensary), 제64야전병원, 제38예방의료부대, 제2보병 사단 38연대 의료중대, 제187공정연대 의료중대 등으로 이루어졌다.191) 이 외에 미군과 카투사, 한국군의 여가를 위한 시설이나 배구장, 배드민턴 코트, 소프트볼 코트, 축구장, 복싱장 및 테니스 코트 등이 있었다.192)

1951년 12월 초 미 군사고문단은 전후 거제도 포로수용소를 한국군 훈련소로 전환시킬 계획을 제안했다. 즉 포로수용소는 관리 시설 외에 미군 병력이 여가를 보낼 수 있는 조립식 주택 시설이 있고, 13만 명 이상의 전쟁포로를 수용하는 막사들이 있으며, 조립식으로 지어진 3,000개의 병상이 있는 병원 등 대규모의 반영구적 병영을 위한 모든 필수조건을 구비하고 있어서 전후의 한국군 훈련시설에 병영으로 활용할 수 있다는 점을 착안한 것이었다.193) 그러나 이러한 계획은 실천되지 못하고 휴전 후 포로들이 교환되면서 통영 앞바다에 있는 용초도 수용소[한산면 용호리]에는 북한으로부터 귀환한 국군 포로들이 잠시 수용되었다.

Haydon. L., "Our Sons: Future POW" 1958, 12/389, pp.7~8.
191) "Command Report" March 1952, 5740/407 ; "Staff and Special Section Narratives, S−4" July 18, 1952, 5743/407, p.10.
192) "Historical Report for January 1952" Feb. 1, 1952, 5740/407.
193) 「전후 거제포로수용소의 한국군 훈련소 전환 계획」, RG 338, Records of U. S. Army Operational, Tactical, and Support Organizations, KMAG, Adjutant General, Decimal File, 1948~53, Box 44(http://db.history.go.kr).

〈사진 6〉 일부 남아있는 경비대 막사(거제시 양정마을 입구)

이후 포로수용소는 1955년 3월경 폐쇄되면서[194] 도시화의 진전 속에 잔해만 남아 있었으나, 거제시에서 전쟁 당시 포로수용소를 복원하여 1999년 10월 포로수용소 유적관을 완공한 후 2002년 유적관을 확대하여 유적공원을 조성했다. 거제도 외에 다른 포로수용소는 수용소였던 사실을 알려주는 표지판이 서 있는 수준이다.[195]

(2) 수용소 기구와 헌병대

포로수용소사령부는 1952년 8월 장승포에[196] 비로소 세워졌다. 그 이전에는 미 제8군사령관이 제2군수사령부를 통해 관할했다. 즉 부

---

[194] Dick Burch, "193rd MP Company, Korean War" 2007-01-09, http://www.koreanwar.org/html/units/kojedo.htm.
[195] 「추봉도, 포로수용소의 기억」, 『프레시안』 2008년 6월 19일자 ; http://www.geojeimc.or.kr(거제 포로수용소유적공원).
[196] 주영복, 『내가 겪은 조선전쟁』 2, 253쪽.

산 포로수용소는 1950년 7월 13일 제8군 예하 부대였던 부산 군수사령부가 관할했다가, 이 해 9월 19일 제2군수사령부가 맡았다. 거제도에 수용소를 건립하는 일이 제3군수사령부에 부과되었다가, 이듬해 1월 하순에 수용소도 예하 제60종합보급창(60th General Depot)이 관리하게 되었다. 제8군이나 군수사령부의 포로 관할은 전투와 전투부대에 대한 보급지원이라는 기본임무에 비하여 부차적이었다. 당시 거제도 수용소장이 1~2개월에 한 명씩 교체되어 1952년 2월 돗드 소장의 부임은 벌써 8번째였다. 이러한 수용소장의 잦은 교체는 포로 관리를 불안하게 했다.197)

이 때문에 포로에 대한 통제와 지원이 어려워서, 1952년 5월 돗드 소장 피랍사건 이후 포로만을 책임지는 사령부가 필요했다. 유엔군사령부에서는 미 제8군사령관의 업무 부담을 줄여 주기 위하여 1952년 7월 한국후방기지사령부(KCOMZ)를 창설하여 포로수용소를 관할하도록 했다. 1952년 8월 1일 제2군수사령부는 한국후방기지사령부의 예하 부대로 편성되었다. 한국후방기지사령부는 포로의 수용, 보호, 통제 및 이용 등을 책임지도록 했다.198)

---

197) "The Handling of POWs, end paper 1 ; Hermes, Walter G. *Truce Tent and Fighting Front*, p.238. 일부 수용소장은 임무를 제대로 수행하지 못했기 때문에 해임되었다(Bertran F. Wallace's interview, http://lcweb2.loc.gov/diglib/vhp-stories/loc.natlib.afc2001001.01649).

198) "UNC Operation, No.53(1952.9.1~15)", 74/218 ; US Army Military Police Board, "Control and Administration of POWs during the Korean conflicts", pp.62~63 ; "EXTRACT from a Study of the Administration and Security of the oriental Communist POW during the Korean War", Sep. 25, 1953, 17/338 ; "The Story of the PW Command" 1953, 14/389, p.4.

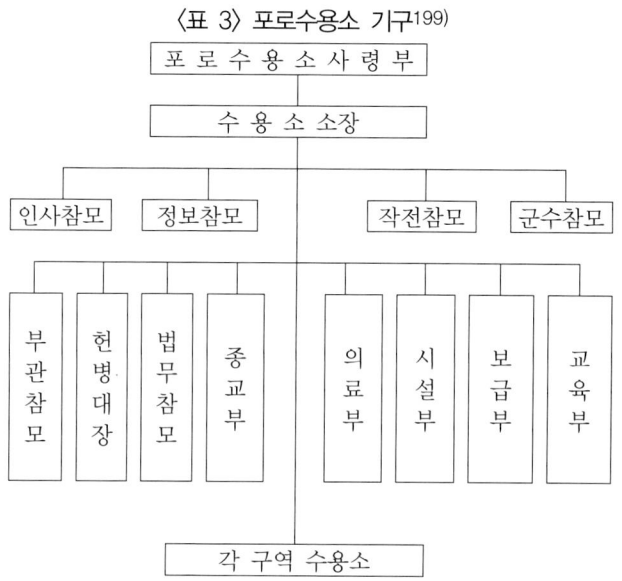

〈표 3〉 포로수용소 기구[199]

포로수용소사령부 아래 13곳의 포로수용소와 1곳의 민간인억류자 수용소가 있었다. 그 중에서 규모가 가장 컸던 거제도 포로수용소의 기구를 통해 수용소의 구조를 살펴보면, 수용소는 크게 일반 행정기구와 헌병대로 구성되었다. 〈표 3〉에서 알 수 있듯이 일반 행정기구는 수용소장 아래 인사, 정보, 작전 및 군수 등 참모부서와 그를 보좌하는 부관참모, 헌병대장, 법무참모, 종교부, 의료부, 시설부, 보급부, 교육부 등의 부서가 있었다. 이 가운데 정보참모는 포로의 도망과 사건 등에 관한 업무를 맡았고, 보급부와 의료부 및 시설부 등은 15만 명 이상의 포로와 1만 명 규모의 유엔군 요원의 보급, 의료지원 및 시설유지 등을 담당했다. 종교부는 유엔군과 포로들에게 종교생활을 원조했고, 교육부는 포로들에게 이념교육과 기술교육을 가르쳤

---

[199] "Organization Chart", 28/389 ; "PM Activities in Korea" April 1952, 17/338 ; Parker, E. P., Major General, USA, The PM General, "Prisoner of War Operations in Korea" Dec. 20, 1952, 12/389.

던 중요한 부서였다.

　휴전협상 이후 포로에 대한 보급이나 종교와 의료서비스 등과 같은 일반 행정보다는 포로의 통제가 보다 중요했으므로 헌병대를 중심으로 고찰했다. 거제도 수용소는 처음에 제60종합보급창에서 제92~94헌병대와 제8026부대 등이 관리했으나, 수용소 내 포로 간의 갈등이 심해지자 1951년 10월 5일 제8137헌병단(MP Group, Army Unit)을 설치했다. 이 무렵에 방첩대(CIC)도 만들어졌다. 12월에는 제60종합보급창의 감독기능을 없앴다.

　〈표 4〉에서 알 수 있듯이 제8137헌병단 아래, 제92, 94, 96 및 97헌병대가[200] 한국군 경비대의 지원을 받아서 수용소를 구분하여 통제했다. 이 편제는 1952년 4월 1일 당시를 나타낸 것으로 수용소 초기부터 고정된 것이 아니었다. 예를 들면 제16헌병 수속중대는 처음에는 제97헌병대에 소속되었다가 제96헌병대로 바뀌었다. 제64야전병원은 3,000명을 입원시킬 수 있는 규모였고, 각 구역 수용소에는 의무실이 있었다.[201]

　1951년 5월 25일 한국 국방부는 제31~33포로경비대대를 한국 육군총참모장 지휘에서 해제하는 동시에 미 제8군사령관 지휘 아래 두도록 했다. 경비대원들은 포로수용소의 외곽경비로 배치되면서, 미군의 감독 아래 임무를 수행했다.[202] 1951년 2월 24일부로 육본직할 제1060보급부대는 육군이 담당한 포로수용소에 대한 병참을 지원했다.[203]

---

[200] 수용소의 미군이 해병대라는 기술도 있으나 착오인 것으로 보인다(장택석, 『중국군 포로의 6·25전쟁 참전기』, 98~99쪽).

[201] "Command Report" 1951.5, 5232/407 ; "POW Operations in Korea" 1952.12.20, 12/389. 각 수용소 별 세부 헌병대는 다음을 참조할 수 있다(Jerry W. Shane, "Korean War Military Police Units", militarypoliceflagunits.com/.../Korean+War+Military+Police+Units.pdf).

[202] 「국본 일반명령 (육) 95호 2항」 1951.6.5, 「일반명령철」 군편사료 629 ; 「동경 유엔군사령부에서 육군부로」 1952.8.1, 12/389.

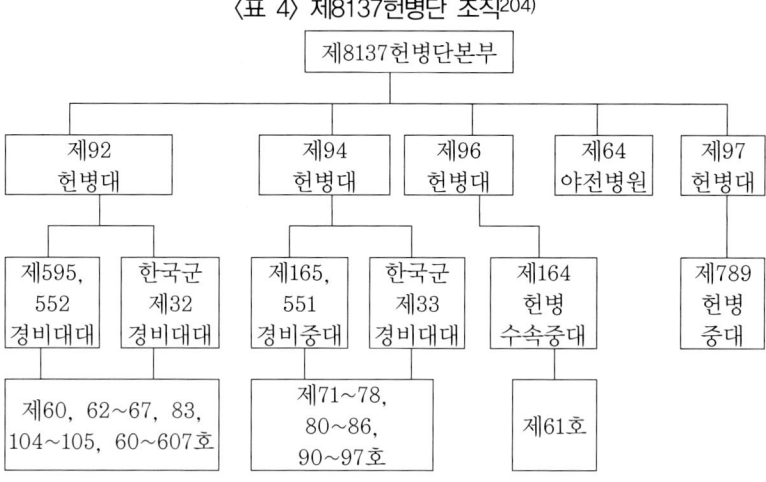

〈표 4〉 제8137헌병단 조직204)

수용소에 배치된 병력 규모와 자질은 포로의 통제와 관련하여 매우 중요했다. 그 규모는 1951년 말까지 미군과 한국군을 합쳐서 9,000명 수준이었던 것이 1952년 3월경 헌병 1,350명, 보병연대 3,675명이고, 한국군은 3,840명 등으로 10,215명으로 늘어났다. 미군 당국은 수용소에 근무하는 미군의 사기 진작을 위해 1951년 9월부터 6개월 간격으로 교대시켰다.205)

수용소에 배치된 병력의 적정성을 살펴보면, 1951년 1월 말 미군 장교의 정원이 183명이었으나 실제 배치 인원은 167명이었고,206) 사병도 정원 2,654명인데 비해 실제 편성된 인원은 2,379명에 불과했

---

203) 「국본 일반명령 (육) 41호」 1951.2.23, 「일반명령철」 군사편찬연구소 사료 629.
204) Parker, E. P., Major General, USA, The PM General, "Prisoner of War Operations in Korea", 12/389.
205) 「거제도 수용소 여건에 관한 육군성의 회합을 위한 메모」 1952.3.31, 12/389 ; "Command Report" Sep. 1951, 5742/407, p.4 ; Provost Marshal, "Statistical Report" 1953, 19/389.
206) 장교들은 하우스보이와 가정부의 도움을 받았다(Bertran F. Wallace's interview, http://lcweb2.loc.gov/diglib/vhp-stories/loc.natlib.afc2001001.01649).

다. 이러한 형편은 〈표 5〉에서 나타난 것처럼 1951년 11월 30일 실제 병력은 정원 2,863명보다 적은 2,771명에 그쳤다. 휴전협상이 전개되면서 전선이 점차 소강상태에 들어갔으나, 포로수용소가 점차 불안정해지면서 12월부터는 병력 배치가 늘어났다.

〈표 5〉 거제도 포로수용소 병력 규모[207]

(단위: 명)

	정원				실제 병력			
	장교	하사관	사병	소계	장교	하사관	사병	소계
1951.11	202	40	2,621	2,863	184	5	2,582	2,771
1951.12	167	33	2,378	2,588	183	7	2,646	2,808
1952.6	505	100	10,301	10,906	649	74	13,125	13,848
1952.7	322	58	5,888	6,268	485	61	9,581	10,127

1951년 7월경 경비병과 포로의 비율은 평균 1:139이었다. 이는 미군 관리지침(TOE 19-500R)에 근거할 때, 포로 200~220명 당 경비병 12명을 할당하도록 하는 규정과 크게 차이가 났다. 즉 규정에 의하면 경비병과 포로의 비율이 1:18이었으나, 1951년 9월 말 미군 경비대 포로의 비율이 1:188이었고, 한국군이 포함되어도 그 비율은 1:33이었으므로 여전히 〈그림 3〉에 나타난 것처럼 권장비율의 65% 수준이었다.[208] 이러한 경비 병력의 부족은 좌익 강경 포로들이 수용소 당국에 도전하는 요인으로 작용할 수 있었고, 또한 수용소 당국이 폭동을 진압할 때 강경 조치를 취한 배경이 될 수 있었다.

하지만 심사와 분산작전이 전개되면서 병력 충원이 이루어져 실제로 배치된 인원이 더 많아졌다. 1952년 6월 말 장교와 사병 등 총

---

[207] "Command Report" Jan. 1952, 5740/407 ; "Statistical Summary" Nov. 30, Dec. 31, 1951, 4980, 4981/407.

[208] HQ, KCOMZ, "POW Camp's Conditions" Aug. 26, 1952, 17/338 ; "Koje-Do" 1952, p.18 ; Hermes, Walter G. Truce Tent and Fighting Front., p.234.

13,848명으로 정원 10,906명보다 더 많았다. 이때에는 장교 6명, 사병 129명 등으로 편성된 제64탱크대대(The 64th Tank Battalion)도 배치되어[209] 강경진압의 배경이 되었다. 이 무렵 경비병과 포로의 비율이 1:10 수준이었으나, 공산 측은 1:6에 이른다고 주장했다.[210]

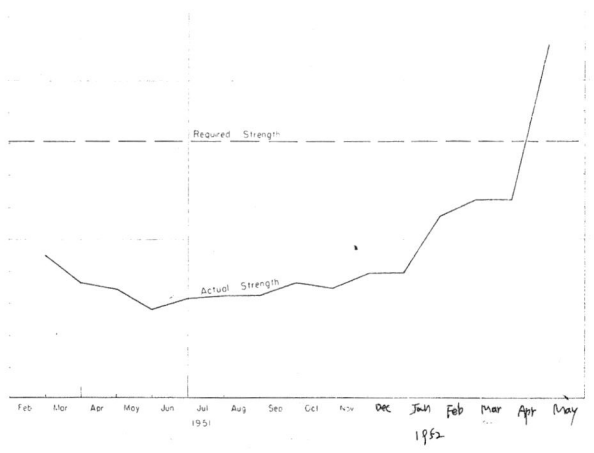

〈그림 3〉 정원과 실제 병력의 차이

포로수용소의 미군 경비대원들은 그 대다수가 헌병대 소속이었지만, 3주간 훈련을 마친 후 배속되었으므로 수준이 높지 않았다. 그들의 평균 연령은 20~30세로 제2차 세계대전에 참전한 이들도 있었으나, 대부분 수용소 업무 경험이 없었다. 이처럼 그들은 경력에 상관없이 차출되어 동양에 대한 이해나 공산주의에 대한 지식이 거의 없었다. 이들 대부분은 다른 부대에서 버려진 존재[castoffs]여서 2,000명의 미군 가운데 적격자는 40명에 불과했다고 비판을 받았다.[211] 장

---

[209] "Statistical Report" June 30, 1952, 5743/407.
[210] K. S. 티마야, 라윤도 역, 『판문점일기』, 49쪽.
[211] Braim, Paul F., 『위대한 장군 밴 플리트』, 육본, 2001, 438쪽 ; HQ, KCOMZ, "POW Camp's Conditions" Aug. 26, 1952, 17/338 ; US Army Military Police Board, "Control

교들은 연령, 무경험, 기질 때문에 포로수용소에 맞지 않았다. 그 결과 전쟁에서 포로를 관리하는데 허둥대다가 재난적 결과를 낳았다는 평가를 받았다.212)

〈사진 7〉 수용소 경비병(http://www.rocketroberts.com/korea/korea.htm)

수용소장을 지냈던 보트너(Boatner, Haydon L.)는 자신의 군대 경험 중에서 수용소의 헌병장교와 사병들이 가장 질이 낮았으며 "거제도에서 일어나고 있는 사건의 대부분의 원인은 미군의 낮은 질에서 기인한 것이며, 그들은 선발된 것이 아니라 전투부대와 보급부대 및 본부에서 거절당한 자들이다"라는 혹평했다.213) 이러한 요소 때문에

---

and Administration of POWs during the Korean conflicts", pp.17~18 ; Robin, Ron Theodore, *The Making of the Cold War Enemy: Culture and Politics in the Military-Intellectual Complex*, p.145.

212) Paul Joseph Springer, "American POW policy and practice from the revolutionary war to the war on terror", Texas A & M University, Ph. D., 2006, p.262.

213) "Boatner, Haydon L. to General Johnson, H. K., CS, USA" Jan. 4, 1966, 14/338,

포로 심사 후 격화되는 포로의 폭동을 진압하기 위해 제187공정연대(The 187th Airborne Regimental Combat Team)가 1952년 5월 24일부터 10월까지 배치되었다.214)

국군 경비병은 기본적으로 외곽경비와 포로의 작업장에 대한 경비를 맡았다. 그들은 사고방식이나 습관 등이 포로들과 유사했으므로 그들을 이해하기에 미군보다 나은 조건이었으나, 이데올로기적 적대감 때문에 포로들과 오히려 갈등을 초래했다. 국군 헌병사령부는 전쟁이 전개되는 과정에서 작전수요가 늘어나자, 민간인을 단시일 내에 헌병으로 양성하여 3개의 헌병대대를 창설했고, 포로 수가 급증하자 수용소 경비대대를 만들었다. 이들은 전투경험이나 의욕이 부족한데다가 포로에게 적대적이었고, 때때로 매우 감정적이었다.215)

국제적십자사 대표는 한국군 경비병이 일반적으로 미군에 비해 어리고 경험이 없어서 질이 낮다고 평가했다. 그는 그들이 포로에 대한 권한의 남용을 방지하기 위해 미군의 긴밀한 감독이 필요하다고 건의했다. 이러한 문제점을 시정하기 위해 미군을 증가시키고, 잘 훈련된 카투사를 배치시켜서 수용소장이 한국군 경비병에 대한 통제력을 향상시키는 한편, 그들이 권한을 남용할 경우, 즉시 처벌하도록 요구했다. 그리고 군사고문단을 통해 한국군 경비병의 질을 높이도록 건의했다. 하지만 수용소에서 잦은 사건이 발생하자, 관리능력의 부족을 이유로 한국군의 철수문제를 제기했다.216)

---

pp.3~4.
214) Hagerman, Bart, *U.S.A. Airborne: 50th anniversary, 1940~1990*, Turner Publishing Company, 1990, p.245.
215) 『한국헌병사』, 17쪽 ; 주영복, 『내가 겪은 조선전쟁』 2, 81~84·89쪽 ; "The Story of the PW Command" 1953, 14/389, p.10 ; Foot, Rosemary, *A Substitute for Victory: The Politics of Peace Making at the Korean Armistice Talks*, pp.109~110.
216) 죠셉 굴든, 『한국전쟁』, 611쪽 ; "ICRC Aug. 9, 1951, 12/389 ; "CINCUNC to PMG, DA" Jan. 23, 1952, 같은 상자 ; Foot, Rosemary, *A Substitute for Victory: The*

수용소장을 역임했던 보트너나 미 제94헌병대 대장 레이번(Raven, W. R.) 중령도 카투사병에 대해서는 높이 평가했지만, 한국군을 경비병으로 배치하기에는 매우 부적절하다고 평가했다. 레이번 중령은 한국군이 거의 훈련을 받지 못했을 뿐만 아니라, 포로에게 적대적이므로 캐나다, 오스트레일리아, 뉴질랜드, 영국군 등으로 대체하기를 권고했다.217) 이러한 낮은 평가는 포로에 대한 불간섭 정책을 취하는 미군에 비해 한국군이 적극 개입하는 과정에서 포로들과 갈등을 빚었던 점도 있었다.

하지만 미 군부는 병력이 감축됨에도 불구하고 포로 경비를 위해 다른 유엔군의 배치를 꺼렸다. 이는 미국 외 다른 참전국의 병력 규모가 전체 유엔군의 7% 수준에 그쳤을 뿐만 아니라 그 유지비용을 미군에 의존하고 있었기 때문에, 포로의 경비를 위해서는 한국군이 필요하다는 입장이었다.218)

1952년 4월 말 1개 대대 병력의 네덜란드군이 행정지원과 수용소와 부두지역 경비를 지원했을 뿐이었으나, 돗드사건이 발생한 후에 거제도 포로수용소는 유엔군 포로수용소이므로 연합군적 요소(a UN flavor)를 띄도록 했다. 하지만 그 규모는 영국군, 캐나다군 및 그리스군 등이 각각 1개 중대씩에 불과했다.219) 그러므로 거제도 포로수용소사령부는 여전히 한국군의 비중이 컸기 때문에 그들에게 미군

Politics of Peace Making at the Korean Armistice Talks, p.109.

217) "Summary Report" March 31, 1953, 5740/407, p.7.

218) "Command Report" Oct. 1951, 5274/407 Log. C-2, pp.3~5 ; "DS to American Representative, Geneva" July 27, 1952, 12/389 ; "NSC 147, a Report to NSC by the NSC Planning Board on Analysis of possible Course of Action in Korea" April 2, 1953, 『합참기록』 24, pp.52~57.

219) "EUSAK(ADV) to CINCFE" May 21, 1952, General Clark files, Box 8/ Office of the Chief of Staff, Records of HQ, FEC, SCAP, and UNC RG 554 ; "Strength of Combats Units" May 1952, 12/389 ; Summers, Harry G., JR., Korean War Almanac, New York: FactsOnFile, 1990, p.213.

과 같은 수준의 장비와 시설을 제공하고 병력과 교육훈련을 늘려 그들의 사기를 높이려고 했다.[220] 포로 교환 후, 미군은 포로수용소에 대한 관할 임무로부터 해제되었다.

---

[220] "Command Report" Jan. 1952, 5740/407 ; "Staff and special Section Narratives, S-3" July 18, 1952, 5743/407, pp.5~6.

III. 포로 대우와 교육

1. 포로 관리

1) 포로의 수속과 미분리 수용

전쟁 초기 한국군은 포로 수속을 체계적으로 할 수 없었다. 그 당시 국군은 "병사는 자기 지휘관을 잃고 지휘관은 자기 부하를 잃어버리는 상황"이 대변하듯 굶주림과 피곤에 시달렸고, 지휘체제가 붕괴된 형편이었으므로[1] 포로 처리를 제대로 할 수 없었다. 그 후 유엔군이 참전하면서 전열이 정비되자, 미군은 포로가 발생하면 무장해제와 동시에 그들이 문서를 없애기 전에 즉시 조사를 한 후, 그들을 중대에서 대대로, 연대 혹은 사단이나 포로집결소로 이송하도록 했다. 이 과정에서 포로들은 장교, 부사관, 사병, 귀순자, 민간인 및 여성 등으로 분류되어 이관시키면서, 도망을 방지하도록 했다. 각 부대에서는 포로의 이름표를 부착하도록 했으나, 그렇지 못할 경우 포로가 된 일시와 장소 등의 내용을 상급부대에 인계하도록 했다.

---

[1] 김기옥,『단양·의성전투』, 국방부 전사편찬위원회, 1987, 162쪽.

이를 토대로 포로집결소에서 포로명부를 작성하도록 했다.2)

그러나 인천상륙작전 이후 포로들이 급속히 늘어나자, 유엔군은 포로 처리를 위한 병력 부족 혹은 전쟁에서 곧 승리할 것 등을 이유로 부산 포로수용소 시기까지 포로들을 분리하지 않은 채 수용했다. 거제도 포로수용소에서도 장교와 사병, 여성3) 등으로 우선 분류하고, 민간인억류자·북한군·중국군 등으로 나누는 수준에 그쳤으므로,4) 이념적 성향에 따라 분류가 이루어지지 않았다. 부사관들은 신분확인이 어려워 그들에 대한 분리조차 시도되지 않았다. 예를 들어, 제95수용소는 피난민 약 400명, 전 한국군 150명, 북한군 장교 108명, 북한군 사병 등이 함께 편성되어 서로 갈등을 일으키게 되었다.5)

포로 분류에 소홀한 것은 유엔군 측이 당시 포로들 사이에 존재하는 이념적 차이를 중요하게 여기지 않았던 요소도 있었다. 포로들 사이에 분열은 전혀 없으며, 그들이 전세에 따라 영향을 받은 것이지 이념적 차이가 없다고 트루먼 대통령에게 보고한 맥아더 유엔군 사령관이나, 무초(Muccio, John J.) 주한 미국 대사 역시 남북한의 몇몇 정치인과 지식인을 제외한 80%가 농부로서 이념적인 분열은 없다는 발언을 통해 당시 미국 측의 입장을 잘 알 수 있다.6) 예를 들

---

2) Office of Command General, EUSAK, "Circular No. 6: Standing Operation Procedure for Evacuation and Processing of POWs" Jan. 5, 1951, 15/338 ; "Administrative Instructions Reference Handling Enemy POW" March 6, 1951, 17/338 ; DA, Handling POW, Washington D.C.: US Government Printing Office, Nov. 1952, pp.17~43.

3) 유엔군은 여성포로들을 위하여 별도의 지침이 없이 남성으로 구성된 헌병대와 행정병을 배치했다. 거제도 수용소에서 여성포로를 관리했던 비에리 대령은 그들이 가장 다루기 힘든 포로라고 실토했다(『신한민보』 1951년 12월 20일자 ; Thompson, Edwin A., "Koje-do"(no date), 15/338, p.4 ; "Bieri, George A. Colonel, GS to Leider, Robert, Major, Personnel Studies Division, DA" Feb. 24, 1967, 14/338, p.2).

4) "CINCFE, Tokyo to DA" Dec. 1, 1950, Sep. 2/93/218 ; "Dawson, Dallas O., Major Infantry Liaison Division to Johnson, Edwin O., US Senate" July 7, 1952, 672/407.

5) "Command Report" Oct. 1951, 4980/407, p.6.

면, 반공포로였던 백응태를 좌익 인민군 장교 출신들이 장악하고 있던 제77수용소로 수용시켰고, 좌익 성향이 강했던 제76수용소에도 라인웅·이시완·안도립 등 평남 성천군 치안대 출신이 포함되었다.[7] 포로 심사를 실시하기 전까지 포로수용소 내에서 공산주의자 및 비공산주의자 사이의 격리는 없었다.[8]

또한 전쟁이 곧 끝날 것이라는 낙관론도 포로 관리의 소홀을 부추겼다. 국군과 유엔군이 북진할 때 크리스마스를 기해 전체 포로가 석방될 것이라는 풍문이 나돌기도 했다.[9] 휴전협상에서 포로명단이 교환되자, 1952년 1월중에 거제도 수용소에서는 포로 송환을 준비하면서, 그들에게 지급될 보급품 등의 준비에 대한 토의를 했다.[10] 이는 포로문제가 휴전협상에서 가장 어려웠고 오래 걸렸던 점에 비추어 포로의 송환 준비를 철저히 했다는 인상보다 성급했다는 증거로 보인다.

늘어나는 포로에 대한 유엔군의 포로 관리정책은 어려움이 많았다. 미군 등은 병력부족과 언어가 소통되지 않아서 포로의 이름, 계급 등 신원을 파악하지 못한 경우가 많았다.[11] 이 때문에 인천 임시수용소에서 담장이 무너져 포로 7명이 사망한 경우나 평양 임시수용소에서 포로 12명이 도주하다가 사살된 사건에서도, 신원을 확인하지 못한채 사망자를 그대로 매장했다.[12] 평양 수용소에서 1950년 11월

---

[6] "Substance of Statements made at Wake Island Conference" Oct. 15, 1950, Memo of Conversation, Papers of Dean Acheson, HSTL, pp.8~9.
[7] 백응태, 『거제도에서 판문점까지』, 대원출판사, 1987, 82·90쪽.
[8] 『조선일보』1951년 12월 25일자.
[9] 이한, 『거제도 일기』, 국제신보사, 1952, 12쪽.
[10] "Command Report, S-4" Feb. 4, 1952, 5740/407.
[11] Robin, Ron Theodore, *The Making of the Cold War Enemy: Culture and Politics in the Military-Intellectual Complex*, p.145.
[12] 주영복, 『내가 겪은 조선전쟁』 2, 163쪽 ; "HQ, EUSAK to CINCFE" Dec. 20, 1950, 20/338.

5일 포로 1명이 담배를 피우다가 실수로 화재가 발생하여 포로 46명이 사망했지만,[13] 역시 미처 정리가 되어 있지 않았으므로 사망자의 신원을 확인할 수 없었다. 당시 수용소에서는 포로의 숫자만으로 포로 인계 절차를 밟은 상황에서 포로 명단을 작성하지 않았기 때문이었다. 이러한 여건으로 전쟁 중에 포로의 사망자 명부에는 수백 명의 신원 미확인자가 그대로 등재되었다.[14]

또한 유엔군은 언어장벽 때문에 포로를 조사할 때 그들의 이름을 정확하게 조사하지 못했을 뿐만 아니라, 포로들을 다른 곳으로 이송했을 때 그들이 다른 이름을 대더라도 이를 확인하지 못한 경우가 많았다. 즉 포로의 한국 이름과 중국 이름을 영문으로 표기하는 데에 어려움이 많았기 때문에, 임시수용소에서 작성한 한국어 이름과 부산 수용소로 이송되었을 때 영문 이름이 다르게 혹은 부적절하게 표현된 경우가 많았다. 유능한 통역 요원의 부족으로 심지어 영어를 할 줄 아는 포로들이 동원되기도 했다.[15]

더욱이 전체 포로 가운데 약 26,000명이 이 씨였고, 4만 명 이상이 김 씨여서, 포로들은 이를 이용하여 이름을 변조하고 번호를 일부러 잃어버리거나 바꾸기도 했다. 약 2,000명의 포로들이 이름과 포로번호를 위조한 것으로 드러나서, 미군은 많은 요원을 동원하여 조사했지만 포로 송환 때까지도 일치되지 않는 경우가 있었다. 수용소 당국은 이를 시정하기 위해 포로 수속중대들을 가능한 전선에 전진 배

---

[13] "Report of Proceedings of Board of Officers, HQ, EUSAK" Feb. 17, 1951, 12/389, pp.5~7 ; "Musick, Lawrence A., Major's Certificate" Jan. 30, Feb. 17, 1951, 같은 상자.

[14] 「박원경 중령 진술」 1951.2.17, 12/389 ; "Delivery of Rosters of Enemy Diseased", 1955, 군사편찬연구소 ; "Alley, John A. JR. Col. MPC Army PM to the Office of PMG" Jan. 4, 1967, 14/338, p.5.

[15] 중앙일보사, 『민족의 증언』 4, 23쪽. 1951년 4월 전선에는 이미 통역장교가 1,000명이 넘었으나 장교들의 영어실력이나 자질도 낮았다고 한다(박찬웅, 『6·25 일지』, 지식산업사, 201쪽).

치하여 초기 단계부터 지문을 채취, 장래 포로 관리에 필요한 자료를 제대로 정리하도록 노력했지만 현실은 그렇지 못했다.[16]

1952년 5월 돗드 소장 피랍사건 후 관련 포로의 조사에서 이러한 포로 관리의 형편을 여실하게 보여주었다. 즉 신태봉[포로번호 201366][17]을 신래봉으로 표기하거나, 엄정엽[201362]을 은종엽으로, 정수일[127735]을 정순일로, 박순복[129057]을 박수복으로, 김태준을 김태훈으로, 전설봉을 장설봉으로 표기하는 등 혼선이 계속되었다. 이러한 여건을 안 일부 포로들은 이름을 바꾸고 번호까지 조작했다. 돗드 소장을 직접 납치했던 제76동 대변인 주택운은 주인덕으로 이름을 바꾸었고, 엄정엽은 최덕수로, 권태국은 이태규로, 최경일은 천성일 등으로 위장했으며, 오병걸[121688]은 오장일로 이름을 바꾸고 번호도 100500으로 변경했다.[18] 미군은 포로 신분을 확인하는 방법으로 지문 외에 사진을 첨부하는 것도 고려했지만,[19] 당시 많은 포로의 수와 인력부족 등을 이유로 이를 끝내 활용하지 못했다.

---

[16] Office of the PM, GQ, UNC, "Reporting Enemy POW" Sep. 19, 1951, 15/338 ; "HQ, UN POW Camp No.1 to the Office of the PMG, Washington, DC" May 5, 1952, 12/389, p.1 ; "Bieri, George A., Colonel, GS to Leider, Robert, Major, Personnel Studies Division, DA" Feb. 24, 1967, 14/338, p.3 ; "Alley JR, John A.. Colonel, MPC, Army Provost Marshal to Office of the Provost Marshal" Jan. 4, 1967, 14/338, p.5.
[17] 1~400,000까지 한국포로, 중국포로들은 700,001부터 1,000,000까지 작성하기로 했다. 1~10만 단위는 부산지구의 포로들, 20만 단위까지는 인천지구, 30만 단위까지 평양지구, 그 이상은 그 외 지구의포로들을 수속했다(주영복, 『내가 겪은 조선전쟁』 2, 208쪽 ; "The Office of PMG, UNC to Enemy POW Information Bureau" Jan. 19, 1951, 15/338).
[18] Staff Communication Office, "Dodd 장군 납치사건", 군사편찬연구소.
[19] 이미 부산 수용소에서 포로들의 증명사진을 찍고 포로카드를 작성했다고 한다 (오세희, 『65 포로수용소』, 136쪽).

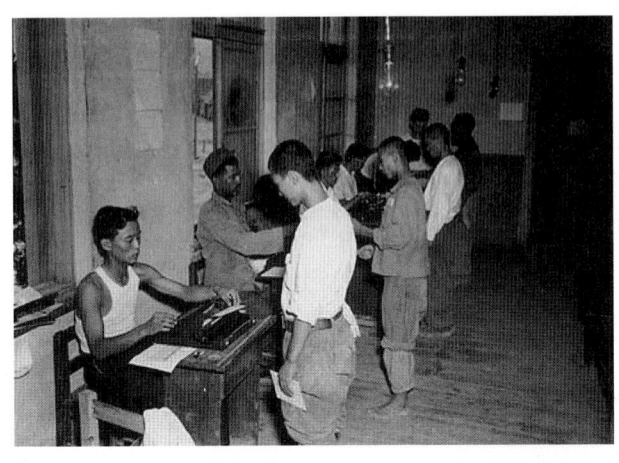

〈사진 1〉 포로명부 작성 장면(1950.8.18)과 명단 일부

    이러한 상황으로 장교 포로들도 제대로 구분하지 못했다. 거제도 수용소에 북한군 장교 포로가 2,500명 정도 수용되어 있었지만, 이 숫자는 사병 포로의 수에 비하여 매우 적은 규모로, 남로당이나 북로당의 간부나 장교 포로들이 계급을 속이고 사병 수용소에 수백 명씩 숨어서 지냈을 것으로 추측할 수 있다.[20] 예를 들면 거제도 포로수용소에서 실권을 장악했던 박상현도 북한 고위 간부였으나 사병

---

20) 주영복, 『내가 겪은 조선전쟁』 2, 209·259~260쪽.

으로 위장했던 경우였다. 중국군 포로의 경우도 비슷해서, 사병으로 행세를 하고 있던 왕펑[포로번호 71026]은 송환을 거부하던 포로들과 그의 지문 확인을 통해 연대 정치장교 출신임이 밝혀졌다. 마흥왕(馬興旺)은 대대장 출신이었으나 수용소 기간 내내 취사병으로 등록하여 사병 출신 포로들 속에 있었다. 거제도 수용소에서 영어통역을 했던 장택석[포로번호 73003]도 리진연(Lee, Chin Yen)으로 등록되었다.21) 이들은 포로들에게 사상교육을 시키고, 그들에게 동조하지 않는 포로를 살해까지 하는 등 수용소 장악을 주도했다.

다른 포로와 구별하지 않고 수용된 귀순자는 수용소 내 갈등의 요소였다. 전투 당시 국군은 포로를 획득하면, 심문을 통해 적정(敵情)을 확인하기 위해 정보 수집에 관심이 많았다.22) 심지어 상급부대는 보다 정확한 정보를 수집하기 위해 포로를 통한 첩보의 중요성을 강조하여 일선 전투부대에 포로획득을 지시하기도 했다.23) 1929년 제네바협약에 의하면, 모든 포로는 신문을 당할 경우 이름, 계급 혹은 군번만을 제공할 수 있으며, 1949년 제네바협약 제17조도 모든 포로들은 단지 이름, 계급, 출생 연월일, 군번 혹은 상응하는 정보를 말할 뿐이라고 규정되었다. 미국 육군부에서도 미군에 포로가 되었을 때 군사정보를 제공하지 말도록 지침을 내렸지만, 미군 당국도 군사정보를 획득하기 위해 포로들을 심문했다.24)

---

21) 양대현, 『역사의 증언』, 230~231쪽 ; 하진, 『전쟁쓰레기』, 94쪽 ; 장택석, 손준식 역, 『중국군 포로의 6·25전쟁 참전기』, 56·92·319쪽 ; 大鷹, 『志願軍 戰俘紀事』, 40~41쪽 ; "Daily Journal" June 30, 1952, 5743/407.

22) 1951년 10월 4일, 제5과(기술정보과) 직속으로 영등포에 포로심문대를 설치했고, 1953년 2월 25일에는 육본일반명령 제212호에 의거 임시군사정보근무부대(5000부대)를 창설하여 기술정보와 포로심문에 관한 업무를 창설했다(육본, 『6·25사변 후방전사(인사편)』, 1956, 286쪽).

23) 김종구, 『평양탈환작전』, 78·137쪽 ; 김기옥, 『단양·의성전투』, 208쪽 ; "DKB" Aug. 15, 27, 1952, RCIA II, p.539·558.

24) DA, "Behind Enemy Lines" Oct. 1951, 4073/407 ; 『관계사료집』 21~25, 1996 참조.

포로를 심문하는 과정에서 전투정보도 중요하지만, 6·25전쟁에서는 포로의 성향을 파악하는 것도 포로 관리에 필요했다. 전쟁 초기 육군 제7사단 6연대장이었던 임부택은 "여하튼 각종 수단과 방법으로 전향자를 많이 만들어 그들을 앞세워서 포로집단의 분위기를 바꾸고 또 다른 전향자를 만들어 내도록 유도하여 그들의 소속감 내지는 사상의 결속을 와해시켜 우리 측에 협조하는 것이 안전과 평안을 누릴 수 있다는 인식을 주어 재빨리 적의 기밀이나 상황을 알아내도록 하는 동시에 그들을 역이용하는 데 주력하여야 한다"고 주장했다.[25] 그런데 미군은 소속 부대의 편제, 직속상관의 이름, 남침경로 등에 관심을 가질 뿐, 장교와 사병을 구별하거나 포로의 이념 성향을 파악하는 데는 소홀했다.[26]

전선석방 및 군대편입

공식적인 정책은 아니었지만 한국군의 일부 부대에서 포로 중 일부를 전선에서 석방시킨 경우가 있었다. 특히 남한 출신 의용군을 간단히 심사하여 귀향 조치했다. 육군 제1사단 제11연대는 평양탈환작전 중 북한 민족보위성과 인민군총사령부가 있는 지역에서 사로잡은 포로 3,000명 중 1/3이 남한 출신 의용군이어서 이들을 석방했고, 같은 사단 15연대의 평양형무소 점령작전에서도 투항한 많은 북한병사가 대부분이 남한 출신이었으므로 역시 무장해제를 시켜 고향으로 돌아가게 했다.[27] 희천과 초산까지 진격했던 제6사단의 한 부대에서 획득한 포로 1,000여 명 가운데 600명을 남한 출신 의용군이라 하여 석방했다. 또한 50여 명의 군관을 포함한 400명도 자유의

---

[25] 임부택, 「한국전쟁 참전기」, 육군교육사령부, 『교훈집』 2, 1988, 30쪽 ; 임부택, 『낙동강에서 초산까지』, 그루터기, 1996, 264~265쪽.
[26] 주영복, 『내가 겪은 조선전쟁』 2, 32·212쪽.
[27] 김종구, 『평양탈환작전』, 146·160쪽.

사에 따라 방면하여 귀가시켰다. 당시 중국군의 개입으로 전세가 불리해지자, 후송능력도 없고 급식도 어려워서 그러한 조치를 취했다.[28]

포로의 군대 편입은 이미 로마시대부터 이루어졌다. 이는 미국의 독립전쟁, 멕시코전쟁, 남북전쟁에서도 반복되었다. 제2차 세계대전에서도 소련의 일원이었던 우크라이나인들은 포로가 된 후, 독일군에 편입되어 소련에 대항했다. 6·25전쟁에서도 국군포로를 대거 전투원으로 입대시켰다.[29] 이러한 조치는 제네바협약에서 엄격히 금지하고 있다.

국군과 유엔군은 이 문제를 어떻게 처리했을까? 한국군은 북한군 포로의 일부를 아군으로 편입시켰다. 낙동강전선에서 북한군이 우세할 때 귀순해 왔던 인민군 포병중좌 정봉욱은 국군에 편입되어 후에 5·16군사정변에도 가담한 후 소장으로 예편했다.[30] 1952년 12월 30일 한명욱 외 37명이 귀순했을 때, 육군 제8사단장은 이들을 당지에서 국군에 편입시켰다. 제8사단장은 미군 군사고문관의 동의를 받아 한명욱에게 대위 계급을 부여하고 육군본부에 보고해 현역군인으로 편입하도록 했다. 한명욱은 이튿날부터 연대 공작대장으로서 빨치산 토벌작전에 참여했다. 인천상륙작전 이후, 행주 도하작전 중이었던 한 부대에서 포로가 된 17세의 변봉순도 중대장의 전령 노릇을 하다가, 해병대 10기로 입대했다.[31] 소년병으로 전쟁을 겪은 김만호 씨에게 인민군 화기중대 부소대장으로 소대원을 데리고 귀순했던 박응선은 잊을 수 없는 사람이었다. 그는 "소대장을 처치하고

---

[28] 임부택, 「한국전쟁 참전기」, 34쪽 ; 육본, 『소총중대장』, 1989, 76쪽.
[29] Prugh, George S., "POW at War: the POW Battle Ground", pp.1~2 ; 조성훈, 「한국전쟁 중 공산 측의 유엔군 포로정책에 관한 연구」, 228쪽.
[30] 조갑제, 「내 무덤에 침을 뱉어라」, 『조선일보』 1998년 5월 26일자, 19쪽.
[31] 한명욱, 『나는 남침의 선봉이었다』, 을지사, 1982, 150~151쪽 ; 정채호, 『그날의 산하』, 293쪽.

귀순했다는 것 같아. 우리 중대에서 잡았는데 포로수용소로 안 넘기고, 일등중사 계급장을 달아줬어. 그런데 휴전되는 날, 차를 타고 가다가 포탄에 맞아 죽어버렸어. 잘 되라고 잡아놨는데 죽어버린 거야. 그래서 그를 포로수용소에 안 보내고 계급장을 달아준 중대장이 병원에서 권총을 내놓고 살려 놓으라고 난리를 쳤지"라고 가슴아픈 사연을 회고했다.32)

미군의 경우도 포로의 수가 늘어나자 무장 해제하여 석방하거나 유엔군에 편입 혹은 별도의 부대를 편성할 것 등을 검토했지만, 실제로 시행하지 않았다.33) 1951년 3월 중순 거제도 수용소에서도 포로들을 전 한국군, 귀순자, 피난민의 낙오자 등으로 분류할 것을 시도했으나, 특히 귀순자에 대한 별도의 배려 없이 다른 포로들과 동일하게 취급했다. 미군의 입장은 귀순자들도 기본적으로 전쟁 수행자였으며, 전쟁 초기 미군포로의 살상에 가담했던 자들과 동일하다고 생각했다. 수용소의 한 미군 장교가 "우리는 레드이든 화이트이든 아무런 흥미도 없다. 공산 측으로 가겠으면 가고 남겠으면 남아라"라는 말에서 포로관의 일면을 알 수 있다.34)

심지어 김재필 포로의 경우처럼, 북한에서 폭격 중 격추되어 부상을 입은 미군(밀라, W. M.)을 구출하여 귀순했으나 배려 없이 포로로 대우했다. 이를 보고 일부 귀순 포로들은 "귀순자를 배척하는 남조선은 미지수의 나라"라고 불만을 나타내고, 후에 다시 좌익진영으로 가담한 경우도 발생했다. 나중에 좌익포로의 지도자가 되었던 이

---

32) 『오마이뉴스』 2007년 2월 28일자.
33) Johnson, Kenneth C., Major, MPC, Chief POW Branch, "Memo for Execution Officer, PMGO: Visit to FEC" Oct. 6, 1950, 1/338 ; McClure, Robert A., Brigadier General GSC, Chief Psywar, "Memo for Rear Admiral Stevens, Lesie C., USN, Chief Joint Subsdiary Plans Division" May 31, 1951, 같은 상자.
34) "Command Report" March 1951, 5231/407 ; 주영복, 『내가 겪은 조선전쟁』 2, 48·77·212~213·223·313쪽.

학귀포로 번호 4592]35)는 그 자신은 물론 다른 포로들도 그가 귀순한 것으로 여겼으나, 미군은 그를 포로로 대우했다. 이학구 총좌는 함북 명천 출신으로 전쟁 전에 소학교 교원이었다. 그는 당시 30세의 청년 장교로 포로가 된 동기에 대해 일선에 나와서 미군이 참전한 것을 보고 확실히 희망이 없는 전쟁을 하고 있다는 것을 알고, 마음의 동요를 일으키게 되었다. 그래서 퇴각하여 도주할 수도 있었지만, 생에 대한 애착심으로 포로가 되었다고 말했다. 그는 전쟁이 발생하자, 국군에 귀순하여 국군장교로서 일하고 싶었지만 시종 기회를 얻지 못했다고 했다. 휴전 후에 중립국을 선택한 주영복은 그가 전향했더라면 수백 명의 민간정보교육국의 직원보다 반공적인 역할이 더 컸을 것이라며 그의 처리에 아쉬움을 나타냈다. 그는 전쟁이 끝나도 총살이 될 것이 분명하니, 집에 돌아 갈 수 없다고 말한 적도 있었으나 결국 좌익지도자로서 폭동을 주도하다가 휴전 후 포로교환시 1953년 9월 6일 송환되었다.36)

2) 포로의 자치 허용

미군은 제네바협약에 따라 수용소에서 포로들의 단체 활동을 인정했다. 즉 포로들을 비전투원으로 간주하여 수용소 내에서 민주주

---

35) 캐봇(Cabot, Russell C.) 중령은 1952년 9월 발간된 *Collier* 잡지에 소개된 이학구 사진을 보고, 그가 1944년 7월 12월까지 태평양 전쟁시 미얀마 전선에서 통역을 맡았던 구 소령이라고 주장했다(Office of the Assistant Chief of Staff, G-2, HQ Third Army, "Information from Officer" Nov. 21, 1952, 163/319 Army Intelligence Project Decimal File 1951~1952, 군사편찬연구소, SN 1621). 그러나 전쟁 중 미군이 노획한 이학구의 '간부리력서'에 1943년 6월부터 해방시기까지 명천군 우동소학교에서 교원생활을 했다고 기술되어 있다(문화방송 시사교양국, 「이제는 말할 수 있다: 한국전쟁과 포로 자료집」, 2004).

36) 예관수·조규동, 『한국의 동란』, 261~264쪽 ; 중앙일보사 편, 『민족의 증언』 4, 18·23쪽 ; 주영복, 『내가 겪은 조선전쟁』 2, 226·268~269·325쪽 ; 김석태 증언, 2010.7.16, 과천 승리관.

의적 원칙을 허용하고, 탈출이나 폭동이 일어나지 않는 한 간섭하지 않는 정책(Doing Nothing Policy)을 취했다. 부산 포로수용소에서부터 각 단위 수용소에서 대대와 중대 단위로 편성되었고, 각 동의 대변인, 지도자 혹은 장교가 유엔군의 감독 아래 포로들의 규율, 보급, 작업 등을 책임졌다. 부산에서는 남한 출신 의용군 포로들이 주로 간부를 맡았다.37) 거제도 포로수용소로 이송된 후 각 수용소는 연대 단위로 대대, 중대, 소대 등 통일적인 명령계통을 갖추었다. 좌익포로들은 미군이 이러한 편제를 통해 전 국민당 장교 등 반공적인 포로들로 하여금 배후에서 장악하도록 했다고 비판했다.38)

수용소를 책임지고 있던 미군들의 우선적 관심은 포로의 도망을 방지하고 폭동에 대한 비밀계획을 막는 것 등이어서, 수용소 내에서 반공포로와 공산주의자 사이의 충돌과 투쟁에 대해 관심을 갖지 않았기 때문에 그들에 대한 규율을 소홀히 했다.39) 그 단적인 예로 거제도 수용소의 초기는 물론 1952년 5월 돗드 피랍사건이 일어날 때까지 좌익수용소에서는 점호가 제대로 이루어지지 않았다. 관리 지침에는 초기에도 포로를 점호할 때, 그 수가 차질이 있을 때에는 즉 각 구역 수용소를 수색하도록 했지만,40) 미군은 포로에 대한 인원 점검을 직접 하지 않았고, 더욱이 단위 수용소 안으로 들어가서 확인을 하지 않았다. 당시 아침 점호 체제는 포로 대대의 보고에 기초

---

37) 죠셉 굴든, 『한국전쟁』, 611쪽 ; 오세희, 『65 포로수용소』, 142~143쪽 ; "Bailley, C. N., Colonel Infantry Commanding to Lee, Wan Sheung, Spokesman for POW Compound # 63" Sep. 3, 1951, 12/389 ; "HQ, UN POW Camp No.1 to the Office of PM" May 5, 1952, 15/338, p.1.
38) 이한, 『거제도 일기』, 16~17쪽 ; 反共義士奮鬪史編纂委員會, 『反共義士奮鬪史』, 21쪽 ; 程來儀, 『朝鮮戰爭戰俘之迷』, 72쪽.
39) Prugh, George S., "POW at War: the POW Battle Ground", p.10 ; "The Administration", pp.62~63 ; Johnson, U. Alexis, The Right Hand of Power, p.136.
40) HQ, 60th General Depot, "Memo, No.10" Feb. 14, 1951, 5231/407.

하여 각 호수용소장이 매일 구역소장에게 보고하면, 수용소 본부에서 그것을 취합해서 포로 중앙기록센터로 보내는 방식이었다. 이 과정에서 단위 수용소에서는 경비병들이 아니라 포로들이 점호를 실시했다. 그런데 그들의 보고에 대한 검증이 필요할 때, 경비병들은 이들 수용소에 진입할 수 없어서 그 진위를 확인할 수 없었다. 수용소 당국은 수용소에 대해 국제적 관심을 초래할 것을 두려워하여 사건을 회피하려 했다.[41]

〈사진 2〉 미군 장교와 국군 제31경비대원(제31경비대대 사진첩, 전쟁기념관)

그나마 미군은 단위 수용소에 대해 낮 시간인 오전 8시에서 오후 5시까지만 통제했을 뿐이었다. 야간에는 각 호수용소에 대해 인력부족으로 장교 1명이 형식적으로 관리했다.[42] 더욱이 수용소 내에서 자치가 허용되었으므로, 야간에는 외곽 지역을 제외하고 무방비상태

---

[41] "Command Report" Sep. 1951, 5742/407. p.4 ; "HQ, UN POW Camp No.1 to the Office of PM General, Washington D. C." May 5, 1952, 12/389, p.2.
[42] Tompson, Edwin A., "Koje-Do", 15/338, p.4.

였다. 이로 인하여 거제도에는 전선이 형성되면서 또 다른 전쟁의 장이 되어갔다.[43]

따라서 수용소 내에서 포로들은 비교적 자유로운 활동이 가능했다. 이러한 여건이 가능한 데에는 제네바협약의 준수에도 있었지만, 미군의 책임의식의 결여에도 있었다. 미군들은 병력이 부족하여 업무가 과중했으나, 고립된 수용소에서 휴식시설이 없어서 사기가 상당히 낮았다. 더욱이 그들은 수용소를 한국군과 분담하여 운용했던 까닭에 포로 관리에 있어서 책임감을 느끼지 못했다. "미군은 수용소에 대해 부분적인 책임밖에 없다"는 견해가 이를 잘 나타내고 있다.[44]

미군 헌병대에서는 포로들이 거제도로 이송된 후 남한 출신 포로를 북한 출신 포로와 분리함으로써 정보를 입수하는 데에 어려움이 있었다. 하지만 여전히 포로 가운데 정보원을 통해 단체결성, 공산주의 선전활동, 폭동 계획 등에 대한 정보를 입수할 수 있었다. 휴전 후 중국으로 돌아간 한 포로는 이미 1951년 상반기에 수용소 내에 지하조직이 있다는 점을 파악한 수용소 당국이 간첩을 수용소 내에 침투시켜 지하조직의 동향을 파악하여 해당 간부들을 붙잡아 고문 등을 가했다고 주장했다.[45] 1951년 3월 4일 제1구역 수용소에 노동당 조직이 결성될 가능성에 대한 정보를 입수했다. 4월 3일 한 정보원은 5구역 제2동에서 좌익포로의 단체가 활동하고 있다고 알려주었다. 부산에 있는 미군 범죄수사대(CID)에서는 도망한 포로들이 거제도의 좌익 피난민에 합류하고 있고, 포로들 사이에도 아직 매우

---

[43] 주영복, 『내가 겪은 조선전쟁』 2, 72·279쪽 ; 주영복, 『76인의 포로들』, 대광출판사, 1993, 37쪽.

[44] "Command Report" May 1951, 5232/407, p.1 ; The 1060th Supply Unit, "the Office of PM's Report" March~April 1953.

[45] 한태욱, 「거제도 포로수용소 견문」, 정협 연변조선족자치주 문사자료위원회 편, 『돌아보는 력사』, 심양: 료녕민족출판사, 2002, 390쪽.

강한 반미감정이 있다고 파악했다. 수용소 당국은 제78수용소에서 공산주의 세포 조직이 존재한다는 사실을 파악하고, 그 지도자인 구병선[포로번호 30740]을 영창에 감금했다.[46]

그러나 이상의 조치는 수용소 질서를 유지하는데 최소한에 그치는 것으로, 유엔군의 자치허용 정책을 이용하여 좌우익포로 모두 주도권을 잡으려고 투쟁을 전개했다. 유엔군사령부는 제네바협약에서 허용된 수용소 내의 포로의 조직을 파괴할 수 없다는 입장을 취했다.[47]

'해방동맹'과 '반공청년단' 결성

좌우익포로들은 거제도 수용소로 이동된 후 오래 되지 않아 공식적인 조직 외에 각각 비밀단체를 결성하여 다른 포로를 통제하기 시작했다. 좌익포로는 1951년 4월 제77수용소에 '해방동맹(일명 용광로)'을 결성했고 5월에는 제92호수용소에 북조선로동당 거제지부를 조직했다. 제62호수용소에서도 이 무렵 노동당 세포조직이 결성되었고, 병원에도 '호스피털라인(病院線)'이 생겼다. 10월 하순경 이러한 조직들이 '백두산사단'으로 통합되었다.[48] 지도자로는 제76수용소 이학구를 비롯해 정문일로도 알려진 박상현이 1945년 9월 김일성과 함께 북한에 들어 온 소련파로서 인민군 총좌였으나 제77수용소에서 사병으로 위장하고 있으면서 각종 사건을 주도했다. 이 외에 남로당 출신의 홍철도 있었다.[49] 그들은 이러한 단체를 통해 지하신문을 만

---

[46] "Weekly ISUM(1951.5.25~6.1)" June 2, 1951, 5232/407 ; "Weekly ISUM(1951.8.4~10)" Aug. 11, 1951, 5233/407 ; "Weekly ISUM(1951. 3.10~17, 3.29~4.5)" March 17, April 7, 1951, 5231/407.

[47] Prugh, George S., "POW at war: the POW Battle ground", undated, 1/338 Confidential, p.10.

[48] 강용준, 「반공포로석방」, 627쪽 ; 이한, 『거제도 일기』, 16~17쪽 ; 황세준, 『신생의 날』, 120쪽 ; 주영복, 『내가 겪은 조선전쟁』 2, 255쪽 ; "Communist Utilization of POW", Oct. 1952, p.14.

들고 정치학습을 전개하여 수용소 내의 포로에 대한 통제와 수용소 밖과의 연락을 취했으며, 때로는 수용소 당국에 도전적인 태도를 취했다.50)

〈자료 1〉 좌익포로의 지하신문, 『강철』 1952년 11월 23일자.

---

49) 「미 제8군사령부에서 동경 유엔군사령부로」 1952.6.12, 12/389 ; Kim Sun Ho, "Koje-Do in Complication," p.35의 편집자주 ; 신화봉, 신태순 역, 『휴전선이 열리는 날』, 한국논단, 1993, 244쪽 ; 박종은, 『PW』, 93쪽.

50) 『강철』 2, 1952년 11월 23일자, 군사편찬연구소, HD 1413 ; 김행복, 「한국전쟁시 포로장악을 위한 공산군 및 친공포로의 조직과 그 연락체제」, 201쪽 ; HQ POW Command 8203 Army Unit APO 59, "Standing Operation Procedure for the Operation of UN POW Camps" 1953.2.10, 2/338, p.17.

우익포로도 1951년 8월 7일 인민군 출신 반공포로들이 제83동에서 이관순을 중심으로 '대한반공청년단'을 결성했고, 남한 출신 반공포로들은 '대한청년회'를 조직했다. 이미 7월 8일 제74, 81, 83, 91수용소 대표들이 수용소의 전범과에서 회의를 열어 좌익 조직에 맞서 단체를 결성하기로 결의했다.

반공청년단의 조직과 간부는 중앙단장 이관순, 부단장 서의섭, 비서 한광호, 총무부장 신윤섭, 조직부장 이동창, 훈육부장 이찬영, 연락부장 백응태 등으로 편성되었다. 또한 연극부, 음악부, 신문부 등을 설치하여 각 우익수용소를 돌아다니면서 공연을 통해 결속을 다질 수 있었다.51) 포로 심사 후 반공포로들이 육지로 분산 수용되면서, 반공청년단은 광주·논산·영천 등지에 지부를 조직했다.52) 그런데 놀랍게도 반공청년단장 이관순[포로번호 56059]은 1952년 11월 16일 단원들의 도움을 받아 탈출했다.

〈사진 3〉 휴전 후 재편된 '대한반공청년회'(거제도 포로수용소유적공원)

---

51) 김행복, 「거제도 포로수용소 내에서 작성된 육필노트, 통계표 및 사진」, 월간조선사, 『한국현대사 비자료 125건』, 1996.1, 137쪽 ; 황세준, 『신생의 날』, 93쪽 ; 백응태, 『거제도에서 판문점까지』, 105~107쪽 ; 부산일보사 편, 『임시수도 천일』, 661쪽 ; 주영복, 『내가 겪은 조선전쟁』 2, 284쪽 ; 박종은, 『그날 0시』, 117쪽.
52) 김행복, 『한국전쟁의 포로』, 147~148쪽.

중국군 포로도 비슷한 형편으로, 수용소 내에서 자치를 했다. 수용소 초기에 그 지도자들은 상당수가 이전의 국부군 출신으로서 권위를 행사했다. 그들은 한때 중국군에 투항했다가, 다시 유엔군에 의해 생포되거나 귀순했기 때문에 자유중국 정부가 자신들을 불신하고 선별적으로 심사할 것으로 알고 있어서, 공산주의에 반대하고 대만에 충성한다는 점을 보여 주려고 했다.

반공적인 중국포로들 사이에는 3개의 단체가 결성되었다. 1951년 7월 2일 제72호수용소 5대대 안에서 인여량(印汝亮) 등 179명이 '중국애국청년반공구국단'을 결성했다. 그들은 이미 5월 28일 준비회를 개최했고, 6월 27일 피를 마시면서 결의를 다져왔다. 이후 제86호수용소에서도 왕존명(王尊銘), 고종령(賈鐘靈) 등이 주동이 되어 '反共抗俄愛國靑年同盟會'를 조직했다. 제72호수용소 장교대대에서는 위세희(魏世喜), 왕유민(王有民) 등이 1951년 6월 3일 준비회를 개최한 것을 계기로 '중국 국민당 제63지부'를 조직했다. 이들은 팔뚝에 '공산주의와 러시아 반대(反共抗俄)', "주은래(周恩來)를 죽이고 모택동을 없애자(殺朱拔毛)" 등을 새기고 피로 '청천백일기'를 제작하여 수용소에 게양하기도 했다.53) 이에 대항하여 좌익포로들은 '형제회'를 비롯해 명나라와 청나라 말기 결성된 비밀조직인 '포가(袍哥)', '청홍방(靑紅幇)' 등을 조직했다가 1951년 10월 지하당부를 결성했다.54)

국제적십자사 대표는 휴전협상이 시작되기 전까지 거제도 포로수용소에서 일반적으로 질서가 있었다고 평가했지만,55) 그 이전에 이

---

53) 反共義士奮鬪史編纂委員會, 『反共義士奮鬪史』, 27 · 30 · 49~68쪽 ; 黃安道等 編, 『反共義士佳作選』, 65쪽 ; "Nitze to Stelle: the POW Issue in the Armistice Negotiation" Jan. 24, 1952, 『남북한관계사료집』 14, pp.104~105.
54) 장택석, 손준식 역, 『중국군 포로의 6 · 25전쟁 참전기』, 85~86 · 112~115쪽.
55) GQ, UNC, "Report of Visits of ICRC(Delegate) to UNC POW Camp # 1" Aug. 9, 1951, 12/389. 1951년 6월, 한국 육군 장교 1명이 심리전에 이용할 자료를 위해 군복을 입고서 수용소 안에 가서 여론조사를 했다(박찬웅, 『6 · 25일지』, 아우내,

미 포로들 사이에 좌우익 세력이 형성되었다. 1951년 3월에도 수용소 사이에 포로들이 선전 전단을 돌리거나 연설을 하기도 했다. 5월 중순에 이미 북한 출신 포로들이 수용된 곳은 좌익포로들이 장악했고, 남한 출신 포로수용소에는 반공계가 장악하고 있었다. 6월부터 반미, 공산군의 승리 등을 주제로 한 전단이 자주 살포되기 시작했고, 6월 14일에는 제1구역의 3, 5 및 7수용소의 포로들이 공산당의 지지와 자본주의 척결을 위한 대규모 시위를 했다.[56]

휴전회담이 전개되면서 수용소 내의 좌우익의 이념 대립이 더욱 날카로워졌으며, 좌익포로들의 활동은 활발해졌다. 그들은 정치학습 외에 모의 수류탄 던지기, 포복 전진, 돌격 및 구보 등 전투훈련까지 실시했다. 이에 대해 미군은 지켜보기만 했을 뿐이어서, 포로들은 체포의 두려움도 없이 자유롭게 공산주의 활동을 전개하여, "표현의 자유, 사상의 자유"를 구가하고 있었다. 한국군 경비대장이었던 조흥만은 1951년 7월부터 포로들의 난동은 정말 목불인견이라고 말했다. 그는 포로들이 주간에도 '적기가'를 부르고, 대규모 시위를 하는가 하면 밤에는 인민재판을 열어 무수한 반공포로를 타살했다고 했다. 심지어 포로들 사이에 싸움이 일어나서 많은 사상자가 발생하는 데도, 미군들은 포로들이 사상전이 아니라 감투싸움이라고 파악하여 이에 대한 대책을 소홀히 했다. 반공포로들은 미군이 사상전에 대해 무지했던 것으로 비판했다.[57]

이렇게 수용소 당국이 소극적으로 대응하는 데에는 유엔군사령부가 전선에 치중하다 보니, 포로들을 경비하는 병력이 제한적일 수밖

1994, 206쪽).

[56] "Command Report" March 1951, 5231/407 ; "Weekly ISUM" June 15, 1951, 5232/407 ; Kim Sun Ho, "Koje-Do in Complication," 13/338, p.24.

[57] 중앙일보사 편, 『민족의 증언』 4, 19쪽 ; 중앙일보사 편, 『민족의 증언』 7, 239쪽 ; 부산일보사 편, 『임시수도 천일』, 632~634쪽 ; 용태영, 『황야의 노방초』, 269쪽.

에 없었던 이유도 있었다. 좌우익포로 지도자들은 수용소의 이러한 여건을 이용하여 동료 포로들에게 테러를 감행했다.58) 이러한 포로들 사이의 갈등에 대해 한 중국포로는 그 갈등이 반공계 포로 대 친공계 포로의 장악을 위한 싸움이었지, 미군의 잘못이 아니라고 했다.59) 그러나 한국군 경비대 대대장이었던 조흥만이 포로 관리와 경비가 소홀한 데에서 비극이 싹텄다고 회고한 것처럼, 수용소 당국은 이를 효과적으로 예방하지 못한 책임을 면하기 어려울 것이다.60)

국군의 지원과 갈등

미군이 포로에 대한 불간섭 정책을 취한 사이에 범죄수사대, 경비대 등의 국군장병들이 우익포로의 활동을 지원했다. 이러한 개입은 우익포로의 형성에 기여했지만,61) 좌익포로와 갈등을 야기했다. 좌익포로들은 국제적십자사 대표에게 한국군 경비의 부당 대우에 대해 많은 지적을 했다.62)

한국군 경비대는 우익포로에 대해 지원했다. 한국군은 반공포로들을 각 수용소에 심어서 정보를 입수했고, 또한 우익포로들은 국군 경비병들과 밀접한 관계를 맺어서 피복이나 시계 혹은 금전으로 도움을 준 경우63)도 있었다. 유엔군 전범과(War Crime Section) 김선호

---

58) "The Story of the PW Command" 1953, 14/389, pp.2~3.
59) Humrro, "Activities of Joseph D. Lohman as civilian advisor to UNC Repatriation Explainer Group, Korea, Dec. 1953"(이하, Activities of Loman, Joseph D.로 줄임), 35/319, pp.51~52.
60) 중앙일보사 편, 『민족의 증언』 4, 18쪽.
61) 중국포로들은 미군 당국이 제72수용소 부연대장이었던 李大安을 동경에서 훈련을 시켜 제86수용소 연대장으로 임명했다고 주장했다(장택석, 『중국군 포로의 6·25전쟁 참전기』, 84쪽).
62) "Visits to the Camps" Feb. 5~22, 1952, 『남북한관계사료집』 12, p.559.
63) "CI&E POW's to CI&E Officer, Compound # 85" Jan. 11, 1952, 23/333.

대위의 활동은 보다 체계적이었다. 그는 거제도 수용소로 배속된 후 북한포로수용소에서 정보원을 구축하여, 좌익 지도자들의 파악과 이들에 대한 견제를 시도했다.

이미 좌익포로들이 세력을 장악하고 있는 경우에는 반공포로들이 이에 협조하기를 꺼렸지만, 1951년 6월경 김선호 대위는 각 단위 수용소마다 반공포로 중 1명을 정보원으로 심었다. 그는 반공포로 지도자와 밀접하게 협력하여, 수용소 내의 전 인민군 장교, 공산당원 및 정치보위부 장교 등을 파악하여 명단을 작성했다. 전범과의 한국군들은 반공포로들이 넘겨 준 명단을 토대로 심문을 통해 좌익포로의 범법행위를 찾아내 그들을 다른 수용소로 이동시켰다. 이 때문에 전범과는 좌익포로들에게는 눈엣가시였지만, 반공포로에게는 큰 희망을 안겨 주었다. 이곳에서 조사한 결과, 전범혐의자는 8개월 동안 총 1,200건 이상에 이르렀다. 이렇게 건수가 많은 이유는 반공포로 정보원이 거짓으로 혐의자를 만들어낸 데도 있다. 반공포로들은 좌익포로들을 직접 심문하여 거짓 자백을 받아 내서 전범과로 알려 주기도 했다. 이때 반공포로들은 좌익포로들이 자백을 하지 않으면 고문을 실시하여 제83수용소에서만 5명 이상의 포로가 살해되기도 했다. 미군 범죄수사대에서는 이 사건을 조사했지만, 살해자에 대해 아무런 처벌을 하지 않았을 뿐만 아니라 다른 수용소로 전출을 시키지도 않았다.64)

또한 한국군은 수용소를 우익포로가 장악하도록 직접 지원하기도 했다. 1951년 6월 제83수용소의 경우처럼 한국군의 도움으로 미군 단위 수용소장(Compound Commander)이 간부를 일방적으로 임명한 경우도 있었다. 이 수용소는 1951년 여름까지 친공세력이 주도했다가,

---

64) 중앙일보사 편, 『민족의 증언』 4, 18쪽 ; Kim Sun Ho, "Koje-Do in Complication", pp.11~14 · 25 · 31 ; Hermes, Walter G. *Truce Tent and Fighting Front*, p.234.

반공포로의 중심지역이 되었다.65) 제73수용소에서 반공포로 14명이 살해되자, 반공포로들은 "테러에는 테러"라는 폭력적 대응으로 나왔다. 제63수용소에서 반공포로 300명이 특공대를 결성하여 국군의 호송 아래 제62수용소 반공포로들을 구하기 위해 습격했다.66)

1952년 3월 13일 좌우익포로들 사이에 유혈 충돌이 있을 때, 국군 경비대의 엄호가 있었다. 13일 오전 9시 30분경 레인 대위가 한국군 헌병 1명과 경비 40명과 함께 제91과 93수용소 반공계 작업반을 이끌고 92호 좌익수용소를 지나갈 때, 이곳에서 돌을 던지자 한국군 경비병들이 발포했다. 이 사건으로 포로 10명이 죽고 28명이 부상 후에 2명이 추가로 사망하였으며, 미군 장교 1명과 한국 민간인 1명이 부상을 당했다.67) 공산 측은 미군 94헌병대의 레인 대위가 91호, 93호, 94호, 96호에 심어 두었던 반공포로들로 하여금 "공산주의자는 죽여라", "92호수용소를 없애라" 등의 반공 시위를 벌이다가, 92호에 이르러 먼저 돌을 던져 공격한 것으로 파악했다.68) 어느 쪽이 먼저 투석을 했는지 불분명하나, 당시 국군 경비대의 엄호가 있었으므로 좌익포로들은 증오의 화살을 국군에 돌려 집단투석을 하자, 경비대에서 발포했다. 국제적십자 대표는 국군 경비대를 거제도부터 철수시킬 것을 요구했다. 좌익포로들은 "포로학살규탄대회" 등을 내세우면서 대규모 시위를 했고, 반공수용소를 공격했다.69)

---

65) 주영복, 『내가 겪은 조선전쟁』 2, 264쪽 ; "Command Report" 1951.10, 4980/407 ; Kim Sun Ho, "Koje-Do in Complication", pp.26~30 · 39~43.
66) 주영복, 『내가 겪은 조선전쟁』 2, 264~265 · 286~287 · 319쪽.
67) 「연합군 작전보고서」 제41호(1952.3.1~15) ; 「사령부보고서 #13」 1952.4.5, 5740/407 ; 『한국전란 2년지』 C 476쪽 ; Foot, Rosemary, *A Substitute for Victory*, pp.119~120.
68) 학민, 「자원송환의 막뒤에 숨어 우리 포로를 학살하는 미국야만들」, 『로동신문』 1952년 3월 19일자 ; 『로동신문』 1952년 3월 17일자 ; 「돗드 피랍 중 포로대표회의에서 제시한 유엔군 범죄사례(부록 1)」, 군사편찬연구소 ; 조국통일 민주주의전선 중앙위원회, 「성명서」 1952.6.12, 『승리의 길』 1952년 7월 8일자 ; "Report of Korea Atrocities", pp.22~23.

이러한 한국군의 활동에 대해 미군은 때때로 견제했다. 제78수용소에서는 전범과 한국군의 도움을 받아서 좌익지도자 15명을 76수용소로 전출시키고 반공계로 하여금 주도권을 장악하려고 했으나, 좌익포로와 가까운 미군의 개입으로 실패했다. 오히려 미군은 반공포로들이 북한군 정치보위부 장교인 좌익포로를 구타한 사실에 대해 반공지도자를 다른 곳으로 전출시키는 조치를 취했다. 좌익포로라는 이유로 그들에게 불리한 조치를 내릴 수 없다는 방침이었다.[70]

2. 포로 대우

1) 포로 우대

(1) 급식과 물품 지급

걸프전에서 이라크의 포로가 된 미군들은 구타, 굶주림, 모의처형, 시신훼손 위협 등을 당했다. 미군포로 17명은 억류된 32일간 몸무게가 평균 29.1파운드씩 줄어들었다고 조사되었다.[71] 역으로 이라크전쟁에서는 미군의 포로학대에 대한 논쟁도 계속되고 있다.[72]
유엔군은 한국전쟁에서 제네바협약의 준수를 선언하면서 포로의

---

[69] 주영복, 『내가 겪은 조선전쟁』 2, 287・319~320쪽.
[70] 부산일보사 편, 『임시수도 천일』, 632쪽 ; Kim Sun Ho, "Koje-Do in Complication", p.14・21・31~32.
[71] Levin, Andrew P.・Gold, Liza H.・Onorato, Anthony A., "POWs Versus Tortures: Forensic Evaluation of Military Personnel", *the Journal of the American Academy of Psychiatry and the Law*, Vol. 37, No. 3, 2009, pp.317~321.
[72] Margulies, Joseph, *Guantanamo and the abuse of presidential power*, NY: Simon & Schuster, 2007 ; Rose, David, *Guantanamo: the war on human rights*, New York: New Press, 2004.

우대를 강조했다. 포로들에게 적절한 생활여건과 보다 나은 급식제공은 신념의 동요는 물론 좌익포로지도자의 영향력을 약화시킬 수 있었다.

먼저 전선을 비롯해 인천, 춘천, 평양 등 임시수용소 시기의 포로 대우는 불안정했다. 1950년 7월 8일 포로 5명이 처음으로 대전 수용소에 수용되었을 때, 국군은 적개심과 울분에 넘쳤지만 결국 국군과 동일한 대우를 함으로써 그들을 감동시켰다는[73] 기록에서 이러한 복합적 감정이 국군을 비롯한 유엔군의 현실이었을 것이다. 반공유격대나 좌익 빨치산을 토벌하면서 일부에서는 "생포자는 없다"는 방침이 시행되었다. 생포자는 조사가 끝나면 산이나 계곡으로 데려가 사살을 시켜 버렸다.[74]

국군 해병대 대원의 "서울을 탈환할 때 얼마나 많은 전우가 희생되었는데 이들을 닥치는 대로 죽여도 분이 안 풀린다"라는 적대감정의 표현처럼[75] 전선에서 포로를 인도적으로 대우하기는 어려운 일이었다. 포로들이 저항하는 경우는 더욱 적대적으로 처리하기 쉬웠다. 국군 제3사단 22연대의 한 부대에서 북진 중에 인민군 대좌 1명을 생포했는데, 그가 오히려 중국군이 평양과 원산을 점령하고 있으니 투항하라고 큰 소리를 치고 날도 어둡고 해서 즉석에서 사살해 버렸다고 한다.[76] 조선족 출신 북한군 귀환포로는 임시수용소에서 포로가 된 북한군 여성포로를 국군이 희롱하고 간음했으며 순순히 말을 듣지 않는 경우는 때리고 죽였다고 회고했다.[77] 중국군 참전회고

---

[73] 『한국헌병사』, 368쪽.
[74] 김두운, 『지리산호랑이』, 우석, 1989, 76~77쪽 ; 전인식, 『백골병단 전투상보』, 한국적산연구소, 1997, 102쪽.
[75] 박진목, 『민초』, 83~84쪽 ; 전영호, 『324일: 6·25 참전 소대장의 전투실기』, 203·215쪽 ; 주영복, 『76인의 포로들』, 33쪽.
[76] 육본, 『소총중대장』, 85~86·100쪽.
[77] 한태욱, 「거제도 포로수용소 견문」, 정협 연변조선족자치주 문사자료위원회 편,

록에서도 여성으로서 중국군으로 참전한 장려화 등이 선전임무를 담당하다가 포로가 된 후 미군에 의한 강간 시도에 맞서 싸우다가 피살되거나 희생되었다[78]고 회고했다.

인천상륙작전 이후 낙동강 전선에서 북한군이 후퇴하면서 포로는 늘어났지만 감시인력이 부족하자 치안대원들이 동원되었다. 치안대원들의 포로에 대한 구타는 매우 심했다. 한 포로는 치안대원들이 무슨 원한이 쌓였는지 그렇게 심하게 매질한 것을 이전에 본적이 없었다고 하면서 "지옥이 따로 없었다"고 회고했다. 당시 모 헌병은 북한군 포로 중 부상병과 인상이 험상궂은 자 등 3명을 사살했다.[79] 공산 측은 인천상륙작전시, 해리슨(Harrison) 미군 기계화부대 대위가 지휘하는 45명이 인민군 김만수 등 150명을 옷을 벗겨서 학살해 그들을 바다에 던졌다고 주장했다.[80] 그럴 가능성도 있지만, 이 시기 미군들이 포로들에게 인민군복을 갈아입히기 위해 〈사진 4〉와 같이 옷을 모두 벗도록 했고 구덩이에 세워두기도 했지만 살해한 것으로는 보이지 않는다. 북한군 포로들은 아군에 붙잡히면 살해될 것을 우려했다. 심지어 DDT 소독할 때 발생하는 연기를 가스로 착각해서 모두 죽는 줄로 알았을 만큼 죽음에 대한 공포는 컸다.[81]

『돌아보는 력사』, 심양: 료녕민족출판사, 2002, 387쪽.

[78] 〈志願軍女俘紀事〉, 吳俊泉 主編, 『烽火歲月－抗美援朝回憶錄』, 북경: 장정출판사, 2003, pp.389~393.

[79] 오세희, 『65 포로수용소』, 67~71 · 77~78쪽.

[80] "Report of the Central Committee of the United Democratic Fatherland Front of Korea on Atrocities committed by the American Aggressors against captured Officers and Men of the Korean People's Army", 1954.4.30, p.8.

[81] 김석태, 『내 인생, 내 마음으로 할 수 있나요』, 20~30쪽 ; 김석태 증언, 2010.7.17, 과천 승리관.

〈사진 4〉 벌거숭이 포로들(1950.9.15)

이 무렵 포로의 수가 급증한 데에 비해, 유엔군 측은 병력과 경험의 부족, 수용소 시설의 미비 등으로 포로들에게 적절한 식사와 피복 등을 제공하거나 부상자를 치료하는 데에 어려움이 많았다.[82] 춘천 임시수용소는 춘천교도소를 사용했다. 포로 인원이 600명이 넘어 4명이 겨우 누울 수 있는 감방에 16명 이상을 수용했고, 하루 2끼 주먹밥에 아침과 저녁 점호시간 외에 감방과 창고 안에서 갇혀 지냈다. 포로들은 늘 배가 고팠다.[83] 하지만 중국군 참전 이후 아군이 후퇴하기[84] 전까지 포로 대우는 대체로 양호한 편으로, 1950년 9월 말

---

[82] "Command Report, G-4 Section" Feb. 1951, 5256/407 ; Office of the Provost Marshal General, Washington D. C., "Lessons learned in Korea" Jan. 12, 1953 ; "Logistical Support", pp.5~6.
[83] 오세희, 『65 포로수용소』, 83~93쪽.
[84] 이때 사로잡힌 중국군과 북한군 포로는 미처 후송하지 못하고 살해하는 경우도 있었을 것이다(1950년 12월 초 개천군 중서리에서 미군이 중국군과 북한군 포로를 다수 학살했다고 주장했다. 『조선인민군』, 1951년 2월 14일자).

까지 당시 1만 명 이상의 포로 중 도망자가 단지 2명뿐이었고 국제적십자사 대표도 유엔군의 포로 대우에 대해 만족감을 나타냈다.[85]

수용소가 정비된 후 유엔군 측은 포로 대우의 기준을 어떻게 설정할 것인지를 두고 제네바협약의 준수와 공산 측의 대우에 상응하는 상호주의의 논란이 있었다. 후자는 포로들을 인도적으로 대우하되, 식사 주거 및 의료를 상대방의 수준에 상응하게 해야 한다는 원칙이었다.[86] 그러나 유엔군이 공산 측의 수용소를 시찰할 수단이 없었기 때문에 제네바협약의 준수가 현실적이었다.

전선이 안정되면서 포로 대우가 크게 개선되었다. 부산 포로수용소에서 포로들은 비로소 하루 3끼 식사를 할 수 있었고 천막마다 수용인원이 줄어들어 의식주가 해결되니 차츰 얼굴에 생기가 돌았다. 포로들 사이에 떡이나 닭고기와 같은 먹는 이야기는 차츰 사라지고 고향과 가족얘기를 나누게 되었다. 당시 남한의 일반 민간인보다 오히려 더 잘 먹고 편안하게 지냈다고 회고했다. 피난민 가운데 막노동 생활에 지쳐 차라리 포로가 되게 해달라고 사정을 한 경우도 있었다.[87]

그러나 공산 측으로 귀환했던 포로들은 부산 수용소에서도 '빨갱이'라고 걸핏하면 욕설과 몰매를 맞았다고 주장했다. 심지어 1950년 11월 15일 2연대 7대대 소속 하사 핫킨스가 수영 군사비행장 건설을 지원하는 포로 60명을 감독할 때, 포로들이 오전 11시경 쉬려고 하자 이홍구 등 18명을 뒤로 손을 올리게 한 다음 다이너마이트를 터트려 현장에서 포로 15명이 사망했고 10명이 중상을 입었다고 주장했다.[88]

---

[85] "Special Report to the UN Relative to the Handling of POW", 309/319, pp.4~5 ; "ICRC Inspection Report" Dec. 8, 1950, 15/338.
[86] "Bieri, George A., Colonel, GS to Leider, Robert Major, Personnel Studies Division, DA" Feb. 24, 1967, 14/338, p.3.
[87] 오세희, 『65 포로수용소』, 158~161·194쪽.
[88] 『한국헌병사』, 387쪽 ; 한태욱, 「거제도 포로수용소 견문」, 정협 연변조선족자치주 문사자료위원회 편, 『돌아보는 력사』, 2002, 388쪽 ; "Report of the Central

포로들이 이러한 미군 군수용품을 하역하거나 도로수리 등을 했던 사실이나, 이 시기 수용소에 있었던 석방포로들은 미군이 고의로 포로를 학살했다는 소문은 듣지 못했다고 부인했다.89)

1951년 7월 2째 주에 국제적십자사 대표 호프만(Hoffman, George)과 브루크하트(Burkhardt, Nicholas)는 수용소를 방문한 후, 비공식적으로 수용소장에게 수용소 관리기준이 그다지 높지 않다고 말했다. 그들은 제네바협약 제25조를 근거로 북한과 중국포로들도 유럽과 미국의 경우처럼 대우를 받아야 한다는 의견을 제시했다. 그들은 물리적 여건, 피복, 식사 등이 북한포로가 포로가 되기 전이나 한국군의 경우보다 낫다고 인정하지만, 제네바협약은 전쟁지역이나 교전국의 기준에 상관없이 지켜야 할 표준을 제시한 것이라고 했다. 이에 대해 국제적십자사 대표인 레흐너(Lehner, Otto) 박사는 유럽 기준을 적시하지 않았지만 준 영구건물, 나무마루, 전기시설 및 온수 등을 포함시킨 보다 더 많은 시설이 보충되기를 요구했다. 그러나 유엔군사령부는 미군 기준을 아시아 포로에게 적용한다는 것은 비현실적이므로 포로의 대우를 미군이 아니라, 한국군의 기준과 맞추려 했다.90)

거제도 수용소의 거주여건을 보면, 포로들은 처음엔 천막이었다가 점차 벽돌로 지어진 영구막사에서 분산이 이루어지기 전까지 상당히 과밀한 상황에서 생활했다.91) 이 때문에 포로들이 질병에 걸릴 가능성이 컸으며, 초기에는 의료진과 약품 부족까지 더해 질병으로

Committee of the United Democratic Fatherland Front of Korea on Atrocities committed by the American Aggressors against captured Officers and Men of the Korean People's Army," April 30, 1954, p.10.
89) 김석태 증언, 2010.7.17, 과천 승리관.
90) "Policy on Subsisting Oriental POW" June 5, 1951, 3863/407 ; "CINCFE to DA" Aug. 20, 1952, 12/389 ; "Staff Section Report, G1" Aug. 1952, 8/407, pp.23~24.
91) "ICRC Inspection Report" Dec. 8, 1950, 15/338 ; "Korea: Visits to the Camps" Feb. 5~22, 1952, 『남북한관계사료집』 12, p.557.

인한 희생자가 많았다. 1951년 6월부터 제64야전병원이 설치되어 방역이나 위생검사를 실시하여 질병을 예방하려고 했고, 진료여건도 크게 개선되었다. 1952년 5월의 경우 730명이 병원에 입원했고, 195,521명이 의무실에서 치료를 받았다.[92]

1952년 2월 17일 이기붕 국방장관은 이선근 정훈국장 등과 함께 거제도 포로수용소를 순찰할 때, 제68수용소와 63수용소를 방문하여 포로들의 일상생활과 내무반, 교육장, 취사장, 식사 등을 시찰하면서, 물자가 부족한 당시 후대를 받고 있는데 놀랐다.[93]

유엔군은 포로 1인당 1일 배식비용으로 0.32달러씩 책정했다. 이는 석방된 민간인억류자를 제외하고 수용 중인 포로 122,000명과 민간인억류자 10,000명을 합치면 전체 포로의 1일 배식비용이 42,240달러였고, 1년 비용은 15,417,600달러에 이르렀다. 이 양을 열차의 화물차에 실을 경우, 매달 60대 분량이었다.[94] 이외에 일일 직업기술 등 교육비용이 33,447달러, 포로 1인당 하루 10개 피씩 지급되었던 일제 담배 값만도 하루에 1,324달러였으며, 가스비 1,457달러, 디젤 4,453달러, 연탄 3,602달러, 화목 648달러 등 하루 수용소 유지비용이 44,949달러로 월 1,348,480달러, 1년 비용은 16,181,760달러에 이르렀다.

---

[92] "Command Report" March 4, 1951, 5230~5231/407 ; "Command Report" May 1952, 5742/407.
[93] 『경향신문』 1952년 2월 21일자.
[94] Provost Marshal, "Statistical Report", 1953, 19/389 ; "The Story of the PW Command", 14/389, p.5. 한국 정부는 포로의 식량을 제공했다(『동아일보』 1951년 6월 12일자).

〈자료 2〉 배식비용

포로에게 지급된 물품은 허리띠, 밥그릇, 수통, 모자, 수건, 장갑, 점퍼, 외투, 비옷 등이 각각 1개씩, 담요, 속바지, 양말, 셔츠 2장, 면제 바지 1벌, 모로 된 바지 2벌, 속옷 2벌, 속바지 2벌 등이었다.95) 그 외 포로 1인당 1개월에 빨래 비누와 세숫비누, 빗 1개, 면도날 1개 등이 지급되었다.96) 포로 1인당 피복비는 모자 90센트, 벨트 40센트, 비옷 5.6달러, 구두 3달러, 담요 18달러 등 총 92.55달러로 12개월마다

---

95) 조윤하, 「1·20 판문점 포로들」, 『구술 한국현대사』, 243쪽 ; 이원복, 『전쟁과 협상』 상, 대림기획, 1989, 240쪽. 상병포로 교환시에 공산 측 포로들은 2년간 받은 것은 헤어진 모포 한 장과 다 떨어진 한 벌의 군복이었다거나, 포로가 된 후 제대로 된 코트를 입어 본 적이 없이 송환될 무렵에 체면을 살리려고 강제로 옷을 입혔다는 주장은 진실이 아닐 것이다(『조선인민군』 1953년 4월 25일자 ; A special Correspondent of People's China, "Grim contrast at Panmunjom" June 4, 1953, 29/319, p.4).

96) "Supply Memo #2-4" March 19, 24, 1951, 5369/407 ; "POW Clothing and Individual Equipment Record" 1952, 14/338.

포로 1인당 교체비용 11.80달러로 계산하면 1년 총 비용이 13,774,200달러에 이르렀다.[97]

포로 1인당 급식의 양은 쌀과 보리를 합쳐서 약 1홉으로 1,871칼로리에, 야채·생선·콩·소금 등 부식비용으로 1951년 4월 당시 200원이 더해졌다. 한국군이 쌀 5홉, 보리 1/2홉 등 총 3,300칼로리와 여기에 부식비로 하루에 200원이 더해졌고, 피난민의 경우는 쌀 3홉으로 1,860칼로리에 하루 부식비용으로 50원이 추가되었던 점에 비추어, 포로는 피난민의 수준과 비슷했다.[98] 제2차 세계대전 때 유럽전선에서 포로들이 일을 하지 않는 경우에 최소한 2,200칼로리를 기준으로 가벼운 노동을 할 경우 3,000칼로리, 중노동의 경우 3,500칼로리였던 것과는 약간 차이가 있었다.[99] 제2군수사령부는 1951년 7월 17일자로 전 포로에게 동일한 비율로 제공되던 급식을 같은 달 25일부터 작업하는 포로에게는 2,630칼로리를 포함하고, 놀고 있는 포로에게는 2,080칼로리를 지급하도록 개선했다.[100]

〈표 1〉에서 나타나듯이 거제도 수용소 초기에 포로들에게 지급된 쌀의 비중이 보리보다 훨씬 높았다. 점차 보리의 비율이 줄어들다가

---

[97] Provost Marshal, "Statistical Report" 1953, 19/389 ; "POW Cost" 1953, 14/389.

[98] 흔히 포로를 경비하는 한국군이 포로들보다 더 낮은 대우를 받았다고 평가했다. 미군 당국도 1951년 4월부터 포로들이 한국군 경비보다 더 잘 먹고 잘 입는다는 보고를 접수하고, 이를 시정하려고 했다. 수용소에 배치된 한국군 제31–33 경비대대와 제202공병 대대가 한국 정부를 통해 받은 피복은 효율성과 사기에 부정적인 영향을 미칠 수 있으므로 미군이 추가로 음식, 의복, 훈련장비와 시설을 제공했다. 이러한 조치로 한국군의 사기가 눈에 띄게 개선되어 그들의 임무를 수행하는 데에 효율성을 높일 수 있었다(중앙일보사, 『민족의 증언』 4, 18쪽 ; "Weekly ISUM(1951.5.10~17)" May 19, 1951, 5232/407 ; "Command Report" Sep. 1951, 5272/407, p.6 ; "Command Report" Oct. 1951, 5274/407, p.23).

[99] HQ, 3d Log.C., Office of the Quartermasters, "POW Ration Study" Feb. 16, 1951, 15/338 ; The 1060th Supply Unit, "the Office of PM's Report" March~April 1953, 15/338.

[100] "Monthly Summary Report" July 1951, 5267/407.

1951년 11월의 경우처럼 쌀만 지급된 경우도 있었다. 그 후에 쌀의 양이 점차 줄어 밀이 1952년 3월 2일부터 도입되기 시작했다가 1952년 말에 밀이 제외되었다. 이 과정에서 1952년 3월부터 8월까지는 쌀과 보리 및 밀이 각각 1:0.27:1.42로 밀이 차지한 비율이 높았으나, 포로들의 불만으로 식사비율은 쌀·보리·밀 등이 1/3씩 배합되었고, 다시 쌀과 보리를 절반씩 섞도록 표준화되었다. 1953년 들어서도 비슷한 수준으로 지급되었다. 당시 세계적으로 쌀이 흉작이었으므로 쌀 절반에 나머지는 보리나 밀, 기장 혹은 옥수수 등이 보충되었다.[101]

포로들은 급식에 매우 민감하게 반응했으며, 1951년 3월 부산 수용소에서는 쌀을 절반으로 줄이자, 포로들이 단식투쟁을 벌이기도 했다.[102] 그렇다고 일부 연구자의 주장처럼 수용소 내에서 6,600명의 포로가 대부분 기아로 사망[103]할 정도는 아니었다.

〈표 1〉 수용소 곡류 소비량[104]

(단위: 톤)

구분	쌀	보리	밀
1951. 4	2,163	500	·
1951. 11	3,228	·	·
1952. 3	1,933.2	1,459.3	463.5
1952. 8	299.7	79.6	426.3
1952. 12	493.1	417.5	·

---

[101] "Weekly ISUM(1952.3.23~29)" March 30, 1952, 5740/407 ; "Weekly ISUM(1952.3.30~4.5)" April 7, 1952, 5741/407 ; HQ, POW Command, "Information concerning Persons interned by the UNC" Feb, 3, 1953, 14/389.

[102] HQ, PW Encl. No.5, "Staff Journal" March 31, 1951, 5369/407.

[103] Holliday, J. and Cummings, B., 차성수·양동주 역, 『한국전쟁의 전개과정』, 태암, 1989, 178쪽.

[104] "Statistical Summary, S-3", "Command Report" April, July 1951, 5231, 5233/407 등 각 월간 보고서 통계 참조.

북한 측은 부산 수용소에서 탈출한 북한군 포로들의 주장을 이용하여 포로수용소에서 식사로 콩과 강냉이만을 삶아 주었으며 그 양도 150~200그램이었고 부식으로 소금물을 준다고 선전하기도 했으나,105) 포로들은 수용소 식사에 대해 불만이 없었다. 북한군의 식량 사정은 전쟁 초기부터 어려웠다고 한다. 포로들의 증언에 의하면 장교를 제외하고 사병은 주먹밥 혹은 보리와 감자로 하루에 두 끼 심지어 한 끼의 수준이 제공되었다고 했다.106) 수용소에서 미군이 좌우익포로를 차별 대우하지 않았지만, 보급대원들이 부족하여 운용상에 문제가 있었다. 즉 좌우익포로들 사이에서 급식과 관련하여 서로 자신들에게 유리하게 배분하려 했다. 예를 들면, 철저한 반공포로였던 김원각은 보급책임자인 미군을 속여가면서 좌익수용소에 대한 보급을 1/3 가량으로 줄여 갔다. 좌익포로가 우세한 수용소에서도 마찬가지였을 것이다.

1952년 8월 헤렌(Herren, Thomas W.) 장군이 수용소에 대한 검열을 했을 때, 한 단위 수용소에서는 228일 분의 쌀이 비축되어 있는 반면에, 다른 곳은 10일 분에 미치지 못한 경우가 있음을 발견했다. 규정상으로는 미군 담당관이 식사 준비와 공평한 배식에 대한 감독을 해야 했으나, 현실은 포로들이 직접 하면서 감독관을 따돌릴 수 있었다. 1951년 말까지 의료부대 소속의 대위 1명이 전체 수용소의 포로에 대한 배식과 위생을 감독하는 실정이었다. 급식 외에도 피복, 담요, 담배 등도 포로들에게 넉넉히 지급되었지만, 실제로 수용소 내의 포로 지도자들이 이를 빼돌려 수용소 밖의 민간인과 거래하여 개인적으로 축재하거나 경비병과 거래하기도 했다.107)

---

105) 「미제와 리승만 역도들의 학대로 포로들은 빈사상태」, 『로동신문』 1952년 1월 20일자.
106) "ATIS No.607" Aug. 19, 1950, 『남북한관계사료집』 21, p.46 ; "ATIS No.626" Aug. 20, 1950, 같은 책, p.85. 이러한 사례는 심문보고서에서 쉽게 찾아 볼 수 있다.

포로들은 보급받은 담배와 피복을 수용소 밖에 작업을 나갈 때 민간인들과 교환하여 필요한 물품을 반입하기도 했다.108) 1951년 5월 31일 상오 8시경 공산포로들이 부산 시내 서면에서 범일동으로 이르는 도중 연도에서 보행을 멈추고 구경하는 통행인들에게 "우리는 인민을 사랑한다"라고 외치며 비누, 셔츠, 양말, 담배 등 물품을 던져주었다.109) 1951년 12월 10일 제74수용소 포로들은 부상당한 국군에게 담배를 보내겠다고 제안하기도 했다.110)

(2) 종교 활동 지원

수용소 당국은 포로에게 종교 활동의 자유를 보장하고 지원했다. 부산 수용소의 초기부터 이종오·김원상 등 기독교인 포로들에 의해 예배가 이루어지기도 했다. 이후부터 유엔군은 수용소에 목사·신부 등을 배치하고, 퀀셋[가설 兵舍]을 예배당으로 꾸며서 종교활동을 지원했다. 당시에 많은 포로들이 기독교, 천주교, 불교, 천도교 등의 신앙 활동에 참여했다.111)

부산 수용소에서부터 커밍(Cumming, Bruce A. 金雅烈), 힐(Hill, Harry J. 許一), 캠벨(A. Campbell, 甘富悅) 선교사 등이 포로들에게

---

107) HQ 60th General Depot, "Weekly ISUM(17 thru 22 March 1951)" March 24, 군사편찬연구소, HD 1495 ; "CI&E POW's to CI&E Officer, Compound 85" Jan. 11, 1952, 23/333 ; "The Story of the PW Command" 1953, 14/389, p.5 ; HQ, UN POW Camp No.1, "Standing Operating Procedure for Control of POW" March 31, 1953, 같은 상자, p.10 ; US Army Military Police Board, "Control and Administration of POWs during the Korean conflicts," p.46·358 ; 박종은, 『그날 0시』, 123·158쪽.
108) 유경성 증언, 2006.12.4.
109) 「포로 처우문제 재검토 논의 대두」, 『동아일보』 1951년 6월 12일자.
110) 「74동 포로들이 청원서」 1951.12.10, 2/333.
111) "The Story of the PW Command", 14/389, pp.6~7 ; US Army Military Police Board, "Control and Administration of POWs during the Korean conflicts", p.34.

전도활동을 했다. 특히 보켈(Voelkel, Harold, 玉鎬烈)112) 목사는 한국 육군 군종단(the Korean Army Chaplain Corps)을 조직했고, 북진하는 미군을 따라 북한지역에 갔다가 흥남 철수 때 기독교인들을 보호하는 데에 앞장섰으며, 포로선교에도 크게 기여했다. 보켈 목사는 의약품을 제공하였을 뿐만 아니라 반공포로들을 따로 분리할 것을 수용소 당국에 건의하는 등 반공포로들의 입장을 항상 대변해 주는 그들의 '아버지'였다.113)

포로인 임한상이 장로교 목사로 전도활동을 했고,114) 강신정·임재수·박지서 등 한국인 목사와 장대익 신부 등은 수용소 안으로 들어와 전도했다. 포로 중 일부는 일상생활에서 변화를 줄 생각으로 참여한 것이었지만, 상당수는 종교에 진심으로 관심을 가졌고 주일예배를 몹시 기다릴 정도였다.115) 이에 대해 공산 측은 기아와 야만적 포로수용소에서 종교가 번창했다고 비판했다. 심지어 선교사들이 낮에는 성직자였지만, 밤에는 공산당분자를 죽이도록 하는 인간백정[屠夫]이라고 비판했다.116)

거제도 포로수용소에는 제73·82·83수용소 등에 천막교회가 세워졌고, 성가대나 청년회 활동이 있었다. 포로 가운데 일부는 수용소 교

---

112) 당시 언론에는 필켈 목사라고 소개되었다(『경향신문』 1951년 11월 3일자).
113) 김석태, 「"반동분자 때려잡자" 거제수용소 좌익폭동」, 『국민일보』 1996년 2월 10일자 ; 김석태, 『내 인생 내 마음대로 할 수 있나요』, 44~45쪽.
114) 임 목사 외에 한준명 목사도 포로가 되어 수용소에서 전도활동을 했다(김찬수, 「상기하자! 6·25-한국천주교회 수난사 (3)」, http://woodoo.cccatholic.or.kr/technote7/board.php?board=kkktalk&command=body&no=456, 검색일, 2010.7.12).
115) 김승태, 「6·25전란기 유엔군 측의 포로정책과 기독교계의 포로선교」, 한국기독교역사연구소, 『한국기독교와 역사』 9~2, 2004, 51~56쪽 ; 중앙일보사, 『민족의 증언』 7, 240~243쪽 ; 이건숙, 『거제도 포로수용소』, 121~122쪽 ; 박종은, 『그날 0시』, 131쪽 ; 反共義士奮鬪史編纂委員會, 『反共義士奮鬪史』, 110~111쪽 ; "Command Report" March 10, 1951, 4980, 5231/407 ; HQ, FEC, "DDT changes View Point of NK POWs" Oct. 26, 1950, 19/389.
116) 大鷹, 『志願軍 戰俘紀事』, 77쪽.

회에서 전도사 역할을 했다. 교회는 좌익포로들로부터 우익포로들을 보호해 주는 역할을 했으므로, 우익포로의 아지트로 활용되기도 했다. 이곳에 비밀리에 모여서 '대한반공청년단'에 입단도 하고, 이승만 대통령 등에게 보내는 혈서를 쓰기도 했다. 좌익들이 교회를 공격하지 않았던 이유는 미국인 선교사들이 그곳을 계속 방문하여 좌익포로를 견제하는 역할을 했기 때문이었다. 또한 반공 지도자들이 좌익포로의 습격을 받아 입원해 있을 때, 임한상 목사 등도 그들에게 빨리 퇴원하여 좌익포로들을 대비하도록 권유할 만큼 적극적이었다.117)

반공적인 수용소의 포로들은 주일에 광장에서 예배를 했고, 신자들만의 천막도 있었다. 이들 포로들을 위해 회중신약전서, 찬송가, 영문신약성서, 사복음서, 쪽복음서, 마태복음주석, 산상설교, 전도용 소책자, 각종 전도지, 천로역정, 신앙생활, 십자메달, 신앙교양지, 기독공보, 기독신보 등과 각종 필기류, 악기, 등사기 등 1,365,579 종이 보급되었다. 성경통신도 가능했다.118)

〈표 2〉 포로수용소 종교부 일지(1951.10)119)

일자 (요일)	시 간	종교활동 내용	비 고
1(월)	오전 8시	가톨릭 미사	제63수용소
	오전 9:00	북한군·중국군 포로 기독교 예배 참석	
	밤 7시	민간인억류자 성경공부	
2(화)	14:00~17:00	기독교 예배	단위 수용소
3(수)		군목, 수용소 순회, 포로 면담, 종교서적 배포	단위 수용소

---

117) 안수길, 「거제도 포로수용소」, 『자유공론』 11~16, 1976, 121쪽 ; 『한국전쟁 종군기자』 2, 235쪽 ; 고영근, 『우리 겨레의 나아갈 길』, 175쪽.
118) 이건숙, 『거제도 포로수용소』, 124~125·130쪽 ; 박종은, 『그날 0시』, 서문 ; 김교갑, 『아버지의 일기』, 72쪽 ; 장정문, 『본향 길 나그네』, 122~123쪽 ; Kim Sun Ho, "Koje-Do in Complication", p.25.
119) 김승태, 「6·25전란기 유엔군 측의 포로정책과 기독교계의 포로선교」, 57쪽.

4(목)	17:00	군목, 포로 상대 모임	
5(금)		군목, 한국인 목사와 함께 포로 방문	단위 수용소
6(토)	11:30	군목, 포로방문·서적 배부	단위 수용소
	17:00	예배	단위 수용소
8(월)	19:00~21:00	민간인억류자 성경공부	23명 참석
9(화)	12:00	가톨릭 미사	83수용소
11(목)		군목 포로 방문·서적 배포	단위 수용소
13(토)	08:00	예배, 서적 배포	단위 수용소
14(일)	08:00	가톨릭교도와 기독교도 예배 참석	
16(화)		예배 및 서적 배포	72, 77수용소
17(수)	08:00~12:00	군목, 전도 활동	
21(일)	오전	기독교·가톨릭 신자 예배, 종교서적 배포, 상담	
22(월)	밤	민간인억류자의 성경지도	27명 참석
23(화)	17:00	새 신자 포로 오리엔테이션	61수용소
24(수)		중국포로와 모임을 갖고 서적 배포	
27(토)		인경산 스님, 부산에서 거제도로 옴	
28(일)	08:00	가톨릭·기독교 신자 예배	
	13:00	포로 20명에게 세례의식, 포로 모임	

〈표 2〉에 정리된 대로 1951년 10월 종교부 일지를 통해 구체적인 종교활동을 살펴보면, 10월 1일 오전 8시 제63호수용소에서 가톨릭 예배가 있었고, 9시 30분 북한군과 중국군 포로들이 기독교 예배에 참석했으며, 밤 7시에는 민간인억류자를 위해 성경공부가 있었다. 3일에는 군목이 여러 단위 수용소를 순회하고 포로와 면담을 하면서 종교서적을 배포했다. 6일 오전 11시 30분에 군목이 수용소를 방문하여 포로들에게 서적을 배부하고 상담을 했으며, 예배를 가졌다. 8일 저녁에 민간인억류자의 성경공부에 23명이 참석했다. 22일 밤에 영어를 말할 줄 아는 민간인억류자가 성경을 지도하여 27명이 참석했다. 23일 오후 5시에 제61수용소에 새로 온 포로를 위해 예배에 대한 오리엔테이션을 했다. 24일에는 전날 오리엔테이션을 한 중국포로와 모임을 갖고 서적을 배부했다. 27일에는 불교 신자를 위해 인경산

스님이 부산에서 거제도로 왔다. 28일 오전 8시에 포로 중 가톨릭 신자와 기독교 신자가 예배를 가졌고, 13시에 포로 중 20명이 세례의식을 했으며, 여러 수용소에서 포로들과 모임이 있었다.[120] 이처럼 주로 기독교와 가톨릭 측이 전교활동을 활발히 전개했음을 알 수 있다.

이러한 종교활동을 통해 신도가 계속 늘어나서 1952년 4월 중 기독교도 614명, 천주교도 164명 등 778명이 세례를 받았고 1,397명이 예비신자로서 교리공부를 했으며, 부활절 날에 포로 3,318명이 예배에 참여했다. 기독교 활동으로 예배가 241회나 이루어져서 포로가 총 113,320명(성체 자격자 7,000명)이 참석했고, 합창연습은 4회에 87명, 성경강독 1회에 88명 등이 참석했다. 천주교 활동으로 미사 67회에 참석인원 11,880명이었고, 고해성사에 2,011명과 영성체에 2,820명, 교리강독 198회에 13,408명, 기도모임 5회에 745명이 참석했다.

〈사진 5〉 교회와 자유여신상(거제도 수용소, www.historynet.com)

---

[120] "Command Report" Oct. 1951, 4980/407.

불교는 일요 강좌 11회에 참석인원이 5,840명이었고 주중 강회 17회에 1,320명, 경전 공부 14회에 1,270명, 불교의식 9회에 1,150명, 찬불가 22회에 1,720명, 헌신예배 6회에 990명 등으로 활동이 매우 활발했다. 이 해 7월에는 모르몬교(말일성도)도 예배를 시작했다. 송환거부포로들이 육지로 분산될 때 보켈 목사는 영천 수용소로, 커밍 목사는 상무대 수용소로 옮겨 활동을 계속했다.[121]

이상과 같이 포로들의 활발한 종교 활동으로 수용소 당국은 1952년 4월 포로 가운데 29,000명이 종교를 믿는 것으로 파악했다. 이 가운데 전쟁 이전에는 교회, 목사 등의 용어나 설교도 처음인 경우도 많았다. 이들은 종교를 거부하는 공산주의자와 달리 포로 중 송환거부자의 발생과 연결될 수 있었다. 보켈 목사는 1953년 6월에 석방된 반공포로 27,000명 가운데 약 2만 명이 크리스찬이라고 주장하면서, 9,000명의 북한포로들이 정기적으로 새벽예배에 참석했다고 회고했다. 그는 이미 1951년 10월에 예배인원이 1만 명을 넘었다고 주장했다.[122]

수용소에서 예배에서 참가했던 반공포로들 가운데 석방된 후 신학교에 들어가 목회자가 됐으며 구세군 사령관을 역임한 김석태 목사, 고영근 목사, 이동식 신부, 장정문 성공회 신부 등 많을 때에는 250여 명에 이르렀다.[123]

(3) 포로의 노동력 이용과 일상생활

포로의 노동력 이용은 수용비용을 줄이고, 억류국에 경제적 이득

---

[121] "Command Report" April, May, July 1952, 5741~5742, 5744/407.
[122] 『경향신문』 1951년 11월 3일자 ; 이건숙, 『거제도 포로수용소』, 126쪽 ; 장정문, 『본향길 나그네』, 122~123쪽 ; "Command Report" April, 1952, 5741/407, p.10.
[123] 「반공포로 250여 명/전영규 목사 증언」, 『국민일보』 1996년 6월 20일자, 승리제단의 조희성 목사도 있었다.

을 제공할 수 있으며 포로의 통제에도 도움이 되었다. 1950년 10월 웨이크 섬 회의에서 맥아더 유엔군사령관은 트루먼 대통령에게 포로들이 잘 먹고 좋은 대우를 받으며, 제네바협약에 따라서 임금이 지불된 좋은 직업을 갖고 있어서 전 한국인 중에 가장 행복한 사람들이라고 보고했다.[124]

유엔군사령부는 제네바협약이 허용하는 범위 내에서 포로의 노동력을 최대한 이용하려 했다. 유엔군사령부와 미 제8군사령부, 제2군수사령부 및 제1수용소의 참모들은 수용소 행정 인력의 감소와 비용 절감을 위한 포로의 활용 가능성과 한국경제의 복구를 위한 달러 절약을 위하여, 수용소 안이나 제주도와 같은 곳에 포로 노동수용소(labor Camp)를 건설하여 포로의 노동력을 활용하려는 방안을 모색했다. 그러나 포로 노동수용소의 설치를 위한 행정, 보급, 보안 문제 등이 포로의 노동력 활용 보다 부담이 된 것으로 평가되어 일시 대구에 노동수용소가 설치된 적이 있으나 적극 활용되지 못했다. 포로의 노동력 이용보다 일반 한국인을 고용하는 것이 경제적이라는 평가 때문에, 포로들은 장비하역, 수용소 건설 등에 동원되었을 뿐이다.[125]

포로들에게 일을 시켜서 돈을 벌게 했다면 자본주의적 관행에 익숙해지고 포로통제가 용이할 수 있었을 것이나 자금이 문제였다.[126] 포로들에게도 임금이 지급된다면, 한국인 노동자 수준에 맞추어 지

---

[124] "Substance of Statements made at Wake Island Conference" Oct. 15, 1950, Memo of Conversation, Papers of Dean Acheson, HSTL, p.9.

[125] "Questions and answers at the FEC briefing for secretary of the Army" April 9, 1951, General Clark files, Box 8/ Office of the Chief of Staff, Records of HQ, FEC, SCAP and UNC RG 554 ; "Request for POW Labor" Aug. 9, 1951, 「주한 미군 군사 고문단 관련 자료」 1328, 군사편찬연구소 ; "Command Report" Nov. 1951, 2/407, pp.79~80 ; "PM Statistical Report" (no date), 19/389.

[126] Chio, hwei Fong, "The Outline on Control of Communist POWs" July 4, 1952, 10/338, pp.7~8 ; Hagerty, Harry E., Lt. Colonel, "Handling and Treatment of Future Communist POW", Army War College, 1955, p.36.

급하여야 하기 때문에 인원과 비용에서 큰 차이가 나서 현실적으로 어려움이 있었다. 구호물품을 생산하는 방법의 검토도 있었으나, 미군 측은 실행하지 않았다.[127]

제네바협약 제60조는 포로에게 매월 선불 임금(advances of pay)의 지급과 제62조에는 포로의 노동에 대한 임금 지급을 규정하고 있다. 미 극동군사령부는 제네바협약을 비준하지 않았지만, 이의 준수를 선언했기 때문에, 이 문제에 대해 국무부와 협의하여 육군부의 입장을 요청했다. 미 국무부는 제네바협약을 비준하지 않았으므로 유엔군이 포로의 노동에 대한 임금제공이 법적으로 긴박되는 것이 아니며 그 실시여부는 정책문제라고 했다. 그리고 공산 측의 유엔군 포로에 대한 임금지급 문제도 감안했다.[128] 결국 미 제8군사령부는 1950년 10월 초 포로의 노동에 대한 임금제공을 하지 않기로 방침을 결정했다. 부산 포로수용소에서 일부 포로들을 수용소 밖에서 보급품 하역 등 수용소의 유지와 상관없는 일을 시켰지만, 이에 대해 임금 제공을 하지 않았다. 거제도 수용소에 포로의 노동은 모두 수용소의 유지와 직접 간접으로 관련되었다. 미군 측은 포로들에게 임금 대신에 석방될 때 그들이 지급 받았던 피복 담요 등을 가져 갈 수 있으며, 그들에게 수용 중 이미 담배, 빨래와 세숫비누, 빗, 면도날, 실과 바늘 등을 제공했다는 입장을 취했다.[129]

전쟁 초기 각 부대에서는 북한군으로부터 노획한 트럭 등의 노획

---

[127] HQ, CINCFE, "Payments to POW" Aug. 2, 1950, 17/338 ; "Monthly Statistical Report" 4980, 4981, 5743, 5745/407.

[128] "Payments to POW(PM to GS)" Aug. 2, 1950, 17/338 ; "CINCFE to DA" Aug. 9, 1950, 14/389.

[129] HQ EUSAK, "Utilization of POW Labor" Oct. 5, 1950, 29/389 ; HQ, CINCFE, "POW Treatment" March 6, 1951, 29/389, p.4 ; "Fitzgerald, M.J., Colonel MPC Commanding, HQ UNC POW Camp No.1 to Holland, J.P., Colonel, Office of Provost Marshal, DA, Washington. D. C." Nov. 14, 1951, 14/389.

물이나 유엔군 장비를 포로들에게 이송하도록 했다. 이에 따라 일부 포로들은 유엔군의 장비를 하역했다. 1950년 10월 28일자 『태평양 성조지(The Pacific Stars & Stripes)』는 원산부두에서 2,000명의 포로들이 육해공군 합동작전에 동원되어 보트로 하역하는 작업을 했다고 보도했다. 미 극동군사령부에서 제10군단장에게 이는 제네바협약의 제50조의 직접적인 위반이라고 지적했다. 미군 내부에서도 포로의 노동력 이용이 제2차 세계대전 때도 활용되었으며 군사적으로도 필요하다는 주장이 있었지만, 그 때와는 달리 1949년 제네바협약에서는 포로들을 군사적 성격을 띠는 작업에 동원할 수 없었다.130)

1950년 9월부터 다음해 2월경까지 부산 포로수용소의 포로들은 5개 구역의 수용소 건설에 동원되었다. 일부 포로들은 미군의 군수품을 하역하기도 했으나, 대개는 수용소·도로·하수관 등의 건설과 보수 작업에 동원되었다. 그런데 포로들을 감독할 유엔군 요원이 부족하여 포로 200명에 1명의 감시병이 할당되었으므로 포로를 적극적으로 이용할 형편이 아니었다. 외딴 섬인 거제도로 이송된 후 포로의 이용은 숙소, 도로 등 수용소 건설, 수용소 주변정리, 포로들의 용변 처리 등과 일부 농작물의 경작에 그쳤다. 1952년 가을부터 일부 수용소에서는 보리나 채소를 포로들에게 가꾸게 하여 부식 보급에 이용하기도 했다.131) 작업 중 사건이 발생하면 동원된 포로들의 작업이 취소되었다.132) 그러므로 북한 측이 국군포로들에게 엄호를 파거나 비행장 복구 등에 이용했던 것과는 달리 유엔군의 포로 이용은 군사적 성격과는 거리가 멀었다.133) 그런데 중국 측은 포로들이 무

---

130) "CINCFE to CG, X Corps: Utilization of POW Labor" Oct. 31, 1950, 679/338 ; "Staff Study on the Utilization POW Labor" June 24, 1954, 15/338.
131) "Historical Report, POW EN. No.1" Dec. 6, 1950, 4735/407 ; "The Story of the PW Command", 14/389, p.6 ; 박종은, 『PW』, 53~53·85~86쪽.
132) 제94헌병대, 「요약 보고서」 1953.3.31, 5740/407, p.4.

기 적재함 수송 외에 돌이나 석유드럼통 등을 운반하거나 돌을 깨는 중노동에 안전장비 없이 동원되었다고 주장했다.[134]

포로 가운데에는 시인 김수영처럼 수용소에서 영어 능력을 인정받아 부산 포로수용소 야전병원의 통역관으로 일하면서 미 군의관이 받아 본『타임』,『라이프』지 등을 통해 정신적 자양분을 획득할 수 있는 기회를 가진 이도 있었다.[135] 일부는 외부와 접촉이나 거래를 위해 수용소 밖의 사역을 기다리는 포로들도 있었지만, 미군과 한국군이 총검으로 감시를 했고 지나가는 행인들의 모욕을 감수해야 했다.[136]

1951년 10월 중 연인원 219,891명의 포로들은 수용소 안팎의 작업에 동원되었다. 수용소 밖의 노동에 이용되는 포로는 경비 병력의 부족으로 전체 포로의 7%에 불과했다. 1951년 12월 수용소 밖의 작업에 매일 파견된 포로는 16,061명으로 전체 포로의 10.2% 정도였고, 1952년 2월에는 17,566명으로 전체의 11.3%였다.[137]

1952년 4월 중 포로들 가운데 외부작업장에 파견된 총인원은 187,168명이나, 1일 평균 6,239명으로 전체 포로 중 4.0%이다. 이와 같이 그 비율이 크게 낮아 진 것은 이때 심사가 이루어졌고, 말경에는 5월 1일 노동절을 맞이하여 마찰을 줄이기 위해 작업을 최소화했기 때문이다. 분산작전이 실시되었던 이 해 6월에는 포로의 작업도 총 49,814명에 그쳐 일일 평균 1,661명으로 0.62%에 지나지 않았다.[138]

---

133) 조성훈, 「한국전쟁 중 공산 측의 유엔군 포로정책에 관한 연구」, 264쪽.
134) 「조선에서 미군이 감행한 만행에 관한 중국 적십자회의 보고」 1953.12, 『美軍對中朝軍戰俘的資料集』, 1953, 107~112쪽.
135) 「시인 김수영, 그의 시선으로 그를 말하다」, http://blog.naver.com/wjdal1205/50073896442.
136) 김교갑, 『아버지의 일기』, 38쪽.
137) "Historical Report, POW EN. No.1" Oct. 1951, 4980/407 ; "Command Report" Feb. 3, 1952, 5740/407.
138) "Command Report" May 1952, 5741/407 ; "Staff and Special Section Narratives, S−3" July 18, 1952, 5743/407, p.6.

포로들의 일상생활은 〈표 3〉에서 나타나듯이 주로 놀이와 담화로 소일하고 있었고, 그 외에 도서관에서 책을 빌려 보거나 그림을 그리며 조각을 해서 전시하거나 극단을 조직하여 연극을 공연하거나 악기를 연주하는 등 다양하게 여가를 활용했다. 농구, 복싱, 축구, 배구 및 야구 등과 같은 운동경기는 포로들 사이에 인기가 있었다.[139] 수용소 당국이 원칙적으로는 선전적 성격을 띤 활동은 허용하지 않았지만 특별히 할 일이 없이 일상을 보내는 포로들도 많아서, 이는 이념투쟁에 열중한 요인이 되기도 했다.

〈표 3〉 포로 일상생활[140]

(단위: 명 / %)

수용소	교재강독	독서	놀이	담화	바느질	잠	소일	계
76호	107 (3.3)	93 (2.9)	1,084 (33.6)	780 (24.2)	288 (8.9)	653 (20.3)	217 (6.7)	3,222
63호(1)	155 (5.1)	136 (4.6)	1,677 (55.2)	336 (11.2)	224 (7.4)	222 (7.3)	283 (9.3)	3,037
74호(1)	135 (8.4)	272 (10.3)	897 (41.3)	377 (17.4)	154 (7.1)	214 (9.8)	123 (5.7)	2,172
74호(2)	613 (19.1)	476 (14.7)	456 (14.2)	483 (15.0)	188 (5.9)	113 (3.5)	880 (27.4)	3,209
63호(2)	134 (8.3)	327 (19.5)	277 (16.5)	383 (22.8)	144 (8.6)	34 (2.0)	374 (22.3)	1,673

제76호: 1951년 9월 24, 26, 28일에 1시간 동안 조사한 결과
제63호(1): 1951년 10월 18일, 오전과 오후에 1시간 30분 동안 조사
제74호(1): 1951년 10월 26일, 오전과 오후에 1시간 30분 동안 조사
제74호(2): 1952년 1월 29일 조사
제63호(2): 1952년 2월 1일 조사

---

[139] 反共義士奮鬪史編纂委員會, 『反共義士奮鬪史』, 108~110쪽 ; "Tabulation of Art, Music, Dramatic and Handicraft Activities in the POW Compounds" and "Scheduled Athletic Events held" Jan. 1~March 7, 1951, 18/338.
[140] "POW's Survey" 1951, 1952, 1/333.

〈표 4〉는 반공포로들이 수용되어 있는 제74수용소의 하루 일과를 구체적으로 정리한 사항이다. 포로들은 별 다른 없이 소일한 경우가 많았고, 강의에 참여하거나 교재강독, 담화 혹은 작업 순으로 하루를 보냈다. 좌우익포로들이 분리된 이후 반공포로들은 시낭송, 노래, 장기전, 바둑대회, 희극공연 등으로 평화로운 나날을 보낼 수 있었다.[141]

〈표 4〉 포로 일상생활(제74수용소)[142]

(단위: 명 / %)

		09:00~10:30	13:45~15:30	09:00~10:30	13:45~15:30
실내	강의	1,006	1,027	13.4	13.7
	교재 강독	988	238	13.2	3.2
	독서	866	286	8.9	3.8
	담화	787	178	10.5	2.4
	놀이	535	377	7.1	5.0
	바느질	243	133	3.2	1.8
	소일	1,194	791	15.9	10.6
실외	훈련	160	200	2.1	2.8
	운동	17	49	0.3	0.7
	게시문확인	15	35	0.2	0.5
	소일	0	2,300	0	30.7
	수용소 작업	661	532	8.8	7.1
	수용소외 작업	726	705	9.7	9.4
	확인 불가	492	539	6.6	8.5
계		7,490	7,490	100.0	100.0

2) 포로의 반응

포로수용소 경비대원이었던 한 미군 병사는 포로들이 학대되었다는 것은 전적으로 거짓말(ABSOLUTELY a lie)이라고 비판했으나,[143]

---

[141] 이한, 『거제도 일기』, 89~93쪽.
[142] "POW's Survey, Com. # 74" Jan. 29, 1952, 1/333.
[143] Cozart, Bobby, "Koje-do POW Camp" 2002－07－06, http://www.koreanwar.org/html/units/kojedo.htm?set=50.

유엔군 포로수용소의 대우에 대한 반응은 좌우익포로, 중립국을 택한 포로 등 그들의 정치적 지향에 따라 다르게 나타났다.

첫째로 반공포로는 유엔군 포로 대우에 불만이 일부 있기는 하지만 대체로 호의적이었다. 한 반공포로는 포로가 되었을 때, 유엔군이 머리에서 발끝까지 DDT 소독을 한 후 주먹밥과 통조림 한 개씩을 주자, 대한민국이 고마워 울었고 곧 국군에 편입되기를 바랐을 정도로 감동했다고 했다. 또 다른 반공포로도 광주 임시수용소에서 포로들이 작업에 서로 다투어 나갈 정도로 정말 행복한 생활이었으며, 거제도 수용소로 이송된 후에도 우익수용소에서 자유사상에 젖어 행복한 나날을 보냈다고 기억했다.144) 다른 포로도 부산 포로수용소에서 보급품이 남아 돌 정도였고 급식 사정이 좋았으며, 밥이 훌훌 날리는 안남미였지만 먹고 싶으면 더 먹을 수 있어서 삐쩍 말랐던 포로들의 얼굴이 윤기가 흐르며 체중이 증가되었다고 회고했다.145)

거제도에서 영천, 논산 등지로 분산된 후 반공포로들은 생활여건이 개선되어 사기가 훨씬 상승했다. 하지만 육지나 제주도로 이송된 반공포로들은 유엔군이 반공계와 친공계 포로에 대해 대우가 동등해서 실망했다고 지적했다.146)

둘째, 좌익포로와 공산 측의 반응은 매우 비판적이었다. 공산 측은 전쟁 시기는 물론 포로의 교환 후에도 유엔군 측이 포로를 일관되게 학대(consistent maltreatment)했다고 주장했다.147) 유엔군 포로

---

144) 안수길, 「거제도 포로수용소」, 『자유공론』 11~16, 120쪽 ; 장도권, 「어느 반공포로의 이야기」, 같은 책, 119쪽.
145) 조윤하, 「1.20 판문점 포로들」, 233쪽 ; 용태영, 『황야의 노방초』, 266~267쪽.
146) "Weekly ISUM(1952.6.22~28)" June 29, 1952, 5743/407 ; Psywar Division, Human Resourses Research Office, "Wang Tsung-minh: Anticommunist", George Washington University, Nov. 1954, p.69.
147) "CINUNC(adv) to CINC UNC(PSY) Tokyo" Jan. 23, 1952, 23/333 ; 국방부 전사편찬위원회, 『한국전쟁』, 1991, 177~178쪽.

수용소에서 탈주한 포로들과 포로가 된 미군들로 하여금 유엔군이 초기 심문과정부터 포로를 학대했고, 수용소에서도 주거나 식사나 피복 등이 형편없었다고 주장했다.148)

유엔군 측 대우에 호의적인 반공포로들은 DDT에도 감동을 받았지만, 공산포로는 매일 평균 7~8명씩 질병으로 사망했다고 주장했다. 그들은 상병포로로 송환된 포로 550명 중 221명이 불구가 되었는데, 그 중에서 189명이 미군의 부적절하고 불완전한 치료 때문에 생긴 것이고, 109명의 결핵환자는 영양실조와 중노동 때문이라고 주장했다.149) 그 외에도 유엔군이 북한군과 중국군 포로들을 간첩으로 이용하는 것을 비롯해 기관총, 세균전이나 원자폭탄 등의 무기개발에 이용했다고 비판했다.150)

심지어 중국에서 참전한 조선족 병사들의 회고도 비판을 지나쳐 과장된 것으로 보인다. 포로교환 때 공산포로를 호송했다는 신 모는 유엔군 포로수용소에서 갖은 학대를 받은 포로들이 팔다리가 약간 상한 포로들에게 주사를 놓아준다는 미명 아래 독약을 주입하여 팔다리를 절단하게 하고, 눈가에 부상을 입은 포로들에게 독약을 주입하여 실명한 경우도 있었다고 전하고 있다.151) 1948년 3월부터 중국

---

148) 「학대로 포로들은 빈사상태」, 『로동신문』 1952년 1월 20일자 ; 남궁만, 「판문점 병상 포로교환장에서」, 『로동신문』 1953년 5월 4일자 ; "Escaped Korean POW tells of Torture by Americans", *Daily News Release*, Nov. 27, Dec. 10, 1951 ; "Take no Prisoners, US Officers Order", *Daily News Release*, Dec. 6, 1951 ; Hymoff, Edward, "The Day the Reds humiliated Uncle Sam", *True the Man's Magazine*, Oct. 1961, p.46.
149) A special Correspondent of People's China, "Grim Contrast at Panmunjom," p.4.
150) 楊成武, 『楊成武回憶錄』, 북경: 해방군출판사, 1990, 580~581쪽 ; "US Crime of forcing POW's into Espionage exposed", *The Shanghai News*, July 25, 1952 ; "DKB" Aug. 26, 1952, *RCIA* II, p.557 ; "Weekly Report(1952.4.13~4.19)", 5741/407, p.3 ; "Inside South Korea", *China Monthly Review May* 1953, p.84.
151) 신숙, 「전화 속에서」, 정협 연변조선족자치주 문사자료위원회 편, 『돌아보는 력사』, 심양: 료녕민족출판사, 2002, 226쪽.

인민해방군에서 복무하다가 6·25전쟁 발발 직후 북한군 584철도병
여단 1대대 특무상사로 복무 중 포로가 되었다가 휴전 후 중국으로
돌아간 한태욱은 유엔군 포로수용소를 "참으로 말로는 형언할 수 없
는 인간지옥이었다"고 회고했다.152)

셋째, 포로의 교환 후에 제3국을 택한 주영복은 귀순을 했지만 유
엔군의 적대감에 모멸감을 느꼈다. 미군이나 한국군이 그를 "사상전
과 선전전에 걸린 어리석은 북조선 놈"이라고 모욕했고, 특히 국군
은 그를 비롯한 인민군 포로들에게 적대감과 복수심으로 구타를 했
다고 회고했다. 그는 인천 포로수용소에서 식사 자체가 인민군으로
부터 받는 것보다 적지 않았지만, 국이 말이 아니었고 밑반찬이 전
혀 없었기 때문에 항상 배가 고팠다고 술회했다. 그는 이러한 식사
대우보다는 국군이 걸핏하면 구타하는 것에 더 많은 절망감을 나타
냈다. 인천에서 부산으로 포로들이 이송될 때에도 정원이 1,500명 정
도인 수송선에 3,000명의 포로를 콩나물시루처럼 과밀하게 수송하면
서 '인간의 수송'이 아닌 인간과 동물의 중간인 '반동물의 운반'이었
다고 지적했다.153)

이처럼 유엔군의 포로 대우가 다양하게 평가되지만, 중국군 포로
들도 부산과 거제도 포로수용소에서 "적어도 물질적으로 미군들이
너그럽게 했다"는 점을 인정했다.154) 이러한 요소들은 반공포로들이
나 이념이 확실하지 않았던 포로들의 사상적 변화에는 일정한 영향
을 미쳤을 것이다. 그러나 그들의 변화가 유엔군 우대에서만 영향을
받은 것이 아니라 북한이나 전쟁 중 혹은 수용소에서 공산주의에 대

---

152) 한태욱, 「거제도 포로수용소 견문」, 정협 연변조선족자치주 문사자료위원회 편,
『돌아보는 력사』, 2002, 385쪽.
153) 주영복, 『내가 겪은 조선전쟁』 1, 516~518쪽 ; 김석태, 『내 인생, 내 마음으로 할
수 있나요』, 35~36쪽.
154) 하진, 『전쟁쓰레기』, 237~239쪽.

한 경험과 교육 등의 영향도 중요한 요소로 작용했을 것이다.

3. 포로 교육

1) 민간정보교육국의 조직과 운용

(1) 포로 교육의 목적과 민간정보교육국의 설치

포로 교육은 수용소에서 포로에 대한 관리적 측면과 정치적 요소가 병존했다. 후자의 요소가 강한 공산 측의 교육은 세뇌적(brainwashing) 요인이 강조되었고, 유엔군 측도 이러한 요소가 없지 않았다. 이미 제2차 세계대전 말기 미군은 독일군 포로에 대한 탈나치화, 민주화를 위한 재교육을 실시했었다. 중공군도 이미 대일 항전과 국공내전에서 일본인과 국민당군에 대한 교화(indoctrination)를 위해 활용했다.[155]

한국전쟁 중 유엔군과 공산 측은 교육의 기법을 정당화하면서, 포로들이 자발적으로 교육에 참여한 것으로 주장했으므로 프로그램에서 잘못은 전혀 없었다고 주장했다. 그러나 주요한 것은 포로들의 마음을 사로잡기 위한 프로그램이 시행되었다는 것이다.[156] 공산 측

---

[155] Herrick, Genevieve F., "German Pows learn of freedom behind barbed-wire", *The Rotarian* March 1946 ; Lewis, John W., "Preminary report on Chinese communist indoctrination of military POWs", Bureau of Social Science Research, INC., Sep. 1963 ; Kuznetsov, S. I., The ideological indoctrination of Japanese prisoners of war in the Stalinist camps of the Soviet Union(1945~1956), *The Journal of Slavic Military Studies,* Vol.10, Issue 4 December 1997 ; Gansberg, Judith M., *Stalag, U.S.A: The remarkable story of German POWs in America,* Crowell, 1977 ; Robin, Ron Theodore, *The barbed-wire college: reeducating German POWs in the United States during World War II,* N.J.: Princeton University Pres, 1995.

[156] Prugh, George S., "POW at War: the POW Battle Ground", pp.11~12 ; "The Battle for th Mind", Garrett, Richard, *P.O.W.,* David & Charles, 1981, p.202 ; Robin, Ron

은 특히 제5수용소가 포로 교육의 중심지로서 하나의 모델이어서, 포로들이 "벽동대학(Pyoktong University)"으로 불렀다. 강제적 교육이 어려워지자, 수용소 내에 특별 연구그룹을 조직하여 1951년 8월부터 11월까지157) 약 100~150명의 '진보적인' 포로를 등록시켜 강의를 시작했다. 처음 6주 동안에 매일 2~3시간씩 고급 공산주의 정치이론과 경제사상을 강의했고, 나머지 기간에는 주로 연구하도록 했다. 둘째, 강좌는 중립적이거나 비협조적 포로 75~100명으로 구성하여 1952년 1월에서 3월까지 시행되었다. 그러나 두 번에 걸친 강좌는 이전에 실시한 것과 큰 차이는 없었다고 한다.158)

포로수용소에서 포로들은 식사, 작업 외에는 많은 여유 시간이 있었으므로, 그들의 질서와 통제를 위해 교육이 필요했다. "포로가 되서 생각하기를 일단 죽이지 않는다면, 이북에서처럼 철저한 사상교육을 시켜 완전히 이쪽사람으로 만드는 작업부터 실시할 줄 알았는데 막상 당해 놓고 보니, 미군 관리당국에서는 포로들의 사상문제 같은 것은 적색이든 백색이든 아무런 관심도 없는 것 같았어"159)라는 포로의 지적처럼, 거제도 포로수용소에는 포로 교육이 곧 실시되지 않았다. 1951년 5월 3일 유엔군사령부 민간정보교육국장 너전트(Nugent, Donald R.) 중령은 포로들이 석방된 후 사회의 유용한 구성원이 되도록 새로운 기술의 습득과 그들에게 외부 세계, 유엔 등을

Theodore, *The Making of the Cold War Enemy: Culture and Politics in the Military-Intellectual Complex*, Princeton: Princeton University Press, 2003.
157) 전선에서 석방했던 포로들 외에도 수용소에 있는 포로들에게도 이미 1951년 2월 하순부터 공산주의 노래, 논쟁, 토론 등의 초보적인 교육이 실시되었다(「한국군 포로 귀환자들에 대한 공산주의 세뇌교육」 1951.4.20, 163/ 319, Records of Army Staff, AC/S, G−2, Intelligence, AD, 'P' File, 1946~1951, 국사편찬위원회 한국사데이터베이스).
158) "U.S. Prisoners of War in the Korean Operation," pp.225~226, 9/319.
159) 김태영, 『인민군』 2, 유림, 1989, 156~158쪽.

알리는 교육의 실시를 공표했다.160) 그러므로 유엔군 포로수용소에서 포로 교육이 비밀리 실시된 것은 아니었다.

유엔군사령부가 포로수용소에 지시한 교육의 목적은 우선 포로들에게 유엔군의 정치적, 경제적, 사회적 목적과 활동에 대해 알리고, 수용소 생활의 활동을 통해 단체행동에서 민주적 절차의 기술과 이해를 도모케 하는 것이었다. 또한 교육은 포로들에게 기술을 습득시켜 경제생활에 기여하도록 의도되었다.161) 그러나 이러한 목적 외에 미 합동참모본부가 "포로의 대우를 제네바협약에 일치시키면서, 그들을 공인된 반공포로(avowed anticommunists)로 이용하기 위하여 교육에 대한 광범위한 계획을 창안하고 유지시켜야 한다"162) 고 지시한 것처럼 정치적 의도도 있었다.

미군은 이미 1944년에 독일군 장교와 포로들에게 나치주의를 제거시키고, 미국의 제도와 이상을 이해시키기 위한 교육을 실시했다. 그러나 그 시기는 전쟁의 말기였고 이념적 요소가 없었으므로, 포로에 대한 본격적인 교육은 한국전쟁 때부터 시작했다고 볼 수 있다. 미군은 북한지역을 점령하면서 교육프로그램을 계획하기도 했다.163)

---

160) 「유엔군사령부, 남한에 수용된 공산 측 포로 15만 명에 대해 취업 교육을 계획」, 『경향신문』 1951년 5월 4일자 ; GQ UNC PIO, "Enemy POWs taught Trades" May 3, 1951, 3/333.

161) "AG 323.361 CS, Letter of Instruction" April 23, 1951, 18/338 ; "AG 322 PWS-E, Psywar Activities" Nov. 20, 1952, 11/338 ; Kim, Myong Whai, "Prisoners of War as a Major Problem of the Korean Armistice, 1953," p.vi.

162) "JCS to CINCFE" May 31, 1951, 32/218, 383.21 Korea ; 「합동참모본부, 작전명령 수정에 관하여 릿지웨이 극동군사령관에게 훈령」 1951.5.31, FRUS 1951, 487~493쪽. 휴전협상과 관련해서 1951년 10월 25일에 '제휴 계획(Plan Affiliate)'이 심리전 위원회(POC)에서 포로의 대한 집중적 주입계획을 승인했다("Policy Dispute with regard to Plan 'Affiliate'" Dec. 21, 1951, PSB 387.4, HSTL).

163) 「북한 지역에 대한 교육프로그램」 1950.11.22, 『미 국무부 정책기획실 문서 (Records of the Policy Planning Staff of the Department of State): 한국전쟁 자료총서 13(Records of the PPS Relating to the DOS Participation in the NSC II, 1950~1953), 137~138쪽.

미군 헌병사령부는 전쟁이 시작된 후 곧 포로 교육에 대한 검토를 했다. 1950년 9월 9일 미 국가안전보장회의에서도 포로의 심문과 교화(indoctrination), 훈련을 실시하기 위한 시설을 서둘러 설치하도록 했다. 이는 포로를 심리전에 활용하려는 의도를 드러낸 방침이었다. 미 국방부와 국무부가 이를 위해 협의를 했지만, 합동참모본부에서 주도하기로 했다.[164]

이러한 방침에 따라 맥아더 유엔군사령관은 1950년 10월 12일 워커(Walker, Walton H.) 미 제8군사령관에게 포로 교육의 실시를 지시했다. 제8군사령부는 11월 하순 영등포 포로수용소에서 연령, 교육 정도, 정치적 지향 및 직업에 따라 고루 선발된 약 500명의 포로에 대한 예비조사를 실시했다. 교육은 포로들에게 전체주의의 정권보다 민주사회에서 사회적, 정치적, 경제적으로 더 행복해질 수 있다는 신념을 심어주려는 것이었다.[165] 제8군사령부에서는 이 조사를 통해 교재, 강의 방법, 포로의 반응 등을 검토하여 본격적인 포로에 대한 교육에 대비했다. 그러나 중국군의 참전으로 유엔군이 서울에서 후퇴하자, 예비조사는 예정보다 일찍 끝났다.

그 후 1951년 3월 23일 포로 교육은 미 합동참모본부의 승인 아래 육군 심리전단의 지시에 의해 본격화되었다. 이에 따라 연합군총사령부의 민간정보교육국(CI&E Section, GHQ, SCAP)이 1951일 4월 3일

---

[164] 小林聰明, 「조선전쟁기에 국련군의 포로교육프로그램」, 190쪽 ; Rogers, Horatio Rogers, Colonel, MPC, "Memo: Reeducation of Enemy POW" Aug. 10, 1950, 41/389 ; "NSC 81/1" 1950.9, *FRUS* 1950, Vol.7, pp.712~721 ; "Memo of Conversation: Addendum to Notes on Wake Conference" Oct. 14, 1950, Papers of Dean Acheson/HSTL, p.2.

[165] 윌리엄 화이트, 『한국전쟁 포로』, 34~37쪽 ; "The First Interim Report on Progress of Educational Programs for POWs"(이하, 「제1회 포로교육 보고서」로 줄임)」 Jan. 10, 1952, 309/319, p.1 ; Hansen, Kenneth K., *Heroes behind Barbed Wire*, pp.42~43 ; Foot, Rosemary, *A Substitute for Victory: The Politics of Peace Making at the Korean Armistice Talks*, pp.114~115.

자로 유엔군사령부의 일반명령 제8호에 따라 포로의 교육 프로그램을 개발하고, 운영하기 위해 사령부 안에 설치되었다. 민간정보교육국은 이미 1945년 9월 설치되어 일본의 여론, 교육, 종교 및 사회적 문제를 검토하고, 일본사회에 팽배해 있는 국수주의, 군사주의의 퇴치와 새로운 민주사회의 원리를 도입하기 위한 전반적 제도개혁을 실시한 경험이 있었다.166)

1951년 4월 중순에 기구의 인력과 조직안이 승인되었고, 한국인과 중국인 요원의 선발과 배치는 5월 초에서 중순까지 이루어져서, 교육은 6월 초에 시작할 예정이었다. 그 임무를 수행하기 위해 민간정보교육국은 미 8군사령부, 주일 군수사령부, 국무부의 정보교육처(USIES), 연합군 참모부, 한국과 유엔의 관계기관 등과 직접 연락할 수 있는 권한을 부여받았다. 미 8군에서는 교육프로그램에 대한 보급품을 지원하기로 했다.167)

〈표 5〉 민간정보교육국의 조직

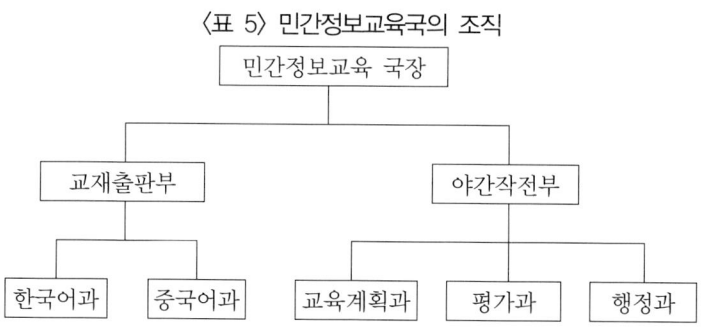

---

166) GQ, SCAP Civil Information & Education(CI&E) Section Education Division, "Education in the New Japan, Tokyo" 1948, pp.135~141 ; "GQ, UNC to Chief, CIE Section, UNC: Letter of Instruction relative to Orientation and Education of North Korean and Chinese Communist POWs" April 23, 1951, 17/338.
167) "Instruction(AG 323.361 CS)" April 23, 1952, 17/338 ;「제1회 포로교육 보고서」부속문서.

민간정보교육국의 조직은 〈표 5〉에 나타나는 것처럼 일본 동경의 본부 아래 교재출판부를 두고, 한국에는 야전작전부(Field Operation Division, FOD)를 설치하여 포로수용소의 업무를 관장하게 했다. 국장과 부국장 등 집행 본부에서는 전반적인 계획을 세우고, 교재출판부에서는 교재를 담당했으며, 야전작전부에서는 교육에 관한 실무를 수행했다. 첫 교육국장은 미군 해병 중령 너전트가 임명되었다. 그는 정기적으로 한국을 방문하여 업무의 진전 상황을 조사하고 미 8군과 협의했다.168)

교재출판부에서는 교재, 팸플릿, 포스터 등과 전반적으로 교육에 필요한 물품을 담당했다. 당시 포로 교육에 맞는 교재가 없었으므로 모두 새롭게 만들어야 했다. 이 부서가 일본에 존재했던 것은 당시 한국이 전쟁으로 도서관이 불타거나 파괴되었고, 영어로 된 마땅한 참고교재의 구입이 어려운 점, 높은 전쟁 인플레 때문에 비용절감의 이유 등 출판 여건에 있었다. 교재출판부에는 한국어과와 중국어과가 있어서 각각 미국인 3명, 한국어 요원 약 30명, 중국어 요원 약 25명 등이 실무를 지원했다.169)

야전작전부는 교육계획과, 평가과 및 행정과로 이루어졌다. 실제 교육 프로그램은 교육계획과를 통해 실시되었다. 평가과는 교육이 포로들의 지식습득과 태도에 어떤 영향을 미쳤는지를 평가해, 교육의 개선과 장래 포로문제를 처리하는 데에 취할 조치를 조사하고, 이를 위해 수많은 시험을 실시했다. 행정과는 모든 물자의 수수와 야전작전부에 배당된 장비의 유지와 운영, 교육 활동을 지원했다. 야전작전부에 대한 군수지원과 병력관리는 유엔군 제1수용소에 있는 제8137헌병단의 본부에서 했다.170)

---

168) "General Order, No.8" April 3, 1951, 18/338.
169) "USAmbassador, Pusan to DS" May 25, 1951, 41/389.

1952년 4월에 이르면, 유엔군사령부는 포로의 심사와 분산정책과 관련하여 일반명령 제18호로 민간정보교육국을 그 특별참모부로 설치하여 연합군총사령부와 분리시켰다. 이때 민간정보교육국(CI&E/UNC)의 책임자는 미 육군부 문관 오스본(Osborne, Monta L.)이 임명되었다.171) 교육국은 포로 교육에 대한 모든 정책과 기구문제, 인력관리, 다른 기관과 연락관계 등을 직접 관장하게 되었으나, 그 본부는 여전히 동경에 있었다. 이때 인력관리실을 신설했고, 이전의 행정 보급실은 각각 행정실과 물품보급실로 구분하여 그 기능을 강화했다. 그 외에 교재생산부 아래에 라디오, 연극과와 영상정보과가 신설되어 라디오와 영화가 정보와 오락뿐만 아니라, 교육의 중요한 부분이 되도록 했다. 한국에서도 포로의 심사와 분리 후의 직제를 개편하여 야전작전본부 아래 거제도지부 이외에도 영천, 마산, 상무대, 논산, 부산, 부산 병원지부 등 8개의 실무과로 편성했다.172)

이상의 조직 개편의 배경으로는 첫째, 민간정보교육국은 처음 조직할 때, 교육 프로그램에 배치되었던 많은 수의 장교와 사병, 문관, 기술요원이 그 임무에 대한 경험이 거의 없었으므로, 이들을 자격 있는 요원으로 교체할 필요가 생겼기 때문이었다. 둘째, 미국인 문관, 기술자, 통역 등의 숫자가 균형을 상실했으므로, 문관의 수를 늘리고, 후자를 줄였다. 셋째, 인력관리와 행정참모를 적정 수준으로 보완했다. 그러나 무엇보다 중요한 것은 포로의 심사와 분리 이후의 정책 변화에 대비한 것이었다.173)

그러나 포로의 심사와 분산 후 교육은 이미 송환여부가 확정된 포로들에게 기존 교육의 연장선에서 실시되고 있었으므로, 1952년 11월

---

170) 「제1회 포로교육 보고서」, pp.2~3 ; "CI&E File" 18/338, pp.2~4.
171) "General Order, No.18" April 18, 1952, 18/338.
172) 「제3회 포로 교육 보고서」 1952.5, 309/319, pp.6~7 ; "CI&E File", 18/338.
173) 「제4회 포로교육 보고서」 1952.7, 17/338, pp.8~9 ; "CI&E File", 18/338.

20일자로 민간정보교육국의 임무, 기능, 인력, 기록 등을 일본 요코하마에 있는 미 육군(HQ, Army Forces, FE, AFFE)의 심리전 부서(Psywar Section)로 1952년 12월 1일부로 이동시켰다. 극동 육군 부사령관이 그 집행책임자로 임명되었으나, 실무 부서는 변화가 없었다.[174]

(2) 인력 충원

1952년 초 유엔군사령부 민간정보교육국의 규모는 장교 5명, 사병 6명, 문관 24명, 그 외 일본인 22명과 원고 작성자·편집자·방송원 고작가 등 58명으로 총 195명이었다. 그 후 규모가 늘어 1952년 6월경에는 장교 34명, 사병 87명, 문관 35명, 통역, 기술자, 중국어 전문가 등 77명, 한국인 23명 총 256명이 할당되었으나, 실제로 211명으로 유지되었다.[175] 지원병력은 부분적으로 일본주둔 미 군수사령부와 연합군 민간정보교육국에서 충원되었다. 교재생산을 위한 자격 있는 민간인 요원은 여전히 확보하기가 매우 어려웠다. 한국인 요원은 한국에서 선발되었고, 중국어 교재생산을 위한 중국인 요원은 일본에서 모집되었다.

한편 야전작전부의 인원이 1952년 2월 말 총 570명이 배당되었으나 실제로는 482명으로 운용했다. 교육프로그램과 247명, 평가과 67명, 행정과 150명 등으로 프로그램과의 인원이 가장 많았다. 포로의 심사 후 인원이 축소되어 장교 29명, 사병 81명, 문관 10명, 통역과 라디오 아나운서 등 15명 등 총 130명이 할당되었으나 실제로는 107명이 운영했고, 그 외에 한국인 요원 261명이 참여했다. 미 제8군사령부에서 승인된 포로 교육에 필요한 한국인 요원은 교육감독관 28명,

---

[174] "AG 322 PWS-E, Psywar Activities" Nov. 20, 1952, 11/338.
[175] "Interim Manning Level, CI&E File" June 5, 1952, 18/338.

교육분석관 56명, 사회과목 교사 56명, 직업훈련교육 감독관 28명, 문자해득 강좌 감독관 6명, 여가와 체육활동 감독관 각각 2명, 라디오전문가 8명 등 총 261명이었다. 이들은 포로의 분산작전 이후 재편성되었다.176)

교육요원 가운데 한국인은 미 제8군 노동부를 통해 고용되었다. 자격 있는 한국 민간인을 고용하는 데는 적은 임금과 육지와 떨어진 거제도에서 생활하는 조건 때문에 큰 어려움이 따랐다. 특히 서울 수복 후, 한국인 요원들이 이전에 살던 서울로 돌아가자 적임자를 확보하는 데에 어려움이 있었다. 그러나 1952년 초 미군 당국이 민간인 요원에게 대폭적인 임금인상과 거제도에 주택을 제공함으로써 한국인의 인력문제는 만족할 만한 수준이 되었다.177)

그리고 중국인의 참여는 교육계획과에 통역 7명, 면담과 번역요원 4명, 사회과목 강사 4명, 도서관원 2명 등 17명이었고, 평가과에는 통역과 번역 4명, 시험 관 1명 등 5명으로 총 22명이었다.178) 중국인의 고용은 극동군사령부의 민간인과에서 대만과 홍콩에서 모집했는데, 자격 있는 자를 구하기가 어려워서 1951년 11월에 이르러서야 가능했다.179)

한국인과 친국민당계 중국인 요원의 고용은 그들의 이념 성향 때문에 좌익포로를 비롯해 공산 측의 저항을 불러 일으켰다.180) 반공적인 중국포로들은 수용소 당국에 교원 초빙시 반공적 국민당군 간

---

176) "Aasen, Edwin K., Chief, FOD to CG, EUSAK" Jun. 23, 1952, 2/333.
177) 「제2회 포로교육 보고서」, pp.5~6 ; 「제4회 포로교육 보고서」, pp.18~19.
178) "CINCUNC, Tokyo to CINCUNC(ADV)" April 1, 1952, 4/407 ; "CI&E File", 18/338.
179) "Hong Kong to DS" Sep. 8, 1951, 41/389 ; 「제1회 포로교육보고서」, p.2 ; 「제2회 포로교육 보고서」 1952.5.19, 17/338, pp.5~6.
180) GQ UN and FEC, Psy War Section, "Complaints registered by POW causing low Morals" 1952.1.5, 17/338. 당시 무초 주한 미국 대사는 대만에서 선발된 중국인 요원이 의심할 여지없이 쟝제스(蔣介石)의 비밀경찰이라고 단언했다(MacDonald, Callum A., *Korea: The War Before Vietnam*, p.138).

부를 역임한 인사를 요구했지만 공산주의자들에게는 이들이 포로들에게 강제로 사상전향을 시키는 실무자로 비쳤다. 공산 측은 유엔군이 전 노스웨스턴대학 벤벤(Benben, John) 교수의 지휘 아래 국민당계와 이승만계 강사들이 포로들에게 조국과 정부를 미워하도록 주입교육을 하고 있다고 비난했다. 그들은 강사들이 포로들을 잔류시켜서 장개석과 이승만 정부에 인계하려 한다고 주장했다. 특히 대만으로부터 고용된 강사들은 국민당 정부의 스파이[臺灣特務]로 간주한 공산 측의 민감한 반응을 일으켰다. 1952년 1월 11일 휴전협상에서 공산 측 대표는 이들이 포로들을 중국으로 돌아가지 말도록 압력하기 위해 보내졌다고 비난했다.[181] 1952년 1월 22일 판문점에서 공산 측 협상대표인 이상조가 수백 명의 강사들이 대만에서 수용소로 들어와 포로들에게 '반공민족해방단(Anti communist National Salvation Corps)'에 가입하도록 강요하고 그들에게 반공문신을 강제하고 있다고 비판했다.[182] 공산 측이 반공적 교사에 의한 교육을 비판하자, 유엔군 측 리비 제독은 대만으로부터 온 그 '교사'에 대한 언급 없이 수용소에는 약 100명의 중국인 통역이 있다고만 답변했다.[183]

또한 교육요원은 수용소 밖에서 초빙된 민간인 외에 포로 가운데 선발해서 활용했다. '포로교원'들은 각 수용소에서 리더격인 경우가 많았지만, 전쟁 전 교사를 지냈거나 고등학교를 마친 포로들 가운데 배고픔과 작업동원을 면해 보고자 참여하기도 했다. 제73수용소 학교 교장은 반공포로인 홍용목, 서무과장에는 한은송이 임용되었다. 이들의 노력으로 교원들이 기독교 신자, 조선민주당원, 청우당원 등의 우익포로들로 구성되었다. 이로써 이 학교가 반공투쟁의 거점이

---

[181] 反共義士奮鬪史編纂委員會, 『反共義士奮鬪史』, 107쪽 ; 大鷹, 『志願軍 戰俘紀事』, 79쪽 ; 程來儀, 『朝鮮戰爭戰俘之迷』, 71쪽 ; New York Times Jan. 12, 1952, p.1.
[182] "Korean Chinese POWs defy US Terrorism", The Shanghai News Feb. 2, 1952.
[183] 『신한민보』 1952년 3월 13일자.

되기도 했다.184)

2) 포로 교육의 실시와 내용

(1) 교육의 실시

포로 교육에 대한 제네바협약 제38조는 "모든 포로의 개인적 선호를 존중하면서, 억류당사국은 포로들에게 지적이고 교육적 및 여가 활동을 장려할 수 있다"고 규정되어 있다.185) 그 교육은 강제로 실시되거나 보상을 약속하지 않아야 한다. 그러므로 포로 교육은 강제적이지 않고, 포로의 개인의 의사를 존중하면서 실시하면 문제가 될 것은 없었다.

야전작전부에서는 단위 수용소에 500~750명을 수용할 강당을 짓고, 앉기 위한 멍석, 그 외에 칠판, 지도와 도안, 16mm 영사시설 등을 설치했다.186) 포로 교육은 시설, 인력 등의 어려움 때문에 예정된 1951년 6월 1일을 맞추기 위해 포로 중에서 선발된 강사로 하여금 서둘러 수집된 임시 교재로 시작되었다. 수용소 당국은 6월 11일 반공적 성향이 강한 제63수용소에 시범적으로 정식 교육을 실시해 시행과정에서 발생한 문제점을 보완해 나갔다. 반공포로들은 수용소에서 학교를 세우려는 의도를 포로에게 "반공의식을 불어넣자"는 것으로 받아들였다. 그들은 좌익포로들이 학교운영에 참여하면 포로수용소가 온통 '빨갱이 수용소'로 전락할 우려가 있다며 이를 저지하기 위하여 교육에 적극적으로 참여했다.187)

---

184) 중앙일보사 편, 『민족의 증언』 4, 1983, 24쪽 ; 부산일보사 편, 『임시수도 천일』, 647쪽 ; 장정문, 『머나먼 고향길』, 71쪽 ; 박종은, 『그날 0시』, 111쪽.
185) 김정건, 『국제조약집』, 282쪽.
186) "CI&E's Memo, GHQ UNC" May 9, 1952, 41/389, pp.6~7.

다른 수용소 역시 교재와 인력이 확보되는 대로 점차 확대되었다. 미군 장교는 민간인 교사에게 교재에 대한 개요적인 설명과 지시를 내리고, 통역을 통해 매일 수업을 참관하는 것으로 그쳤다. 실제 교육은 민간인 강사에 의해 이루어졌다.188)

교육은 1951년 7월 9일까지 제62, 65, 73, 76, 78, 82, 83수용소에서, 같은 해 8월 6일에는 제64, 74, 81, 84, 85수용소에서 실시되었다. 그리고 9월 2일까지는 제91, 92, 93, 94수용소로 확대되었다. 중국군 포로에 대한 교육은 중국인 전문가를 11월 말까지 구하지 못해 제72, 86수용소에 임시로 실시되어 12월 말 경에는 27개 단위 수용소 가운데 18개소에서 실시되었다.189) 1952년 3월 중 각 단위 수용소에 도서실을 설치하여 신문, 잡지, 포스터, 서적 등을 구비했고, 교육영화도 제공했다. 대부분의 단위 수용소에 작업장(craft shop)을 설치했고, 국제적십자사의 노력으로 여가 기구들이 설치되었다.190)

1952년 3월 7일 현재 교육 프로그램은 거제도에서 전체 28개 단위 수용소 가운데 26개소에서 실시되었다. 그 중 16개소는 북한군 포로가 수용되었던 곳이고, 8개소는 남한 출신 민간인억류자 수용소였으며 나머지는 중국군 포로수용소였다. 하지만 친공주의적 성격이 강한 민간인억류자 수용소인 제62수용소와 북한군 장교 수용소는 그들의 반발로 여전히 교육이 실시되지 않았다. 제60, 61, 71수용소에서는 부분적 교육 외에는 공식 오리엔테이션 교육이 실시될 수 없었다. 부산병원 수용소는 포로의 규모가 작았지만, 많은 강사가 필요했기 때

---

187) 박종은, 『그날 0시』, 110쪽.
188) 「제1회 포로교육 보고서」, p.2 ; "Boatner, Haydon. L. to Johnson, H.K., CS, USA" Jan. 4, 1966, 14/338, p.4 ; 주영복, 『내가 겪은 조선전쟁』 2, 256쪽.
189) "List of Compounds in which CI&E Program is in Operation" Dec. 21, 1951, 「제1회 포로교육 보고서」, 부속문서 ; "Status of CI&E Program" May 17, 1952, 1/333.
190) "Command Report" March 1952, 5740/407.

문에 1952년 3월 말에 이르러서야 부분적으로 실시되었다.[191] 1952년 3월 21일 시위로 제76~78수용소에서 교육은 일시 연기되었다. 이날 시위로 제72호와 85호에서도 오리엔테이션 교육이 연기되었다.[192]

1952년 4월부터 시작된 포로의 심사기간 중에는 교육 프로그램이 점차 축소되다가, 결국은 중단되었다. 본래 포로 교육은 1951년 6월에 시작해서 포로의 심사가 끝나는 1952년 7월 15일까지 종결하는 것으로 예정되었다. 그러나 민간정보교육국은 이 교육이 끝난 후에도 포로의 계속적인 통제를 위해 포로석방 전까지 계속 실시할 것을 권고했고, 미 합동참모본부는 이를 승인했다. 왜냐하면 교육으로 포로들이 많은 시간을 유용하게 보낼 수 있으며, 또한 수용소의 질서와 규율유지에 도움이 되기 때문이었다.[193]

〈사진 6〉 교육 장면(마산 수용소, 1952.12)

[191] 「제2회 포로교육 보고서」 부속문서, p.1 ; CI&E File, 18/338.
[192] "Evaluation Branch's Interim Report" April 5, 1952, 1/333.
[193] 「제1회 포로교육 보고서」, pp.24~25 ; "DS to American Reprehensive, Geneva" July 17, 1952, 12/389 ; CI&E File, 18/338, p.4 ; Lionel C. McGarr, BG, US Army Commanding, "Notes on Non-Repatriate POW Handling" May 25, 1953, 1049/338(SN 1856), p.2.

이에 따라 수용소 당국은 교육센터를 제주도·부산·마산·논산· 상무대 등의 새 수용소에 세웠고, 야전작전부의 인력과 도서·장비 등을 새로운 지역으로 옮겼다. 포로의 분산 후, 교육은 논산 수용소에는 5월 15일, 마산에서는 19일, 상무대와 제주도 수용소에서는 26일, 그리고 영천과 부산 병원수용소에서는 5월 말에 각각 재개되었다.[194] 중국으로 송환을 희망했던 한 포로도 대만 정부가 제주시 수용소로 포로들의 교육을 위해 파견된 심리전 전문가들이 반공강연을 했고 본토로 가려는 포로들을 막으려고 노력했음을 폭로했다.[195] 특히 민간인억류자를 수용한 영천 포로수용소는 석방 전에 교육을 강화했다.[196]

좌우익포로의 분산 후, 송환거부포로들에게는 오리엔테이션 교육을 포함하여, 문자해득 강좌, 직업 교육 등이 수용소 여건에 따라서 전부 혹은 부분적으로 실시되었다.[197] 이들에 대한 교육방침은 석방 후의 생활과 문화에 적응하기 위한 것으로 변화했다. 이를 위해 초등학교와 중등학교 수준의 교육의 기회를 계속하여 제공하고, 여가시간의 불안을 줄이기 위하여 신체단련과 여가활동, 지적 활동을 추구케 했다. 또한 직업훈련도 석방 후 포로의 자립심을 키워 그들의 생활에 도움이 되고, 국가경제에 기여하도록 했다. 오리엔테이션 교육에서도 포로에게 민주적 생활 방식의 가치를 익숙하게 하고, 유엔과 미국에 대해 호의적인 태도와 공산주의와 공산주의자에 반대하는 태도를 함양시키도록 했다. 1952년 7월 초 송환거부포로수용소에서 오리엔테이션 교육에 61,998명이 참여한 반면에 농업과 직업 교

---

[194] "Daily Journal, Nonsan" May 12, 23, 24, 1952, 1/333 ; "Daily Journal, San Mudai" May 31, 1952, 같은 상자 ; 제4회 포로교육 보고서, pp.3~4.
[195] 「주한인도관리군활동사」(History of the Custodian Force of Indian Korea: 1953~54) ; 「인 국방부 '한국전포로 감시' 비록 입수 공개」, 『서울신문』 1994년 6월 24일자.
[196] "Edmod Cross, Chief CI&E to Chief, CI&E, UNC" June 30, 1952, 2/333.
[197] "CINCFE to DA" July 21, 1952, 41/389.

육에 18,000여 명이 참가하여 여전히 오리엔테이션 교육의 비중이 컸음을 나타내고 있다.[198]

거제도 포로수용소를 비롯한 송환희망포로의 수용소에서 교육은 이념적 교육요소는 중단되었고 포로들에게 자립하도록 지원하고, 그들에게 불안을 최소화하여 질서와 규율을 유지하도록 했다. 이를 위해 포로들에게 문자습득반, 농업·건강·위생 강좌, 운동과 여가 프로그램의 제공, 도서와 정기간행물, 비정치적 전시물의 제공, 및 선별된 뉴스제공을 했다.[199]

(2) 교육 내용

교과 편성

교과의 편성은 오리엔테이션 강좌, 라디오방송, 문자해득, 청소년, 직업, 농업, 체육, 독서그룹, 청년조직과 활동, 성인교육, 보건, 여가활동 등으로 이루어졌다.[200] 교육시간의 구성은 〈표 6〉에서 나타나듯이 1951년 12월 21일 중 1주간 계획을 보면, 오리엔테이션 강좌 6.1시간, 일반 교육 3.7시간, 직업 2.1시간, 체육 7.0시간, 전시 활동을 비롯한 여가활동 10.2시간 등 총 22.1시간이었다.

1952년 3월 초에는 일주일 총 24.8시간 가운데 오리엔테이션 강좌는 7.4시간인데 비해, 직업훈련은 1.5시간 정도였고, 심사가 이루어지기 직전인 4월 초에도 전체 20.8시간 가운데 직업교육은 1.7시간에 그쳤다. 강사의 수에 있어서도 오리엔테이션 강좌와 관련된 사회과 강사들이 직업 교육 강사보다 두 배 이상 많았다.[201] 이와 같이 교육

---

[198] 「제4회 포로교육 보고서」, p.3.
[199] "AG 322 PWS-E" Nov. 24, 1952, 18/338.
[200] "CI&E's Memo, GHQ, UNC" May 9, 1952, 41/389, pp.2~3.

프로그램의 핵심은 오리엔테이션 강좌였다. 수용소 당국은 여기에 최우선을 두어 보급, 시설, 인력을 지원했다. 시간의 편성비율은 대체로 지속되었으나, 포로의 심사와 더불어 교육의 축소와 중단이 있었다.

〈표 6〉 교과 시간[202]

(단위: 시간)

	오리엔테이션 강좌	일반 교육	직업 훈련	여가 활동	계
1951.12.21	6.1	3.7	2.1	10.2	22.1
1952.2.1	7.7	4.6	1.6	10.8	24.7
1952.3.7	7.4	5.0	1.5	10.9	24.8
1952.3.21	6.1	5.2	1.4	7.1	19.8
1952.3.28	6.2	5.2	1.6	8.4	21.4
19524.4	6.7	4.2	1.7	8.2	20.8

1951년 12월부터 팸플릿, 전단, 뉴스, 영화 등을 통해 개인위생, 쥐 박멸, 질병과 안전사고 예방, 응급조치, 정신건강, 인간관계 등에 대한 건강교육프로그램이 계획되었다. 각 단위 수용소에 보건위원회를 조직하여 위생상태를 점검하도록 했다.[203]

직업교육은 수용소에서 생활여건을 개선하고, 석방 후에 사회정착과 국가건설에 참여하도록 하는 목적을 가지고 있었다. 직업교육의 구성은 목수, 양철공, 대장장이, 멍석짜기, 구두공, 이발 등으로 이루어졌다. 포로들은 이러한 교육에 대해 저항이 없었으며, 작업을 통해 수용소에 쓸 멍석, 테이블, 창틀, 망치, 끌 등을 생산했다. 또한 일부 수용소에서는 유엔 민간구호기구에 납품할 연필통, 담배통, 양

---

[201] HQ, UNC CI&E Section, "Scheme for Distribution of Professional indigenous Personnel" May 16, 1952, 41/389.

[202] 「제1회 포로교육 보고서」, pp.3~4 ; 「제2회 포로교육 보고서」, pp.1~2・5 ; 「제3회 포로교육 보고서」, p.6 ; "Average Hours per Week devoted by POWs and CIs to the educational Program" March 1952, 18/338.

[203] HQ, EUSAK, "Command Report" Dec. 1951, SN 1514, p.19.

동이, 컵, 세숫대야, 양말, 장갑 등을 만들었다.[204]

직업교육은 장기적으로 포로들에게 추상적인 이념보다 영향이 더 컸을 것이나, 비중있게 체계적으로 이루어진 것은 아니었다. 1952년 3월 초 각종 기술교육에 4,840명이 등록했고, 1952년 초부터 실시된 농업교육에는 2만 명 이상이 등록했다. 그러나 직업훈련은 시설부족이 가장 큰 문제였고, 교육시간이 1주일에 2시간 이하에 불과했으며 숙련된 기술자의 부족으로 도제훈련이 미흡한 형편이었다. 교육에 필요한 물자 보급도 어려운 실정이었다. 일반교육에 필요한 잉크·종이·연필·분필 등도 부족하여 최소한으로 교육이 이루어졌지만, 페인트·붓·통나무·못 등 직업훈련에 소요되는 기초재료의 경우는 보급요청 후 3개월이 지나도 일부가 오거나 도착이 지연되는 실정이었다. 반공포로의 분산 후에도 이러한 여건은 크게 개선되지 않았다.[205]

〈사진 7〉 직업교육 현장(거제도 포로수용소유적공원)

---

[204] "GQ UNC CIE Section, FOD to ICRC ; Summary of Vocational Activities" Jan. 14, 1952, 1/333 ; "List of Items manufactured in the Compound Vocational Training and Work Projects Program" March 1952, 18/338.

[205] 「제2회 포로교육 보고서」, pp.8~9 ; 「제4회 포로교육 보고서」, p.14 ; "Logistic Report" Feb. 29, 1952, 2/333 ; "Summary of Vocational Activities" Jan. 14, 1951, 1/333.

문자해득 강좌는 포로의 상당수가 문맹인 까닭에 다른 교육의 목표를 위해서도 강조되었다. 소년들이 수용되어 있었던 수용소에는 중등부가 개설되어 국어, 산술, 영어, 한문, 수학 등도 교육시켰다.[206] 포로들도 이를 유용하게 여겨서 참여에 적극적이었다. 1951년 12월 28일에는 이 강좌에 9,704명이 등록했고, 1952년 1월 4일에는 8,405명, 3월 초에 등록된 인원은 9,245명이었다. 이 강좌는 교과목 중 교육효과가 가장 컸으며, 포로의 분산 후에도 계속 실시되었다.[207]

라디오 방송과 영화의 이용은 기본적으로 오리엔테이션, 문자해득, 직업훈련, 보건위생, 여가활동 등의 교육에 기여하려는 데에 있었다. 라디오 방송은 영화보다 언제든지 쉽게 더 많은 사람, 특히 문자해득력이 낮은 사람에게도 전달이 용이하여 유용한 수단이 되었다. 라디오 프로그램은 실시 초기에 단지 뉴스와 음악이 방송되었지만, 점차 방송수신 장비를 갖추어 1951년 말에 이르면 주당 21시간의 한국어 방송과 7시간의 중국어 방송이 가능해졌다.[208] 그리고 영화는 매월 20~30편씩 상영되어 4~5만 명이 관람했으므로 그 효과도 무시할 수 없었다.[209]

어린 소년들도 단체활동에 대한 강한 욕구가 있었다. 공산포로들은 이러한 바람을 '소년선발대(Young Pioneers)'와 '소년 공산주의자(Young Communists)' 등을 결성했고, 이에 맞서 우익포로들은 보이스카웃을 조직했다. 제73수용소에서는 한 때 좌익이 강할 때 이 단체가 자유주의적이라는 이유로 반대했다.[210] 1951년 12월부터 이듬해

---

[206] 장정문, 『머나먼 고향길』, 71쪽.
[207] 「제2회 포로교육 보고서」, p.10 ; "Readability Survey" Feb. 6, 29, April 30, 1952, 1/333 ; 유경성 증언, 2006.12.4.
[208] "Details of Broadcasting Program" March 3, 1952, 18/338 ; Cooper, B., "Radio Broadcasting to Chinese and Korean POW's: a Rhetorical Analysis," pp.67~69.
[209] "Command Report", 5739~5744/407.
[210] "Interview between Bostick, Captain and POW, Com. # 73" Dec. 19, 1951, 2/333.

2월 말까지 소년 포로 300명은 훈련을 받아 한국 보이스카웃위원회로부터 인증을 받았다. 연령을 초과한 포로들도 일부 참가했다. 1952년 1월 18일 거제도 보이스카웃 지부가 결성되었고, 그 구성원에는 수용소 부소장과 야전작전사령부의 교육책임자도 포함되었다. 보이스카웃 지부는 정식으로 1952년 3월 6일 한국연맹에 등록되었고, 연맹에서는 보이스카웃 책자 1,000부를 포로들에게 전달했다. 수용소에서 보이스카웃 활동은 세계적으로 드문 것으로 소 내에서 활동이므로 하이킹과 야영에 대한 활동은 제한될 수밖에 없었다. 이 활동에 대해 좌익포로들이 크게 반발하여, 군사적 성격을 띤 훈련은 중단되었다.[211]

교육 내용의 분석

미군 당국은 군이 후원하는 연구기관으로 하여금 1951년 1월 26일부터 3월 5일까지 북한군 포로 768명과 중국군 포로 238명과 그들의 정치적 신념에 대한 조사를 실시하여 교육에 대한 기초를 마련했다. 그 질문 사항 가운데 첫째 미국에 대한 평가 항목으로 북한군 포로(680명 응답)와 중국군 포로(181명 응답)의 대다수는 미국은 한국을 식민지와 상품시장으로 만들려고 한다거나 전쟁광, 제국주의자로 평가하는 등 부정적인 면이 압도적이었다. 이에 비해 소련에 대한 평가는 한국과 중국 및 약소국의 해방자이고 친구라는 의견이 지배적이었다. 둘째 유엔 평가에 대해서는 포로들은 유엔이 미국의 앞잡이이며, 한국전쟁에 대한 유엔의 개입은 불법이라는 의견이었다. 셋째 한국에 대한 평가에서 포로들은 한국인들이 기근과 정부의 착취에 시달리며, 남한은 미국의 식민지라는 입장이었다. 넷째 전쟁을 누가

---
[211] "CI&E Program" 1952, 18/338, pp.11~12.

일으켰는가라는 질문에 대해 북한군 포로 50%는 한국이 일으켰다는 반응이었고, 27%는 북한의 남침을 인정했다. 그러나 중국군 포로의 67%는 이 질문에 대해 모르겠다는 응답이었다.212)

이러한 조사를 기초로 오리엔테이션 프로그램의 교육을 위해 80면 정도의 교재가 만들어졌다. 먼저 북한포로에게 강의된 교육 내용은 제1단계는 기초적 배경으로 『한국역사』와 『전쟁은 어떻게 일어났는가』, 『유엔은 무엇인가』였다. 제2단계와 3단계는 민주주의와 전체주의를 대비시켜 이론과 실제상의 차이점을 부각시켰다. 그 과목은 『민주주의는 무엇인가』, 『민주주의의 역사』, 『민주주의와 전체주의하의 농민 노동자』, 『시민의 자유』, 『미국에 관한 사실』, 『평화의 건설자로서 유엔』, 『민주주의와 평화』, 『공산주의와 전쟁』, 『북한에서 공산주의』, 『공산주의는 이해될 수 있는가』, 『평화와 민주주의를 위한 교육』, 『공산주의에 대한 질문과 답변』, 『소련제국주의의 아시아의 약탈』 등이었다.

제4단계로는 미국을 비롯한 자유세계의 정치 사회적 안목을 넓혀주기 위해 『미국의 이해』, 스위스·스웨덴·영국과 영연방·라틴 아메리카와 그 국민들에 관한 것이었다. 제5단계로는 이웃국가로서 일본·중국·소련, 한국과 미국관계 등을 고찰했다. 그리고 제6단계로는 한국의 재건문제와 관련해 민주정부와 민주적 교육체계의 건설, 산업의 재건 등을 주제로 삼았다.

중국포로에게는 한국 대신 자신의 역사와 재건, 중국과 세계와의 관계, 특히 자유세계의 소개를 비롯해 전체주의는 중국인민에게 무엇을 의미하는가 주제 아래 제국주의, 공산주의와 파시즘, 공산주의하의 정치적·사회적·경제생활의 현실, 소련에서 공산주의, 중국

---

212) Kendall, Willmoore, Beliefs of Enemy Soldiers about the Korean War," p.7·19·24·29·37·40~41·45.

에서 민주주의의 가능성 등을 포함시켰다.213)

〈그림 1〉 교육 평가 질문지 일부

이상과 같이 교재의 주요 내용은 한국과 중국의 역사, 전쟁은 어떻게 일어났는가, 유엔의 목적 기능 및 업적, 전체주의와 대비하여 민주주의의 원리, 자유세계의 여러 나라의 정치 사회 경제문제, 한국과 중국의 정치·사회·경제문제 등이었으나 그 저변에는 자유체제에 대한 우월성과 상대편의 문제점이 제시되었다.

당연한 귀결이겠지만, 교육 이수 후의 평가에서도 반공적인 요소는 여실히 드러난다. "오늘날 세계상의 투쟁은 독재의 낡은 사상과 아직 새로운 인간의 자유개념과의 투쟁이다", "가장 좋은 노동환경은 민주주의(혹은 공산주의)하에서 가능하다", "세계에서 가장 문명된 인간관계의 개념은 민주주의이다" 등 자유주의와 공산주의를 대비시켜 전자의 우위를 예상케 하는 지문이 있었다. "공산주의주의들이

---

213) "List of Instructional Units, Korean Program", 「제1회 포로교육 보고서」, 부속문서.

사용하는 수법은 독일의 나치스와 일본의 전체주의자들의 것과 대단히 같다", "공산주의사회에서 노동자는 자기의 직업을 마음대로 가질 수 없다", "공산주의자들은 국가를 그 지배하에 두려고 어떠한 수단이라도 가리지 않는다." 등 공산주의를 분명히 비판하는 것이 많았다.214) 이러한 교육을 통해 체계적인 이론을 갖지 못한 포로들에게는 민주주의와 그 우월성을 이해할 수 있는 계기가 될 수 있었다.215)

그러나 포로의 분산작전을 전후하여 교육의 본질, 범위에서 상당한 변화가 시도되었다. 1952년 3월 말 유엔군사령부는 모든 공개적인 반공적 선전교재와 과정을 삭제하도록 지시했다. 이로부터 홍콩, 대북(大北) 등의 외부기관에서 수집된 자료는 이용되지 않았고, 팸플릿·포스터·라디오 원고·다른 교재의 내용에 '긍정적 접근' 방법으로 결정되었다. 교육당국은 포로들에게 민주사회에서 삶의 가치에 대해 가르쳤지만, 공산주의의 오류와 약점을 피하도록 했다. 따라서 이전에 만들어진 교재는 새로 검토해서 새로운 정책에 위배되면 삭제하도록 지시했다.216) 국제적십자사 대표는 '민주주의에 대한 오리엔테이션(orientation in democracy)'이 거제도의 수용소에서 이데올로기적 갈등을 증폭시킨다는 이유에서 이의 중단을 요구했다.217) 1952년 5월 임명된 보트너 수용소장도 독일군 포로에 대한 프로그램이 지적으로 편성되었고 수행되었지만, 거제도에서는 포로들 사이의 폭력과

---

214) Chief, Evaluation Branch, "Results on Administration of Topics Attitude Test, Major Topic 2" Jan. 8, 1952, 1/333.
215) 이는 북한에서 유엔군 포로에게 실시한 교육내용과 정반대이다(조성훈, 「한국전쟁 중 공산 측의 유엔군 포로정책에 대한 연구」, 249~250쪽 ; Army Security Center, US POWS in the Korean Operation, "A Study of their Treatment and Handling by NK Army and the Chinese Communist Forces", Fort George G. Meade, MD, Nov. 1954, pp.239~241).
216) "CI&E File", 18/338 ; 「제3회 포로교육 보고서」, p.5.
217) "CINCFE, Tokyo to DA" June 21, 1952, 12/389.

불안을 야기한 큰 책임이 있다면서, 이를 중단시켰다.[218]

한편 수용소 당국은 라디오 방송의 목적이 순수하게 포로들의 생활에 유용한 정보와 오락을 위해 존재한다고 설명했지만, 심리전과의 한센(Hansen, Kenneth K.)은 정보와 통제를 위한 수단이며, 세 번째로 오락적 요소라고 지적했다.[219] 포로의 심사가 실시되었던 1952년 4월에서 5월 사이 방송 내용을 살펴보면, 뉴스와 논평, 아침시간의 오늘의 사상, 정오의 교육시간, 저녁시간의 교육 강좌 등의 시간에는 이념적 요소가 많이 내포되었다. 뉴스에서는 자유세계에 대한 긍정적인 소식을 제공했다. 아일랜드를 소개할 때에도 1952년 5월 12일, 19일, 23일, 26일의 예고방송에서, "민주주의는 단순히 말에 그치지 않는다. 그것은 이론상의 규칙이 아니다. 민주주의는 추상적인 용어 훨씬 이상이다. 그것은 근대문명에 의해 상속받고 실천되어 왔던 완전한 생활방식이다. 그것은 세계인의 중심축이어서 민주주의 원리는 여러분에게 세계의 자유를 사랑하는 국가들의 예를 통해 알려야만 하는 것으로 믿고 있다"고 방송했다.

오늘의 사상시간에는 "진리의 희생자들", "자유", "행복은 자기부정으로부터 얻어진다", "모든 문제를 과감히 부딪치자", "행복은 사랑으로부터 나온다", "파괴할 수 없는 권리", "민주주의 원리", "너의 눈을 떠라", "비판의 가치" 등에서 인간의 자각과 삶에 대한 긍정 및 민주주의의 원리를 소개했다. 정오와 저녁 때 교육시간에도 "보이스카웃의 목적", "한국의 탐구", "한국의 농업재건", "한국에서 산업재건", "한국 헌법강의", "미국의 대통령과 그 임무", "인간의 존엄을 위한 투쟁", "민주주의를 위한 교육", "유엔의 인권선언", "제퍼슨의 종교와

---

[218] Boatner, Haydon L., "Our Sons: Future POW" 1958, 12/389, p.30·34.
[219] "Radio Programs & News Periodicals", April~May 1952 2/333 ; Hansen, Kenneth K., *Heroes behind Barbed Wire*, p.67.

교육철학" 등이 방송되었다.220) 결국 미군 측은 보도와 논평 및 교과목의 보충을 통해 포로들에게 오락은 물론, 미국과 유엔에 우호적인 태도를 만들고 그들에게 민주주의의 이념을 제공하려 했다.221)

오리엔테이션 교육에 이용된 영화는 간혹 일본어로 된 것도 있었지만, 한국어 혹은 중국어로 녹음되어 학습효과가 높았다. 영화 내용은 교재의 주제를 보완해주는 것으로 첫째, 미국에 대한 이해를 돕기 위해 〈미국의 유산〉, 〈일하는 미국여성〉, 〈대서양헌장〉, 〈디트로이트의 자동차 노동자들〉, 〈내일의 의무〉, 〈트루먼 대통령의 취임〉, 〈미국의 교통〉, 〈TVA〉, 〈UCLA〉, 〈백악관〉 등이 있었다. 둘째, 민주주의에 관한 내용으로는 〈배워야 할 자유〉, 〈평화의 동반자〉, 〈총검 없는 국경〉, 〈민주주의의 일기〉, 〈행동에서 민주주의〉, 〈만민학교〉, 〈공동체 워크숍〉, 〈유엔은 한국을 원조한다〉, 〈화이트칼라 노동자〉, 〈여성과 공산주의자들〉, 〈진보적 교육〉 등이 있었다. 셋째, 자유세계에 대한 내용으로는 〈영국의 형사심판제도〉, 〈에섹스(Essex)의 조선소〉, 〈스위스와 스웨덴은 앞을 내다본다〉, 〈화약고 베를린〉, 〈글로체스터의 사람들〉 등이 상영되었다. 넷째, 일반 교육에 관한 것으로 〈전기와 땅〉, 〈야생동물의 보호자〉, 〈지하수 보존〉, 〈바람을 막는 나무들〉, 〈의학으로 여행〉, 〈이것이 내일이다〉, 〈스포츠 황금시대〉 등이 있었다.

중국어로 녹음된 영화는 〈링컨의 연설〉, 〈언론의 자유〉, 〈학문의 자유〉, 〈내일의 눈〉, 〈평화의 방어〉, 〈후버댐〉, 〈이것이 재건이다〉, 〈애치슨 국무장관의 연설〉, 〈세계우애〉, 〈내일을 위한 수확〉, 〈대도시에서 생활〉, 〈북대서양조약〉, 〈이것이 뉴욕이다〉, 〈금문교(金門

---

220) "Radio Programs & News Periodicals", April~May 1952, 2/333.
221) CI&E Section, "A Study of U. N., Special Project English Language Version" 1952, p.1 ; Cooper, B, "Radio Broadcasting to Chinese and Korean POW's: a Rhetorical Analysis," p.40 · 62~63.

橋)의 건설〉, 〈아동의 양육〉, 〈지방정부〉, 〈질병이란 무엇인가〉, 〈결핵〉, 〈질병을 옮기는 벌레들〉 등으로 그 성격은 한국어로 된 것과 비슷했다.[222]

결국 오리엔테이션 교육의 내용은 포로들에게 "민주주의와 전체주의에 대한 사실을 가르쳐서 민주주의를 보급하려는 것"이었다.[223] 이 때문에 공산 측은 포로 교육이 전부 반공과 유관하다고 비판했다.[224] 이러한 교육의 성격으로 인하여 거제도 수용소장을 지냈던 보트너는 교육이 바로 주입계획(indoctrination program)이라고 평가하여 부임한지 2일 만에 그 계획을 중단하도록 했다. 그는 이러한 계획이 높이 평가되어 왔지만, 곡해되고 부정확한 것이라고 판단했다.[225]

3) 교육의 영향

(1) 교육의 성과

교육에 대한 포로의 호응도는 상당히 높았다. 대체로 포로의 70~80%가 문자해득 강좌, 직업훈련 등 비정치적 강좌를 포함해서 교육에 참석했다. 포로들은 정치교육의 성향이 강한 오리엔테이션 강좌에도 1951년 12월 21일까지 77.6%, 1952년 3, 4월에는 80%가 참석했다. 포로 교육의 참석이 공산 측의 주장대로 강제적이었다 하더라도, 70~80%의 참여는 교육의 성공을 의미한다.[226]

---

[222] 「제1회 포로교육 보고서」, 부속문서.
[223] "POW and Teachers' Petition" Dec. 4, 1951, 1/333 ; "Chief, FOD to Chief, CI&E" Jan. 12, 1952, 1/333.
[224] 程來儀, 『朝鮮戰爭戰俘之迷』, 71~72쪽.
[225] "Boatner, Haydon L., Major General, USA, PMG to Gruenther, Alfred M., President American National Red Cross" Nov. 27, 1959, 12/389.
[226] 「제2회 포로교육 보고서」, p.2 ; 「제3회 포로교육 보고서」, p.1 ; "How the U. N

교육 실시 이전에 북한에서 공산주의를 경험해 이미 반공포로의 존재가 다수 존재했으나,227) 당시 미군 교육책임자의 지적처럼 교육의 성과는 공식 오리엔테이션 교육이 특히 반공포로수용소에서 좌우익의 선택을 결정하지 못한 포로들을 설득시키는 데에 도움이 되었을 것이다.228)

이를 구체적으로 살펴보면, 먼저 앞에서 언급한 포로 교육에 대한 예비조사 대상자 500명은 거의 모두가 북한으로 돌아가는 것을 원하지 않았다고 한다. 그들은 당시 중국군의 개입으로 후퇴하는 한국군에 지원하여 싸우기를 희망했다.229) 제74수용소의 포로들은 국군 장병에게 보내는 편지에서 "우리는 정신적으로나 물질적으로 유엔군의 환대를 받고 있는데다가, 민간정보교육국에서 교육센터를 세워 우리들의 무지를 깨우치고, 진정한 자유와 평화에 대한 정치이념을 가르쳐 주는 데에 감사"를 나타냈다.230) 또한 교육과정 중 포로의 수필에서 "나는 거의 문맹이었으나 차차 교육프로그램 아래 학습능력이 개선되었다. 그리고 나는 민주주의에 대해서 많은 것을 배웠다"고 기술했다. 다른 포로는 다행히 포로가 되어, "유엔의 조직, 인간의 자유, 인권, 세계분쟁, 유엔의 활동, 미국의 발전 원인" 등을 배우고, 자신의 미래에 희망의 등불로써 영향을 받았다고 술회했다.231)

---

cares for Communist POWs", *Newsweek*, Dec. 17, 1951, p.37 ; "Psywar Report" Dec. 1952, 15/338, p.14 ; "POW's Attitude" Jan. 18, 1/333.
227) 주영복,『내가 겪은 조선전쟁』2, 286쪽 ; 장정문,『머나먼 고향길』, 81쪽. 김석태 전 구세군 사령관도 교육 자체가 미약해서 아쉬웠다고 회고했다(김석태 증언, 2010.7.16, 과천 승리관).
228) "Chief, FOD to Chief, CI&E" Jan. 12, 1952, 2/333 ; "Psy War Report", Dec. 1952, 15/338, p.3.
229) 윌리암 화이트,『한국전쟁 포로』, 107쪽.
230) "Compound # 74 POW's Letter" Dec. 10, 1951, 1/333.
231) "POW Petition, Com. # 83" Jan. 18, 1952, 2/333 ; "Essay, Compound # 94" Feb. 29, 19529, 1/333 ; 황세준,『신생의 날』, 108쪽.

이러한 경향은 수많은 반공포로의 청원서에서도 나타났다. 한 반공포로의 청원서에서는 해방 이후 5년간 공산정권에서의 경험을 "거짓 자유 속에 숨겨진 독약이 얼마나 무자비한 것인가, 평화의 장악 속에 잔인한 박해가 얼마나 악의에 찬 것인가"라고 평가하고, 공산주의에 대한 거부는 인권에 기초한 자유라고 파악하면서, 송환거부는 "독재의 비인간성으로 가득찬 철의 장막"을 거부하는 것이라고 주장했다. 그리고 이에 대항하여 "인간의 자유를 보호하고, 인권의 존귀함을 지킬 것"을 맹세했다.[232]

또한 분리 이전에 좌익포로수용소에 있었던 부산 포로수용소의 지도자 9명과 인터뷰한 결과, 8명은 많은 포로들이 그들의 행동을 선택하는데 교육프로그램이 많은 도움이 되었고, 수용소 내에서 반공의 세력을 증대시키는 데에도 힘이 되었다고 답변했다. 이들은 심사기간 중 남한에 잔류하겠다는 포로의 절반이 교육 프로그램의 영향을 받은 것으로 주장했다.[233] 또한 반공포로들은 그들의 세력 확대를 위해 교육 프로그램에 적극 참여를 했고, 학교를 반공투쟁의 거점으로 삼았다.[234]

한편 중국포로의 대다수가 대만 행(臺灣行)을 택한 것은 원래 그들 중 상당수가 국민당에 충성하는 전 국민당 군인들로서 공산군을 벗어나기를 바라는 경우도 있었지만, 대만으로부터 온 중국인 교사와 교육의 영향을 받았음은 부인할 수 없는 사실이었다.[235] 교육의 효과에 대한 평가에서 그 내용이 감정적이고 불완전하다는 등의 부정적인 것보다는 효과적이고, 솔직하며, 우호적이라는 등의 긍정적

---
232) 「부산 제2수용소 공경태가 클라크 장군에게 보내는 청원서」 1953.4.15, 205/319.
233) 「제4회 포로교육 보고서」, pp.16~17.
234) 부산일보사 편, 『임시수도 천일』, 636쪽 ; Johnson, U. Alexis, *The Right Hand of Power*, pp.136~137.
235) "Abraham Lin, Pusan Camp to Chief, FOD" May 25, 1952, 2/333.

대답을 한 포로들이 훨씬 많았다. 또한 이들은 서로 연대의식이 강해서 교육에 더 적극적이었고, 효과도 북한포로보다 더 민주주의를 선호했다고 한다.236) 다른 중국군 포로들이 거제도에서 제주도로 이송되는 것을 거부했지만, 반공포로들은 교육요원을 크게 신뢰하여서, 목사와 교육요원이 동행하는 것을 알고 동의했다고 한다. 그 이유에 대해 한 포로는 목사가 매우 도덕적이었고, 대만에서 온 교육요원들을 신뢰하기 때문이라고 답변했다. 그는 대만에서 온 강사를 거제도에서 철수시킨 것은 유엔군의 실수라고 말했다.237)

미군 측은 교육프로그램이 포로들의 마음을 공산주의에서 반공으로 바꾸는 데에 도움을 주었다고 신뢰했다. 특히 오리엔테이션 교육은 좌익포로들의 사상교육을 약화시키면서, 아직 어느 쪽으로든지 결정을 하지 못하고 중간적인 입장에 있던 포로들에게 공산 측에 가담하는 것보다는 반공진영에 참여하도록 설득하는 데에 기여했다. 그러므로 포로 교육은 정치적 성격이 강했음을 알 수 있다. 제72수용소의 포로 강사들은 철의 장막 뒤의 전체주의의 혹독함을 폭로하고 자유롭고 민주적인 세계의 고상한 이상을 가르치기에 헌신해왔다고 자평하고, 그 포로들이 공산제국주의와 싸울 수 있도록 해달라고 청원을 했다.238) 이러한 요소 때문에 한 연구자는 포로 교육이 좌우익의 갈등을 양극화는 계기가 되었다고 평가했다. 나아가서 배터(Vatter, Hal)는 공산 측과 유엔군 교육의 성과를 비교하면서, 송환거부자의 숫자로 보아 22명(미군 21명과 영국군 1명)에 불과한 공산 측의 교육은 실패한 것이지만, 유엔 측에서는 송환을 거부한 자가 훨씬

---

236) "Instruction to FOD" May 25, 1952, 1/333 ; "Psywar Report" Dec. 1952, pp.13~14 · 29~36.

237) Psywar Division, Human Resources Research Office, "Wang Tsung-ming: Anticommunist", GW University, Nov. 1954, p.69.

238) "Teachers and POW, Com. # 72 to Booth, Captain" Dec. 4, 1951, 2/333.

많았다는 논리로 실패한 전쟁에서 빛나는 업적이라고 평가했다.[239]

당시 수용소에서 헌병 장교였던 김선호 대위는 수용소 당국이 교육을 통해 유용한 정보를 입수한다든지, 혹은 반공적인 포로를 강화시켰다든지 하는 역할에 대해 그다지 높게 평가하지 않았다.[240] 그의 평가는 미군 요원이 각 단위 수용소에 대한 계속적이고 활동적인 개입이 있어야 한다는 입장에 미치지 못했다는 의미로 여겨진다. 그러나 아직 이념적으로 분명한 입장에 있지 않던 많은 포로들은 교재와 강의, 라디오와 영화 등을 통해 공산주의의 이념에 대해 비판적으로 바라보고, 그 대안으로 민주주의의 원리를 수용할 수 있는 여건을 형성했다고 본다. 즉 유엔군 포로수용소에서 교육은 세뇌교육에 이르지 않았지만, 정치적 성격이 분명한 교화교육이었다고 평가할 수 있을 것이다. 한 반공청년단 간부의 편지내용에서, "우리가 민주주의와 자유에 대해 많이 알면 알수록 공산주의에 대한 투쟁에서 더욱 강해질 수 있다"고 주장하면서 더 많은 책과 신문 자료 등을 요구했다.[241] 이러한 교육적 성과 외에 〈자료 3〉과 같이 반공포로들은 외부 강사를 통해 수용소 내의 대변인·연대장·대대장·소대장 등 좌익 간부의 이송을 요구하기도 했고, 좌익포로들의 동향을 미군에게 알리도록 호소했다. 반대로 우익포로의 구출을 요청하기도 했다.

---

[239] "Psywar Report" Dec. 1952, 15/338, pp.3~5·11~13·55~56 ; Vatter, Hal, *Mutiny on Koje Island*, p.98 ; Foot, Rosemary, *A Substitute for Victory: The Politics of Peace Making at the Korean Armistice Talks*, p.111.

[240] Kim Sun Ho, "Koje-Do in Complication", pp.v~vi.

[241] "Lee, Hong Seung, Dai Han Anticommunist Association, Com. # 61 to CI&E Instructions Officer" Jan. 2, 1951(그러나 내용상으로 1952년이었던 것으로 추정됨), 2/333.

> 본남봄
> 그분 某人과 만나 所感을 말삼하
> 실때 이러한 말삼도 해주셨음
> 이 수용소 內에는 共産숑子에 압도
> 적인 세력으로 묶속 니다 敎
> 育에 效果를 볼수없다
> 每日밤 組織的인 共産
> 敎育으로 隊員들은 시 다
> 나 좋으나, 그자들 앞에
> 속이고 지내며 분한 _활
> 을 합니다 하로 速히
> 그 組織소子들을 모라내
> 서 우리 敎育에 ⎡章碍
> 가 없도록 해야 할 것입니다

〈자료 3〉 반공포로의 편지(NARA)

(2) 교육의 정치성과 좌익포로의 저항

좌익포로들은 교육 내용에 대한 잘못을 지적하고 저항했다. 한 포로는 교재에서 북한 지역의 공장이 파괴된 것을 러시아가 약탈해 갔기 때문이라고 다루고 있지만, 실은 일본이 그렇게 했음을 실제로 목격했다고 반박했다. 또한 그는 북한에서 광산이 폐쇄된 곳이 없고, 부자들만 학교에 갈 수 있다는 주장도 거짓이라고 반박했다. 보통

사람은 철도를 이용할 수 없다는 것이나 북한에서 구타가 일반적이라는 주장하고 있지만, 오히려 남한에서 구타가 일반적이라고 반박하여 그 책자가 설득력이 없는 선전이라고 주장했다. 또 다른 포로는 인민군이 한국전을 일으켰다거나 많은 동포를 죽였다는 점, 공산정권은 나이가 50살이 될 때까지 강제로 군에 복무하게 한다는 주장이 모두 거짓이라고 반박했다. 북한 교육에 관해 교재에서 "공산주의 교육은 인민을 노예로 만들기 위한 도구이고 인민으로 하여금 이론 없이 따르도록 강요하고 있다"고 했지만, 북한 정부는 모든 어린이들에 대해 초등교육을 의무적으로 실시하고 있고, 초등학생 열 명 중 9명은 중등학교에 진학하며 고등교육도 무료로 실시되고 있다고 반박했다. 이에 비해 남한에서는 초등교육에도 수업료가 징수되고 있다고 비판했다.242) 제85수용소 포로 한 명은 교육프로그램에 참여하여 일부 포로 지도자들이 모든 포로들이 무조건 남한에 잔류하여야 한다는 주장을 강요한다는 내용을 교육 담당 장교에게 전달한 사례도 있었다.243)

좌익포로들은 수용소 내에서 지하 단체의 기관지를 만들어, 수용소 당국의 교육이 포로들의 투쟁정신을 마비시키고, 조국과 인민을 배반케 하기 위한 기만적 노예교육이라고 주장했다. 그들은 매일 밤 포로들에게 공산주의 교육을 통해 자신들의 결속과 투쟁의욕을 고취시켰다.244) 반공포로들에게는 자유여신상이 자유의 상징이었을 것이나, 한 중국군 공산포로는 조각된 모습이 너무 졸렬하여 여신의 그 암담하고 빛이 없는 표정이 자신 역시 새장에 갇힌 비극적인 운

---

242) "My Impression" 1952, 1/333.
243) "CI&E POW's to CI&E Officer, Compound # 85" Jan. 11, 1952, 23/333.
244) 「우리 투쟁대열을 강화시키자」, 거제도 인민군 포로수용소 내 조선민주동맹원 묘향산지도위원회, 『묘향산 전진』 1952, 『빨치산자료집』 7, 363쪽 ; 주영복, 『내가 겪은 조선전쟁』 2, 256·286쪽.

명을 슬프게 탄식하는 것 같았다고 받아들였다.245)

이러한 포로 교육에 대해 공산 측은 휴전협상에서 문제를 제기했다. 1952년 1월 22일 공산 측 휴전협상 대표 이상조는 유엔군 포로수용소에서 수백 명의 대만 출신의 강사들을 고용하여 포로들을 강제로 반공단체에 가입하도록 했고 심지어 '반공항전'같은 반공적 문신을 영어로까지 하도록 했다고 비난했다.246)

공산 측은 1952년 1월 28일자 『타임』지에서 거제도 포로수용소에 대만에서 온 교사 등이 포로에게 민주주의를 가르치고 있다는 보도와 3월 7일자 『뉴욕타임즈』지가 대만에는 미국과 국민당 정부에 의해 300명 이상의 통역을 주한 미군에 보내기 위해 교육시키고 있다는 내용을 인용했다. 그들은 포로 교육이 강요되었다고 하면서 미국 측의 노력이 포로의 정신을 결코 파괴하지 못할 것이며, 포로들은 이에 저항할 것이라고 주장했다.247) 그리고 포로들이 겉으로는 열렬한 반공주의자가 되어 송환을 거부하고 있는 것으로 보이지만, 수용소에서 공포·고문·위협 등에도 광범위한 저항이 있다는 점을 강조했다.248)

1952년 3월 초 공산 측은 유엔군이 거제도의 2개 단위 수용소에서 포로들로 하여금 강제로 반공적이고 반소련적인 단체를 조직할 것을 강요하고 있다고 재차 항의하면서 포로의 정치적 견해에 대한 간섭을 중단할 것을 요구했다. 그들은 유엔군 측이 포로의 자발적 송환이라는 계획 아래, 교육을 남한에 잔류시키거나 대만으로 보낼 포로를 찾기 위한 선전 작업으로 간주했으므로, 교재는 반동선전물이

---

245) 장택석, 손준식 역, 『중국군 포로의 6·25전쟁 참전기』, 81~82쪽.
246) "Korean-Chinese POWs defy US Terrorism", *The Shanghai News* Feb. 2, 1952 ; "America's POW hoax", *China Monthly Review* March 1952, p.260.
247) "Korean-Chinese POWs defy US terrorism", *The Shanghai News* Feb. 2, 1952.
248) "Exchange of POW's", *China Monthly Review* July 1952, pp.23~24.

며 포로들의 교육에 대한 참석은 강요된 것으로 주장했다. 이를 위해 수용소에는 이승만과 국민당의 '민주주의' 강사들로 가득차 있다고 했다. 그들은 포로 교육이 국제법을 무시한 처사로, 포로들이 반대 시위하는 것은 저항의 표현이라고 주장했다.249) 이에 대해 유엔군은 근거 없는 공산 측의 선전술이라고 이를 부인했다.250)

거제도 포로수용소에서는 공산포로들에 의해 오리엔테이션 프로그램이 무시되거나 저항으로 인해서 실시되지 못한 경우도 있었다. 그들은 수업이나 시험에서 자기의 생각을 밝히지 않거나 수업내용을 비판하는 것으로 저항을 나타냈다. 특히 교육프로그램에 대해 좌익포로의 단체의 지도로 매일 밤 교양 강좌와 토론회를 갖고, 비판교육을 실시하여 사상무장을 강화시켰다. 그뿐만 아니라, 자신들의 주장에 반대하는 포로들을 구타, 심지어 인민재판을 열어 살해하기도 했다.251)

이에 따라 친공 성격이 강한 북한포로수용소인 제60수용소를 비롯해 제61호와 제71호에서는 부분적 교육 외에는 오리엔테이션 교육이 실시될 수 없었다. 제66장교 수용소에서는 오리엔테이션 교육이 실시되지 못했을 뿐만 아니라, 라디오 방송의 경우도 유선과 스피커장비가 설치된 후, 포로들에 의해 시설 파괴와 은닉 때문에 방송 내용이 전달될 수 없었다. 제62호에 있는 교육센터는 포로의 저항 때문에 철거되기에 이르렀고, 도서실도 설치되지 못했다.252) 또한 제73호수

---

249) 하지만 북한 측은 전후에 수용소에서 포로 교육에 대해 언급하지 않았다(강석희, 『조선에 대한 미제의 사상문화 침략사』, 평양: 과학·백과사전출판사, 1987).
250) *New York Times* Jan. 12, March 7, 9, 10, 1952 ; "Korean POWs Massacred", *China Monthly Review* March 1952, pp.231~232·260.
251) 「학습작품을 제고하자」, 『강철』 2, 1952년 11월 23일자, 군사편찬연구소, HD 1413 ; "Psywar Report" Dec. 1952, p.4 ; "Documents written by POWs" Jan. 1952, 2/333 ; "The Communist War in the POW Camps", pp.18~19 ; "Communist Utilization of POW", Oct. 1952, pp.21~23.

용소에서 교장으로 추대된 홍용목이나, 교무주임을 맡았던 김재섭 등 반공포로들이 공산포로의 노력으로 제96수용소로 전출되었다.253) 이러한 좌익포로의 저항은 포로 교육이 실시되기 이전에 결성된 '해방동맹' 등 좌익포로 단체의 뒷받침이 있었다.

그러나 포로 교육에 있어서 가장 큰 장애 요인은 무엇보다도 포로들의 장래 지위가 확정되지 않아서 수용소 내에 동요가 늘 존재하는 것이었다. 좌익포로들은 교육 프로그램에 대해 협조 혹은 반공적인 표현들이 귀환 후, 당국에 알려지면 그들의 운명이 치명적임을 알고 있었다. 특히 각 수용소에서 핵심 공산주의자에 의해 이미 반공포로의 명단이 평양과 북경으로 보내졌고, 그들의 자세한 행동기록이 공산주의 첩자에 의해 감시되고 있다고 인식하고 있었으므로 교육 프로그램에 저항적일 수밖에 없었다.254)

좌익포로의 동요와 방해 활동에도 불구하고 유엔군 측은 친공수용소에서 질서회복을 위해 교육 프로그램의 순조로운 재개가 포함되어야 한다는 입장을 고수했다. 수용소 당국은 좌익포로들이 임명한 대변인 혹은 지도자가 교육에 대한 반대에도 불구하고, 프로그램은 협상의 대상이 될 수 없다는 확고한 입장을 가지고 있었다. 그리고 이 교육프로그램이 이미 심사에 의해 결정된 송환자의 수가 뒤바뀔 수 있다는 점도 이해하고 있었다. 따라서 수용소 당국은 좌익포로를 다른 수용소로 전출시켜 교육프로그램에 대한 공개적인 방해 세력을 제거하는 방식으로 대처했다.255)

---

252) "Command Report" March 1952, 5740/407 ; Cooper, B, "Radio Broadcasting to Chinese and Korean POW's: a Rhetorical Analysis," p.61.
253) 박종은, 『그날 0시』, 111쪽.
254) 「제1회 포로교육 보고서」, pp.21~23.
255) "Obrien, Robert E., Lt Col., Armor, Chief, FOD to Osborne, Monta L., Chief CI&E, GHQ, UNC" April 25, 1952,1/333.

수용소 당국에서도 오리엔테이션 교육프로그램에서 반공선전이 문제가 있음을 인정하고 이를 중단할 것을 지시했다. 이미 1952년 4월 하순 밴 플리트 미 제8군사령관은 극동군사령부에 공산 측이 교육활동에 대해 적극적으로 반대하고 있으므로 당장 중단할 것을 권고했다.[256] 국제적십자사의 대표도 정치교육의 중단을 요구했다. 그 이유는 교육프로그램의 정치적 요소(orientation in democracy)가 갖는 위험한 긴장을 해소하여 사건의 재발을 피하자는 취지였다. 즉 오리엔테이션 교육이 거제도 여러 수용소에서 진행되고 있는 이념투쟁을 격화시킨다는 견해였다.[257] 이에 대해 미군 측은 포로들 사이에 지적, 교육적 및 여가의 추구에 대한 격려가 필요하다는 입장이었다.[258]

하지만 포로에 대한 정치적 교육은 위험성을 지니고 있었다. 휴전 후 미군 헌병사령관 맥글린 소장은 반공포로에게 교육이 불필요하다는 입장을 나타냈다. 그는 이들이 자발적으로 공산주의를 비판한 세력이었고, 그 교육의 선전적 측면이 이들에게 알려져 공산 측이 행했던 똑같은 방법이라는 것을 알게 되면 오히려 교육을 불신할 것이라고 지적했다. 그는 반공포로에게 보다 효과적인 방법은 수용소 내의 일상적 생활 중 포로 대우에서 보여주는 관리와 인도주의라는 입장이었다. 또한 그는 친공포로에 대한 교육이 포로들에게 무질서와 폭동을 초래해서 사상자가 발생하면, 공산 측에 좋은 선전자료가 되므로 장래에는 이를 실시하지 말아야 한다는 입장을 나타냈다. 그는 포로에게 폭력을 일으키는 교육은 제네바협약의 정신과 위배된 것

---

[256] "CG EUSAK to CINCFE" April 27, 1952, Van Fleet Files, 군사편찬연구소 SN 1938(4)~1.

[257] 『한국전란 3년지』 C40~41쪽 ; 윌리암 화이트, 『한국전쟁 포로』, 163~164쪽 ; "ICRC Aide Memo" May 12, 1952, 309/319 ; "CINCFE to DA" July 21, 1952, 41/389 ; 「제3회 포로교육 보고서」, p.5 ; *New York Times* Feb. 22, 24, March 3, 15~16, 1952.

[258] "DA to CINCFE" Oct. 16, 1952, 41/389.

이라고 했다. 그리고 선전기구를 이용한 교육방법은 결국 공산 측도 미군포로에게 비슷한 방법을 차용할 기회를 주게 된다고 지적했다.259)

한국전쟁은 심리전이 전선에서 뿐만 아니라, 수용소로까지 확대되어 철조망 뒤의 포로의 마음을 획득하기 위한 이념전쟁이 계속되었다. 하지만 전쟁의 목적이 포로를 획득하여 정치적으로 회유하기 위해 싸우는 것이라면, 어리석은 일일 것이다.260)

---

259) Maglin, W. H,. Major General, USA, PMG, "The Development of Psy War in order to counteract Enemy Ideologies and inject our Ideas into their Culture" Jan. 5, 1955, 29/389, pp.2~3.
260) K.S. 티마야, 라윤도 역, 『판문점 일기』, 25 · 34쪽.

Ⅳ. 포로수용소의 갈등과 분규

전쟁시 포로들은 장기간 억류생활에서 오는 정신적 부담감, 조국을 위해 한 명이라도 후방에 적군을 붙잡아 두기 위해서나 귀환 후 평가를 받기 위해서나 틈만 나면 탈출하거나 혹은 수용소 당국에 저항하려고 했다.

1943년 2월 23일 일본군 포로 800명이 수용되어 있던 뉴질랜드 페더스톤(Featherston) 수용소에서 경비병이 작업을 거부하던 포로에게 경고발사를 하자 포로들이 농성을 시작했다. 경비병들이 포로들의 공격을 두려워하여 기관총을 발사하자, 포로들의 저항은 폭동으로 이어져 포로 48명과 경비병 1명 등이 사망했다.[1] 1944년 8월 4일 오스트레일리아 코우라(Cowra) 수용소에서 일본군 포로 500여 명은 다른 수용소로 이동하는 것을 거부하고 탈출을 시도했다. 이들을 진압하고 체포하는 과정에서 포로 231명이 죽거나 자살했고, 108명이 부상을 입었으며 경비병 4명이 희생되었다.[2] 이라크전쟁에서 미군에 의해 사로잡힌 이슬람 포로들도 한 때 거의 매일 폭동을 일으켰다.[3]

---

[1] Brickhill, Paul, *The Great Escape*, W. W. Norton & Company, 2004 ; http://www.nzhistory.net.nz/timeline&new_date=25/02.

[2] http://www.anzacday.org.au/history/ww2/anecdotes/cowra.html.

[3] Hudson, Saul, "Captive soldiers riot almost daily," *Reuters* April 14, 2003.

거제도 포로수용소에서 공산포로의 구성이 남한 출신 민간인억류자·귀순자 등으로 매우 복잡했으므로, 수용소 당국은 이들을 분리해서 수용할 필요가 있었다. 그러나 포로에 대한 심사가 실시되고, 분산되기 전까지 미군 측이 인민군 포로와 중국군 포로, 민간인억류자, 여자포로 등으로 구분했을 뿐이어서, 포로수용소는 여러 성향의 포로들이 혼재되어 갈등이 일어날 가능성이 컸다. 더욱이 휴전협상이 진행되면서, 유엔군과 공산 측은 물론 포로 지도자들도 송환여부를 둘러싸고 가능한 모든 수단을 통해 더 많은 포로들을 확보하려 했다. 이 과정에서 유엔군 측의 통제가 강화되면서 포로들의 도전과 저항은 점차 거세졌다.

1. 휴전협상 이전 시기 갈등

6·25전쟁 중 거제도 포로수용소에서 포로들은 명령 불복, 인민재판과 살해, 시위와 폭동 등 많은 사건을 일으켰다. 당시 한 대학 언론은 전쟁 당시에 포로수용소의 갈등을 "반공애국포로와 공산반역포로의 3년간 피나는 투쟁"이라고 했다. 반공포로에게도 "그림처럼 수놓은 듯 어여쁜 섬, 고요한 평화의 섬이 붉은 피로 물들인 전율의 섬"이었으며, 공산포로들에게도 '죽음의 섬', '피의 수용소' 등으로 인식되었다.4) 그 실상을 고찰하기 위해 휴전협상 이전 시기, 심사와 분리시기, 분산 이후의 시기(1952.6~) 등으로 나누었다.

부산 포로수용소에서는 포로들 가운데 우익 혹은 남한 출신 민간

---

4) 「세계사를 뒤집은 애국포로의 석방」, 서울대, 『대학신문』 1953년 6월 20일자 ; 「죽음의 수용소에서 돌아온 박상현 내외 기자들과 회견」, 『로동신문』 1953년 9월 10일자 ; 이한, 『거제도의 일기』, 7쪽.

인억류자들이 수용소 내의 세력을 장악했다. 이 시기에는 유엔군이 승승장구하던 때여서 1950년 9월 29일 김일성이 항복했다는 소식이 잘못 전해져 크게 소동이 일어날 때도 있었다. 이러한 여건 속에서 남한 출신 포로들은 자신들이 포로로 처리되어서는 안되고, 곧 석방되리라는 점과 힘을 잘 쓰는 건달들이어서 수용소를 쉽게 장악한 반면에 좌익포로들은 불만을 드러내지 않아서 "가족적 분위기의 평화로운 곳"을 유지했다.5) 하지만 동래 수용소에서 장교 포로들은 조직 결성을 도모하여 1950년 12월 12일 수용소 당국에 대항하기 위해 폭동을 일으킨 적이 있었다.6)

1951년 1월 5일 유엔군 수용소 당국이 조사위원회를 설치하기로 한 사실에 비추어 이 시기 다소의 사건이 일어났음을 추론할 수 있겠으나,7) 국제적십자사 대표는 휴전협상이 시작되기 전까지 포로수용소는 일반적으로 질서가 있었다고 평가했다.8) 한 반공포로도 포로들이 거제도로 이송된 1951년 초에는 그들이 수용소 건설에 동원되어 매일 고된 작업을 했기 때문에 포로 사이에 충돌할 겨를이 없었다고 회고했다. 1951년 6월 휴전회담이 시작될 때까지 공산포로들이 훈련은 했지만, 아직 목숨을 해치는 일이 없었다고 한다.9)

하지만 거제도로 이송된 후 포로들 사이의 세력변동이 일어나면서 점차 갈등이 발생했다. 부산 포로수용소에서 수용소를 장악했던 남한 출신 포로들이 별도로 수용됨으로써, 인민군 포로들 사이에 힘의 공백이 생겼다. 더욱이 중국군의 개입 이후 연이은 승리는 좌익

---

5) 『한국헌병사』, 388~389쪽 ; 용태영, 『황야의 노방초』, 268쪽 ; Kim Sun Ho, "Koje-Do in Complication," pp.8~10.
6) 「국적 대표 보고」 1951.8.19~20, 8.28~9.19, p.17 · 21 ; 『한국헌병사』, 388~389쪽 ; Kim Sun Ho, "Koje-Do in Complication," p.22.
7) 「제2군수사령부 특별지시 제97호」 1951.4.7, 20/497.
8) 「국적대표의 유엔군 제1수용소 방문 보고」 1952.1.23, 12/389.
9) 박종은, 『그날 0시』, 86 · 95쪽.

포로에게 힘을 실어주어 일부 수용소에서는 새로운 좌익지도자들이 북한 출신 반공포로로부터 지도력을 장악해 갔다. 당시 부산 수용소에서 우익포로 지도자들은 교육적 배경도 열악해서 반공주의에 관심을 갖기 보다는 자신들의 특권을 유지하려 했고, 그들의 권한을 남용하여 포로들 사이에 신임을 잃어버린 점도 있었다. 반공지도자들은 공동의 신조를 지닌 것도 아니고 별도의 훈련을 받았던 것이 아니어서 공산주의에 대해 잘못이 있다는 것을 알았지만 그것을 분명하게 정리할 형편이 못되었다. 이에 비해 좌익지도자들은 확고한 신념을 가지고 있을 뿐만 아니라 특별한 훈련을 받아 왔기 때문에 포로에 대한 장악력이 더 뛰어 났다.10)

포로들 사이의 갈등이 점차 늘었다. 포로들은 외부정세의 변화에 민감한 영향을 받았다. 중국군과 북한군이 유엔군에 포로가 되었을 때, 많은 수가 여건이 허용되면 공산군과 싸울 준비가 되어 있었다. 유엔군이 전쟁을 이기게 될 것 같았을 때 북한포로들은 순종적이며 협조적이었다가, 중국군이 개입하자 관망적으로 태도를 바꾸었다.11) 1951년 3월부터 수용소에서 단식과 농성, 작업거부, 선동적인 연설 등 불온한 기운이 나타났다. 미군 헌병대에서도 1951년 상반기에 폭동과 도망을 포함한 많은 심각한 사건이 일어나서 이를 진압하는 과정에서 많은 포로들이 경비병에 의해 죽거나 부상을 당했다고 보고 했다.12)

1951년 5월 중순에 이미 북한 출신 포로들이 수용된 곳은 좌익포

---

10) Kim Sun Ho, "Koje-Do in Complication," p.viii, p.11 · 15~19.
11) Meyers, Samuel M. and Biderman, Albert D. ed., *Mass Behavior in Battle and Captivity*, p.xxvii.
12) 「작전보고」, 『헌병대 활동』 1952.4, 17/338, pp.5~6 ; HQ, 2d Logistical Command, "Factual Summary of Situation in UNC POW Camp No.1, Koje-do," May 31, 1952, p.4, 60th General Depot, "Monthly Command Report" Jan.~April 1951, 군사편찬연구소 HD 1495.

로들이 장악했고, 남한 출신 포로들은 반공계가 장악했다. 이 과정에서 거제도로 이송된 후 몇 달 동안 구타사건이 일어났다.13) 1951년 7월 10일 새벽 2시 제82수용소가 좌익분자의 세력 아래 있을 때에 평양패의 총수 Y 등이 경비대 천막 앞의 보초 2명을 몽둥이로 죽이고, 그 안에서 자고 있는 인민군 소좌 출신 감찰대장을 사로잡았으며, 이어서 여단장을 처치하여 좌익캠프를 우익캠프로 급전시켰다고 한다.14)

이 시기에 좌우익포로들은 각각 자신들의 비밀단체를 통해, 다른 포로를 통제하기 시작했다. 따라서 반공포로들은 공산주의자를 장악하기 위해 무력을 사용했고, 공산주의자들도 반공포로에 대항하기 위해 단체를 확대하여 갔다.15)

자치적인 포로 경비대장은 원칙적으로 포로들에 의해 선출되어야 했으나, 좌우익 세력이 실력으로 장악했다. 1951년 6월경 제83수용소처럼 수용소 소장(compound commander)이 일방적으로 임명하자, 좌익포로들이 이에 반발했으나 그들의 도전은 좌절되었다. 이 사건은 7, 8구역을 전부 장악하고 있던 좌익이 무너지는 첫 징후로, 이후에 반공포로들의 사기가 올라갔다. 제83수용소 지도자들은 이전의 남한 출신 포로지도자들 보다 확고한 반공주의를 갖고 목숨을 걸고 세력을 장악했다. 이 시기에 82수용소도 반공계로 넘어갔고, 81수용소도 반공계가 장악하여 크리스찬 지도자가 이끌었다. 그러나 78수용소에서는 15명의 좌익지도자를 76수용소로 전출시키고 10명의 반공계로 하여금 세력을 장악하려고 했으나, 좌익포로와 가까운 미군의 방해로 실패했다.16)

---

13) Kim Sun Ho, "Koje-Do in Complication," p.24.
14) 강용준, 『나성에서 온 사내』, 21쪽 ; 박종은, 『PW』, 100쪽.
15) Kim Sun Ho, "Koje-Do in Complication," pp.11~14·25.
16) Kim Sun Ho, "Koje-Do in Complication," pp.26~30·39~43.

한편 이 시기 좌익포로들의 수용소 당국에 대한 도전은 1951년 5월 29일, 제7구역 702수용소에서 폭동이 일어나서 진압과정에서 포로 1명이 사망했고, 1명이 부상당한 사건 등이 있었으나.[17] 포로들의 수용소 당국에 대한 본격적인 도전은 1951년 6월 19일에 일어났다.[18] 북한군 장교 출신들이 수용되어 있던 제72수용소에서 시위를 벌여 사태가 불온해지자, 경비병이 총기를 발사한 결과 황철환[포로 번호 101890], 이호엽[14723], 김윤조[101584], 윤홍두[101817], 강창구[101805], 김기남[46057], 1명 신원미확인 등 7명이 사망했고 4명이 부상을 당했고, 미군도 8명이 부상을 당했다.[19]

사건의 배경은 북한군 장교 출신의 개입이 있었기 때문이다. 장교 포로들은 6월 2일경에 배수관, 텐트의 흙벽, 화장실 벽을 쌓는 일 등을 자원해서 했다. 6월 8일 이 수용소의 감독책임자로 암스트롱 (Armstrong, Robert R.) 대위가 왔다. 그는 매일 오전 10시 수용소의 위생 상태를 점검하려 했다. 그는 포로들이 수용소 내의 청소를 거부했으며, 그들에게 유리한 양보와 타협을 얻어 내고서 일을 하여 왔다고 비판했다. 암스트롱 대위는 위생상태 검사에서 중국군 포로 숙소는 기준에 어긋나지 않았으나, 북한군 장교 포로 구역이 개탄스러울 정도였다고 조사위원회에서 진술했다. 그러나 포로 대표였던 이학구 총좌는 단지 천막 안에 물통 하나가 있었을 뿐이라고 이의를 제기했다. 암스트롱 대위는 6월 18일 오후 6시에 다시 위생검사를 하기로 하고, 이 일을 끝내지 않으면 저녁 식사와 지급예정이었던

---

17) 「포로사건 조사 57, 66」, 21/497.
18) "Briefing for General Taylor" Oct. 25, 1952, 15/338 ; US Army Military Police Board, "Control and Administration of POWs during the Korean conflicts," p.6.
19) 중국군 포로 가운데 반공포로들은 이 사건의 발생 시기를 1951년 5월 17일로 기억했고, 좌익포로들은 6월 25일로 정리했다(反共義士奮鬪史編纂委員會,『反共義士奮鬪史』, 19쪽 ; 大鷹,『志願軍 戰俘紀事』, 49쪽).

담배가 제공되지 않을 것이라고 경고했다. 제72수용소 가운데 1, 2지역은 검사를 마쳤으나, 3지역은 포로들이 검사준비를 하지 않아서, 식사가 제공되지 않았다. 그러나 포로들이 계속해서 검사준비를 하지 않으므로 오후 8시 30분경(통상적인 저녁식사 시간은 17:45~18:15) 식사는 회수되었고 담배도 지급되지 않았다. 이에 맞서 포로들은 노래를 하거나 깡통을 두드리면서 돌을 던졌다. 노래는 밤늦게까지 계속되었다.

이튿날인 6월 19일 포로들에게 8시 이전에 식사를 제공했지만, 포로들은 저녁 식사를 제공할 것을 요구하면서 식사를 하지 않았다. 이에 수용소 당국은 제60일반 병참부 부사령관의 동의를 받아서 한 시간의 여유를 주고, 그래도 먹지 않으면 음식물을 치울 것을 경고했다. 나중에 10분을 더 주었으나 포로들이 식사를 하지 않자, 음식물이 수거되었다. 이때 포로들이 돌을 던지거나 출입문으로 달려 나오자, 총기발사가 있었다. 이 때문에 당시 미군들은 이 사건을 식사폭동(Food Riot), 좌익포로들은 이를 '절식투쟁(絕食鬪爭)'이라고 했다. 처음에는 장교들이 휴대하고 있던 권총으로 발사했으나, 이들을 제지하지 못하자 국군 제33경비대대 중대원들이 소총을 발사했고 2대의 기관총도 가세하여 포로 6명이 현장에서 사망했고, 8명이 부상당했다. 후에 1명이 더 사망했다.[20]

포로수용소 당국은 이 사건을 북한군 장교 포로들이 7, 8, 9구역수용소에 대한 통제권을 요구하면서 일어난 것으로 이해했다. 즉 포로들의 목적은 공산포로에 대한 전적인 통제를 장악하기 위한 것으로 평가했다. 수용소 당국은 포로의 통제를 위해 무력사용이 불가피한 것으로 주장했고, 사건 조사위원회에서도 음식이 제공되었으며 식사

---

[20] HQ, POW Command, 8203d Army Unit, "A Study of The Administration and Security of the Oriental Communist POW during the conflict in Korea," 1953, 389/2, p.19.

할 시간이 부여되었기 때문에 부당한 조치가 아니라고 평가했다. 그러나 제네바협약 제26조에는 "식사에 영향을 미치는 집단적인 징벌은 금지한다"고 규정되어 있고, 당시 포로의 동향에 대비하고 있던 상황에서 경기관총까지 발사한 것은 과잉진압적 요소가 있었다. 이후로는 포로들 사이에 보다 조직적이고 폭력적인 사건이 빈발해졌다.[21)]

2. 포로의 송환 협상과 갈등 격화

1) 휴전협상과 포로문제

서울을 재점령하려는 중국군의 제5·6차 공세가 국군과 유엔군의 적극적인 반격으로 저지된 뒤, 1951년 중반 전쟁은 어느 일방도 결정적인 승세를 확보하지 못한 채 38°선 부근에서 교착되면서 휴전협상 국면으로 전환됐다. 이제 미국은 무력으로 통일한국을 세우는 것이 불가능하므로 최소한 38°선 이남의 남한을 보호하려는 선에서 전쟁을 마무리하려 했다. 공산 측도 전쟁 전 상태를 회복하였으므로 대화와 전쟁을 병행하면서 휴전을 모색하려 했다. 1951년 5월 초 말리크(Malik, Jacob) 유엔주재 소련대사가 미국 측과 접촉하여 평화회담의 희망을 흘렸고, 미국이 이를 수용하여 휴전협상이 시작되었다.[22)]

---

21) 「포로사건 조사 17」, 19/497 ;「작전보고」,『헌병대 활동』1952.4, 17/338, pp.5~6 ; Harry W. Gorman 대령,「한국에서 포로들의 활동」1952.10.30, 12/389, p.2 ;「테일러 장군을 위한 한국에서 포로작전 개요 소개」1952.12.20, 같은 상자, pp.2~3 ; 大鷹,『志願軍 戰俘紀事』, 49~50쪽.
22) 신복룡,「한국전쟁의 휴전」, 한국정치외교사학회 편,『한국전쟁과 휴전체제』, 1997, 108~119쪽 ; 沈志華,「소련과 조선전쟁」, 한국전쟁연구회 발표논문, 1999.10, 26~27쪽 ; "Memo Containing the Sections Deals with Korea from NSC 48/5" May 17, 1951, FRUS, 1951.Ⅶ, pp.440~441 ; Achson, Dean, *Present at Creation: My Years in the State Department*, N.Y.: W.W.Norton, 1969, pp.532~533.

미국 정책 당국자나 공산 측도 휴전협상에서 포로문제가 큰 이슈가 될 것으로 예상하지 않았다. 미 합동참모본부에서는 휴전협상의 지연이 공산 측에게 유리하므로 빠른 시일 내에 협정을 타결 짓고자 했으며, 애치슨(Acheson, Dean) 미 국무장관도 포로문제로 휴전협상이 지연되자 이를 전적으로 예상하지 못한 장애(a wholly unexpected obstacle)라고 말했다. 모택동(毛澤東)은 1951년 11월 중순까지 포로문제에 대한 합의가 어렵지 않을 것이라고 인식했다.[23] 이 문제는 가장 어렵고 오랜 논쟁을 거친 의제로 1951년 12월 본격적으로 논의되기 시작하여 1953년 7월 27일 휴전협정이 조인될 때까지 거의 20개월이 소요되었다. 이 기간 동안 전선에서는 전투가 계속되어 희생자가 늘었고, 특히 전쟁터인 남북한의 국민들은 전시체제 아래 여러 가지 고통을 받아야 했다.

휴전회담의 의제에 대해 휴전교섭 초기에 공산 측이 모든 극동사태의 처리를 포함한 정치회담을 제기하였으나, 유엔군 측은 정치문제가 군사령관의 권한 외에 있다고 하면서 한국의 군사문제에 국한할 것을 주장했다. 이에 따라 회의는 시작부터 어려움이 있었으나, 1951년 7월 26일 양측은 군사분계선의 설정, 전투행위와 정전상태를 감시하기 위한 기구설치문제, 전쟁포로의 교환, 양측의 관련 국가의 정부에 대한 건의 등 5개항의 의제에 합의했다.

미국 측에서 만족할만한 휴전이라고 상정한 것은 군사분계선에

---

[23] 조성훈, 「6·25전쟁 휴전협정을 둘러싼 국제관계」, 하영선·김영호·김명섭 편, 『한국외교사와 국제정치학』, 성신여대출판부, 2005, 253~254쪽 ; 션즈화, 최만원 역, 『마오쩌둥, 스탈린과 조선전쟁』, 410쪽 ; "Memo by the Counselor(Bohlen) to the Secretary of the State" Oct. 4, 1951, *FRUS 1951*. VII, p.991 ; James I. Matray, "The Korean Armistice Talks: Divergent Negotiating Strategies?", 국방대학교 안보문제연구소, 국제학술회의, 2000.4, p.173 ; Chase, James, *Acheson: The Secretary of State Who Created the American World*, Cambridge: Harvard University Press, 1998, p.322.

의한 비무장지역 설정, 휴전 감시체제, 모든 유엔군과 한국군 및 민간인 포로의 귀환의 확보였다.[24] 이에 대해 공산 측의 반발로 협상이 지연되었지만, 1952년 5월까지 포로문제를 제외하고 양측은 다음과 같이 합의했다. 첫째, 군사분계선은 공산 측의 38°선 주장이 양보되어 유엔 측의 주장인 현전선을 기초로 했다. 둘째, 휴전감시문제는 소련을 중립국으로 하려는 공산 측의 주장을 포기하게 하는 대신에 유엔 측은 북한에 비행장건설을 묵인했다. 셋째, 관계국 정부에 대한 권고안은 휴전 후 3개월 이내에 고위 정치회의를 열도록 했다.

(1) 포로명단의 교부

휴전협상 중 공산 측은 유엔군이 공산포로를 강제로 억류하려 한다고 줄곧 주장했지만, 그들의 포로처리는 더욱 불투명했다. 유엔군사령부가 국제적십자사에 공산 측 포로의 수를 17만 명 이상으로 통보했을 때, 공산 측이 알린 유엔군 포로의 수는 1951년 9월 말에도 169명에 불과했다.[25]

아군 포로에 대한 정보를 제대로 파악할 수 없는 유엔군사령부는 1951년 11월 27일 포로명단 교부 이전에 포로문제를 협의하기 위해 포로에 관련된 자료 요구와 국제적십자사 대표의 수용소 방문을 제안했다. 그러나 공산 측은 포로 전원송환이 중심 문제이라면서 이에 대한 방침을 유엔군 측에 먼저 요구했다. 결국 그들은 포로명단의 교부에 동의했으나, 국제적십자사 대표의 포로수용소 방문요구를 의

---

[24] "Draft for NSC Staff Consideration Only" Dec. 5, 1951, 국방군사연구소, 『한국전쟁자료총서』 2, 1996, p.137.

[25] "Estimates of PWs taken in the Korean War: Policy on 'Disposition of CCF POW'" Sep. 12, 1951, Report on Situation with Respect to Repatriation of POW, 32/Truman Library.

제4항에 포함되어 있지 않다는 이유로 공식 거부했다.26)

유엔군과 공산 협상 대표는 1951년 12월 4일을 기준으로 포로명단을 교부하기로 합의하여, 쌍방은 같은 달 18일 포로교환 명단을 교부했다. 공산 측은 유엔군사령부에서 인도해준 자료들이 영문으로 적힌 포로의 이름과 번호 이외에는 한글이나 중국어 명단, 소속 부대, 계급 등이 빠져있어서 아무 쓸모가 없는 폐지라고 비판했다. 대신에 그들이 제시한 명단은 각 포로의 이름, 군번, 부대번호, 계급, 소속 포로대대 등을 적었고, 각국 포로의 이름 및 각국의 문자로 된 서명을 적어서 완전하고 충분한 자료를 주었다고 자랑했다.27)

그런데 유엔군사령부에서 제시한 공산포로의 수는 132,474명(북한인 95,531명, 중국인 20,700명, 남한 출신 16,243명)이었는데 비해 그들이 통보한 국군과 유엔군 포로의 수는 〈표 1〉처럼 국군 7,142명, 유엔군 4,417명 등 모두 11,559명에 불과했다. 국군과 유엔군 측은 아군 포로의 규모가 이미 공산 측이 일부 발표한 포로의 수와 크게 차이가 있어서 커다란 '쇼크'를 받았다.28)

〈표 1〉 공산 측이 통보한 국군과 유엔군 포로 규모

(단위: 명)

시기	구 분	국 군	미 군	영국군	터어키	필리핀	프랑스	호 주	기 타
1951.12	11,559	7,142	3,198	919	234	40	10	6	10

그런데 국군포로를 제외하고 미군을 비롯한 영국군 등 유엔군 포로의 숫자는 문제가 없었다. 후에 휴전 직전인 1953년 7월 22일 통보

---

26) 고성순·김종윤·정인철, 『참패한 미국의 군사외교』, 103~106쪽 ; 方可·單木편저, 『중공정보수뇌 李克農』, 중국사회과학출판사, 1996, 390쪽 ; "CINCFE Tokyo to DA WASH for JCS", Dec. 13, 15, 1951, 1/218.
27) 『인민일보』 1951년 12월 20일자.
28) 양대현, 『역사의 증언』, 193쪽.

한 미군포로 3,313명은 미 정보당국의 첩보에 의하면 더욱 늘어났지만 미 국방부 부관감실에서 공식적으로 인정한 미군포로의 수 2,654명보다 많았다.29) 또한 영국군 922명, 터키 228명 등 1,264명은 미 극동군사령부가 파악한 영국군 996명, 터키 322명 등 총 1,432명과 크게 차이가 나지 않았다.30)

국군과 유엔군 포로명단을 인도받은 클라크 유엔군사령관은 워싱턴에 협상이나 군사정전위원회에 탈루된 국군포로 문제를 검토하고 토의할 권한을 가지고 있다는 점을 지적하면서 공산 측의 주장을 조건부로 수용하고자 했다. 이에 따라 미 합참은 국방부와 함께 클라크 사령관의 제안에 전적으로 동의했다.31) 공산 측은 국군포로를 임의로 군대와 주민으로 편입시킨 후 나머지 최소한의 인원으로 그 규모를 크게 축소했다. 이는 유엔군 측의 민간인억류자 석방이나 이승만 대통령의 반공포로 석방 보다 훨씬 빠른 것으로 포로송환 협상에 결정적인 영향을 미쳤고 미귀환국군포로가 발생하게 된 요인이었다.

공산 측은 자신들이 제시한 '포로에 관한 정확한 명단'(필자 강조)이 포로에 대한 인도적인 주의와 관심을 충분히 반영하고 있으므로 국제적십자사의 포로수용소 방문이 필요하지 않다고 주장했다.32) 그러나 최소한 국군포로 6만 명과 유엔군 포로 1만 명 등 총 7만 명을 기대했던 아군 측은 크게 실망했다.33)

북한 측은 후에 유엔군 측의 포로 심사를 '비합법적인 선별'이라고

---

29) 이러한 요소때문에 미 국방부에서는 1954년 11월 공군 15명과 해군 9명을 제외한 실종자를 모두 사망자로 선언했을 것으로 보인다(GHQ, FEC&UNC, "Command Report" Dec. 1953, 군사편찬연구소, HD 1574, p.89).
30) GHQ, FEC&UNC, "Command Report" July 1953, 군사편찬연구소, HD 1589, pp.76~78.
31) GHQ, FEC&UNC, "Command Report" July 1953, 군사편찬연구소, HD 1589, pp.78~79.
32) 중국 인민지원군 사령원 팽덕회, 「유엔군 총사령관 릿지웨이 앞」, 1951.12.24, 『조선중앙년감』, 1951~52, 227쪽.
33) 정성관, 『판문점비사』, 평문사, 1953, 72쪽.

비판하면서34) 그들이 먼저 국군포로들을 임의로 군대와 주민으로 편입시킨 후 나머지 최소한의 인원만 통지했다. 그들은 후에 휴전협상에서 유엔군의 자발적 송환원칙을 반대했지만, 국군포로를 임의로 북한군에 입대시키는 모순된 행동을 했다. 즉 유엔군 측은 포로명단을 교부한 후에 송환거부자에 대한 심사를 실시했던 반면에, 북한 측은 포로명단 교부 전에 포로 심사를 실시하여 그 규모를 조정했다. 후에 그들은 유엔군 측의 송환거부 공산포로에 대한 심사를 격렬히 비판했지만, 그들이 먼저 일방적 조치를 했다. 공산 측의 "양측이 현재 수용한 모든 포로를 석방한다"는35) 송환원칙에서 보듯이 이미 대부분의 포로는 수용소에 있지 않고 북한군이나 주민으로 편입되었다.

포로명단이 교부되자, 유엔군 측은 '5만 명'의 국군포로가 사라진 것으로 주장했다. 유엔군 측은 포로협상에서 정확한 정보를 입수하지 못해 공산 측의 언론발표와 아군이 집계한 실종자 규모로 반박했다. 1951년 12월 21일 유엔군사령부는 공산 측 협상대표 이상조에게 편지를 보내, 포로명단에서 다수가 탈락되었음을 지적했다. 즉 공산 측이 1950년 9월 14일 현재 국제적십자사에 보낸 110명 중에서 85명이 탈락되어 있고, 신문 방송 등에 나타난 인원 가운데 1,010명이 누락되었다고 추궁했다.

또한 유엔군 측은 1951년 12월 18일 현재 한국군의 88,000명과 유엔군의 11,500명으로 총 99,500명에 이르는 실종자를 제시하여 반박했다. 공산포로의 수는 민간인억류자를 제외하고도, 전 실종자의 약 70.5%에 이르고, 남한 출신 포로 16,000명을 제외한 116,000명으로 환산을 하여도 62%에 이르고 있다고 지적하면서, 국군과 유엔군 포로

---

34) 『美軍對中朝軍戰俘的資料集』, 1953, 126쪽.
35) 『인민일보』 1951년 12월 14일자.

의 수가 실종자의 99,500명의 62% 수준인 약 62,000명 정도는 되어야 한다고 주장했다. 그런데 공산 측이 제시한 한국군 포로명단의 수는 전쟁발발 후 9개월간 붙잡았다고 인정한 65,368명의 20%에도 못 미치는 것이라면서36) 62,000명에서 공산 측이 제시한 포로 명단의 수인 약 12,000명을 뺀 나머지 5만 명 이상에 대한 해명을 강력히 요구했다.37)

이에 대해 공산 측은 '근본적으로 존재하지 않는 누락포로 문제'(필자 강조)에 대해 주장한다면서, 미군 측이 '실종'인원을 전부 포로로 계산하는데 힘쓰고 있다고 비판했다. 오히려 유엔군사령부에서 제출한 포로의 명단은 본래 국제적십자사에 보낸 176,733명(1951년 6월 8일 현재) 가운데에 44,000여 명의 포로가 누락되었다고 상세한 명단을 요구했다.38)

그 후에도 유엔군 측은 포로문제 소위원회에서 공산 측이 포로명단 이외에 아군포로의 존재에 대한 부인을 거듭 항의했다. 유엔군 측은 그들이 아군포로들에게 정치적 교육을 통해 강제로 북한군에 편입한 것은 논쟁할 필요가 없는 사실(irrefutable fact)임을 강조하고, 그 중 일부를 중국으로 이송시킨 것이 아니냐고 항의했다. 1953년 5월 28일 한국군 휴전협상 대표인 최덕신 장군은 유엔군 수석대표 해리슨(Harrison, William K.)에게 보낸 성명서에서 "적군은 제네바협약을 비인도적으로 위반하여 5만 명의 한국인을 임의로 처리하여 그 중

---

36) Public Information Section-GHQ, FEC, Annex 23, April 25, 1952, 3/407.
37) "CINCFE Tokyo to DA WASH DC for JCS", Dec. 24, 1951, 1/218 ;「국무부에서 포로문제 논의」1952.7.25,『남북한관계사료집』12, pp.260~261: 전후에 미국의 한 분석에서 공산군 측이 잡은 유엔군 포로는 76,000명 이상이었고, 그 중에서 포로명단에서 탈락한 경우가 65,000명 이상이라고 주장했다("Extension of Soviet Control in the UNC POW Camps in South Korea" April 20, 1955, p.11).
38)『인민일보』1951년 12월 27·28일자 ;『로동신문』1952년 1월 19일자 ; 국사편찬위원회,『남북한관계사료집』5, 1994, 131~132·642~644쪽 ;「동경 극동군사령부에서 육군성에 보낸 전문」1952.1.3, Sec.4/1/218.

대부분을 북한군에 편입시켰다"는 사실을 강조했다.39)

유엔군 측의 비판을 받은 공산 측은 한 때 그들이 붙잡은 국군포로와 유엔군 포로 5만 명을 전선에서 석방했다고 주장했다.40) 그러나 그들은 유엔군 측의 주장이 전적으로 근거가 없고 무책임한 조작이라고 반박하면서, 오히려 유엔군 측이 국제적십자사에 통보한 인원 중 제외된 44,000여 명을 문제삼았다. 또한 전쟁 중 월남한 50만 명 이상의 북한인이 강제로 붙잡혀 있으므로 그들의 송환을 주장할 수 있지만, 포로를 볼모로 할 생각은 없다고 했다.41)

당시 중국 외교부 차관이었던 이극농(李克農)이 포로협상 전개에 대해 모택동에게 44,000여 명의 포로문제로 상대방의 5만여 명의 포로문제를 계속 대항해 나갈 것이라는 입장을 보고하여 그의 동의를 얻었다. 그러므로 중국 측도 이러한 대응이 매우 유효하다고 인식하고 있었다.42)

변영태 외무장관은 리지웨이(Ridgway, Matthew B.) 유엔군사령관에게 한국군 실종자 규모가 7만 명 이상인데 공산 측이 단지 7천여 명만 명단을 제공했다고 지적했다. 그는 북한이 국군포로의 60%를 전선이나 노무부대에 강제로 편입시켰고, 그들 중 많은 수가 죽거나 다쳤을 것이나 아직 수천 명이 살아있을 것이므로 명단에 있는 포로

---

39) 「유엔군사령부에서 육군부」 1953.5.29, 7/218.
40) 「동경 유엔군사령부에서 국방부로」 1952.10.17, 군사편찬연구소, SN 1867(5)4.
41) 「1951년 12월 24일 휴전협상 의제4 분과위원회 회의록」, 『남북한관계사료집』 12, 133~154쪽 ; 「동경 극동군사령부에서 육군성에 보낸 전문」 1952.1.3, Sec.4/1/218 ; China Information Bureau, Press Administration, *Daily News Release*, Jan. 5, 8, 9, 1952 ; "CINCFE, Tokyo to DA WASH for JCS" March 10, 1952, SN 1692.
42) 「적을 대처하며 담판시간을 지연하는 방법에 동의한데 관하여 이극농에게 보내는 전보」 1951.12.28, 『建國以來毛澤東文稿』 2, 中央文獻出版社, 1988, 642~643쪽 ; 『로동신문』 1951년 12월 29·30일자 ; 「동경 극동군사령부에서 육군부에 보낸 전문」 1952.1. 3, Sec.4/ 1/218 ; "CINCUNC Tokyo to DA for JCS" March 28, 1952, 309/319.

들과 같이 귀환할 수 있도록 그들에게 압력을 가해야 한다고 주장했다.[43] 또한 유엔군 측의 포로의제 분과위원회 대표인 리비(R. E. Libby) 제독은 1952년 1월 초에 공산 측이 강제로 인민군에 편입한 전 한국군을 포로의 지위로 회복해야 한다고 주장했다.[44] 그러나 협상에서 이 문제를 강력히 요구하지 못했다.

(2) 송환원칙의 대립

미군은 제2차 세계대전 종전 후 포로뿐만 아니라, 동구와 소련에서 피난 나온 많은 민간인들도 공산세계로 강제로 돌려보냈다.[45] 그러나 그들은 한국전쟁에서 자원송환이라는 새로운 방침을 제시하고 이를 관철시켰다. '자원송환(voluntary repatriation)'의 목적은 자유세계가 공산주의 통제로부터의 정치적 난민들에게 피난처를 제공하려는 것이다.[46] 이에 대해 공산 측이 제네바협약에서 규정한 전원송환원칙의 준수를 내세우면서 반대함으로써 포로의제를 둘러싼 휴전회담은 지연되었으며 수용소에서 갈등과 희생이 늘어났다.

포로문제에 대한 유엔군사령부의 목표는 휴전협상에서 공산 측이 억류하고 있는 아군 포로를 안전하고 신속하게 전원 귀환시키는 데에 있었다. 유엔군사령부는 이를 달성하면 만족할 만한 휴전협상이 될 것이라는 입장이었다.[47] 이를 위해 미 군부는 1:1 송환과 자원송

---

[43] "Y. T. Pyun Minister of Foreign Agffairs, ROK to General Ridgway" Jan. 16, 1952, 243/ PSF Korean War File TL.

[44] Vatcher, William H., *Panmunjom: The story of the Korean Military Armistice Negotiations*, pp.131~133.

[45] Maj. Gen. Boatner, Hayden L., US Army(Ret.), "Prisoners of War for sale", *The American Legion Magazine* Aug. 1962, p.39.

[46] 「주한 미국대사 무초, 포로 심사의 문제점과 개선 방안을 국무부에 보고」 1952.7.5, *FRUS* 1952, 379쪽.

[47] "Memo for the Secretary of Defense: Policy on Repatriation of Chinese and North

환원칙을 검토했다. 그 배경에는 공산 측이 유엔군 포로를 모두 송환시켜 줄 것인지에 대해 크게 불신했던 점도 작용했다. 미군 당국은 제2차 세계대전 후 소련이 독일군과 일본군 포로를 송환하지 않고 억류하고 있었고, 중국도 일본군 포로를 억류하고 있음을 파악하고 있었다. 이들의 귀환을 위해 서유럽 국가들과 함께 노력하고 있었다. 1950년 12월 중순 미 합동참모본부와 국방부에서는 휴전협상 조건 가운데 포로교환원칙으로 1:1 송환원칙으로 신속히 교환하자는 안(POWs shall be exchanged on a one for one basis as expeditiously as possible)을 채택했다. 모든 포로들이 교환될 때까지 국제적십자사는 모든 포로수용소를 방문하여 포로들을 지원하도록 허용되어야 한다는 점도 덧붙였다. 그들은 이 안이 성취될 것이라고 자신했다. 그러나 1951년 8월 미 국무부 정책담당자들은 이 방안이 제네바협약 제118조에 "포로는 종전 후 지체 없이 석방하고 송환되어야 한다"는 규정에 비추어 비현실적이라고 지적했다.[48]

유엔군사령부는 처음에 1:1 송환 원칙을 추진하겠지만, 자원송환원칙이 공산 측에 수용되어 있는 유엔군 포로가 보복을 받을 우려가 있고, 휴전협상의 중단을 예방하기 위해 전원송환의 비율까지 올릴 수 있는 권한을 협상대표에게 부여하는 것이 바람직하다는 의견을 합동참모본부에 제시했다. 동 사령부는 전원송환원칙이 북한군이나 중국군 포로 가운데 송환거부포로, 전범포로와 그 혐의자, 자발적으

Korean Prisoners" Aug. 8, 1951, PSF KW File, 243/HSTL ; "NSC Staff Study on US Objectives and Course of Action in Korea" 1951.12.20, 『남북한관계사료집』 14, p.93 ; Johnson, U. Alexis, *The Right Hand of Power*, p.131.

[48] The Secretary of Defense, "A Report to the NSC: US Position Regarding a Cease-Fire in Korea" Dec. 13, 1950, 국립중앙도서관 ; "Memo for the Secretary for Defense: US Position Regarding an Armistice in Korea" March 26, 1951, 31/Sec.44/218 ; "JCS Terms" March 27, 1951, 『남북한관계사료집』 13, p.523 ; "Memo: Acheson to Muccio" July 5, 1951, 같은 책, p.542 ; "Johnson to Rusk: JCS Policy on Repatriation of Communist POW" Aug. 9, 1951, 『남북한관계사료집』 12, p.61.

로 유엔군을 도와 준 포로 혹은 전쟁 이전에 남한에 거주했으나 민간인억류자로 분류되지 않는 남한 출신 포로 등을 잃어버릴 수 있는 점을 충분히 이해하고 있어서, 미 합동참모본부에 그들에 대한 특별대책을 요구했다.[49] 이처럼 유엔군사령부에서는 협상을 위해서라면 전원송환도 가능했으므로, 초기에 자발적 송환원칙이 그다지 확고한 방침이 아니었음을 알 수 있다.

자원송환원칙의 배경

미국이 유엔군 포로의 전원귀환 방침에 충실한다면 전원송환[強迫遣俘]원칙을 주장할 것이었으나, 공산 측에 수용되어 있는 아군 포로의 생명에 대한 위협과 휴전협상의 파기의 가능성에도 불구하고 자원송환원칙을 모색했다. 자원송환[자유송환, 自由遣俘]원칙 혹은 비강제적 송환(non forced repatriation)[50]원칙은 1951년 7월 5일 미 육군 심리전 참모 맥클루어(McClure, Robert A.) 준장이 공산포로 가운데 송환될 경우, 일부가 가혹하게 탄압을 받아서 결국 죽기도 할 것이라는 주장으로 전원송환에 이의를 제기하면서 휴전협상에 제출되었다. 그는 이 원칙이 가장 도덕적이고 인도적 원리에 충실한 것이며 전제주의적 공산주의에 반대하는 심리전의 일환이라고 인식했다. 즉 많은 송환거부포로가 발생한다는 것은 공산 측에 큰 타격이 된다는 것이다. 그러나 그의 안에 대해 국무부와 군부지도자들은 반대했다. 맥클루어도 전쟁 중 심리전의 일환으로 살포 된 전단내용에는 포로들에게 '좋은 대우'만을 명시했기 때문에 그들에 대한 도덕적

---

[49] "CINCFE, Tokyo to D/A" Nov. 28, 1951, 1/218 ; "Command Report" Nov. 1951, 2/407, p.80 ; Stueck, William W., *The Korean War: An International History*, pp.251~252.

[50] 1952년 2월 7일 참모장교회의에서 유엔군 측은 자원 혹은 자발적 송환에서 비강제적 송환으로 용어를 바꾸었다(Vatcher, William H., *Panmunjom*, p.138).

혹은 법적인 의무는 없다고 밝혔다. 번스타인은 그의 안이 공산 측과 협상에서 흥정거리였다고 평가했다.[51]

하지만 맥클루어안은 시험수준이 아니었다. 왜냐하면 1951년 7월 초 미 국무부는 유엔군 측이 수용하고 있는 포로의 수가 15만 명에 이르는 데에 비해 공산 측은 1만 명도 되지 못한 것으로 잘못 파악해서, 이들을 그대로 송환하면 북한군에 15만 명 이상의 병력이 증원되어서 당시의 군사적 상황도 완전히 바뀌게 될 우려가 큰 것으로 인식했다. 이 때문에 포로문제가 상당한 어려움을 야기할 것이라는 점을 이해했다.[52] 1951년 10월 하순 이미 트루먼 대통령은 유엔군 측에서 145,000명의 포로를 수용하고 있는 데에 비해 공산 측이 16,000명만 억류하고 있다는 정보를 기초로 하여 전원송환이 형평성이 없다는 의견을 표명했다. 그는 공산 측이 다른 주요한 양보를 하지 않는 한, 전원송환에 동의할 수 없다는 입장이었다.[53] 따라서 휴전협상에서 트루먼 대통령이 언급한 중요한 양보를 얻지 못하는 한 자원송환원칙은 바뀔 수 없었다.

그런데 미 국무부나 트루먼 대통령이 공산 측에 억류되어 있는 유엔군 포로의 수를 매우 낮게 평가함으로써, 유엔군 측의 송환전략은

---

[51] 바톤 번스타인, 「휴전에 대한 논쟁: 포로의 본국 송환」, 322~324쪽 ; 육본 정보참모부, 『판문점』 상, 1972, 155쪽 ; "Memo for the President" Feb. 8, 1952, PSF Korean War File, 243/HSTL ; Mclure, Robert A., Chief of Psychological War, "Repatriation of Communist POW" Dec. 18, 1952, 672/407 ; Joy, C. Turner, How Communists Negotiate, pp.150~152 ; Foot, Rosemary, A Substitute for Victory: The Politics of PeaceMaking at the Korean Armistice Talks. pp.87~88.

[52] "DS to Circular to certain American Diplomatic and Consular Officers" July 3, 1951, 3/389, pp.3~4 ; Vatcher, William H., Panmunjom, p.118 ; Stueck, William W., The Korean War: An International History, p.212.

[53] 딘 러스크, 홍영주·정순주 역, 『냉전의 비망록』, 시공사, 1991, 122쪽 ; "Meeting with the President" Oct. 29, 1951, 『남북한관계사료집』 14, p.32 ; Foot, Rosemary, A Substitute for Victory: The Politics of PeaceMaking at the Korean Armistice Talks, pp.88~89.

커다란 차질이 생겼다. 1994년 10월 조창호 소위의 탈북 이후 북한에 억류되어 있던 국군포로들이 계속 탈출해 옴으로써 그들의 존재가 더욱 뚜렷했지만, 전쟁 당시에도 북한에서 발표한 유엔군 포로의 수가 1951년 6월 이미 11만 명에 이르렀다. 이 규모가 과장되었다 하더라도 필자는 국군과 유엔군 포로를 9만 명 정도로 추정했다.[54] 이 규모는 별도로 하더라도 국무부 극동과의 존슨(Jonson, U. Alexis)이 공산 측에 미군·영국군 등 유엔군 포로 6,000명과 한국군 포로 28,000명이 있다고 인지하였음에도 불구하고,[55] 이를 반영하지 않았던 것으로 보인다. 공산 측에 있던 포로는 미국의 정책토대가 되었던 규모 보다 그들의 주장대로 전선석방, 도망 및 북한군 편입 등이 있었지만 16,000명 이상이었다. 그런데 국무부나 국방부에서는 적극적인 증거가 없어서 이를 제대로 활용하지 않았던 것으로 보인다. 결국 유엔군 측 정보 파악능력의 한계와 송환거부포로의 보호라는 정책 속에서 자원송환원칙이 강조되었다.

자원송환원칙이 제기되었을 때 반대했던 미 국무부에서도 자원송환원칙의 장점을 확보하려고 했다. 국무부에서는 1949년 제네바협약과 자발적 송환원칙과의 관계에 대해, 협약 제6조는 분쟁 당사국의 협정에 의해 협약에서 규정된 포로의 권리가 침해되어서 안된다는 규정으로 포로가 종전 후 자신이 복무했던 군대의 소속국으로 돌아가기를 원하지 않는 상황을 설정하고 있지 않았다고 지적했다. 하지만 협약은 포로 개인을 전적으로 보호하려는 동기에서 만들어진 것이므로 자원송환원칙에 대한 합의가 그 정신에 어긋나는 것은 아니라고 인식했다. 또한 제7조 송환에 대한 권리는 포로들이 소속하는

---

[54] 조선인민유격대 남부군, 「승리의 길」 1951년 7월, 『빨치산 자료집』 7, 17쪽 ; K. S. 티마야, 『판문점일기』, 44쪽 ; 조성훈, 「한국전쟁 중 공산 측의 유엔군 포로정책에 관한 연구」, 220~222쪽.

[55] Jonson, U. Alexis, *The Right Hand of Power* p.131·170.

국민이나 국가 또는 지역이나 군대에 주는 것이 아니라, 포로를 위하여 작용하는 개인의 권리이며 특권이고, 제118조에 대해서도 포로가 자기의사와 승낙에는 관계없이 절대적인 힘에 의하여 강요받지 않도록 각각의 포로를 보호하기 위한 규정이라고 해석했다. 그러나 유엔군사령부가 포로를 남북한 정부나 중국과 대만에 보낼 권리가 있다는 주장은 바람직하지 않는 것으로 인식했다.56) 중국군 포로들을 대만으로 보내지 않는다는 점은 포로문제의 해결을 쉽게 하는 요소였으나 이러한 방침이 시행되지는 않았다.

미 군부와 국무부의 주장은 제네바협약을 글자 그대로 준수하는 것이 아니라, 도덕률이 국제법에 우선한다는 논리로 종전 후 죽음에 처할 포로들을 송환할 수 없다는 논리였다. 결국 제네바협약 제118조의 정신과 목적은 송환의 자유의사를 기초로 하여 행해질 때에 비로소 충족된다는 입장이었다.

1952년 1월 2일 휴전협상에서 유엔군은 포로의 교환을 위해 자발적 송환원칙과 1:1 방안을 제안했다. 공산 측과 포로명단을 교부한 결과, 양측 포로의 수가 크게 차이가 나자 유엔군은 이러한 입장을 더욱 강화했다. 즉 이 원칙이 공산 측에 제시된 배경은 쌍방의 포로의 수가 10만 명 이상의 차이가 남으로 공산 측에 억류되어 있을 5만 명 이상의 한국군 포로들의 귀환과 북한군에 의해 피납된 남한 민간인의 교환도 가능할 것이라는 고민 때문이었다.57)

유엔군사령부는 자신들의 제안이 대다수에게 최대한의 행복을 주는 방안으로 공산 측의 전원송환원칙보다 더 공정하다는 입장이었다. 동 사령부는 공산 측의 전원송환 주장이 포로 중 강제로 인민군

---

56) 국방부 전사편찬위원회,『한국전쟁 휴전사』, 182~184쪽 ; "JCS to CINCFE, Tokyo" Jan. 22, 1952, 2/407 ; "Koje-Do" 1952, 12/389, p.3.
57) "Amembassy, Pusan to CINCUNC(ADV)" 1951.12.24,『남북한관계사료집』 12, p.89. "CINCUNC(ADV) to Amemb, Pusan" Dec. 28, 1951, *ibid.*, p.110.

에 편입된 경우나, 북한군에 의해 납치된 민간인인 실향사민(displaced person)을 상정하지 않는 것이고, 제2차 세계대전 때 소련도 자원송환을 했다는 근거를 제시했다. 1952년 1월 5일 애치슨 미 국무장관이 보낸 서한을 검토한 국제적십자사에서는 20일 원칙적으로 미국 안에 동의하지만, 포로의 송환여부를 결정하기 전에 그들에 대한 면접이 이루어져야 한다는 의견을 제시했다.58)

1952년 1월 15일 트루먼 대통령도 "어떠한 강제 송환도 배제하는 범위 내에서" 전체 대 전체로 교환하자는 합동참모본부안을 지지했다. 이해 5월 7일 그는 "우리는 학살 혹은 노예(slaughter or slavery)로 빠질 사람을 넘겨주면서 휴전을 사지 않을 것"이라고 자발적 송환원칙을 확고하게 선언했다.59) 이제 자발적 송환원칙은 피할 수 없는 지침이 되었다. 국무부 대변인도 포로문제는 기술적인 문제가 아니라 개인의 고결함과 권리에 대한 자유세계의 철학이라면서, 유엔군 사령부가 명예롭고 합리적인 방안을 모색하겠지만 결코 자유세계에 필수적이고 기본적인 인도주의 원리를 포기하지 않을 것임을 천명했다.60) 존슨 국무부 극동담당 부차관보는 사실 트루먼 대통령이 포로문제를 공산 측의 요구대로 쉽게 처리했다면 1952년 미국 대통령 선거 전에 한국에서 휴전을 맺을 가능성이 있었지만, 트루먼의 포로

---

58) "CINCUNC(ADV) to CINCUNC, Tokyo" Jan. 2, 1952, 23/333 ; "Memo by the Assistant Secretary of State for UN Affairs(Hickerson) and the Deputy Assistant Secretary of State for FE Affairs(Johnson)" Jan. 3, 1952, FRUS 1952~54, pp.6~7 ; The American Red Cross, "The Report of the Joint Red Cross Teams in Korea December 1953" Jan. 28, 1954, p.9 ; Vatcher, William H., Panmunjom: The story of the Korean Military Armistice Negotiations, pp.133~134.
59) 『한국전란 2년지』, A19쪽 ; 죠셉 굴든, 『한국전쟁』, 609쪽 ; 국방부 전사편찬위원회, 『한국전쟁 휴전사』, 205~209쪽.
60) The American National Red Cross, "The Role of the Red Cross in the Exchange of Prisoners During the Korean Conflict", p.16 ; Vatcher, William H., Panmunjom: The story of the Korean Military Armistice Negotiations, p.115.

문제에 대한 확고한 의지는 국내 정치에 상관없이 도덕적 용기를 보여 준 위대한 행동이라고 평가했다.[61]

한국 정부의 포로관

한국 측에서도 일부는 아예 포로를 송환하지 말아야 한다는 주장도 했으나 자발적 송환원칙, 1:1 송환원칙 등 의견이 분분했다. 변영태 외무부장관은 1952년 1월 16일자 리지웨이 유엔군사령관에게 보낸 서한에서 포로교환에 있어서 자발적 송환원칙을 지지한다고 알렸다. 그는 세뇌되어 치유될 수 없는 공산포로들만 공산 측에 인도되어야 하고, 중국군 포로에 대해서도 중국이나 대만으로 갈 선택권이 주어져야 한다는 견해를 밝혔다. 그 후에도 그는 포로들이 강제로 송환되어서는 안 된다고 거듭 주장하면서, 자유중국 정부도 중국으로 송환되기를 거부한 중국군 포로는 대만으로 이송되기 전까지 한국에서 보호해 달라는 요청이 있었다고 말했다.[62]

여기에 나아가서 국군 휴전협상 대표였던 최덕신 장군은 포로들이 잘못을 뉘우치고 항복하여 온 이상 그들을 석방하고 따뜻하게 포섭하여 선량한 국민이 되도록 하여야 할 것이지 반역집단에 돌려보낸다는 것은 도저히 용납할 수 없다는 입장이었다. 그는 그들이 이미 남한국민이므로 국민의 생명을 보호해야 할 의무가 있는 정부가 당연히 그들을 우리 땅에서 석방하여야 한다고 주장했다. 한 때 휴전협상 대표로 참여했던 이형근 장군도 공산 측이 제시한 유엔군 포로의 수가 12,000여 명에 불과한 사실은 너무도 터무니없다면서 "우리가 1만 명을 받고 저들에게 13만 명을 준다면 적에게 10개 사단 병

---

[61] Johnson, U. Alexis, *The Right Hand of Power*, p.130.
[62] "USARMA to DA" Jan. 25, 1952, *Joint Weeka* 4, p.11 ; 「임병직이 이승만에게」 1952.1.22, 『대한민국사 자료집』 31, p.11 ; "DKB" April 1, 1952, *RCIA* II, p.347.

력을 보충해주는 것 외에 그 무엇이겠는가. 한국군 중 행방불명자의 다수가 인민군에 편입되어 있고, 또 민간인 중에도 납치된 사람이 수없이 많다. 한국군 포로나 유엔군 포로나 그 생명이 귀한 것은 마찬가지다. 그러므로 1:1 방식에 의해 교환을 해야지 전체와 전체를 포괄적으로 교환한다는 것은 어불성설이다."[63]라고 크게 반발했다. 그는 일괄교환이 비인도적이라며 항의하는 뜻에서 1952년 1월 25일 대표직을 사퇴했다.

〈사진 1〉 이승만 대통령의 방문을 환영하는 포로들(1952.7, 거제도 포로수용소유적공원)

1952년 5월 광주에서 시민들이 포로의 강제송환을 반대하는 궐기대회를 개최하자, 전라남도 도의회에서도 23일, 김종곤 의원이 발의한 포로의 강제송환 반대 결의문을 미국 트루먼 대통령, 클라크 장군, 밴 플리트 장군에게 보내기로 만장일치로 합의했다. 김 의원은 "포로에는 10만이나 되는 북한포로들이 전부다 강제로 끌려 나온 사람이다. 의용군이라는 명칭으로 동족상잔의 전선에 몰아넣는 사람이

---

[63] 최덕신,『내가 겪은 판문점』, 27쪽 ; 이형근,『군번 1번의 인생』, 73~75쪽.

다. 휴전회담에서 저들이 주장하는 바와 같이 포로를 전부 교환할 것 같으면 그 사람들을 다시 이용해서 또 다시 대한민국에 침략하려고 이용할 지도 모른다"64)는 논지를 펴면서 전원송환에 절대 반대했다.

양측의 대립

공산 측은 이미 휴전협상 초기인 1951년 7월 초 유엔군이 보다 많은 인민군 포로를 수용하고 있으므로 1:1 교환을 요구할 것이고 이 문제가 논란이 될 것을 예상했으며,65) 유엔군 측이 이 제안을 했을 때 크게 반발했다. 1952년 1월 3일 휴전협상에서 북한 측 대표인 이상조가 유엔군 측의 1월 2일 안을 전면 거절하면서, 1:1 제안으로 포로의 다수를 인질로 삼아 민간인과 교환을 요구한다고 비판했다.66) 그는 미국 안이 참을 수 없고, 야만적이며 수치스러운 것이라고 비난하면서, 사실상 미국이 16만 명의 포로를 억류하기 위한 것이고, 일부 포로를 남한과 대만에 인계해 주려는 책략이라고 비판했다. 그들은 유엔군의 제안을 비도덕적, 비인도적, 불공정, 이해할 수 없는 것이고 제네바협약과도 일치하지 않는다고 비난하면서, 자신들의 주장이 옳다고 세계에 선전했다.67) 오히려 미국 측이 전원송환에 동의한다면, 정전협정은 한달 안에 가능할 것이라고 주장했다. 그들은 포로명단에 근거하여 전원송환 원칙을 고수했다.68)

---

64) 전남 도의회, 『제1회 전남도의회 본회의 회의록』, 영은사, 1994, 160·164~165쪽.
65) Bajanov, Evgeniy P., Bajanova, Natalia, *The Korean Conflict, 1950~1953 - The most mysterious War of the 20th Century*-, 아태재단, 1997, pp.150~151.
66) 『로동신문』1951년 1월 16일자 ; HQ, UNC, "Staff Section Report Office of the CIC and Office of the Chief of Staff" Jan. 1952, 2/407, pp.19~20.
67) "UNC(ADV) to CINCUNC(PSY) Tokyo" Jan. 23, 1952, 23/333 ; "POW Exchange is no Slave Trading, says our Delegate", *Daily News Release* Jan. 5, 7, 1952 ; Vatcher, William H., *Panmunjom: The story of the Korean Military Armistice Negotiations*, p.135.
68) 중공중앙문헌연구실 편, 『주은래』하, 북경: 중앙문헌출판사, 1998, 1041~1042쪽 ; "Korean Cease Fire Negotiation", *People's China* Jan. 1, 1952, p.35.

공산 측은 유엔군 포로를 동원해서 아이젠하워 행정부에 압력을 가했다. 미군 퀸(Quinn, John) 소위는 중국군들이 그들의 새 중국에 대해 매우 큰 자긍심을 가지고 있을 뿐만 아니라, 그들이 모두 귀향하여 평화적 국가건설의 의욕에 불타있다고 주장했다. 그리고 미군 포로 자신들도 모두 고향을 돌아가고 싶은 열망으로 가득차 있는 데, 어찌 중국군 포로들이 자발적으로 송환을 거부하는 지 이해할 수 없다고 주장했다. 니스(Kniss, Paul R.) 중위는 포로협상에서 어리석고 불합리한 논쟁 때문에 미군포로들이 사랑하는 가족들과 떨어져 있다는 사실을 호소했다. 그 외에도 폴리(Polee, William) 등 40여 명이 공개편지를 보내 미국 정부가 휴전협상에서 포로의 자원송환문제를 왜 역사상 처음으로 제기하는 지에 대해 의문을 제기했다.[69]

유엔군사령부에서는 공산 측이 자원송환원칙을 강력하게 거부하는 것은 아마도 중국 측으로부터 나온 것으로 보인다고 파악했다. 즉 중국 정부가 중국포로를 그들의 적인 장개석 정부에 보낼 것을 우려하여 크게 반대했던 것으로 인식했다. 그러므로 이들의 문제를 해결하기 위해서는 중국포로들을 국제적십자사와 같은 국제기구로 이관하는 것을 검토했다. 물론 중국 측이 이 방식에 동의하지 않을 것이지만, 자원송환원칙의 궁극적 포기의 위험을 줄이는 방법이라고 이해했다. 유엔군 측 협상 대표인 리비(Libby, Ruthven E.) 제독은 자발적인 송환원칙이 포로가 아무런 강제 없이 자유로이 이루어졌음을 확인할 기구가 구비되었을 때에만 유효하다는 입장을 나타냈다. 그는 포로 개인이 송환에 대한 선택을 표현할 면담을 감독하고 이를 실행할 공정한 중립적 기구가 필요하다며 그 기구로서 국제적십자사를 제안했다. 그는 국제적십자사가 중립적 성격을 충족시킨다고

---

[69] "American POWs write to US Delegate at Peace Conference", *China Monthly Review* Feb. 1953, pp.181~182 ; "POW's Letter to Eisenhower", *Ibid* April 1953, pp.72~73.

파악했다. 그는 포로들의 송환에 대한 선택은 교환 지점에서 이루어져야 하고, 그 수속은 양측의 대표가 자세히 감독할 수 있어야 한다고 했다. 미 합동참모본부에서는 극동군사령부로 하여금 국제적십자사 대표와 송환거부포로의 처리문제를 협의할 것을 지시했다.70)

이에 대해 국제적십자사는 양측이 포로들의 잔류 혹은 송환을 결정하기 전에 면담이 허용된다면 미국의 자발적 송환원칙에 동의한다고 답변했다.71) 그러나 공산 측은 국제적십자사의 중립성에 불신을 갖고 있어서 그 안에 동의하지 않았다.72)

결국 미국은 자발적 송환원칙을 고수하면서 국제기구 혹은 중립국에 의한 심사방법을 모색했다. 아이젠하워 대통령은 정전 후 콜럼비아 대학 연설에서 한국에서 휴전은 자유의 새로운 원칙을 세웠다고 강조했다. 즉 전쟁포로는 자신이 석방되기를 원하는 쪽을 선택할 수 있다. 이 원칙은 역사상 다른 어떤 전쟁보다 크게 평가받을 것이라고 말했다.73) 그러나 이는 오랫동안 검토 끝에 결론에 이르렀던 헤이그와 제네바협약의 규정에 어긋나는 것이다. 거제도 포로수용소장을 지냈고, 휴전 후 미 육군 헌병사령관을 역임했던 보트너는 전체송환이 아닌 어떠한 송환원칙도 다른 나라와 유엔에 의해 받아들여진 원칙과 반대되는 것으로 장래 미군포로들이 공산 측에 의해 고문과 착취를 당할 것이라는 입장을 밝혔다.74) 또한 대부분의 미국인

---

70) "DA to CINCFE" Jan.16, 1952, 2/407.

71) HQ, UNC, "Staff Section Report Office of the CIC and Office of the Chief of Staff" Jan. 1952, 2/407, p.26 ; "DS to Amconsul Geneva" Jan. 20, 1952, 『남북한관계사료집』 12, pp.85~86 ; The American Red Cross, "The Report of the Joint Red Cross Teams in Korea December 1953," p.9.

72) "CINCUNC(ADV) to CINCUNC, Tokyo" Jan. 13, 1952, 2/407 ; "CINCUNC, Tokyo to DA" Jan 14, 1952, 같은 상자.

73) "Boatner, Haydon L., PMG to Gruenther, Alfred M., President, American National RC" Nov.27, 1959, 12/389.

74) Boatner, Haydon L., "Study of POW's-their Repatriation and Political Indoctrination"

조차도 이 원칙에 대해 동의하지 않는 경우가 많았는데, 그들의 우선적 관심은 미군포로의 귀환에 있었기 때문이었다.75)

영국 정부도 한국전쟁에서 제네바협약이 준수되어야 한다는 입장을 나타내면서 유엔군의 입장은 협약과 상반된다는 입장을 나타냈다. 당시 프랑스 외무부는 미 국무부에 한국전쟁 포로의 법적 문제에 대해 질문하면서, "자발적 송환원칙이 인도적 고려에 의하여 정당화되지만, 1949년 제네바협약에서 그 근거를 찾을 수 없다"고 밝혔다.76) 이에 대해 국무부에서는 공산 측이 유엔군 포로에 대한 제네바협약을 준수하고 있지 않았다는 반박을 했지만, 영국 등의 입장은 강제송환원칙과 자발적 송환원칙 사이의 대립 속에서 송환거부포로의 중립국에 의한 처리 방안에 대한 여지를 제공했다.

이러한 약점에도 불구하고 자발적 송환원칙은 포로 구성의 복합성 때문에 역시 유엔군 측이 강조한 이유가 되었다. 왜냐하면 포로 중에는 현실적으로 송환을 거부하는 다수의 포로가 존재하고 있었기 때문에 이들의 호소를 무시할 수 없었다. 그러므로 유엔군이나 공산 측의 국가적, 이념적 이익을 뛰어 넘어 포로 자신의 자유로운 선택이 보장되는 방안을 강구할 필요가 있었다. 여기에 1951년 12월 쌍방의 포로명단 교부에서 드러났듯이 북한 정부가 이미 국군포로를 대거 북한군으로 입대시켰거나 주민으로 편입시킨 후 일부만 통보했던 점도 송환거부포로를 보호하려는 자원송환원칙을 강화시켰다. 1952년 2월 초 미 국무부에서는 송환을 거부하는 포로를 공산 측

Sep. 9, 1960, 12/389.

75) Vatcher, William H., *Panmunjom: The story of the Korean Military Armistice Negotiations,* pp.116~117.

76) "Memo of Conversation: Korea, POW" May 16, 1952, 『남북한관계사료집』 12, pp.165~166 ; "Messages from French Ambassador to USA to Secretary of State" 1952.7.16, 같은 책, pp.241~244 ; Foot, Rosemary, *A Substitute for Victory: The Politics of Peace Making at the Korean Armistice Talks,* p.108.

으로 돌려주면 이들의 생명이 위험하므로, 그들을 재분류하거나 반공포로를 분리시키려고 했다.[77]

또한 제2차 세계대전 후 소련이 독일군과 일본군 포로를 송환하지 않고 억류한 사실도 기억해야 한다. 소련은 종전 후에도 수십 만 명의 포로를 억류하고 있었고, 중국도 일본군 포로를 3만 명가량 억류 중이었다.[78] 휴전협상이 진행되고 있던 1952년 8월 25일부터 9월 13일까지 제3차 포로문제에 대한 유엔 임시위원회가 열려서 제2차 세계대전이 종전된 후 7년이 지난 당시에도 중국과 소련에 억류되어 있는 독일군, 이태리군 및 일본군 포로문제를 논의했다. 그러나 소련이 이 회의에 불참했고, 위원회에서는 소련 정부와 접촉하기 위한 여러 노력을 기울였으나 큰 성과가 없었다. 다만 소련으로부터 650명, 체코에서 251명 및 폴란드에서 149명 등 총 1,050명이 귀환되었고, 중국으로부터 192명이 돌아오는 정도였다. 이 위원회의 미국 대표인 앤더슨(Anderson, Eugenie) 덴마크 주재 대사는 포로의 인도적 대우가 기본적인 사항일 뿐만 아니라, 아직도 실종된 가족의 일원 때문에 받는 수많은 가정의 슬픔과 고통에 비추어 소련에 그들의 협력을 촉구했다.[79]

(3) 포로수용소의 주도권 투쟁과 갈등

포로수용소 당국은 포로들 가운데 이질적 요소가 섞여 있음에도 불구하고, 포로 송환협상이 논의되기 전까지는 거제도 포로수용소에서 포로들에게 자치를 허용하면서 그들에 대한 통제를 거의 하지 않는 정책을 취했다. 휴전협상을 전후하여 수용소에서 좌우익의 포로

---

[77] "Memo of Conversation: Korea, Prisoners of War" Feb. 18, 1952, 『남북한관계사료집』 12, p.124.
[78] "USAmbassador in Geneva to Secretary of State" Sep. 11, 1952, 39/389.
[79] "UN Interim Report" Sep. 25, 1952, 309/319.

들은 투쟁을 점차 격화시켰다.

　수용소 당국은 이미 1951년 3월 초 포로들 사이에서 유엔군 포로와 공산포로와의 교환에 대한 소문이 퍼져 있음을 파악했다. 그것은 북한이 미군 1명당 북한군 1명을, 유엔군이 미군 1명당 북한군 4명을 교환할 것이라는 내용이었다. 5월 초에는 5구역 수용소에서 중국군 포로들이 유엔군 포로와 교환될 것이고, 송환을 거부하는 포로들은 잔류될 것이라는 소문이 나돌았다.[80] 이러한 정보는 포로들에게 영향을 미쳤을 것으로 보인다. 이미 1951년 7월 중에 포로로부터 휴전협상이 38선 회복으로 그치는 것이 아닌가 하는 22통의 항의 청원서가 제출된 경우도 있었고, 1951년 9월 17일 사건도 송환여부에 대한 휴전협상의 영향으로 보인다.[81]

송환거부포로의 존재

　인천 포로수용소에서 중국군 포로들이 수용되었을 때, 인민군 포로들이 중국군이 개입함으로써 전쟁이 천연되었다고 그들을 구타함으로써 수용소 당국은 서로 분리시켜 수용한 적이 있었다.[82] 거제도 제78수용소의 한 포로는 1951년 11월 5일, 교육시간의 설문조사 때에 청원서를 썼다. 정전협정이 조인되면 포로들은 어떻게 처리될 것인가에 가장 큰 관심을 두고, 그는 결코 북으로 돌아가지 않을 것을 분명히 했다.[83] 11월 7일 제72수용소의 포로 30명이 수용소 내에서 부당 대우를 이유로 전출을 요구했고, 이튿날까지 144명으로 늘어나서 이들을 제71호로 이동시켰다. 11월 15일에는 제76수용소에서 30명이

---

[80] "Weekly ISUM(1951.3.10~17, 24~31)" March 17, 31, 1951, 5231/407 ; "Weekly ISUM(1951.4.26~5.3)" May 5, 1951, 5232/407.
[81] "Command Report" July 1951, 5233/407, p.4.
[82] 『서울신문』 1950년 11월 18일자.
[83] 「78수용소의 한 포로의 청원서」 1951.11.5, 2/333.

살해될 것이라는 정보를 입수하여 이튿날 조사를 실시했으나, 다행히 그들은 살아 있었다. 이때 살해위협을 받는다는 30명을 포함한 218명은 전출을 희망하여 제71호로 이동했다. 이 무렵 제64호의 민간인억류자 9명이 철조망을 통해 도망 나왔고, 다른 동료 포로의 압력에 두려움을 느껴서 자살을 시도하는 경우도 늘었다.[84] 수용소 당국은 포로들 가운데 인민재판에 의해 살해당했거나 전출을 희망하는 포로들의 존재를 확인할 수 있었다.

이미 미군은 포로 교육을 통해 어느 수용소가 당국의 방침에 호의적인지를 파악할 수 있었다. 그들은 포로 교육의 평가를 통해 포로들의 수업태도, 수용소에서 저항 등을 인식했다. 예를 들면, 교육 담당자는 제76호의 포로는 강의를 듣기 위한 이동에서 질서 정연하고 수업태도에 대해서도 양호했지만 일부 반항이 있었다고 평가했고, 제68호의 경우 반항 정도가 심하다는 점을 지적했다.[85] 1952년 2월 중순 중국군 포로들인 제72, 제86호에 대한 일반적 조사를 실시해 그들의 교육, 연령, 출신, 직업, 군대경력 등의 배경에 대해 충분히 인식하고 있었다.[86]

유엔군사령부는 북한과 중국으로 송환을 거부하는 포로들의 규모를 어느 정도 파악했을까? 이미 거제도 포로수용소에서 1951년 말까지 중국군과 북한포로 가운데 상당수가 송환을 거부하고 있는 점을 인지했다. 동 사령부에서는 북한군이 남한을 점령했을 때 강제로 입대한 경우나, 북한의 이념과 정치에 대한 환상에서 깨어난 자들이라고 파악했다. 하지만 이 시기까지 대외적으로 표현한 송환거부포로

---

[84] UN POW Camp No.1, "Command Report # 9" Dec. 6, 1951, 4980/407.

[85] "Evaluation Branch to Chief, FOD: Statistical Summary from Weekly Recorders Reports for Week ending 18 Jan. 1952", 1/333.

[86] Chief, Evaluation Branch, "Report of Results of General Survey conducted in Chinese Compounds" March 28, 1952, 1/333.

의 규모는 많지 않았다. 애치슨 미 국무장관은 국제적십자사에 자발적 송환원칙을 설명하면서 수천 명의 포로들(thousands of prisoners)의 생명이 위험에 빠지는 것을 피하려 한다는 점을 언급했다. 1951년 12월 23일 휴전협상에서도 유엔군 대표는 약간의 포로가 송환을 거부한다고 시사했을 뿐이었다.[87]

송환거부포로의 규모는 1952년 초 미 국무부에서 전체 포로 중 10% 정도로 파악했고, 군부에서 민간인억류자 3만 명과 일반 포로 28,000명 규모로 파악하면서부터 구체화되었다. 이 규모는 전쟁 중 귀순자 총 1만여 명 수준을 크게 벗어나는 것이었다. 그런데 1952년 4월 1일 판문점의 참모회담에서 유엔군 대표 힉맨(Hickman, G. W.) 대령은 송환거부자를 제외하고 송환될 범위로 116,000명 정도 될 것이라고 공산 측에 말했다.[88] 이 숫자는 17만여 명의 포로 중 남한 출신의 민간인억류자 38,000명과 남한 출신 16,000명을 제외시킨 것으로 유엔군이 거제도에서 단지 남북한 출신으로 포로를 나누었던 수준이었다. 이러한 혼란은 근본적으로 포로에 대한 심사를 실시하지 않았던 점에서 비롯되었지만, 미 군부와 국무부 등이 정보를 공유하지 못한데서 야기된 것으로 보인다.[89]

포로수용소에서는 귀순자 외에도 송환을 거부하는 포로는 갈수록 늘어났다. 포로들 중 상당수는 전쟁 이전 북한 통치와 전쟁 경험, 수

---

[87] The American Red Cross, "The Report of the Joint Red Cross Teams in Korea December 1953," p.9 ; Vatcher, William H., *Panmunjom: The story of the Korean Military Armistice Negotiations*, pp.126~128.

[88] 바톤 J. 번스타인, 「휴전에 대한 논쟁: 포로의 본국 송환」, 323~324쪽 ; 김학준, 『한국전쟁』, 박영사, 2010, 337쪽 ; "Editor's Note", *FRUS* 1952~54, pp.135~136 ; Hermes, Walter G. *Truce Tent and Fighting Front*, p.168~169 ; Foot, Rosemary, *A Substitute for Victory: The Politics of PeaceMaking at the Korean Armistice Talks*, pp.94~95.

[89] Bailey, Sidney D., *Korean Armistice*, p.94. 주영복은 포로교육이 실시되기 전에 이미 10만 명의 반공포로가 있다고 주장했으나, 사실인식에 오류가 있었을 것으로 보인다(주영복, 『내가 겪은 조선전쟁』 2, 286쪽).

용소의 포로 우대와 오리엔테이션 교육 등의 영향으로 공산주의에 대한 반대 의식을 더욱 강화했다. 포로에게 언제 공산주의에 대한 비판 인식을 갖게 되었는지에 대해 광주 제1수용소 포로 대표 홍익찬은 "비로소 철조망 안에서나마 자유의 모습을 똑똑히 인식하였다"고 술회하고 있다. 그는 거제도에서 "북한의 괴뢰들에 못잖은 공산주의자의 눈뜨고 보지 못할 무자비한 만행을 보고 가만히 앉아 있을 수가 없어서 멸공의 봉화를 올려 싸워 이기고야 말았다"고 평가하면서, "공산주의라면 모조리 사멸시킬 자신이 만만하다"며 반공포로들을 멸공전선에 참여 시켜 줄 것을 호소했다.90)

중국군 포로의 경우도 심사가 실시되기 전에 미 극동군사령부 심리전 부서에서는 주 자유중국 미국 대사에게 한국에 있는 중국포로의 대다수가 허용만 된다면 대만으로 송환될 것이라고 알려주었다. 담당 장교는 중국군 포로들이 중국 본토로 돌아가지 않고, 안전 지역으로 보내진다는 확신이 없어서 더 많은 전향이 방해받고 있다고 말했다.91)

반공포로들은 수용소 내에서 반공단체를 결성하여 좌익포로와 투쟁을 벌이는 동시에 유엔군사령관이나 유엔사무총장 혹은 한국과 미국 대통령에게 청원서를 보내서 자신들의 억울함을 호소하고 조속한 석방을 요구했다.

1951년 10월 중국군 포로가 대만으로 송환을 원하는 청원서를 제출한 후, 민간인억류자와 북한 출신도 가세를 했다. 포로의 청원은 전원송환의 소식을 듣고 곧 시작되었다. 그해 10월 27일 제63수용소의 9,043명이 유엔사무총장에게 진정했다. 1952년 4월 좌익포로로부터 분리된 반공포로들은 휴전협상에 대한 청원과 결의를 계속 했다.

---

90) 「광주 수용소 포로대표 홍익찬이 클라크 장군에게」 1953.2.12, 42/333.
91) "DKB" April 2, 1952, *RCIA* II, p.348.

그 내용은 한국에 대한 충성과 반공투쟁을 위해 석방을 요구하는 것이었다. 또한 제72호와 86호의 중국군 포로 14,000여 명도 반소전선(反蘇戰線)에서 싸울 수 있도록 즉시 대만에 송환해 달라는 탄원서를 유엔사무총장에게 보냈다. 이 가운데 3,000명은 "대만으로 되돌아갈 것을 죽음으로 맹세(誓死回臺灣)", "공산비적에 견결반대(堅決反共匪)" 등과 같은 문신을 하여 결의를 다졌다.[92] 미군 당국은 송환을 희망하는 중국군 포로 가운데도 자신들의 의지와는 달리 강제로 문신을 한 경우가 1,500명 정도로 추산했다.[93] 거꾸로 상당수의 남한 출신 민간인억류자는 송환을 희망하는 청원을 했다.[94]

〈자료 1〉 아이젠하워 대통령 당선자에게 보낸 중국군 반공포로 탄원서(1952.10.4, 국립중앙도서관)

[92] 「대중국정책연구소에서 한국전쟁의 중국포로문제에 관해 트루먼 대통령에게 보내는 서한」 1952.4.10, 『미국무부 한국국내상황관련문서(The US Department of State Relating to the internal Affairs of Korea): 한국전쟁자료총서』 63, 366쪽.

[93] 「주한 미 대사 무초, 국무부에 거제도 포로수용소의 중국군 포로 상황에 대한 보고」 1952년 6월 28일, *FRUS 1952*, 360~361쪽.

[94] "Command Report" Oct. 1951, 4980/407 ; "Command Report # 10" Jan. 5, 1952, 4981/407 ;「광주 제3수용소 포로대표 유지훈이 이승만 대통령에게」 1953, 407/319 ; 주영복, 『내가 겪은 조선전쟁』 2, 285쪽.

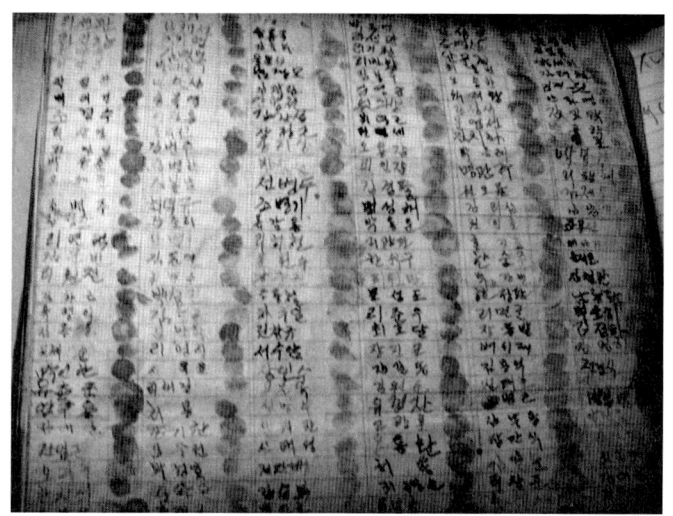

〈자료 2〉 송환불원 혈맹 명부 일부(광주 제2수용소 유지훈 외)

포로들의 청원은 제네바협약 제78조에 의하면, "포로는 포로의 상태에 관하여 군사당국에 알릴 권한을 보유하고, 포로상태에 관한 불만을 나타내는 데에 제한을 받지 않는다. 또한 그러한 요구와 불만은 즉각 군사당국에 의하여 전달되어야 한다"고 명시되어 있다. 그러나 유엔군사령부는 이들의 청원내용이 당시 공개되면, 휴전협상에 미칠 부정적 영향을 우려하여 유엔사무총장에게 전달하지 않았다. 미 합참도 국방부 장관에게 국무부로 이 진정서 문제가 최소한 현재 진행 중인 휴전협상이 완결될 때까지 보류되어야 한다고 권고했다. 그러나 육군부 심리전 부서에서는 포로들의 청원으로 송환거부포로의 존재가 강제되지 않았음을 증명할 기회로 여겼다.[95]

특히 논란이 되었던 북한 출신 포로들 가운데 송환을 거부했던 포

---

[95] "GQ, UNC to the Adjutant General: Petition from POW to Secretary General of UN" 1952.1.23, 『남북한관계사료집』 12, pp.129~130 ; "JCS to Secretary of Defense" April 16, 1952, 309/319 ; "Petition(Jl to CS)" 1953.6.6, 42/333.

로들은 자신들이 북한 출신 민간인억류자로서 언어불통으로 포로가 되었으며, 강제징집자로서 귀순자임을 주장했다. 나아가서 광주 수용소 포로들은 이미 북한 정권 아래에서 반공투쟁을 하면서 결코 굴복하지 않았으나, 전쟁이 나자 우마와 같이 강제로 끌려 나와 그립던 유엔군의 품에 귀순했다고 자신들의 처지를 설명했다. 자신들은 "처음부터 판문점에 포로명부가 교환될 성질의 사람이 아니었다"고 단언했다. 그들은 "과거에도 반공청년들이었고, 현재에도, 미래에도 영원히 반공청년이다"라고 주장했다. 영천 수용소에 있던 포로들은 좀더 구체적으로 자신들이 유엔군의 진격 때 반공투쟁을 했고 협동작전에서 정찰탐색전에 멸공의 기치를 발휘했으나, "불운하게도 유엔군의 장거리 후퇴에서 우리는 언어불통으로 하는 수 없이 억울한 포로의 누명을 썼으며 더욱이 인민군이라는 징모에 얽매어 전선에서 귀순했다"고 주장했다.[96]

부산 수용소의 송환거부포로도 자신들은 처음부터 반공주의자였으므로 포로로 대우할 아무런 이유가 없으니 조기 석방을 주장했다.[97] 반공적 성향이 강한 이들은 그 규모도 상당했으며 좌익포로와 대립하는 등 송환거부 의사를 명확히 했다.

좌우익포로들의 갈등

정전협상이 진행되면서 포로들은 그들의 미래에 대해 매우 불안해하는 상황에서 이념 대립이 더욱 날카로워졌다.[98] 이 시기 거제도

---

96) 「영천 수용소 한봉림이 이승만 대통령에게 보낸 진정서」 1953.4.23, 205/319.
97) 「광주 수용소 포로대표 홍익찬이 클라크 장군에게」 1953.2.12, 42/333 ; 「광주 수용소 포로대표 홍익찬이 클라크 장군에게」 1953.4.22, 205/319 ; 「부산 수용소 7구역 F동 대표 이동창이 클라크 장군에게」 1953.5.10, 205/319.
98) Meyers, Samuel M. and Biderman, Albert D., *Mass Behavior in Battle and Captivity*, p.xxvii.

수용소에서 좌익분자들이 투쟁행동을 표면화한 것은 1951년 여름 하복사건 직후쯤이었다. 빨간 내의 사건을 유엔군 측이 의도적으로 자신들을 '빨갱이', '전쟁범죄자'로 몰아 빨간 내의를 입으라고 강요한 것으로 받아들였다.99) 이때에는 우익포로들도 함께 반대해서 이를 철회시켰다. 구한말에는 죄수들에게 푸른 옷을 입혔으나 일제 시대 죄수들에게 붉은 옷을 입혔기 때문이었다.100)

그 후에도 수용소에서는 포로들이 탈영을 시도하다가 죽거나 다쳤다. 제62수용소에서는 1951년 7월 19일 공산포로들이 반공포로 10여 명을 공격하여 2명이 살해하고 장악하는데 성공했다.101) 이 가운데 9월 중순에는 많은 포로들이 희생되었다. 반공포로들은 특히 9월 중순경에 좌익포로들이 수용되어 있던 제76~78수용소에서 우익포로 300~500명을 살해했다고 주장했다.102) 반공포로 가운데 일부는 이 사건을 '9·17 폭동'이라 하여 9월 16일에 제76호수용소에서 반공포로 40명, 62호에서 28명 등 9월 20일까지 제76, 77, 78호에서 이튿날까지 300여 명 혹은 500여 명이 살해되었다고 주장했다.103) 미군 전범과에 근무했던 김선호 대위는 제78호에 200명 정도의 크리스찬이나 그 동조자가 있는 것으로 추정하면서 4명이 죽었고, 85호에서 발견된 시체가 한 트럭 가득이었다고 주장했다. 중국군 포로들이 있었던

---

99) 한태욱, 「거제도 포로수용소 견문」, 389쪽.
100) 도진순 편역, 「백범 일지 서문」, 『쉽게 읽는 백범일지』, 돌베개, 2005, 91·185·189쪽.
101) 이한, 『거제도 일기』, 14~15쪽 ; 참모장, 「포로수용소에서 발생한 심각한 사건에 대해 헌병사령관에게 통보」 1951.8.24, Box 176/ RG 554, Records of General HQ, FEC, SCAP and UNC, Military History Section, Command & Staff Section Reports, 1947~52, General HQ Far East Command, Entry Secret 1951 Provost Marshal, 국편.
102) 백응태, 『거제도에서 판문점까지』, 137~139쪽 ; 박종은, 『그날 0시』, 103~105쪽.
103) 강용준, 「반공포로 석방」, 630쪽 ; 이원복, 『전쟁과 협상』 상, 대림기획, 1989, 247~248쪽 ; 육본 정보참모부, 『판문점』 상, 266~267쪽 ; 박종은, 『그날 0시』, 103~105쪽.

제86호에서도 비슷한 행태가 일어나서 몇 명의 사상자가 났고, 이때 미군들이 63~64호에서도 반공포로와 크리스찬을 구했다고 한다.104)

그런데 북한에서는 "1951년 9월 15일 좌익포로들은 제78호수용소에서 미군이 종교를 믿지 않거나 종교 의식을 반대하는 포로를 암살하겠다는 음모를 우익포로로부터 자백을 받아서 그 사건의 재발 금지를 수용소 당국에 요구했다. 이에 대해 수용소 당국은 특무[반공포로] 419명을 전출시켰을 뿐 다른 대책이 없었다. 이에 대해 9월 17일 좌익포로들이 항의 집회를 열자, 미군은 포로에게 수류탄을 던지면서 무력으로 진압을 하는 과정에서 포로 38명을 학살하고 194명에게 부상을 입혔다"고 주장했다.105)

미군 보고서에 의하면 좌익포로의 반공포로에 대한 공격이 분명했지만, 반공포로들의 주장처럼 포로의 희생규모가 그렇게 많지는 않았다. 수용소 당국은 1951년 9월 17일부터 19일까지 제78호와 제85호에서 수용소를 장악하기 위해 좌우익포로들이 폭력을 행사하여 20명이 사망하고 31명이 부상당한 것으로 파악했고, 9월 중 좌익포로들이 인민재판 등을 통해 반공포로를 살해한 수가 총 115명에 이르고 있는 것으로 인식했다.106) 따라서 9월 중순 사건은 좌익포로가 살해된 것이 아니라, 그들에 의해 우익포로가 살해되었을 것으로 보인다.

9월 중순 사건이 발생한 후 미 제8군사령부는 수용소 소장의 교체, 미군과 한국군의 재편과 증강, 범죄수사대(Criminal Investigation Detachment)의 배치, 포로 지도자의 파악과 분리, 포로살해와 공격 사건 50건에 대한 조사 등의 조치를 취했다. 포로들 사이에 연락처

---

104) Harry W. Gorman 대령, 「한국에서 포로들의 활동」 1952.10.30, 12/389, p.2 ; Kim Sun Ho, "Koje-Do in Complication", p.44·48 ; Hermes, Walter.G., *Truce Tent and Fighting Front*, p.237.
105) 고상진·전도명, 『조선전쟁시기 감행한 미제의 만행』, 268~269쪽.
106) 「월간 보고서」 1951.9, 5235/407 ; "Koje-do" 1952, 12/389, p.2.

가 되었던 부산 병원수용소에서 환자와 부상자를 제외하고, 상당수의 포로가 거제도로 이송되었다. 또한 포로들에게 욕설과 모욕적인 표현이나 인민재판 금지 등과 함께 경비병의 수용소 점검 및 순찰 강화, 수용소 당국의 활동을 방해하는 포로단체의 결성을 막기 위한 적극적인 조치 등을 지시했다.[107]

제73수용소의 한 포로는 이 수용소에 100명 규모의 좌익포로들 때문에 말썽이 일어나고 있다면서 이들의 전출을 요구했고, 미군은 즉시 6명의 좌익 지도자들을 이동시킨 후 추가적 조치를 취할 것을 구역 보안장교에게 지시했다. 제85수용소에서도 좌익포로들이 1951년 11월 11일 노동당을 재건했고, 우익지도자들을 살해하려 한다는 음모를 미군에 제공했다. 제61수용소에서도 좌익포로 대표들이 인민위원회나 그 세포조직처럼 단체를 결성하여 학살 대상의 명부를 작성해 매주 토요일을 자아비판의 날로 삼고, 인민재판을 열어 기독교도 등 우익포로들을 살해하고 있다는 정보가 있었다.[108] 따라서 포로들 사이에 여전히 세력 확대와 갈등이 지속되었음을 알 수 있다.

그런데 포로수용소 당국의 대응은 적절치 못했다. 1951년 7월 19일 거제도 포로 11명이 탈출한 사건에 대한 조사보고서가 8월 24일이 되도록 미 제8군사령부에 도착하지 않았다. 임시보고서의 제출을 요구하는 극동군 헌병사령관, 8군 헌병사령관의 수차례 재촉에도 불구하고 어떠한 공식적 보고서도 도착하지 않았다.[109] 1951년 10월 10일

---

[107] "ICRC" Aug. 9, 1951, Jan. 23, 1952, 12/389 ; HQ, 60th General Depot, "Memo 98: Conduct of POW" Oct. 19, 1951, 4980/407 ; "CINCUNC to CG, PM, DA" Jan. 23, 1952, 12/389.

[108] Intelligence Officers CI&E, "Interview between Capt. Bostcik and PW Leaders in Compound #73" Dec. 19, 1951, 2/333 ; "Information about Communist Activities in Compound # 85" Dec. 21, 1951, 같은 상자 ; Chai, Moo Byong, Compound # 61, "I expose what Red did cruelly in compound", no date, 1/333.

[109] 「참모장, 포로수용소에서 발생한 심각한 사건에 대해 헌병사령관에게 통보」 1951.8.24, RG 554, Records of General HQ, FEC, SCAP and UNC, Military History

이기붕 국방장관은 거제도를 비롯하여 도처에 수용된 포로들이 일으키고 있는 폭동에 대해, 지금까지는 한·미 양국 헌병 간에 의사소통이 충분치 못하여 폭동을 철저히 진압치 못했다면서, 밴 플리트 미 제8군사령관에게 해당 미군 헌병사령관을 비롯한 지휘관의 경질을 요구했다. 또한 포로들의 폭동에 대처하기 위해 포로수용소의 관리권의 이양을 유엔군 측에 주장하기도 했다.110)

2) 포로의 심사와 분리

포로의 심사와 분리 작전은 전후 전체 포로가 송환될 때에는 불필요한 조치이지만, 북한군에 의해 강제로 징집된 남한 출신 의용군이 다수 수용되어 있었고, 고향으로 송환되기를 거부한 포로들이 존재했던 한국전쟁에서는 공산 측의 반대에도 불구하고 실시되었다. 심사와 분리는 민간인억류자를 포함한 전체 포로 가운데 송환을 거부하는 자와 희망하는 포로를 구분하는 것이었다.

심사는 바로 포로 자신들은 물론 공산 측에도 송환될 포로 규모와 직결되므로 커다란 이해가 걸린 문제였다. 이는 전쟁포로에게 본국으로 돌아 갈 것인지 혹은 정치적 망명을 할 것인지를 선택하는 중대한 문제였다. 수용소 당국으로서도 포로를 이념에 따라 분리함으로써 통제를 용이하게 할 수 있었다.111) 이때 송환거부포로를 파악하는 과정에서 좌익포로와 공산 측의 반발이 심했으므로 공정성의 확보가 중요했다. 그런데 남한 출신 의용군 가운데 북한을 선택한 포로들이 존재하는가 하면, 북한 출신 포로들이 대거 남한을 선택하기도 했다.

Section, Command & Staff Section Reports, 1947~52, General HQ Far East Command, Entry Secret 1951 Provost Marshal, Box 176, 국사편찬위원회.
110) 『서울신문』 1951년 10월 12일자 ; 『자유신문』 1951년 10월 23일자.
111) Boatner, Haydon L., "Our sons: Future POW", 1958, 12/389, p.35.

(1) 민간인억류자의 심사

한국전쟁 중 전체 17만 명의 포로 가운데 약 5만 명의 민간인억류자들은 전쟁 초기에 임의로 포로로 처리되었다. 이들은 대부분이 남한 출신이지만, 북한군에 강제로 편입되어 복무한 자들도 많았기 때문에, 한국군과 유엔군에 미칠 심리적 영향과 전선 후방에서 게릴라가 될 것을 우려하여 석방되지 않았다.112) 그 후 휴전협상이 본격화되면서 유엔군사령부는 민간인억류자들을 심사하여 이들이 공산 측에 속한 군인들이 아니고, 유엔군에게 위협이 되지 않는다는 것과 남한 국적을 가지고 있다는 이유 등으로 공산 측이 주장할 대상이 문제가 아닌 내정문제로 입장을 바꾸었다.

한국군은 인천상륙작전 이후 급속히 늘어난 포로 가운데에 인민군이 남한지역을 강점했던 3개월 중 강제로 의용군이 된 자에 대해 "어디까지나 관용하여 석방될 방침"을 정했다. 이미 군 간부의 형제나 친척 등은 석방되었다.113) 하지만 유엔군사령부에서는 심사를 통해 포로, 석방대상자 혹은 한국 정부로 이송될 자 등으로 구분하여 처리할 방침이었다. 동 사령부에서는 그들을 심사하기 위해 출신지별로 개인면담을 실시할 수 있도록 준비하는 한편, 한국 정부에 남한의 각도 지역의 대표로 심사위원회를 구성하여 파견해 줄 것을 요청했다.114)

민간인억류자로 분류하려는 것은 장차 이들을 석방하려는 것으로 당시 유엔군은 17만여 명의 포로를 수용하고 있었기 때문에, 휴전 후 이를 전원 송환할 경우 공산 측의 군사력 향상에 큰 도움이 될 것

---

112) 「극동군사령부에서 유엔군사령부로 보낸 전문」 1951.12.26, 807/338.
113) 오세희, 『65 포로수용소』, 87쪽.
114) 윌리엄 화이트, 『한국전쟁 포로』, 170쪽 ; "Office of PM General to Office of PMG, DA" Oct. 31, 1951, 29/389.

을 우려하여 그 위험을 줄이기 위한 방편이었다. 미 극동군사령부는 민간인억류자로 분류한 후 그들의 가석방 계획을 승인했지만, 휴전협상에 영향을 미치는 것을 원하지 않았기 때문에 동 사령부의 승인 없이는 이들에 대한 석방 혹은 가석방을 행하지 말도록 했다.115)

민간인억류자에 대해 이렇게 부정적인 생각을 가진 미군 당국이 언제 심사를 통해 이들을 석방하기로 방침을 전환했을까? 휴전협상이 시작된 후 1951년 8월 중순, 미 국무부는 강제로 북한군에 입대한 민간인억류자를 북한으로 돌려보내서는 안 된다는 입장을 국방부에 제출했다. 이해 9월 하순 미 국방부는 한국 정부와 관계증진, 포로들의 유엔군과 한국 정부에 대한 적대감 개선, 인도적 이유 등을 고려하여 이들의 석방을 결정했다. 이에 따라 미 제8군사령부에서 10월 3일 민간인억류자의 재심사와 석방 혹은 가석방에 대한 계획을 수립하여 유엔군사령부에 제출했다. 유엔군사령부는 이 계획을 승인했고, 재분류를 지시했다. 10월 31일 남한 출신 포로를 민간인억류자로 재분류하기 위한 세미나를 위하여 피츠제랄드(Fitzgerald, M.J.) 수용소장 등이 8군사령부에서 의견을 나누었고, 12월부터 심사를 시작했다.116) 이들의 심사를 위한 기준은 첫째 민간인일 것, 둘째 적군을 이롭게 하지 않았을 것, 셋째 남한 출신이면 16세 이하일 것, 넷째 북한 출신이면 15세 이하일 것 등이었다.117)

---

115) HQ, EUSAK, "Command Report" Dec. 1951, 군사편찬연구소, SN 1514, p.20 ; "CINCFE, PIO to JSPOG" Feb. 28, 1952, 3/218 ; Stueck, William W., *The Korean War: An International History*, pp.244~245.

116) "Memo: POWs of South Korea Origin" Dec. 25, 1951, 『남북한관계사료집』 12, pp.65~66 ; "Memo: Release of POWs of SK Origin" Oct. 2, 1951, 같은 책, p.64 ; "Command Report" Oct. 31, 1951, 4980/407. 김선호는 전 포로에 대한 심사를 1951년 여름과 초가을에 실시했다고 서술했으나, 그 시기에 착오가 있었던 것으로 보인다(Kim Sun Ho, "Koje-Do in Complication," p.3).

117) HQ, EUSAK, "Command Report" Dec. 1951, 군사편찬연구소 SN 1514, pp.21~22 ; EUSAK, "Command Report" Jan, 1952, p.16, 군사편찬연구소, SN 1515.

1950년 11월 초순경 한국 정부는 판검사, 경찰간부, 사회유지 등 200명으로 부산지구 포로심사위원회를 조직해 이듬해 4월 초까지 남한 출신 포로 약 5만118) 명을 심사했다. 이 가운데에는 전 한국군 985명, 전직 경찰관 90명, 의용군 44,739명, 피난민 3,693명 등이 있었다.119) 〈표 2〉와 같이 심사를 통해 서울 출신을 비롯해 경기도와 충청도 출신 등 석방예정자는 39,719명이었다. 이 외에 한창화[포로번호 140993], 강흥준[144253], 고은철[141775] 등은 전 북한군으로 판명되어 제외되었고 북한으로 송환되기를 희망했던 인원도 존재했다.120)

심사과정에서 이전에 인민군이었던 자 외에 북한 피난민 혹은 남북한을 오락가락하여 영주지역(永住地域)이 불확실한 경우 등이 있었으나, 거의 대부분은 남한 출신이었다. 이들은 전쟁 중 혼란 속에 다양한 우연적 요인(various accidental circumstances)에 의해 실수로 포로로 잘못 분류되었다고 볼 수 있다. 그러나 이들 중 약 9,600명은 주로 자발적으로 인민군에 지원했던 자들로서 공산 측으로 귀환을 희망했다.121)

---

118) 포로 가운데 남한 출신의 규모는 장교 4명과 사병 17,471명, 민간인억류자 37,075명 등 총 54,550명에 이르렀다(당시 보고서에는 52,168명이나 제시된 숫자를 모두 합하면 54,550명이다("ICRC" Jan. 4~6, 1952, 12/389).
119) 『한국전란 2년지』, D6~7쪽.
120) 『경향신문』 1951년 4월 30일자 ; 「제60일반병참부에서 제2군수사령부로 보낸 전문」 1951.10.19, 807/338.
121) "HQ, the 60 General Depot to 2nd, Log. C" Oct. 19, 1951, 807/338 ; "CINCFE to CINCUNC" Dec. 26, 1951, 807/338 ; *FRUS* 1951, Vol. VII, pp.1403~1404.

〈표 2〉 민간인억류자 심사 결과[122]

월별 구분	1950.11		1950.12		1951.1		1951.2		1951.3		1951.4		계		총계
	석방예정자	억류	석방예정자	억류	석방예정자	억류	석방예정자	억류	석방예정자	억류	석방예정자	억류	석방예정자	억류	
서울	261	26	1,823	258	2,188	273	6,506	903	349	42	552	91	11,676	1,593	13,269
경기	261	27	1,167	615	1,780	840	3,719	708	272	26	504	81	7,593	2,297	9,890
충북	120	11	1,456	69	1,585	58	1,129	63	43	–	129	11	4,462	212	4,674
충남	92	70	901	325	1,285	296	715	134	22	–	50	7	3,065	832	3,897
전북	161	51	884	307	856	363	269	62	–	–	2	2	2,172	785	2,957
전남	156	21	1,305	246	694	117	168	45	–	–	9	6	2,332	435	2,767
경북	81	42	1,173	377	1,458	43	547	32	–	–	35	3	3,294	496	3,790
경남	87	22	594	121	626	109	114	16	–	–	16	1	1,437	269	1,706
강원	156	24	1,095	215	1,199	321	1,087	264	28	–	123	10	3,688	834	4,522
계	1,265	293	10,398	2,533	11,671	2,420	14,251	2,227	714	68	1,420	212	39,719	7,753	47,472

　수용소 당국은 심사 후에도 민간인억류자의 수용소 내에서 공산계의 협박에 시달리는 다수의 반공적인 억류자가 있는 것을 인지하여, 새로운 한국민간 심사위원회에 재심사를 하도록 했다.[123] 즉 공산 측에 포로의 명단이 통보된 1951년 12월 이후에 재차 한국 민간인으로 구성된 심사위원회를 구성하여 심사작업을 개시했다. 제96헌병대대는 한국 측 민간인중앙심사위원회와 유엔군 수용소본부와의 연락기관으로 역할을 했다.[124] 이들에 대한 심사 결과, 민간인억류자로 재분류된 자는 미 국무부를 통해 1951년 12월 26일 국제적십자사에 통보하고, 곧 북한에도 알리도록 했다. 그리고 이에 대한 명단은

---

[122] 『한국전란 1년지』, D3쪽.
[123] "Command Report" Nov. 1951, 5276/407, p.2.
[124] "Command Report" Dec. 1951, 4981/407, pp.2~3.

다음 해 1월 5일 이전에 전달할 예정이었다.[125]

이러한 재심의 목적은 첫 심사에서 나타난 오류를 시정하고, 동료들에게 범법행위를 한 자를 구별해 내며, 석방대상자를 강경 공산주의자와 분리시키기 위한 것이었다. 그러므로 첫 심사 후에 곧 민간인억류자를 재배치하지 않았다. 유엔군사령부는 민간인억류자에 대한 재심이 국제법에 따라 공정한 방법으로 이루어졌다고 주장했으나, 국제적십자사와 같은 중립기관의 감독 등 공정성을 확보하는 조치는 여전히 취해지지 않았다. 따라서 이러한 유엔군의 심사조치에 공산 측은 크게 반발했다. 특히 2·18사건이 공산 측에도 알려지자 그들은 유엔군에 대해 비난했다.[126] 그러나 유엔군 측은 휴전협상에서 전쟁 발발 당시 남한 주민들이 전쟁 중 한국에 반대하여 싸우는 동안 유엔군에 잡혀 있는 자들, 즉 민간인억류자의 처리는 남한 측의 문제이지, 공산 측이 간여할 바가 아니라고 반박했다.[127]

1951년 12월 말 총 4,298명을 심사한 후, 이듬해 1월 심사가 본격화되어 2일에는 조사관 112명과 감독 16명 등 총 128명이 동원되어 54명의 심사와 303명의 재심사를 했다. 11일에는 조사관 167명과 감독 20명 등 총 187명이 동원되어 370명의 심사와 269명의 재심사를 진행하여 이 달 말에는 총 26,246명을 심사했다. 2월 말까지 총 39,373명에 대한 심사가 있었고, 3월 25일까지 재심사 인원을 포함하여 총 49,265명에 대한 심사가 이루어졌다. 이와 동시에 미군 수사대에서 억류자에 대한 심사를 별도로 실시하여 1952년 1월 10일에 총 11,019명을 조사했고,

---

[125] "DF to CINCFE" Dec. 28, 1951, 807/338.

[126] "CI's Information" Dec. 16, 1951, 807/338 ; "G3 Section to CINCFE" Feb. 24, 1952, 309/319 ; "Koje-Do" 1952, 12/389, p.4 ; Hermes, Walter G. *Truce Tent and Fighting Front*, pp.238~239.

[127] Vatcher, William H., *Panmunjom: The story of the Korean Military Armistice Negotiations*, pp.131~133.

1월 18일까지 12,386명, 2월 28일까지 16,316명, 3월 30일에 43,204명 등 4월 초에는 민간인억류자에 대한 심사를 끝마쳤다.[128] 이 과정에서 친남한 민간인억류자는 성실하게 심사에 협조하면서 즉시 석방을 고대했으나, 유엔군은 그들에게 자유를 곧바로 부여하지 않았다.[129] 나중에 추가조사를 통해 남한 출신 11,000명이 민간인억류자로 분류되었다.[130]

이러한 이중적인 조사는 중앙민간심사위원회의 결과를 미군 및 국군 수사대, 한국경찰 등과 일치시키기 위한 방법이었다. 이 심사에는 민간인억류자 뿐만 아니라, 남한 출신 포로도 포함되었다.[131] 심사기준은 "억류자가 민간인이어야 하고, 어떤 식으로든 적을 돕지 않아야 하며, 생포 당시에 적군과 동반되지 말아야 한다" 등이었다.[132]

그러나 그 심사내용은 매우 단순해서 유엔군 장교가 한국인 통역의 도움으로 "당신은 북한으로 가기를 원하느냐" 혹은 "귀하는 어느 쪽인가?"라고 질문했다. 그때 심사대상자가 대한민국 편이라고 하면, 심문관이 다시 "귀하는 반공을 의미하나?" 등에 대해 물었다고 한다.[133]

심사 후 모든 민간인억류자 수용소에서 친공 억류자는 제67수용소로 집결시켰다. 그러나 이들은 전출에 반항하여 정확한 이름과 번호를 진술하지 않아서 정확하게 분류하는 데에 어려움이 있었다. 특히 제62수용소 좌익계 민간인억류자들은 심사에 대해 반발하여 78명의 희생자를 냈다. 당시 수용소에 국제적십자사의 대표가 방문 중이었으

---

[128] "Daily Journal" April 7, 1952, 5741/407 ; "Command Report" Jan.~April, 1952, 5739~5741/407.
[129] Chang, Henry(ed.), *6 Insides from the Korean War*, pp.89~90.
[130] 「유엔군사령부의 특별보고서」 1952.10.18, Bx 63, Subject file, Papers of Dean Acheson, Truman Library, p.14.
[131] "Monthly Summary Report" April 4, 1952, 5740/407.
[132] "Command Report" Oct. 31, 1951, 4980/407.
[133] Chang, Henry(ed.), *6 Insides from the Korean War*, p.13.

나, 그들의 감시는 없었다. 이 사건으로 제62수용소와 제66수용소는 1952년 3월에 일부 심사를 제외하고 4월까지 심사가 제대로 이루어지지 못했다.[134] 이들 가운데 결혼을 해 처자가 있음에도 불구하고 북한을 선택한 경우도 많았다.

유엔군사령부에서는 이전에 한국 측에서 석방이 타당하다고 선언된 약 41,000명 가운데 심사를 통해 37,500명을 민간인억류자로 재분류했다.[135] 1951년 12월 22일 37,500명의 한국 시민이 유엔군 포로수용소에 수용되어 있었으나 현재 심사를 받고 있으며 불원 석방될 것이라고 발표했다. 이들의 억류는 여러 가지 극단적인 환경 아래 일어난 것이며, 당시 혼란 속에 적대행위에 가담한 여부를 쉽게 분간할 수 없었다고 설명했다.[136]

(2) 포로 심사

휴전협상에서 자원송환원칙을 제기했던 유엔군사령부에서는 송환될 포로의 규모를 미처 파악하지 못하고 있었다. 따라서 공산포로 가운데 반공주의자를 가려내는 절차가 필요했다.

공산 측이 1952년 4월 초 송환희망포로의 수가 확정될 때까지 휴전협상을 연기하자는 제의를 했고, 유엔군사령부에서는 이를 수용했다. 쌍방은 포로 가운데 상대적으로 소수만(a relatively small percentage)이 송환을 거부할 것이라는 가정을 했다. 이때 유엔군사령부는 공산 측에 사면장을 요구했고, 4월 6일 김일성과 팽덕회의 명의로 포로들

---

[134] "Weekly ISUM(1951.12.16~22)" Dec. 23, 1951, 4981/407 ; "Visits to the Camps" Feb. 5~22, 1952,『남북한관계사료집』12, p.563 ; "Operation Scatter" 1952, 5741/407 ; "Command Report" April 1952, 5741/407.
[135] 「유엔군사령부에서 8군사령부로」1951.11.3, 36/389, p.3.
[136] 『대구매일신문』1951년 12월 24일자.

에게 수용 중 행위에 대해 용서할 것이라는 사면장을 전달하면서,137) 공산 측도 포로의 심사에 동의했다.

1차 심사

1952년 4월 4일 리지웨이 유엔군사령관은 북한과 중국포로의 송환 여부에 대한 심사와 분리계획[Operation Scatter]을 승인했다. 심사가 끝난 송환거부포로를 새로운 7개 지역으로 분산시키는 것도 포함되었다. 이 계획에 따라 4월 8일 밴 플리트 8군사령관은 포로의 심사를 지시했다.138)

당시 미 국무부는 공산 측의 비난과 행동에 대응하기 위해 포로를 심사할 때 국제적십자사 대표의 참관이 바람직하다는 의견을 제시했다. 미 극동군사령부도 중립국의 대표들이 심사에 참여하는 것에 대해 언제라도 환영한다는 입장이었다. 그러나 그 대표의 수는 통역과 비서를 포함해서 10명 수준이면 충분하다는 소극적 입장이었고, 가능하면 그들이 영어를 할 수 있기를 희망했다.139) 유엔군사령부는 그들을 초청하기 위한 특별한 노력 없이 곧 심사에 들어갔다. 또한 심사 정보가 한국인 경로를 통해 새어 나간다면, 휴전협상에 영향을 미칠 것으로 파악하고 통제를 강화했다.140)

---

137) "Special Report of the Unified Command on the UN Action in Korea" Oct. 18, 1952, Papers of Dean Acheson, Subject File, 63/HSTL, p.16 ; Vatcher, William H., *Panmunjom: The story of the Korean Military Armistice Negotiations*, p.142 ; MacDonald, Callum A., *Korea: The War Before Vietnam*, pp.141~142 ; Hermes, Walter G. *Truce Tent and Fighting Front*, p.240.
138) 「포로의 심사」 1952.4.5, G-3, 383.6, 127/319 ; Office of the S-4, HQ UN POW Camp No.1, "Command Report" May 3, 1952, 5741/407.
139) "CINCUNC, Tokyo to DA" April 15, 1952, 127/319 ; Vatcher, William H., *Panmunjom: The story of the Korean Military Armistice Negotiations*, p.143.
140) "CINCUNC(Ridgway) to the Deputy Staff, DA" April 10, 1952, *FRUS* 1952~54, pp.142~143.

심사는 이전에 통상의 포로와 민간인억류자의 수속과 기록을 담당했던 제164헌병 중대가 담당했다. 심사작전은 포로 가운데 누가 휴전 후 북한으로 송환되는 것을 거부한 지를 조사하여 명부를 작성하고, 이들을 다른 포로와 분리시키는 것이었다. 각 심사장에는 감독관 1명, 심문관 6명 및 유엔군 안내자 2명으로 구성되었다. 포로들은 심사장에 들어가서 1인씩 조사를 받은 후, 송환 희망자와 거부자로 나뉘어 분리될 예정이었다.141) 이 과정에서 심사는 송환 여부에 초점을 맞추었기 때문에 분리 후 포로의 통제에 필요한 계급, 교육 정도, 군사경력, 정치의식 정도, 정당과 사회활동, 종교 및 수용소 내 선전이나 단체 활동, 처벌내용 등에 관한 파악은 이루어지지 않았다.142)

심사요원은 장교 9명, 중국인 통역 44명, 한국인 통역 168명, 중국인 감독관 6명, 한국인 감독관 28명, 미군이나 카투사 안내자 126명, 미군이나 카투사 서기 18명 등으로 이루어졌다. 이들 요원 가운데에 장교 5명을 포함해 민간인 교육요원 130명이 참여했다.143) 1명의 감독관 아래 지문반 3명과 민간인억류자나 한국 민간인으로 이루어진 보조원 5명이 지원하도록 했다. 수용소 당국은 포로를 심사할 때, 사려 깊게 선발된 자격 있는 미군요원으로 실시했고, 중국군 포로의 심사에는 국민당계 중국인을 이용하지 않았으며, 가능한 한 포로들이 송환되도록 격려했다고 주장했다.144)

---

141) "Command Report" April 1952, 5741/407 ; "Command Report, No.14" May 1, 1952, 같은 상자.

142) "CG, Eighth Army(ADV) to CINCUNC, Tokyo" April 5, 1952, 4/407 ; "Memo by Manhard, Philip W. for the Commanding General" July 4~5, 1952, 『남북한관계사료집』 12, pp.231~237 ; Foot, Rosemary, *A Substitute for Victory: The Politics of Peace Making at the Korean Armistice Talks*, p.220.

143) "Annex 2 to Operation Plan Scatter" no date, 5741/407 ; 「제3회 포로교육 보고서」, p.6.

144) "Memo by Johnson, U. Alexis: Summary of Facts on the POW Problem in Connection with the Armistice" July 25, 1952, 『남북한관계사료집』 12, p.263.

수용소 당국은 포로들에게 송환을 거부할 때 그들의 가족에게 미치는 영향과 추후 처리에 대한 보장을 할 수 없고, 송환희망자들이 송환된 후에도 오랫동안 더 수용될 것이라는 뜻을 알렸다. 심사요원들은 심사장에서 남한 출신 포로에게는 "귀하는 송환 중 북한으로 돌아 갈 것을 원하는가?"라는 질문만 하도록 했다. 심사관들은 포로에게 송환되기를 원하는 지를 물어서, '아니다'라고 답변하면 7개의 질문을 더 했다. 최종적으로 "송환을 원하지 않는다는 당신의 결정에도 불구하고, 유엔군사령부는 송환시킬 것이다. 당신은 어떻게 하려느냐?"하고 물어서, 만약 그가 싸워서 죽는다거나 자살을 시도하겠다고 하지 않으면, 송환희망포로로 처리했다.145)

포로수용소 당국은 심사를 실시하기 며칠 전부터 철조망 둘레에 설치된 확성기를 통해 판문점 휴전회담에서 이미 포로명단이 교환됐으니 북한으로 돌아가지 않으면 가족들에게 피해가 있으므로 돌아가라고 권유했다. 개별심사에서도 심사관들은 "포로들이 이북으로 가면 가족들은 만날 수 있지만 남한에 남게 되면 생활에 위협을 받을 뿐만 아니라 여러 가지 고생스럽게 될 것이며 송환을 거부하는 포로들을 대한민국에 넘겨서 아무 구호도 하지 않을 것"이라고 설명했다.146) 이에 대해 중국으로 돌아간 한 귀환포로는 심사 1주일 정도 전에 남는 포로들에게는 즉시 자유를 주나, 북측으로 가겠다고 고집하는 포로들은 죽이지 않으면 탄광에 보내 평생 강제노동을 시킬 것이라는 악선전을 한 후 심사를 실시했다고 주장했다.147)

---

145) "Command Report" April 1952, 5741/407 ; "Koje-Do" 1952, pp.7~8 ; Kim, Myong hwai, "Prisoners of War as a Major Problem of the Korean Armistice, 1953," pp.60~61.
146) 『조선일보』 1953년 7월 1일자 ; 장정문, 『본향 길 나그네』, 문예촌, 2007, 121쪽.
147) 한태욱, 「거제도 포로수용소 견문」, 정협 연변조선족자치주 문사자료위원회 편, 『돌아보는 력사』, 심양: 료녕민족출판사, 2002, 391~392쪽.

포로 심사는 1952년 4월 8일 시작했기 때문에 중국군 포로들은 이를 '4·8분가(分家)'라고 기억했다. 심사작전이 수립될 때, 부산에 있는 병원 수용소를 비롯해 66, 72, 76~78, 85, 86, 92, 95호 등 좌익포로부터 심사를 실시하려고 했다. 하지만 좌익포로의 저항으로 우익포로수용소부터 실시되었다.[148] 4월 30일까지 18개 수용소에서 총 118,158명에 대해 큰 어려움이 없이 심사가 진행되었다. 특히 4월 8일부터 11일까지 4일 동안 이전 심사된 민간인억류자 21,000여 명을 포함해 105,003명을 심사했다.[149]

심사장에 들어오는 포로들은 개인 소지품을 들고 왔다. 일부 포로들은 심사를 받기 위해 올 때부터 태극기와 성조기를 흔들면서 심사 장소에 도착하여 송환거부라는 자신들의 입장을 과시했다. 이에 비해 좌익포로들은 이동을 거부하거나 신원확인을 거부하는 등 저항했지만 산발적인 것이어서, 유엔군은 이를 쉽게 통제했다.[150]

심사 결과에 따라 해당 포로를 기존 수용소에 있게 하거나 새로운 곳으로 즉시 이동시켰다. 즉 4월 8일 제82, 91, 93, 94, 96호수용소의 북한포로 25,054명을 심사한 결과 12,744명이 송환을 희망했으므로 그들을 제603호와 607호로 분리시켰다. 제86수용소의 중국포로 8,148명을 심사한 결과, 그 가운데 송환을 희망한 1,190명은 제602호로 이동시켰다. 4월 9일 제71호와 72호의 중국포로 7,654명을 심사했는데, 그 중 876명이 송환을 희망했다. 10일에는 제60호, 73, 74, 81, 83, 90호 등의 포로 28,348명을 심사한 결과, 그 중 9,613명이 송환을 희망했다. 11일에는 남한 출신 14,580명을 심사한 결과, 3,559명이 송환을

---

[148] "Annex 2 to Operation Plan Scatter" no date, 5741/407.
[149] "CINCUNC Tokyo to G3 DETAR" April 12, 4/218.
[150] S-3 Section, HQ UN POW Camp No 1, "Command Report # 14" May 1, 1952, 5741/407 ; HQ 164th MP POW Processing Company, "Monthly Summary" May 4, 1952, 같은 상자.

희망했고, 중국포로 286명 중 123명이 송환을 희망했다.

그 후 4월 말까지 계속된 심사에서 전체 17만여 명 가운데 송환을 희망하는 포로는 민간인억류자 7,200명을 포함해 남한 출신 3,800명, 인민군 포로 53,900명, 중국군 포로 5,100명 등 7만 명이었다.[151] 공산포로 17만여 명 중 10만 명이 귀환을 거부했다. 심지어 포로들 가운데에는 고향에 두고 온 신혼의 아내, 부모 형제를 버리고 '자유의 길'을 찾아 아무 연고도 없는 남한을 선택했다. 동료들은 북한을 선택한 포로들도 공산주의 사상보다는 고향의 부모와 처자가 그리웠던 것으로 이해했다.[152] 이렇게 많은 포로들이 공산주의를 버리고 자유세계를 선택한 사실은 공산주의자들의 자존심을 손상시키는 결과를 의미했다.[153] 하지만 이 통계에는 진작 석방되어야 할 민간인 억류자가 있었기 때문에 과장된 부분이 있었다.

한편 심사 결과에 대해 공산 측은 물론 영국 등 다른 참전국도 그 배경에 대해 의문을 제기했다. 왜냐하면 전쟁 중 귀순자의 규모는 1만여 명에 불과했는데, 심사 결과 북한포로는 3명 중 1명, 중국군 포로는 2명이 송환을 거부했기 때문이다. 미군 당국도 중국군 포로 가운데 전 국민당 군이 30%를 차지하고, 이 가운데에서 절반 정도인 15%가 송환을 거부했던 것으로 인식하고 있었다.[154] 이 통계로는 중국군 포로 중 송환을 거부한 규모는 대체로 3,000여 명 수준으로 파악

---

[151] HQ, 164th MP POW Processing Company, "Daily Journal" April 8~13, 1952, 5741/407 ; "Special Report of the Unified Command on the UN Action in Korea" Oct. 18, 1952, Papers of Dean Acheson, Subject File, 63/HSTL, p.17 ; "Young to Johnson: Answers to Questions on POWs" May 22, 1952, 『남북한관계사료집』 12, p.172.

[152] 장정문, 『머나먼 고향길』, 81쪽 ; 장정문, 『본향 길 나그네』, 121쪽.

[153] 『자유세계보도(한글판)』, 제3호(2652)와 『주간신보 자유세계』 1952년 5월 24일자의 사설, 11/338.

[154] US Army Military Police Board, "Control and Administration of POWs during the Korean conflicts," p.51.

된다. 그러나 1차 심사 결과 75%가 송환을 거부한 것으로 드러났다.155) 1951년 12월경 미군 측은 포로들의 청원과 민간정보교육국의 정보에 의해 중국군 포로 72%, 북한군 포로 8.5%, 민간인억류자 2%가 남한에 석방되기를 거부하고 포로로서 송환되기를 희망한 것으로 추정했다.156) 그러나 이 추정치는 심사 결과, 중국군 포로의 경우를 제외하고는 커다란 차이를 보였다.

심사결과는 반공청년단체가 심사 전인 1952년 4월 7일 조사한 수치(〈표 3〉)와 비슷했다. 송환희망포로는 북한포로수용소인 73호에서 18.2%, 74호에서는 34.4%, 81호에서는 48.8%, 82호에서는 48.7%이었고, 83호에서 19.4%, 남한 출신 포로수용소인 84호는 21%, 71호는 29.9%였다.157) 그러므로 심사 결과가 심사 전의 조사 보다 제71호와 82~83호에서는 약간 증가했고, 제84호수용소는 13.5%에서 21%로 크게 늘어났다. 다만 제73~74호와 81호는 약간 줄어들어서, 대체로 심사 전의 반공청년단체의 영향력이 심사에서 그대로 반영되었음을 보여주었다. 보다 주목할만한 점은 반공적인 수용소였지만, 반공청년단체에 소속된 포로는 95.4%가 남한에 잔류했던 데에 반하여, 이 단체에 속하지 않는 경우는 오히려 51%가 송환을 희망했음을 발견할 수 있어서 단체의 역할이 매우 컸음을 알 수 있다. 중국군 포로의 경우 제72호에서는 1952년 4월 9일 7,000명이 서명하여 송환거부 청원서를 수용소장에게 전달했다.158)

---

155) 장택석, 『중국군 포로의 6·25전쟁 참전기』, 350쪽.
156) HQ, EUSAK, "Command Report" Dec. 1951, 군사편찬연구소, SN 1514, p.21.
157) "Psy War Report" 1952, p.59.
158) "Daily Journal" April 9, 1952, 5741/407.

<표 3> 반공 단체의 조사 결과(1952.4.7)[159]

(단위: % / 명)

수용소	출신	반공청년단			비단체			전체포로		
		잔류	송환	계	잔류	송환	계	잔류	송환	계
73	북한	96.1	3.9	2,480	70.0	30.0	3,696	80.5	19.5	6,176
74	북한	97.5	2.5	2,505	45.3	54.7	3,959	65.5	34.5	6,464
81	북한(크리스챤)	97.8	2.2	1,285	39.8	60.2	5,620	50.6	49.4	6,905
82	북한	91.7	8.3	2,076	33.6	66.4	3,816	54.0	46.0	5,892
83	북한	96.7	3.3	2,610	71.1	28.9	3,954	81.2	18.8	6,564
91	북한	82.0	18.0	1,137	36.2	63.8	3,647	47.1	52.9	4,784
93	북한	97.7	2.3	1,859	52.7	47.3	1,657	76.5	23.5	3,516
94	북한	97.9	2.1	1,025	10.0	90.0	4,207	27.2	72.8	5,232
96	북한	99.7	0.3	1,514	29.8	70.2	3,516	50.8	49.2	5,030
71	남한	85.9	14.1	1,244	66.9	33.1	5,915	70.2	29.8	7,159
84	남한	98.2	1.8	3,095	78.1	21.9	4,326	86.5	13.5	7,421
계		95.4	4.6	20,830	49.0	51.0	44,313	63.8	36.2	65,143

송환희망포로의 사회경제적인 배경을 보면 다음과 같다.[160] 남한 출신 가운데 송환희망자는 교육 정도가 무학자 6,520명 중 897명으로 13.8%, 3년 정도 교육을 받은 경우는 9,054명 중 1,223명으로 13.5%, 4~6년간은 14,288명 중 3,192명으로 22.3%, 7~9년간은 2,849명 중 561명으로 19.7%, 10~12년간은 2,284명 중 601명으로 26.3%, 12년 이상은 701명 중 260명으로 37.1%로 나타나는데, 이는 교육기간이 길수록 비교적 송환을 희망한 경우가 많은 것으로 해석할 수 있다. 북한포로는 무학자인 경우가 41.5%, 1~3년간은 40.7%인데 비하여 10~12년 교육을 받은 자는 20.4%, 12년 이상은 4.2%로 교육이 높을수록 송환을 희망하는 비율이 낮은 양상을 보이고 있다. 물론 이 통계는 전체 북한

---

[159] 황세준, 『신생의 날』, 129쪽 ; Kim, Sun ho, "Koje-Do in Complication: an Analysis of the social and political Organization of Korea POW In UNC Camps", 1955, appendix.

[160] "Psywar Report" Dec. 1952, 15/338, pp.58~77.

포로가 아니라 유엔군 측에 협조적인 수용소에 한정되는 것이기는 하나 일반화해도 크게 무리가 없을 것으로 생각된다.

연령별로 살펴보면 먼저 남한 출신 수용소의 경우, 송환희망자는 17~25세의 경우에 18.3%, 26~35세까지는 19.9%에서 45세 이상은 7.5%에 불과했다. 북한포로수용소에서는 15~17세까지는 57.1%, 45세 이상은 59.1%로 높은 반면에 18~25세는 32.7% 26~35세는 33.5% 등으로 청소년층과 45세 이상에서 비중이 높았다.

출신도별로는 남한 출신 포로 전체 15,180명 중 경기도 출신은 19.3%인 2,925명이 송환을 희망했고, 충북은 8.7%, 충남은 19.7%, 전북은 34.6%, 전남은 23.0%, 강원은 10.8%, 경북은 18.9%, 경남은 14.8%였고, 제주도는 45.1%였다. 즉 남한 출신 송환희망자 중에서 전·남북이나 제주도의 경우가 비교적 높은 것은 대체로 전쟁 이전에 좌익의 활동이 활발한 지역이었던 점에 기인했을 것으로 보인다.[161] 북한포로 중에도 경기도 출신은 331명, 충북 출신 42명, 충남 42명, 전북 40명, 전남 49명, 강원 2781명, 경북 95명, 경남 49명, 제주 1명 등 총 3,430명이 있어서 전쟁 전에 월북했던 자들로 추정된다.

직업별로 보면, 남한 출신의 경우에는 전문직이 21.7%, 농업 13.2%, 기술자 37.2%, 비숙련공 24.3%, 상업 24.8%, 학생 26% 등으로 학생과 기술자의 비율이 높았다. 북한포로는 전문직 45.2%, 농업 33.7%, 기술자 30.9%, 비숙련공 36.6%, 학생 30.8% 등으로 전문직 외에는 뚜렷한 흐름을 파악하기가 어려웠다.

그런데 송환희망포로의 규모는 〈표 4〉에서 나타나듯이 일부 수용소만 심사를 한 것으로, 친공포로가 장악한 수용소에서는 그들 대부분이 송환될 것으로 간주되어 심사가 실시되지 않았다. 미 합동참모본부에서는 심사에서 폭력이 유발될 우려가 있는 수용소에서는 심

---
[161] 손호철, 『해방 50년의 한국정치』, 새길, 1995, 123쪽.

사를 생략하도록 했다. 결국 이해 4월 말까지 제62, 66, 76, 77, 78, 85, 95호에 있던 북한군 포로 47,000여 명에게는 심사가 실시되지 못했기 때문에 개별적 포로들의 의사는 반영되지 못했다.162)

이에 따라 1차 심사가 완료된 후 5월 중에는 포로들이 철조망을 통해 탈출하거나 작업장에서 수용소로 돌아가는 것을 거부하는 경우가 늘어났다. 이들은 좌익수용소에 있는 반공포로들로서, 이러한 탈출은 수용소 당국이 대형 스피커를 통해 송환을 거부하는 의사를 개별적으로 알리거나 보호를 받도록 알린 결과이기도 했다.163)

〈표 4〉 제1차 포로심사의 결과(1952.4)164)

(단위: 명)

		북한군 포로	남한 출신포로	중국군 포로	민간인 억류자	계
송환 희망 포로	본래 희망자	25,492	4,240	5,202	3,657	38,591
	거부에서 변심자	117	81	415	140	753
	계	25,609	4,321	5,617	3,797	39,344
심사 미실시 인원		39,471	263	1,147	6,449	47,330
송환 거부 포로	심사 인원	29,062	10,906	13,712	20,919	74,599
	심사예정 인원	2,190	615	360	5,061	8,226
	계	31,252	11,521	14,072	25,980	82,825

심사 과정에서 드러난 문제점은 다음과 같다. 첫째로, 심사요원인 한국인이나 중국인의 영향이다. 다수의 한국인과 중국인 감독관이나 심사관이 있었음에도, 유엔군사령부는 유엔총회의 보고에서 심사자

---

162) "JCS to CINCFE" April 29, 1952, 2/218 ; HQ, UN POW Camp No.1, "Annex 2 to Operation Plan 'Cleanup'" April 30, 1952, 5741/407, p.3 ; "CINCUNC to DEPTAR(for JCS)" April 30, 1952, Van Fleet Files, 군사편찬연구소 SN 1938(4)~1.

163) "Weekly ISUM(1952.5.25~31)" June 1, 1952, 5742/407 ; "Command Report" June 1951, 5743/407.

164) "CINCFE, Tokyo to DA" April 29, 1952, 4/407 ; "Memo by Johnson: Prisoners of War in UN Custody" April 30, 1952, 『남북한관계사료집』 12, pp.158~159.

의 대다수가 미군 요원이었고, 중국군 포로를 심사할 때 미군만으로 시행했다고 했다.165) 그러나 송환희망포로들은 제1, 2차 심사에서 많은 포로들이 송환을 거부하도록 하는 데에는 교육, 미국인 목사와 한국인 보조원 등의 역할이 컸다고 주장했다.166)

둘째로, 포로 단체의 압력여부이다. 심사를 전후하여 포로들끼리 투쟁이 일어나서 많은 포로들이 희생되었다. 주영복은 심사하기 전에 제76호에서 우익포로 80여 명, 제78호에서도 수십 명이 희생되었고, 우익포로의 근거지인 제83호에서도 송환희망자 150명이 사망했다고 했다. 심지어 병원수용소에서도 반공포로들은 심한 부상을 입어 고향으로 돌아가기를 원했던 김병삼을 "반공포로들에게 오점을 남긴다"며 죽이려 했다.167)

좌익포로들은 심사기간 중에 제92~95수용소에서 600여 명, 제72호에서 28명, 제83호에서 20여 명 등이 희생되었다고 주장했다.168) 그들의 주장을 좀 더 자세히 살펴보면, 1952년 4월 7일 제94헌병대는 미군 목사와 국군 35경비대 김영우 중위가169) 함께 9시 30분에 제76호 수용소에서 수용소의 테러리스트 김두익에게 권총 7정과 최루탄 한 상자를 건네주면서, 9일부터 실시될 심사에서 한 사람도 북한으로 돌아가겠다는 의사표현을 하지 못하도록 할 것을 지시했다. 8일 오후 7시부터 포로들은 학교 강당에 불려가 남한에 남을 것을 강박당

---

165) "Sargeant, Howland H. to the Secretary: Steps to be taken and Questions to be considered arising out of POW and related Issues" May 20, 1952, 『남북한관계사료집』 12, p.169 ; "Special Report of the Unified Command on the UN Action in Korea" Oct. 18, 1952, Papers of Dean Acheson, Subject File, 63/HSTL, p.17.
166) "Pusan to Secretary" June 29, 1952, 『남북한관계사료집』 12, pp.226~227.
167) 김석태, 『내 인생 내 마음대로 할수 있나요』, 51~54쪽.
168) 배윤기, 「병속에 묻혀 40년만에 발견된 거제도 수용소의 비밀문서」, 『월간 길』 1993.7, 110쪽 ; 주영복, 『내가 겪은 조선전쟁』 2, 322~323쪽.
169) 전후에 발간된 『조선전쟁시기 감행한 미제의 만행』에서는 한국군 장교와 포로 실명이 제외되었고 일부 사건이 누락되었다(276~277쪽).

하면서, 이를 거부한 170명 이상이 학살당했다고 한다.[170]

4월 9일 제73호수용소에서도 이미 미군이 심어 놓은 김명원 등이 송환을 희망하겠다는 김인원·이창수·한광옥 등 27명을 곡괭이·삽 등으로 때려 살해한 후 강당 옆 구덩이에 포로를 매장했다고 주장한다. 4월 12일에는 레이번 미 제94헌병대장이 71수용소에 장교를 보내 포로로 위장한 고영수에게 미제 칼 200자루를 건네주어 북한으로 돌아가겠다는 포로들을 구타하거나 찔러서 125명 이상을 죽였다고 했다.[171]

그러나 수용소 당국은 심사 전후에 포로의 희생자 규모를 1952년 3월에 116명, 4월에 114명, 5월에 112명, 6월에 113명 등이었다고 정리했다.[172] 이 통계로는 심사와 관련하여 포로의 사망자가 크게 늘어났다고 평가될 수 없다. 또한 이 숫자는 질병 등으로 인한 사망자의 수도 포함되어 있기 때문에 앞에서 서술한 포로들의 주장과는 상당한 차이가 있음을 알 수 있다. 포로에 대한 첫 심사를 실시했던 4월에 수용소 당국이 파악한 사건 가운데 심사와 관련된 사건은 그다지 많지 않았다. 4월 1일 제76수용소에서 좌익포로들이 최치국[82275]을 구타하여 절명시켰고, 제64수용소의 우익 민간인억류자들이 좌익 활동에 대한 조사 도중에 지현국[71101]을 구타하여 사망하게 했다. 이날 제63수용소의 정봉옥[30160]도 희생되었다. 4월 9일 제72호 우익적 성향의 중국 포로수용소에서 양위엔파 등 4명이 다른 포로에 의해 구타당한 뒤 죽었다. 이 수용소에서는 5월 2일 시체 1구가 발견되었

---

[170] "Report of Korea atrocities", pp. 23~25.
[171] "Report of Korea atrocities", pp. 25~27.
[172] HQ 164th MP POW Processing Company, "Monthly Summary" May 4, 1952, 5741/407 ; "Command Report" June 1952, 5743/407, pp. 16~17 ; UNC PWIB Records, "Recapitulation of POW Strength" Sep. 24, 1953, 21/389. 수용소에서 포로수속을 담당했던 제164수속중대의 통계는 유엔군 포로정보국의 통계와 차이가 있어서, 6월중에 사망자의 수가 148명이었다.

고 자살자도 1명이 있어서 총 6명이 희생되었다.173) 제83호에서 96호로 이동된 포로 11명 가운데 2명이 도착 즉시 다른 포로들에 의하여 구타당해 사망했고, 그 외에 자살 2건, 도주, 구타사건 등이 있었다.174)

희생자의 수에 있어서 차이는 있지만, 심사와 관련하여 희생자가 발생한 것은 심사 전과 심사기간 동안에 수용소 당국이 수용소 내를 장악하고 있지 않아서 포로들의 안전을 보장해주지 못했기 때문이었다. 1952년 5월 1일 노동절을 대비해서 4월 28일부터 5월 2일까지 경계를 강화시킬 조치가 심사 기간에 필요했을 것이나 이러한 조치는 없었던 것으로 보인다.175) 그러므로 심사장에서 솔직하고 호의적 질문이었다 하더라도, 포로들은 친공이나 반공단체의 영향 속에서 송환여부에 대한 그들의 의사표현이 제약을 받을 수 있었다.

1952년 6월 20~24일 심사과정을 확인하기 위해 파견된 국무부 직원이 중국군 포로지도자[Sun Chen Kuan]와 면담한 결과, 친공포로의 2/3 이상이 자신들의 의사와는 상관없이 강제로 문신을 했는데, 그 인원이 2,800명에서 3,000명 정도가 된다고 주장했다. 그는 송환을 거부하는 데에 영향을 미친 요소로 포로 단체에서 포로들에게 송환에 대한 방송을 듣지 못하게 하거나, 안내 책자를 읽지 못하게 한 점, 포로 단체에서 심사가 유엔군 당국이 나중에 처벌하기 위해 단지 친공포로를 골라내기 위한 것이라고 기만했으며, 구타나 살해 등 물리적 위협이 있었다고 말했다. 제70수용소에서는 친국민당계 지도자의 지도력이나 완력이 낮았기 때문에 송환희망포로가 많았다고 주장했다.176)

---

173) S-2 Section, UN POW Camp No.1, "Command Report # 14" May 6, 1952, 5741/407.
174) "Weekly ISUM(1952.4.6~12)" April 13, 1952, 5741/407.
175) S-2 Section, UN POW Camp No.1, "Command Report # 14" June 6, 1952, 5741/407.

이미 포로 교육을 담당해왔던 중국어 전문가인 메이슬링(Meisling, Aoa)의 관찰과 경험에 따르면, 친국민당계 포로가 장악하고 있던 제72, 86호[총 14,350명]에서는 대만 행을 거부하는 포로들에게 폭력적이고 조직적인 테러와 물리적 처벌을 통해 심사단계에서 장악했다고 말했다. 그는 가혹한 구타, 고문, 살해 등으로 송환을 희망하는 포로가 2,000명 정도로 줄었다고 주장했다. 그에 따르면, 다른 중국어전문가도 그의 의견과 유사했다고 말했다. 이에 대해 유엔군 당국이 한 사람의 관찰에 불과하다고 평가를 절하했으나, 국무부에서도 중국군 포로의 심사 전에 국민당계(Chinese Nationalist)의 영향력을 인지했다.177)

한국헌병대와 미군 당국도 반공캠프의 역할로 송환거부자가 너무 많았던 사실에 놀랐고, 그들에게 자유로이 선택할 기회를 주면 남한에 남게 될 포로들은 더 적어질 것이 분명하다고 인식했다.178) 국제적십자사 대표도 많은 포로들이 이념적 차이에 구별되지 않고 같이 기거하는 상황 아래 이루어진 심사에서 동료들의 압력으로 자신들의 의사표현에 두려움이 있었다고 지적했다.179)

그러나 우익적인 성향의 포로들 중 36.2%가 송환을 희망했다는 점은 포로들의 의사가 완전히 봉쇄되었다고 할 수 없을 것이다. 또한 반공포로의 센터인 제83수용소에서 1,234명이 반공단체의 위협을 무릅쓰고 북으로 가겠다고 했다면, 좌익포로의 핵심 거점인 76수용소에서 이와 비슷한 인원이 거꾸로 남한에 남을 인원이 있을 수 있다

---

176) "Pusan to Secretary of State" July 5, 1952, 『남북한관계사료집』 12, pp.238~239 ; Foot, Rosemary, *A Substitute for Victory: The Politics of Peace Making at the Korean Armistice Talks*, p.220.
177) "USAmbassador Korea to DS" May 12, 1952, *FRUS* 1952~54, pp.192~193.
178) 「포로 심사」 1952.6.10, Sec.9/2/218.
179) "ICRC" Jan. 4~16, 1952, 12/389, p.19 ; Kim Sun Ho, "Koje-Do in Complication," pp.32~33, p.49.

는 추론이 가능했지만, 심사는 실시되지 못했다. 이처럼 친공적인 포로의 강한 반발로 일부 수용소에서는 심사를 실시하지도 못했지만, 다행히 이들 수용소에서 미군 보호를 요청하는 포로의 수가 1952년 6월 12일에 413명, 6월 13일에 150명, 6월 14일에 356명, 23일에 5명 등 모두 2,162명에 이르렀다.[180] 이상과 같이 반공과 친공을 막론하고 그 지도자들은 강압적으로 포로들에게 어느 한쪽을 선택할 수밖에 없도록 강요했다.

셋째, 심사 과정이 형식적이었다는 지적이 가능하다. 4월 8일부터 11일까지 4일간에 105,013명을 심사했으므로, 그 과정에 엄밀성은 부족했다. 심사 과정에서 심사요원이 포로의 의사를 적극적으로 채택하지 않은 것이 사실이었다. 즉 심사과정에서 포로의 의사를 확인하기 위하여 자필로 정당선호, 종교, 가족 지위, 친구 및 감정 등의 이력서를 작성하게 하거나 포로의 친구를 별도로 조사하여 진실여부를 확인할 수 있는 방법[181] 등은 이용되지 않았다.

1952년 4월 19일 참모장교회의에서 유엔군 측 힉맨 대령이 포로 심사 결과를 공산 측에 통보했을 때, 두 가지 어려움이 초래되었다. 첫째, 심사결과에 대해 공산 측은 강력히 반발했다. 그들은 유엔군 측의 통보에 불신감을 나타내면서, 이승만과 장개석이 결탁하여 포로송환에 압력을 가한 결과라고 격렬하게 비난했다. 그들은 미국이 제네바협약을 위반하면서 10만 명의 포로를 강제로 억류하려는 것이 휴전협상에서 유일한 장애라고 주장했다.[182] 중국 측은 입장을 바꿔서 생각할 것을 주장하면서, 북한에 수용되어 있는 다수의 미군들이

---

[180] "CINCUNC, Tokyo to DA" June 24, 1952, 12/389.

[181] Chio, hwei Fong, "The Outline on Control of Communist POW's" July 4, 1952, 10/338, pp.3~4.

[182] "CICNC(ADV) to Tokyo" April 21, 1952, 4/407 ; "Exchange of POW's", *China Monthly Review* July 1952, p.20.

반미적 슬로건을 포로의 몸에 문신으로 하고, 가족에 돌아가지 않겠다고 혈서를 쓰는 상황을 설정하여 반박했다. 그리고 많은 미군들이 수많은 폭동과 시위를 일으켜서 공산 측 경비병에 의해 살상되었다면, 미국인들은 미군포로들에게 귀환을 거부하도록 극도의 압력이 가해진 것을 정당화할 수 있을 것인가 하고 반문했다.[183] 유엔군 측이 포로의 심사에서 강제력을 사용하지 않았다고 거듭 주장했지만, 공산 측은 유엔군이 포로를 협박해서 얻은 결과라고 비난했다.

둘째로, 심사결과는 휴전협상에서 공산 측에 수용되어 있는 국군포로의 귀환에 악영향을 미쳤다. 1952년 4월 28일과 5월 2일에 유엔군 측은 공산 측의 비행장 복구건설에 아무런 제한을 하지 않고, 그들이 교부한 약 12,000명의 포로와 유엔군 수용소에 있는 공산포로 7만 명과 교환하자는 등의 타협안을 제시했다. 이로써 쌍방의 포로 명단 교부 후 명단에서 탈락한 국군포로에 대해 항의를 했지만, 심사결과에 대한 공산 측의 반발을 무마하기 위해 포로의 재심사와 공산 측이 제시한 유엔군 포로 12,000명의 명단을 받아들였다.[184] 이 때문에 명단에 빠진 국군포로문제는 사실상 사라져서 미귀환 국군포로가 발생하게 된 한 요인이 되었다. 하지만 공산 측은 유엔군 측이 12,000명의 유엔군 포로와 교환하기 위해서는 공산포로가 132,000명이어야 한다고 유엔 측 안을 거부했다.

재심사

유엔군 측은 포로에 대한 재심사가 이루어지면, 송환희망자가 더 늘어날 것을 우려했다. 유엔군사령부는 심사와 분리가 한 번 실행되

---

[183] "Stalling the Peace Talks", *China Monthly Review* Feb. 1953, pp.119~121.
[184] 육본 정보참모부, 『판문점』 상, 245~248쪽 ; Johnson, U. Alexis, *The Right Hand of Power*, p.139.

면 최종적인 것이고, 그 결과에 대해 상향조정은 행해질 수 없다는 견해였다. 콜린스(Collins, Joseph Lawton) 미 육군참모총장은 만약 우리가 공산 측에 송환될 포로가 7만 명이라고 통보했는데 후에 재심사에서 송환자가 9만 명으로 늘어나면 그들이 선전공세를 할 것을 우려했다. 그는 공산 측이 심사의 전 과정이 옳지 않아서 모든 포로들의 심사가 제대로 처리되었다면 그들이 모두 귀환할 것이라고 주장할 수 있으므로 재심사를 할 때가 아니라는 의견을 제시했다. 존슨 국무부 부차관보도 재심사가 휴전 이전에 실시된다면 공산 측이 이를 선전의 자료로 할 것이고 휴전협상을 늦출 것이기 때문에 정전 후 재심사를 권고했다.[185]

다른 참전국 정부는 반공수용소에서 포로들에게 압력을 가해서 송환거부포로가 너무 많았다는 의견을 개진했다. 스펜더(Spender, P. C.) 주미 오스트레일리아 대사는 민간인억류자를 포함해서 7만 명의 포로가 중국이나 북한으로 돌아갈 경우 그들의 생명이 위험하다는 것을 믿기 어렵다면서, 포로의 심사가 피상적이고 문제의 핵심에 이르지 못했던 것으로 느꼈다고 했다. 그는 송환을 거부하는 동기가 문제의 핵심인데 질문과 답이 이에 접근하지 못했다고 주장했다. 이든 영국 외무부장관도 유엔군 측의 입장을 강화시키기 위해 휴전 전에 중립국에 의한 포로의 재심사가 시행되어야 한다는 입장을 밝혔다.[186] 『타임즈』나 『이코노미스트』지 등 영국 언론도 미군과 중국인 통역의 이용이 공정하고 중립적인 심사가 아닌 증거이므로 공정한 기구에 의한 재심사가 필요하다고 주장했다. 그리고 영국이 수용소

---

[185] "DS and JCS Meeting" April 16, 1952, *FRUS* 1952~54, p.155 ; "CINCUNC(Ridgway)to JCS" April 4, 1953, *Ibid* 1952~54, pp.136~137.

[186] "Memo of Conversation" April 26, 1952, *FRUS* 1952~54, pp.171~172 ; "Johnson, FE Affairs to Matthews" May 22, 1952, *Ibid*, p.220 ; "DA(JCS) to CINCFE, Tokyo" June 6, 1952, 5/407.

의 경비, 통제 혹은 심사에도 참여하여야 한다고 덧붙였다.[187]

미 군부는 포로 재심사의 결과, 송환희망포로의 수가 더 늘어나면 첫 심사의 신뢰성이 떨어질 것을 우려하기도 했으나, 휴전협상의 연기나 파탄보다는 재심사를 강구했다. 유엔군사령부도 친공수용소에 대한 심사의 결과는 송환거부자가 너무 낮고, 반공수용소에서 심사는 송환거부자가 너무 많았다는 점을 인정했다. 게다가 1952년 5월 돗드 소장 피랍사건으로 포로 대우와 심사에 대한 유용성이 크게 손상되자, 유엔군사령부는 송환협상에 차질이 있을 것을 우려하여 재심사를 하기로 결정했다.[188]

미 합동참모본부에서는 포로의 공정한 심사를 위해 유엔군과 공산 측 대표가 감독하는 방안과, 이 안을 거부할 경우 공산 측의 참여 없이 유엔군 단독으로 심사를 실시하는 방법을 모색했다. 합참은 이러한 방안을 성공시키기 위해 제3세계의 중재안도 고려했다. 1952년 4월 23일 유엔군사령부는 공산군 측에 대해 모든 포로의 재심사를 공동으로 실시할 것을 제안했으나 거절당했다. 유엔군 측은 공산 측의 불법심사 주장을 불식시키기 위해 국제적십자사로 한정하지 않고 원한다면 양측의 군사위원단이 참석하는 가운데 국제적 중립기구, 중립국 혹은 합동 국제적십자사 팀에 의해 재심사할 것을 제안하는 등 나름대로 공정성을 확보하기 위한 방안을 모색했다. 또한 공산 측이 심사에 동의하지 않으면, 일방적으로 중립국에 의한 심사를 모색하려고도 했다.[189]

---

[187] "London to Secretary of State" May 27, 1952, 『남북한관계사료집』 12, p.176.
[188] "CINCFE, Tokyo to JCS" May 17, 1952, 4/407 ; "JCS to Clark" May 26, 1952, FRUS 1952~54, pp.244~245.
[189] "CINCUNC to JCS" April 15, 1952, FRUS 1952~1954, p.153 ; "CINCUNC to JCS" June 12, 1952, ibid., pp.319~322 ; "Special Report of the Unified Command on the UN Action in Korea" Oct. 18, 1952, Papers of Dean Acheson, Subject File, 63/HSTL, p.19 ; Vatcher, William H., *Panmunjom: The story of the Korean Military Armistice*

1952년 6월 초 트루먼 대통령은 스웨덴, 스위스, 인도, 파키스탄, 인도네시아 같은 중립국의 군사위원단을 거제도로 초청할 것을 승인했다. 그러나 미 국무부나 극동군사령부는 이 조치가 재심사의 감시나 수용소의 과거사건에 대한 조사가 아니라 당시 수용소에서 공산 측이 주장하는 가혹행위 등의 여건에 대한 1~2주일간의 조사라고 한계를 지었다. 따라서 재심사가 실시되는 23일 현재 미국은 파키스탄으로부터 초청안을 무조건 수용하겠다는 반응을 얻었지만, 스웨덴 정부는 인도, 인도네시아, 파키스탄이 모두 참여할 경우 참석하겠다는 입장을 통보했다. 스위스 정부는 그 위원단의 역할에 대해 북한이나 포로들의 동의를 얻지 못했으므로 비판받을 것을 우려했다. 인도와 인도네시아로부터는 지지를 얻지 못했다.[190] 결국 미국은 이들 나라에 위원단 역할의 의의를 분명하게 설득시키지 못했다.

유엔군사령부는 공산 측에 포로 심사를 위해 공동작업 혹은 국제적 중립기구의 대표의 참여를 요구했으나, 1952년 6월 15일 휴전회담에서 공산 측 수석대표 남일은 그들이 분류에 동의한 적이 없으며 어떠한 공동 재분류도 절대로 동의하거나 또는 참가하지 않을 것이고, 심사 그 자체가 바로 불공평한 것이며 제네바협약을 위반하는 것이라고 주장했다. 그는 어떠한 중립국가나 기구도 심사가 직접 제네바협약을 위반하는 비합법적 조치이므로 이에 참가하기를 절대 원하지 않을 것이라고 답변했다.[191]

유엔군 측은 다른 기구의 감독 없이 단독으로 재심사를 실시했다.

Negotiations, p.145·160.

[190] "DA to CINCFE" June 12, 1952, 12/389 ; "Memo of Conversation: possible impartial Examination of UNC Prison Camps" June 23, 1952, 『남북한관계사료집』 12, p.221 ; "Impartial Military Observers of UN Prison Camps on Koje Island" June 26, 1952, 같은 책, pp.222~223 ; "Memo of Conversation: Inspection of Korean Prison Camp by neutral Countries" June 27, 1952, 같은 책, p.225.

[191] 『조선인민군』 1952년 6월 17일자 ; "CINCFE to DA" June 13, 1952, 12/389.

심사를 받지 않는 포로에 대한 심사는 6월 23일부터 시작하여 30일까지 완료하도록 계획되었다.192) 〈표 5〉처럼 재심사 결과 북한포로 96,543명 가운데 송환희망자는 62,347명, 잔류희망자는 34,196명이었다. 중국군 포로는 전체 20,801명 가운데 송환희망자는 6,550명, 잔류희망자는 14,251명이었다. 남한 출신 16,311명 중 송환희망자는 4,689명이고 잔류희망자는 11,622명이었다. 민간인억류자 36,289명 중 송환희망자는 10,136명이고 잔류자는 26,153명이었다. 전체 169,944명 가운데 송환희망자는 83,722명이고 잔류자는 86,222명이었다.193)

〈표 5〉 포로 재심사 결과

항목	송환희망자	송환반대자	합계
북한 출신 포로	62,347	34,196	96,543
중국 출신 포로	6,550	14,251	20,801
남한 출신 포로	4,689	11,622	16,311
남한 출신 민간인	10,136	26,153	36,289
합계	83,722	86,222	169,944

심사 후에도 일부 변동자가 생겨서 최종적인 송환희망자는 북한포로 62,169명, 중국군 포로 6,386명, 남한 출신 4,560명 및 민간인억류자 9,954명 총 83,071명이었다. 미군은 심사의 최종성과 객관적인 방법을 강조했고, 실질적으로 송환을 권유했다고 주장했다. 또한 미군은 재심사의 결과가 이전에 통보했던 7만 명 보다 20%가 늘어나서 공산 측과 협상하기에 충분하다고 평가했다.194)

---

192) HQ 96th MP Bn, Koje Do, "Command Report" July 5, 1952, 5743/407 ; "Staff and Special Section Narrative" July 18, 1952, 5743/407.
193) 김계동, 『한반도의 분단과 전쟁』, 509쪽 ; "CINCUNC, Tokyo to DA" April 15, 1952, 127/319 ; "CINCUNC, Tokyo to DA" June 27, 29, 1952, 12/389 ; HQ 94th MP Bn, "Summary" June 30, 1952, 5743/407.
194) "CINCUNC(Clark) to JCS" 1952.6.28, FRUS 1952~54, p.364 ; "CINCUNC to DF" July 2, 1952, 309/319 ; James F. Schnabel・Robert J. Watson, 채한국 역, 『한국전쟁사』,

IV. 포로수용소의 갈등과 분규   247

하지만 재심사는 엄밀하게 말하면, 전체 포로를 대상으로 한 것이 아니었다. 유엔군은 첫 심사 후 4월 19일 송환을 거부하는 포로와 민간인억류자를 육지로 수송하기 시작하여 5월 1일까지 80,416명을 육지로 이송했다. 이들과 부산 병원 부속 수용소의 2,700명 등 약 83,000명은 송환거부포로로 처리되었다. 실제로 1차 심사에서 심사되지 않았던 47,616명만을 심사했다.[195] 또한 재심사까지 이루어졌음에도 불구하고 송환에 대한 입장을 바꾼 자가 계속 나왔다. 7월 2일에 북한군 포로 1명과 장교 2명이 송환을 거부했고, 4일에는 중국군 포로 1명이 마음을 바꾸어서 송환을 거부했다. 이러한 포로들이 7월 12일까지 31명으로 늘어났다. 친공포로 중에서 북한으로 송환된 후 중국으로 탈출해서 살다가 한국을 찾은 원산희는 그의 연고가 다 북쪽에 있었기 때문에 북행을 택했지만, 당시에 수용소에는 "소속된 조직의 영향력"이 있었음을 밝혔다.[196]

유엔군 측은 재심사 결과를 공표할 수 없는 어려운 처지에 빠졌다. 브래들리(Bradley, Omar N.) 미 합참의장은 83,000여 명이라는 수치를 공산 측에 제공한다면, 그들이 또 다시 석 달을 더 기다리면 그 수가 10만 명에 이를 것이라고 주장할 것이나, 이 결과를 알리지 않았는데도 그것이 공산 측에 새어 나간다면 더욱 어려운 처지에 빠질 것이라고 우려했다.[197] 클라크 유엔군사령관도 83,000여 명의 통지가 늦으면 늦을수록, 공산 측이 유엔 측의 발표보다 앞서 정보를 입수하여 공세를 펴면 더욱 어렵다는 입장이었다. 미 합참은 1952년 7월 11일자로 휴전 후 심사의 결과 전체 송환 수가 약간 증가될 것이라

251쪽.
[195] "Command Report, No.14" May 1, 1952, 5741/407 ; 「제4회 포로교육 보고서」, p.2.
[196] 「북행 6·25 포로 최초로 남한방문」, 『동아일보』 1993년 10월 16일자 ; "CINCUNC, Tokyo to DA" July 3, 8, 1952, 12/389.
[197] "DS and JCS Meeting" July 2, 1952, FRUS 1952~54, p.371~372.

고 공산 측에 시사하면서, 그 통보를 승인했다. 그것은 합참이 심사의 결과에 따른 불이익보다 자원송환의 실현을 통해 휴전협정을 맺으려는 의지가 강했기 때문이었다.[198]

유엔군사령부에서는 공산 측의 반발에도 불구하고 1952년 7월 13일 휴전협상에서 재심사의 결과를 통보했다. 10월 24일 유엔총회에서 애치슨 미 국무장관은 포로의 심사가 공산 측의 동의 아래 이루어진 것으로 가능한 한 공정하고 조심스럽게 실행되었으며, 포로들의 송환을 격려했다고 주장했다. 이에 대해 11월 10일 비신스키(Vyshinsky, Andrey) 소련 외상은 심사과정이 불공정하고 국제법의 준수와도 거리가 멀다고 비판했다.[199] 이에 따라 유엔군 측은 송환거부포로의 처리를 위해 중립국을 통한 해결방안을 모색했다.

3) 포로 심사와 저항

수용소의 좌익포로들은 심사와 분리에 대해 격렬하게 저항했다.[200] 1952년 5월 하순경 한 수용소에서 미군 심사요원을 살해하기 위해 몇몇 포로들이 환자로 가장하여 미군 1명을 살해한 경우도[201] 있었지만, 포로의 심사와 분산정책과 관련해서 직접적으로 일어난 사건으로는 민간인억류자들이 일으킨 2·18사건을 비롯해 4·10사건, 돗드 소장 피랍사건 등을 들 수 있다. 좌익포로들은 이를 통해 유엔사

---

[198] "DA(JCS) to CINCFE, Tokyo" June 7, 1952, 5/407, p.3 ; "CINCUNC(Clark) to JCS" July 11, 1952, FRUS 1952~54, pp.400~402.

[199] Kim, Myong hwai, "Prisoners of War as a Major Problem of the Korean Armistice, 1953," pp.64~65 ; Hermes, Walter G. Truce Tent and Fighting Front, p.274.

[200] 공산 측에 있는 유엔군 포로들도 일부 소요를 일으켰다. 제한된 정보이지만, 이미 1952년 8월, 극동군사령부 정보참모부는 북한지역에 있는 포로수용소에서 폭동이 일어났다는 첩보를 입수했다(G2 GHQ, FEC. "G2 Staff Section Report" Aug. 1952, SN 1612, p.18).

[201] 한태욱, 「거제도 포로수용소 견문」, 395쪽.

령부가 송환거부를 강요한다는 점을 시위하려 했다.

(1) 2·18사건과 4·10사건

포로 심사 무렵 좌익포로의 조직이 확장되면서 폭동과 사건이 증가했다. 거제도 수용소에서 1952년 2월에는 약 20건이 발생하였고, 3월, 4월에 각각 25건이 발생하여 상황은 악화되어 갔다.

먼저 2·18사건은 민간인억류자 가운데 친공계가 잔류여부를 심사하려는 유엔군의 방침에 저항하면서 일어났다. 제62수용소는 남한 출신 의용군들이 수용된 곳으로 한 때 남한계 수용소로 인식되었지만, 자원입대한 친공계가 주도권을 장악하면서 과격해졌다.[202] 이들은 한국 심사위원회에서 실시하는 심사를 거부했다. 1951년 12월 22일 심사팀이 수용소에 도착하자, 포로들은 소요를 일으켰다. 수용소 당국이 17명의 소위 공산계 말썽꾸러기들을 중영창(maximum Security Compound)으로 전출시켜서 심사를 강행하려 했으나, 소요가 계속되자 심사는 결국 중단되었다.[203]

그 후에도 제62수용소에서 공산계의 장악으로 수용소의 행정이 거부되고 아직 남아 있는 우익계열이 계속해서 구타 혹은 살해되는 일이 일어나자, 수용소 당국이 이들을 친공포로로부터 분리시킬 목적으로 재심사를 강행하면서 2·18사건이 일어났다. 수용소 당국은 억류자들의 집단행동을 막기 위해 아무런 사전 예고 없이 1952년 2월 18일 새벽 5시에 면접을 위한 행정요원과 지원 병력으로 제27연대 제3대대 장교와 사병 850명에게 착검을 시킨 채 정문에 배치했다.

---

[202] 현동화 구술(정동현 씀), 『격랑의 세월 인도에 닻을 내리고: 소설 『광장』 실존 인물의 생생한 증언과 인도 체험』, 74쪽.
[203] "ICRC" Dec. 1951, 12/389.

이때 수용소에는 쌀 포대로 만든 인공기가 나부끼고 있었다.

4개 중대 병력이 수용소의 4곳에 배치되었다. 이곳에 수용된 민간인억류자 5,600명 가운데 1,500명이 진압병력과 대치 중 돌·곤봉·칼·도끼·천막봉·철조롱 등을 던지면서 계속 다가오자 경비대에서 발포를 했다. 05시 55분 민간인억류자들이 돌과 몽둥이로 대항하자, 경비대 병력이 물러났다가 06시 15분경 그들의 대형을 무너뜨리기 위해 또 발포를 했다. 억류자들의 저항이 더 이상 없자, 총기발사도 멈추었다.204)

폭동은 1시간 30분만에 진압되었으나, 그 결과는 참혹해서 억류자 가운데 55명이 즉사했으며 159명이 부상을 입었고 이 중에서 24일에 22명이 더 사망했다. 총 사망자는 후에 1명이 추가되어 78명으로 늘어났다. 미군 경비도 1명이 사망하고 38명이 부상을 당했다.205) 돗드 피랍사건 때 좌익포로 대표회의에서 2·18사건으로 100명 이상이 사망했고, 110명 중상을 당해 병원에 입원했다고 주장했으며, 휴전 후 북한 측은 102명이 사망하고 260명이 부상당했다고 주장했다.206)

이 사건의 여파로 수용소장이 돗드(Dodd, Francis T.)로 교체되었으며, 이기붕 국방장관이 포로수용소를 시찰한 후 민간인억류자들의 조기석방을 모색했다.207) 결국 심사는 시행되지 못했지만, 이 사건

---

204) "Daily Journal, S~3," Feb. 18, 1952, 5739/407 ; Office of Commander in Chief and Office of the Chief of Staff, "Staff Section Report" Feb. 1952, 군사편찬연구소, SN 1173(67) ; Kaufman, Burton I., *The Korean War*, p.266.

205) "PM Activities" April 1952, 17/338, p.6 ; "Koje-Do" 1952, 12/389, pp.5~6 ; 죠셉 굴든, 『한국전쟁』, 612쪽. 당시 한국언론에서는 민간인억류자의 사망자의 수를 68명으로 보도했다(「정부, 거제도 포로수용소 소요사건 진상 설명」, 『경향신문』 1952년 2월 26일자).

206) 돗드 피랍 중 포로대표회의에서 제시한 유엔군 범죄례(부록 1), 군사편찬연구소 ; 조국통일 민주주의전선 중앙위원회, 「성명서」 1952.6.12, 『승리의 길』 1952년 7월 8일자(『빨치산 자료집』 7) ; "The Report on Atrocities", pp.21~22.

207) 「정부, 거제도 포로수용소 소요사건 진상 설명」, 『경향신문』 1952년 2월 26일자.

이 진압된 후 수용소 당국이 이념적 이유로 제62수용소를 떠나기를 원하는 자를 허용하자, 전출 희망자가 있었다.

한편 4월 10일 시위사건은 당시 진행되고 있던 심사에 대한 불만으로 제95수용소에서 포로 1명이 경비병에게 돌을 던진 것에 비롯되었다. 제95수용소는 사병 출신 친공포로가 수용된 곳으로, 1951년 9월 이래로 선동·구타 등이 발생했지만, 전체 포로가 공개적으로 도전한 경우는 없었다. 1952년 4월 10일 18시 30분경 포로들이 경비병에게 돌을 던지자, 국군 경비병이 발포하여 한 포로가 머리에 부상을 입었다. 미군 대위와 사병 2명이 비무장한 채로 부상포로를 인계하려는 데에 이를 거부했다. 포로들이 부상자의 인계를 계속 거부하자, 직접 현장까지 나온 돗드 소장은 비무장 한국군 경비병 100명을 수용소 안으로 진입시켰다. 이 과정에서 경비병 1명이 포로들에게 납치되어 끌려가자 외곽 경비병이 총기를 발사했다. 이에 맞서 포로들이 열린 문으로 달려 나오자, 미군 장교가 미군 2명에게 지프에 장착된 30구경 기관총을 발사하도록 하여 포로들의 돌진을 저지시켰다.[208]

이 사건에 대해 돗드사건 때 포로대표들은 11명이 죽고, 76명이 부상을 당했다고 주장했다. 한국 측에서는 미군 대위 1명과 정상구 하사 등 4명이 사망했고 5명이 중상을 입었으며, '적측'은 30명이 피살되고 80명이 부상을 입었다고 인식했다.[209] 사건 후 미군 측이 밝힌 사상자는 한국군 4명이 죽고 6명이 부상을 당했으며, 미군 장교 1명이 경상을 입었다. 이에 비해 포로들은 3명이 죽고,[210] 57명이 부상

---

[208] 「유엔군사령부 보고서」 1952.4, pp.76~77, 2/407 ; "CG EUSAK ADV to CINCUNC" April 12, 1952, Van Fleet Files, 군사편찬연구소 SN 1938(4)~1.

[209] 돗드 피랍 중 포로대표회의에서 제시한 유엔군 범죄례(부록 1), 국방군사연구소 ; 조국통일 민주주의전선 중앙위원회, 「성명서」 1952.6.12, 『승리의 길』 1952년 7월 8일자 ; 송효순, 『대석방』, 87쪽 ; "Report of Korea Atrocities", p.26.

[210] 1952년 6월 10일 95수용소 포로들은 4월 10일 사건 때 사망한 시체 8구를 넘겨주었다("CGARMYEIGHT to CINCFE" June 11, 13, 1952, 12/389).

을 당했다. 이때 한국군의 희생이 많았던 것은 포로의 공격에 의한 것이 아니라 포로들이 몰려나오자 미군이 발포하는 과정에서 일어 났다.211)

2·18사건 사건 당시에 국제적십자사 대표가 거제도에서 조사활 동 중이었으나, 수용소 당국의 무력진압에 대한 아무런 장애가 되지 못했다. 그 대표들은 포로의 불만에 대한 면접조사와 권고시정을 하 는 역할을 했으나, 잦은 사건을 억제하는 데에는 한계가 있었다.212) 국제적십자사 대표는 경비병의 발포가 "무기의 사용은 최후의 수단 이어야 하고, 이에 앞서 경고를 반드시 해야한다"는 제네바협약 42조 의 위반으로 보인다고 지적하는 수준이었다.213)

유엔군사령부도 친공적인 수용소에 대한 심사는 폭동의 발발과 많은 사상자의 발생을 우려하여 밴 플리트 사령관이 4월 29일자로 그 실시를 중단할 것을 건의했고, 리지웨이 사령관도 이에 동의했으 며 워싱턴당국도 이를 승인했다. 리지웨이 장군은 추가적인 폭동이 중대한 결과를 초래할 수 있으므로 포로에 대한 가장 효과적이고 현 실적인 통제가 시급하다는 점을 지적했다.214)

(2) 돗드 수용소장 피랍사건

유엔군 측의 포로 심사에 맞선 공산포로의 저항으로 1952년 5월 7일 거제도 포로수용소장 돗드(Dodd, Frances) 준장이 납치되는 사건이

---

211) 「국무부에서 스위스 제네바 미국대표에게」 1952.7.17, 12/389.
212) 「The story of the PW Command」 1953, 14/389 Unclassified, p.10.
213) 「국적의 제안에 대한 보좌관 메모」 1952.5.12, 12/389 ; 「제네바에서 국무장관에 게」 1952.5.13, 같은 상자.
214) 「전쟁포로(새로 쓰는 한국 현대사:36)」, 『서울신문』 1995년 9월 18일자 ; Braim, Paul F., 『위대한 장군 밴 플리트』, 440쪽.

발생했다. 돗드 장군은 10일 22시 30분까지 78시간이 넘도록 포로들에 의해 감금당했다.[215] 수용소장이 '포로의 포로'가 된 이 사건은 수용소장이 포로에게 납치되었다는 상징성과 함께 신임 수용소장 콜슨(Colson, Charles F.)이 돗드석방을 위해 포로대표에게 서명한 포로심사 중단 및 학대 금지 등 각서 내용으로 세계적인 주목을 받았다.

트루먼 미 대통령은 1952년 5월 7일 포로의 강제송환원칙이 '도덕적이고 인도적 원리'를 위해 싸우는 유엔군의 목표와 배치된다고 주장했다. 유엔군 측은 포로들이 공산 측으로 강제 송환되면 자살을 강행할 것이라고 알리면서 자원송환원칙을 휴전협상에서 관철시키려 하였다. 그러나 공산 측은 포로들로 하여금 수용소장을 납치해서 포로 심사와 송환거부의 부당성을 알리려고 했다.[216]

5월 7일 제76수용소 포로들은 경비들의 폭행과 수용소 내의 수색을 구실로 수용소장과 면담을 요구했다. 이를 주도한 이는 공산포로들 사이에서 '제갈공명'으로 일컬어지는 박상현으로, 7일 오후 3시경 돗드 소장이 포로와 면담하던 중, 주택원[포로 번호 107467], 오병결[121688], 오성권[110209], 김창모[57146] 등 20여 명이 돗드 소장을 수용소 안으로 납치했다. 당시 76수용소에는 6,418명이 수용되어 있었다. 돗드 소장의 피납시 총기를 발사하지 못한 요인 중의 하나는 그의 신변안전 문제도 있었지만 포로가 도주를 시도할 경우를 제외하고 총기발사를 금지했던 당시 규정 때문이기도 했다.[217]

---

[215] 「전쟁포로(새로 쓰는 한국 현대사: 36)」, 『서울신문』 1995년 9월 18일자.
[216] 일본육전사연구보급회 편, 이원복 역, 『한국전쟁』 10, 명성출판사, 1991, 319~320쪽 ; "Command Report" May 1952, 4/407, pp.4~6.
[217] 「Raven 대령 진술」, SN 131, I~II, Case # 33, p.2 ; 일본육전사연구보급회 편, 『한국전쟁』 10, 323쪽 ; 박종은, 『그날 0시』, 158~159쪽.

〈사진 2〉 제76수용소 인근에 남아있는 당산나무(거제시 수월마을 입구)

돗드 소장은 그전에도 제76호나 77호에서 그들의 주장이 수용소장에게 전달되지 않았다는 포로들의 불만을 직접 듣기 위해 대표와 면담을 하곤 했다. 1952년 4월 1일경 제78호에서 경비대 부사관 4명이 포로들에 붙잡혔을 때 그들을 석방시키기 위해 포로들과 직접 대화한 적도 있었다.[218]

포로들은 돗드 소장을 납치하자 곧, "우리는 돗드를 납치했다", "무력을 사용하지 않으면, 그를 해치지 않을 것이다"라는 선전문을 판초우의에 써서 내걸었다. 수용소 당국은 포로들의 이러한 신속한 조치나 돗드 소장의 후임으로 콜슨 장군이 임명되자 곧 요구사항을 제시하였던 점으로 보아 미리 납치계획이 있었다고 추정했다. 그런데 수용소 당국은 이미 4월 "포로대표 박상현이 판문점 공산 측 대표로부터 수용소에서 포로의 재분류와 분리수용을 결사반대하고, 고위

---

[218] "Proceedings of board of officers appointed to investigate the circumstances surrounding the seizure of BG. Francis T. Dodd by the POWs at the Sally port gate of Compound # 76 UN. POWs Camp #1, Koje-Do, Korea at the 071500 May 1952 and his subsequent release on or about 102130 May 1952", General Clark files, Box 8/ Office of the Chief of Staff, Records of HQ, FEC, SCAP and UNC RG 554.

미군 장교를 납치하여 그의 생명을 협상조건으로 모든 포로의 재분류를 즉각 중단하도록 하라는 긴급명령을 받았다"는 첩보를 사전에 입수하였음에도 불구하고 적절한 조치를 취하지 못했다.[219]

〈사진 3〉 돗드 소장 납치를 알리는 선전문

이 사건에서나 다른 폭동에서도 수용소의 좌익포로들은 외부와 연락이 가능했고, 휴전협상 대표였던 공산 측 대표 남일의 지령도 수수할 수 있었다고 한다.[220] 제76수용소 비밀 지하실에는 라디오[收音機]가 숨겨져 있어서 휴전협상과 북한, 북경의 소식을 들을 수 있었다.[221]

포로들은 돗드 소장의 납치 후 1,000장의 종이와, 수용소 사이에 전화시설 및 각동 대표를 76수용소로 소집할 수 있도록 요구했다. 그들은 모든 단위 수용소 대표가 회의를 할 때까지 돗드를 석방할 수 없

---

[219] 죠셉 굴든, 『한국전쟁』, 613쪽 ; 윌리암 린드세이 화이트, 조영철 역, 『한국전쟁 포로』, 214쪽.

[220] "Communist Utilization", pp.7~8 ; 김행복, 「한국전쟁시 포로장악을 위한 공산군 및 친공포로의 조직과 그 연락체제」, 198~200쪽.

[221] 장택석, 손준식 역, 『중국군 포로의 6 · 25전쟁 참전기』, 222~223쪽 ; Bertran F. Wallace's interview, http://lcweb2.loc.gov/diglib/vhp-stories/loc.natlib.afc2001001.01649.

다는 것을 수용소 당국에 요구하였으나 이를 받아들이지 않자, 돗드에게 요구하여 승인을 받았다. 주요 대표들은 66호수용소 이학구 총좌·신태봉 중좌·엄정엽 중좌, 77호 남한 출신 김용성·원현성, 62호 남한 출신 김남수·민간인억류자 박제두, 78호 김인갑·이종여, 80호 남한 출신 민간인억류자 김정자(여)·김정숙(여), 85호 권태국·유성배, 92호 권재열 대위·남한 출신 민간인억류자 권경회, 96호 김진환·김기남, 602호 손천관 중국군 대위, 605호 최인호·천태성 등이었다.

〈자료 3〉 포로대표단 리학구,「성명서」, 1952.5.10[222]

---

[222] General Clark files, Box 8/ RG 554 Office of the Chief of Staff, Records of HQ, FEC,

포로들이 회의를 하는 동안, 밴 플리트 사령관은 제64탱크대대 B 중대를 거제도로 급파했다. 콜슨 신임 수용소장은 포로들에게 돗드를 10일까지 석방하지 않으면 무력진압을 할 것이라고 통보하였지만, 포로들은 〈자료 3〉과 같이 자신들의 요구를 수용하지 않으면 석방할 수 없다고 맞섰다.

12일 클라크 유엔군사령관이 발표한 76수용소 포로들의 요구사항은 다음과 같았다. 첫째, 공산포로에 대한 학대를 중지할 것: 야만적인 모욕 행동, 고문, 위협 감금, 대량학살, 기관총 난사, 독가스사용, 세균무기 사용위협 중지. 둘째, 불법적이고 불합리한 자유의사에 의한 포로를 송환한다는 방침을 즉시 중지할 것. 셋째, 수많은 포로들을 불법적으로 노예화하려는 이른바 강제 심사의 즉각 중지. 넷째, 인민군과 중국군 포로의 대표위원단을 인정하고 이와 협력할 것 등이었다.[223]

콜슨 장군은 무력으로 진압할 경우 돗드의 생명을 잃을 우려가 있다고 판단하여 그들의 요구를 즉각 수용했다. 그는 포로의 둘째 요구 사항인 포로의 자원송환에 대해서는 판문점에서 토의 중이므로 수용소장의 권한 밖이라는 점을 들어 제외하고, 셋째와 넷째의 요구에 대해서 포로의 심사는 더 이상 강제로 하지 않으며, 포로의 재무장같은 일은 하지 않을 것이고, 포로의 대표위원회의 인정과 세부조직도 허용할 것 등을 약속했다.

포로의 학대 금지에 대해서는 "많은 포로들이 유엔군에 의해 사살되고, 부상당한 유혈사태의 사례가 있음을 시인하면서 앞으로 포로

SCAP, and UNC.
[223] 「포로취급에서 나타난 미군의 새로운 극악한 범죄」, 『조선인민군』 1952년 5월 9일자 사설 ; 한태욱, 「거제도 포로수용소 견문」, 정협 연변조선족자치주 문사자료위원회편, 『돌아보는 력사』, 심양: 료녕민족출판사, 2002, 393면 ; Hermes, Walter G. *Truce Tent and Fighting Front*, p.250.

들을 국제법의 원칙에 따라 인도적으로 취급할 것이며 자신의 권한 안에서 더 이상의 폭력과 유혈이 일어나지 않도록 모든 것을 다하겠으며, 그런 사건이 일어나면 자신이 책임을 지겠다"고 답변했다. 당시 리지웨이 유엔군사령관은 어떠한 경우에도 "유엔군사령부는 이미 세계에 반복적으로 말한 것처럼 한국에서 가스 혹은 세균전 주장이 전적으로 거짓이라는 점"이 포함되도록 했다.[224] 콜슨은 거제도 포로수용소에서 자발적 송환을 위한 심사에 포로들에게 무력을 사용했음을 시인했다. 이에 따라 5월 10일 22시 30분에 돗드는 석방되었다.[225]

하지만, 신임 유엔사령관 클라크 대장은 합참과 협의한 후 콜슨 장군의 서면 동의가 공산포로의 중대 위협 속에 돗드의 귀환을 위해 이루어진 것이므로 '완전한 공갈(unadulterated blackmail)'이라고 평하면서 그 내용을 전적으로 부인했다. 그는 거제도에서 일어난 모든 폭동이 수용소의 질서를 파괴하고 온갖 수단으로 유엔군사령부를 난처한 입장으로 몰아넣으려는 악질적인 공산주의자들의 계획적인 음모에 의해 발생한 것이므로, 이에 대해 수용소 당국이 무기를 사용한 것은 질서를 회복하기 위한 것이라고 반박했다. 미군 지도부는 돗드 장군뿐만 아니라 콜슨도 존재하지 않는 포로 대우에 대한 곡해와 추론을 허용한 결과를 초래했다며 대령으로 강등하는 문책을 단행했다.[226]

콜슨의 동의서는 미군의 우려대로 공산 측에 좋은 선전자료가 되었다. 휴전협상에서 공산 측 대표 남일은 5월 16일 포로 심사를 용납

---

[224] "Personal for Van Fleet" May 10, 1952, General Clark files, Box 8/ Office of the Chief of Staff, Records of HQ, FEC, SCAP, and UNC RG 554.

[225] "Koje-do" 1952, pp.11~12.

[226] 『한국전란 2년지』, A-21, 죠셉 굴든, 『한국전쟁』, 614~615쪽 ; 국방부 전사편찬위원회, 『한국전쟁 휴전사』, 216~219쪽.

할 수 없으며, 그 결과는 날조된 것이 분명하다고 주장했다. 그는 포로수용소장이 이미 전 세계에 포로 심사의 허위성을 공표했다고 공세를 펴면서, 미국의 포로송환거부라는 주장이 위선적이고 사기적이었음이 폭로되었다고 말했다. 공산 측은 그 후 콜슨의 강등 조치에 대해서도 진실을 말함으로써 당한 불행이라고 주장했다.227)

3. 분산정책과 통제 강화

1) 분산정책

(1) 분산 과정과 6·10사건

포로 심사 후 포로들 사이의 충돌 방지와 수용소 관리를 수월하게 하기 위해 분산작전이 이루어졌다. 미 제8군사령부는 2·18사건 이후부터 포로수용소 내에서 반공포로와 좌익포로를 분리시키기 위한 계획을 수립하여 추가로 수용소를 건설했다.228)

분산작전은 2단계에 걸쳐서 실시되었다. 먼저 1차 심사결과에 따라 1952년 4월 19일부터 5월 1일까지 송환거부포로의 육지 이송작전[Operation Spreadout]과 송환희망 민간인억류자와 포로의 통제를 강화하기 위해 거제도 수용소에서 수천 명이 수용되었던 단위 수용소를 500명 규모로 나누는 작전이 실시되었고, 일부는 거제도 인근 봉암도229)와 용초도를 비롯해 제주도로 이송했다[Operation Breakup].230)

---

227) 국방부 전사편찬위원회, 『한국전쟁 휴전사』, 220쪽 ; 일본육전사연구보급회 편, 『한국전쟁』 10, 358쪽 ; "America's POW plot backfires", *China Monthly Review* July 1952, pp.5~9 ; "Another US general talks", *China Monthly Review* Aug. 1952, p.198.
228) "Briefing for General Taylor" Oct. 25, 1952, 15/338.

분산과정

심사가 진행되는 동안 밴 플리트 미 8군사령관은 리지웨이 유엔군 사령관에게 포로들의 사건을 줄이기 위해 반공포로를 육지로 이송할 계획을 요청하여 승인을 받았다. 수용소 당국은 분산작전을 1952년 4월 17일부터 본격적으로 실시하여 포로를 수송할 계획이었으나 준비 부족으로 다소 늦추어졌다. 이 작전은 미군 제96헌병대대의 책임 아래, 제164헌병중대가 지원하도록 했다.[231] 이때 수용소 당국은 좌익포로수용소에서 곤봉, 칼, 낫 등 각종 무기류를 압수함으로써 포로 통제를 강화할 수 있었다.[232]

먼저 민간인억류자 중 석방예정자는 부산 병원부속 수용소(2,700명) 와 영천에 새로 건설된 수용소로 옮겼다. 민간인억류자 중 송환희망자 는 거제도 인근의 봉암도로 1952년 7월 9일 2,015명을 시작으로 17일 까지 약 1만 명을 이송시켰다.[233] 2·18사건을 일으켰던 이들도 저항 없이 새로운 수용소로 이동되었다.

송환거부자 가운데 북한포로는 부산·논산·상무대 등지로 이동 시켰고, 중국포로는 모슬포로 이송되었다. 이 작전은 5월 1일까지 총 80,416명을 거제도로부터 분산시켰다. 5월중에도 심사가 이루어지지 못했던 좌익포로수용소에서 탈출한 142명을 비롯해 그 후에도 민간

---

[229] 봉암도는 한산면 추봉도에 있는 봉암마을이 정확한 표현이나 전쟁 당시 봉암도 로 기술되어 이를 그대로 사용했다.
[230] "The Administration", p.40.
[231] "PM Activities" April 1952, 17/338, p.6 ; Hermes, Walter G. *Truce Tent and Fighting Front*, p.241.
[232] "HQ, EUSAK to CINCFE" June 11, 13, 1952, 12/389 ; "Daily Journal" June 26, 27, 30, 1952, 5743/407 ; "Weekly ISUM(1952.6.15~21)" June 13, 1952, 같은 상자 ; HQ 94th MP Bn, "Summary" June 30, 1952, 같은 상자 ; "Command Report # 16" July 5, 1952, 같은 상자.
[233] "Command Report" May 7, 1952, 5741, 5744/407 ; 「제4회 포로교육 보고서」, pp.2~4.

인억류자와 송환거부포로들이 육지로 이송되었다.234)

송환희망포로 가운데 7월 2일 북한포로 1,999명이 저구리로, 3일에는 중국포로 3,000명이 제주도로 이동되었다. 7일에는 부산 제10수용소에 있는 송환희망자 973명을 거제도로 이송시켰으며, 10일 송환희망 민간인억류자 2,054명을 봉암도로 이송했다. 11일 북한군 장교 출신 포로 1,500명과 사병 출신 489명을 용초도로 이송했다. 그 결과 1952년 7월 17일 현재 거제도 수용소에는 48,000여 명이 남게 되었다.235)

한편 1952년 6월 말까지 수용소 당국은 거제도 포로수용소에서 송환희망포로를 보다 작은 규모로 편성시킴으로써, 그들의 위생 개선 효과와 함께 포로활동에 대한 통제를 크게 강화했다.236) 하지만 전 국민당 간부가 포로의 분산원칙으로 제안했던 것처럼 500명 단위로 재편성할 때, 반공포로들은 4분대씩, 동요포로들은 3분대씩, 강경 친공포로와 장교들은 1분대씩 배치할 것 등237)과 같은 방식처럼 철저히 이루어지지는 않았다.

제76수용소 포로의 저항을 제외하고 좌익성향이 강했던 제77호(5,000명)와 제78호(7,800명)를 비롯한 다른 수용소의 분산은 큰 사건 없이 이루어졌으나, 이동 전에 많은 우익포로들이 살해되었음이 밝혀졌다. 제77호의 이동은 6월 11일 9시 40분부터 시작해서 11시 20분까지 저항이나 사고 없이 수행되었으나, 이때 포로 2명이 77수용소 안에 시체 13구가 파묻혀 있다는 정보를 제공하여 배수구 등에 유기된 총 16명의 시체를 발굴했다. 이들 희생자는 포로들이 이동하기 직전에

---

234) "Command Report" April~May 1952, 5741~5742/407.
235) "HQ, EUSAK to DA" June 29, July 2, 3, 5, 8, 13, 1952, 12/389.
236) "Weekly ISUM(1952.8.10~16)" Aug. 17, 1952, 5745/407.
237) Chio, hwei Fong, "The Outline on Control of Communist PWs" July 4, 1952, 10/338, pp.6~7.

살해된 것이었다. 제78호에서도 2주전에 사망했을 것으로 추정되는 시체를 찾았으며, 제85호에서는 포로 15명이 묶여 있는 채로 발견되었다.238) 제95호에서도 포로들은 '4월 10일 사건' 때 살해된 시체 8구를 넘겨주었고, 제66호수용소의 터널에서 신원을 알 수 없는 포로 1명의 시체가 발견되었다. 19일 제62호에서 조사를 하는 동안 전라북도 부안군 출신인 민간인억류자 한천규[15443]가 발굴되었는데, 그는 이미 5월 9일 38연대에 의해 발사된 총에 맞아 사망된 것으로 밝혀졌다.239)

또한 좌익수용소에서는 반공포로가 탈출하기도 했다. 이는 좌익포로수용소에서 심사가 실시되지 않았기 때문에 일어난 일이었다. 6월 14일 4구역(전 606호)에서 박제필[211133]이 철조망을 넘어 도망 나와 반공포로임을 주장했다. 그가 인민군 장교포로에 의해 사형이 선고되어 도망나왔다고 주장했기 때문에 경비병들이 13시경 최루탄을 쏘면서 수용소에 진입했다. 그의 지적에 따라 좌익 지도자 85명을 붙잡아 조사하여, 반공포로 282명을 제61호수용소로 이동시켰다. 제85호에서 309명, 제96호에서 14명, 제91호에서 119명, 8구역에서 217명 등이 송환을 거부했다.240)

그러나 이들 송환거부자 중에는 반공포로로 위장한 경우도 있었다. 6월 15일 제606호수용소 포로 가운데 6명이 반공포로라고 주장했으나, 제606호로 되돌아가고 싶다는 의사를 밝혔다.241) 21일 이종태와 다른 포로 1명이 4구역 4-B 수용소로 와서 자신들은 반공포로라고 주장하였으나 돌을 경비병에게 던졌다. 이때 이종태는 경비병

---

238) 「동경 유엔군사령부에서 육군부로」 1952.6.12, 13, 12/389 ; "Koje-do", 1952, p.16 ; 일본육전사연구보급회 편, 『한국전쟁』 10, 354쪽.
239) "CINCUNC, Tokyo to DA" June 12, 13, 1952, 12/389 ; "Daily Journal" June 15, 1952, 5743/407.
240) "Daily Journal" June 14, 1952, 18, 5743/407.
241) "Daily Journal" June 15, 1952, 5743/407.

이 발사한 2발을 배에 맞았다. 6월 30일 김종국[106735]은 반공포로들이 수용되어 있는 제62호로 온 이유를 제607호의 포로 대표 김명수의 지령으로 반공지도자를 살해하려고 한 것이라고 자백했다. 함북 성진 출신인 그는 휴전 직후인 1953년 8월 초 북한으로 돌아갔다.[242]

분산작전 후 거제도 수용소를 비롯한 좌익포로수용소에서는 반공포로가 존재하지 않았으나 수용소 당국에 대한 공세를 늦추지 않았다. 송환을 거부하는 포로들도 이동 후 몇몇 수용소에서 인원점검을 거부하거나 명령에 반발하는 등 수용소에 도전할 기세가 남아 있었다.[243]

6·10사건

유엔군사령부는 돗드사건이 수습되자, 미 제8군사령관에게 즉각 포로를 장악할 것을 지시했다. 새로 임명된 보트너(Boatner, Hayden L.) 소장은 포로행정이 친절과 정의, 확고함으로 수행되어야 하지만, 친절은 수혜자가 인지할 때만 가능한 것이고, 좌익포로들의 공개적인 반란에 대해 완전한 통제가 필요하다는 입장을 취했다. 1952년 6월 미 제8군사령부는 포로에게 폭력을 야기하는 시위를 금지시키고, 나아가서 각 단위 수용소에 대해 매일 공개적으로 보안검색을 실시하도록 했다. 이에 따라 수용소 당국과 포로들 사이의 갈등이 격화되었다.[244]

6·10사건 이전에 공산 측은 1952년 5월 18일 제76수용소에서 보트너 수용소장의 명령에 의해 13명의 포로들이 공개적으로 살해되었다고 주장했다. 같은 날 77수용소에서는 미군의 최루탄발사로 24명의 포로가 사망하고, 46명이 실명하였다고 과장했다. 최루탄의 발사

---

[242] "Daily Journal" June 26, 27, 30, 1952, 5743/407.
[243] Hermes, Walter G. *Truce Tent and Fighting Front*, p.241.
[244] 「Command Report」 May 1952, 4/407, p.6 ; 「극동군사령부에서 육군부로」 1952. 6.21, 14/389 ; 「The story of the PW Command」 1953, 같은 상자, p.3.

만으로는 사망자의 수가 너무 많은 것이고, 실명에 이르렀다는 것도 진실이 아닐 것이다. 19일에 송환을 희망하는 포로들이 저녁 7시까지 승선 준비를 하고 정렬하여 대기하고 있던 중, 미군이 기관총과 화염방사기와 탱크까지 동원하여 127명을 살해했다고 했다. 22일과 23일에는 602호수용소 포로들이 작업을 거부하자, 미군이 기관총과 수류탄으로 88명을 살해했고 39명을 부상시켰다고 주장했다. 북한 측은 보트너가 수용소장에 취임한 후 포로들이 하루도 희생되지 않는 낮과 밤이 없다고 하면서 그를 '미국 사형리 교형리 인간백정'이라고 부르며 거제도는 지옥이라고 선전했다.245) 이러한 주장으로 북한 측은 미군에 대한 적대감과 포로구출을 강조하였지만, 전후 유엔 보고 등에는 들어 있지 않았다.246)

1952년 6월 10일 폭동은 보트너 수용소 소장이 10일 06시까지 포로들에게 제76수용소를 비우라고 명령하면서 시작되었다. 이학구 총좌는 이동명령을 받았지만 그 명령을 따를 시간이 없이 공격을 당했다고 하였으나, 다른 포로는 대표회의에서 그 명령을 거부하기로 결정했다고 말했다. 포로들은 터널을 파고, 창을 만들어 저항했다. 보트너 수용소장은 공수부대와 탱크부대를 동원하여 76수용소(8,000명 수용)에 진입했다. 그는 "포로들과 협상하려 하지 않는다"는 방침을 내세우면서, 제187공정연대 병력과 탱크 6대를 동원하여 진압했다. 미군은 충격탄(offensive grenades)과 최루탄(CN grenades), 화염방사기와 총검을 이용해 진압을 시도하였고,247) 포로들은 화염병·창·돌 등을 사용하여 2시간 30분 동안 전투를 치렀다.

---

245) 거제도 인민군 포로장병 6,223명, 「호소문」 1952.5.23, 『승리의 길』 1952년 7월 7일자.
246) 1952년 5월 27일 제77동 수용소에서 800여 명이 화염방사기로 소살되었다고 주장했다(고상진·전도명, 『조선전쟁시기 감행한 미제의 만행』, 252~253쪽).
247) "Staff and special section narratives, S-3" July 18, 1952, 5743/407, p.4.

〈사진 4〉 탱크까지 동원된 폭동진압(*Life* June 23, 1952, p.30)

그 결과 포로 38명이 사망했으나 나중에 사망자는 40명으로 늘어났고, 부상자는 142명에 이르렀다.[248] 미군은 1명이 사망하였고, 13명이 부상을 당하였으나 7명은 곧 복귀하였고, 6명은 3일간 입원했으며, 1명은 제21병원으로 후송하여 치료를 받았다.[249] 이 날 사망한

---

[248] 죠셉 굴든은 31명이 사망하였다고 서술했으나(『한국전쟁』, 616쪽), 화이트도 공산계 포로 38명이 사망하고 공수대원 1명이 사망한 것으로 파악했다(윌리암 화이트, 『한국전쟁 포로』, 217쪽).
[249] 「미 제8군사령부에서 극동군사령부로」 1952.6.12, 12/389.

미군은 처음에 알려진 것처럼 충격수류탄의 폭발결과가 아니라, 부검결과 허벅지의 동맥이 낫이나 삽과 같은 날카로운 도구에 의해 잘린 것으로 밝혀졌다.[250]

보트너 소장은 공산 측이 포로들의 죽음을 의로운 죽음[殉死]으로 선전할 것을 잘 알고 있기 때문에 살상자가 발생하지 않도록 최루가스탄, 진동수류탄만 사용하고 총을 쏘지 못하게 명령했다[251]고 주장했다. 이미 국제적십자사 대표는 유엔군 측이 1952년 5월사건 이후 수용소 질서의 회복을 위해 식사 중단, 혹은 충격탄(concussion grenade) 사용에 반대했다. 이에 대해 미군 측은 작열탄이 전투용과 달리 파편이 튀는 것(fragmentation weapon)이 아니라는 점과, 식사와 물을 제공하지 않는 방법도 폭력을 최소화 할 수 있다며 이의를 제기하면서 국제적십자사 대표의 일방적인 주장이 공표되는 것에 제동을 걸었다.[252]

포로의 사망원인을 보면 관통상 9명, 외상절단(traumatic amputation) 5명, 외부마손(contustion and abrasions) 2명, 화상 4명, 수용소의 붕괴로 인한 사망 2명, 열상 4명, 폭발 5명, 미확인 7명 등이 있다. 이 가운데 12명은 동료 포로에 의해 희생되었다.[253] 부상원인은 수류탄 폭발 84명, 총검 20명, 포로에 의한 구타 4명, 총기화상 1명, 가스화상 1명, 미확인 7명 등이었다. 북한 정부는 이 사건에서 탱크 22대, 포 20문 등을 동원한 4시간 20분 동안 '공격작전'에서 포로 276명이 사망하였고 4,000명이 부상을 당했다고 주장했다.[254]

---

250) 「미 제8군사령부에서 극동군사령부로」 1952.6.11, 12/389.
251) 육군 정보참모부, 『판문점』 상, 320쪽.
252) 「국무부와 합참의 회의 메모」 1952.5.28, *FRUS* 1952~54, p.256 ; 「국무부에서 스위스 제네바의 미국대표에게」 1952.6.20, 12/389.
253) 「제8군사령부에서 동경 유엔군사령부로」 1952.6.12, 12/389.
254) 고상진・전도명, 『조선전쟁시기 감행한 미제의 만행』, 252쪽 ; "The Report on Atrocities", p.23.

유엔군사령부에서는 이 사건이 판문점협상에서 유엔 측의 입장을 약화시키기 위해 외부지시에 의한 공산주의자의 전술차원에서 일어난 것으로 간주했다. 하지만 여러 사건이 발생하면 무력 진압이 불가피했고, 결과적으로 사상자가 발생하였음을 시인했다.[255] 6·10사건이 있는 후, 평양방송은 거제도에서 포로학살에 대해 항의를 했다. 북한의 군부대에서도 거제도포로의 호소문이 전달되어 규탄대회를 개최했다.[256] 그 외 소련뿐만 아니라 동유럽에서도 이 사건에 대하여 규탄했다. 아제르바이잔 국립대학에서 개최된 항의대회에서 자폐 갈리 엘론 교수는 "모든 진보적 인류는 거제도에서 자행된 학살사건에 큰 충격을 받았다"고 전제하면서, "거제도는 히틀러 도당이 대량학살을 감행한 오스비침 마이다네크 및 부헨발트의 기억을 회상시키고 있다"고 주장했다. 베를린에서도 미국이 세균전을 감행하고, 거제도 포로에 대한 잔인한 학대에 항의한다는 결의문을 채택하였고, 루마니아 노동 총연맹 중앙위원회는 남한에 수용되어있는 포로에 대한 미국의 전례 없는 범죄행위에 항의하는 전문을 유엔에 보냈다.[257]

결국 포로들이 새로운 수용소로 이동했을 때, 76수용소에서 창 3,000개 화염병 1,000개, 칼 4,500개, 몽둥이, 손도끼, 망치, 철조망 도리깨 등을 찾았다. 창은 천막 봉으로, 화염병은 가솔린으로 제작되었다. 76호에서 77호로 이어지는 터널이 건설 중이었고 은신처 또한 만들고 있었다. 이러한 무장이 가능한 것은 수용소 당국의 통제력 상실에서 비롯된 것으로, 1952년 4월 22일 이래 포로의 적대적 태도 때문에 미군들이 들어갈 수 없었다. 76수용소 책임자가 주출입문 밖에서 철조망을 통한 구두지시로 수용소 내의 활동을 부분적으로 통

---

[255] "The Communist War in POW Camps", Jan. 1953, 서문.
[256] 『조선인민군』 1952년 6월 17일자 ; 「1952년 6월 16일자 보고」, *RCIA* II, p.449.
[257] 「거제도에서 미제 만행을 쏘련인민들 계속 규탄」, 『조선인민군』 1952년 6월 16, 20일자.

제할 수밖에 없었다.258)

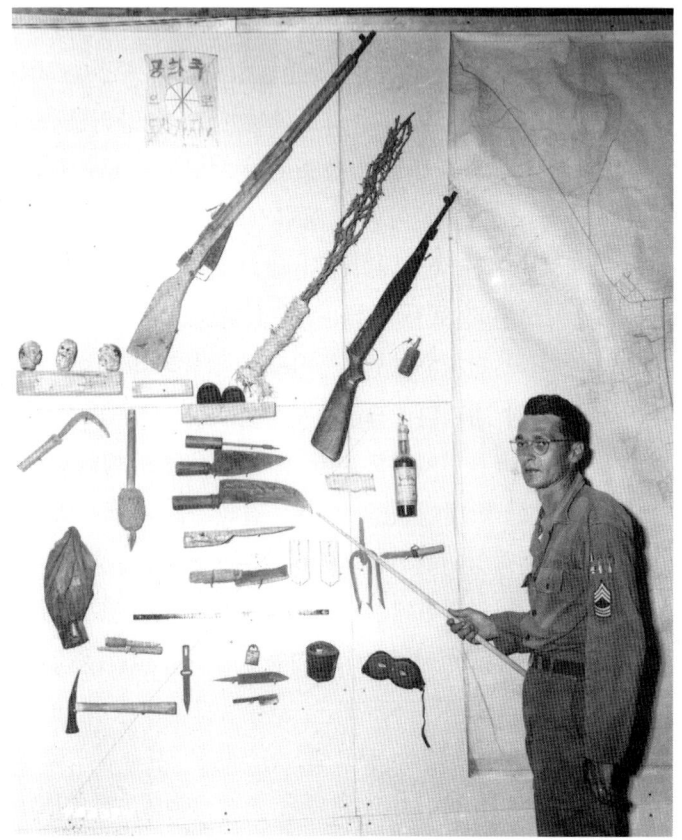

〈사진 5〉 압수된 무기

분산 후 수용소 당국은 제76수용소 지도자들 중 이학구를 포함한 46명을 조사하기 위해 영창에 감금하였고, 돗드사건 때 다른 수용소에서 왔던 여성포로 3명은 병원으로 이송시켰다. 또한 77수용소에서

---

258) 「Paul C. Boudousquie 하사, Joseph S.Hunter 대위의 진술」, pp.3~4, 「돗드문서」 ; 육군 정보참모부, 『판문점』상, 320쪽.

사병으로 위장하고 있던 박상현 등도 수용소 당국이 마침내 그의 신분을 확인해서 1952년 10월에 분리시켰다.[259]

미군은 한국전에서 경험을 통해 비공산포로의 격리는 핵심공산주의자의 분리에 의존한다는 점을 뼈저리게 절감했다.[260] 이후에도 계속해서 사건이 일어났지만, 포로들의 세력은 약화되었고, 사건이 있을 때마다, 경비병들은 최루탄을 발사하여 진압했다.[261]

(2) 분산 후 수용소 정비

돗드 소장 피랍 사건 후, 유엔군사령부는 포로들을 쉽게 통제하기 위해 여러 곳으로 분산시켰다. 이에 따라 거제도 외에 7개의 새로운 수용소가 건설되었고, 거제도에는 약 5만 명을 수용하도록 개편되었다. 제601호에서 607호는 이전 수용소를 4개 부분으로 나누어, 12자 높이의 이중 담장과 가운데 50자의 길을 만드는 작업을 했다. 1952년 6월 18일에 이미 601호, 604호, 607호의 개축작업이 완료되었다.[262] 저구리에는 8,000명 규모의 2개 수용소를 7월 10일까지 건설키로 했다. 제주도에는 송환거부 중국포로수용소인 제13수용소를 포함해서 6,000명 규모의 친공포로수용소를 6월 30일까지 완공키로 했다. 7월 10일까지 봉암도에는 10,000명 규모의 새 수용소를 건설하고, 군산 남서쪽의 안마도에는 8천명 규모의 수용소를 7월 10일까지 건설하여 북한군 장교포로를 이동시킬 예정이었다. 안마도 수용소 건설은 6월 20일에 식수 부족을 이유로 취소되었고, 대신에 저구리에 규모를 확

---

[259] 「미 제8군사령부에서 동경 유엔군사령부로」 1952.6.12, 12/389 ; Kim Sun Ho, "Koje-Do in Complication," p.35의 편집자주.
[260] 「포로수용소LAYOUT를 위한 회의 메모」 1953.7.6, 12/389.
[261] "Koje-do" 1952, p.16.
[262] "CINCUNC, Tokyo to DA" June 19, 1952, 12/389.

장하여 건설하기로 했다.263)

분산 후 거제도 제1수용소는 4개 구역으로 나누어, 1구역은 대개 9~10개 동으로 편성되었다. 1개 동의 규모는 500명으로 줄여, 1개 구역에는 4,000~5,000명 정도의 포로들이 수용되었다. 즉 거제도 수용소 제1구역 A동은 222명, B동은 322명, D동은 121명 등으로 500명이 못 미친 곳도 있었고, 1구역 C동은 1,819명, 4구역 A동은 3,990명, C동은 2,760명 등으로 500명을 훨씬 넘은 경우도 여전히 존재했다. 하지만 대체로 한 동에 500명 수준으로, 제2구역 A동은 447명, B동 510명, C동은 480명, D동 408명이었으며, 제5구역 A동은 537명, B동은 544명, C동은 548명 등이었다. 봉암도 수용소의 경우에는 2개 구역에 영창을 포함해서 16개 동으로 구성되었기 때문에 한 동의 규모는 대체로 560명 정도였다.264) 이처럼 수용소 시설의 변경은 수용소 당국의 포로 통제에 크게 기여했다.

각 지역의 지부 수용소에는 장교 6명, 사병 55명으로 된 헌병중대가 담당했고, 한국군 경비병으로 보안을 강화했다.265) 1952년 5월 17일에 제187공정연대(Abn RCT)가 배치되었고, 이달 말까지 영국군·그리스군·캐나다군 등이 1개씩 중대가 배치되었다.266) 폭동진압용 산탄총, M-25 최루탄, 공격용 수류탄, 파편수류탄, M-16, 지프에 장착된 M-8, 30구경 기관총, 45구경 경기관총(Sub MG), 60인치 수색등 등도 보충되었다.267) 이에 따라 당시 보트너 수용소 소장은 새로운 수용소에서 포로들이 더 이상 반동적이지 않기를 희망했다.268)

---

263) "CINCUNC, Tokyo to DA" June 12, July 17, 1952, 12/389.
264) "POW Strength" July 1, 1952, 12/389.
265) "PM Activities" April 1952, 17/338, p.6.
266) 「극동군사령부에서 육군부로」 1952.5.12, 12/389 ; 「극동군사령부에서 8군사령부 등으로」 1952.5.16, 같은 상자 ; "Koje-do" 1952, 같은 상자, p.14.
267) 「극동군사령부에서 육군부로」 1952.5.24, 12/389.
268) "Briefing held for Taylor" Dec. 20, 1952, 12/389, pp.1~2 ; Boatner, Haydon L., "Our

분산 이후 각 수용소의 책임자는 포로의 규모에 따라 제1수용소에 보트너의 후임으로 테일러(Taylor, Harold L.) 대령, 모슬포 수용소에 띠어링(Thiering, Robert C.) 대령, 상무대 수용소에 파(Farr, Edward H.) 대령이었고, 포로 규모가 1만 명이었던 봉암도, 저구리, 용초도 등에는 미군 헌병 중령이 주로 임명되었으나 보병과 포병 출신도 있었다.[269]

각 수용소의 부대 배치는 다음과 같았다. 부산 포로수용소 본부는 제8203헌병단, 제1수용소 본부는 제8137헌병단과 그 예하에 제8225와 8228부대가 있었고, 저구리 수용소는 제8163부대, 용초도는 제8179부대 및 봉암도 수용소는 제8205부대 등이 배치되었다. 미군 장교와 사병은 헌병대의 경험을 확대시키기 위해 6개월 단위로 거제도 등지의 수용소에서 육지 수용소로 혹은 거꾸로 순환근무를 실시했다.[270]

〈표 6〉 수용소의 재정비[271]

수용소	위치	지정 시기	변경 후 수용소	위치	시기	수용소 소장
제10구역A	부산	1952.4	제2A수용소 (병원부속)	부산	1952.8	리스(Reese, Franklin H.) 대령
제11구역	서부산	1952.4	제2B수용소 →제9수용소 (52.12)	서부산	1952.8	앨레이(Alley, John A.) 중령
제12구역	마산	1952.4	제7수용소	마산	1952.8	스코트(Scott, John H.) 중령
제13구역	모슬포	1952.4	제3수용소	모슬포	1952.8	띠어링(Thiering, Robert C.) 대령
제14구역	영천	1952.4	제4수용소	영천	1952.8	버틀러(Butler, Laurel E.) 대령

Sons: Future POW", 1958, 12/389, p.23.
[269] "POW and CI Camps" Dec. 27, 1952, 15/338.
[270] "MP, Statistical Report" March 1953, 19/389.
[271] "Organization" April, 1952, 15/338 ; "CINCUNC, Tokyo to DA" Aug. 21, Nov. 26, 1952, 12/389. 각 포로수용소 소장 인명은 1952년 12월 현재임.

제15구역	상무대	1952.4	제5수용소	상무대	1952.8	파(Farr, Edward H.) 대령
제16구역	논산	1952.4	제6수용소	논산	1952.8	로쉬(Roush, DeForest R.) 중령
제17구역	저구리	1952.6	제1A수용소	저구리	1952.8	반즈(Barnes, Valentine M.) 중령
제18구역	용초도	1952.6	제1B수용소	용초도	1952.8	칼버트(Calvert, George N.) 중령
제19구역	봉암도	1952.6	제1C수용소	봉암도	1952.8	밀러(Miller, George F.) 중령
제20구역	거제도			안마도	취소	
제21구역	제주시	1952.6	제3A수용소 →제8수용소 (52.12)	제주시	1952.8	보어렘(Boerem, Richard D.) 대령
			제4A수용소	대구	1952.11	
			제10수용소	부평	1953.3	

1952년 8월 17일자로 거제도 포로수용소와 각 지부 수용소에 대한 재지정이 있었다. 이때 거제도 포로수용소 주변의 주민들을 멀리 이주시켰다. 〈표 6〉에 나타나고 있는 것처럼 거제도 제1수용소의 제17구역은 유엔군사령부 지부수용소 1-A 저구리로 바뀌었고, 제18구역은 용초도로 옮겨서 1-B 등으로 지정되었다. 용초도 수용소는 휴전 후 공산 측에 억류되어 있던 귀환 국군포로들의 재교육 장으로 활용되었다.[272]

분산작전이 끝난 후 1952년 12월 말 거제도의 병력배치는 제8137헌병단 아래 제17보병연대의 경우 할당 정원이 164명이었는데 실제 병력은 497명이었고, 한국군의 경우는 정원 4,138명에 3,956명이 배치되었다. 봉암도 수용소의 경우에도 미군 제9헌병행정 중대와 제3경비대대는 할당정원보다 실제 배치인원이 많았으나 한국군의 경우는 역시 약간 부족했는데 다른 수용소도 비슷한 처지였다.[273] 이는 수

---

[272] 『동아일보』 1953년 8월 13일자 ; 『조선일보』 1953년 10월 29일자 ; 도지편찬위원회, 『경상남도지』, 1978, 323쪽.
[273] "Statistical Report" Aug. 31, 1952, 5745/407 ; "POW Strength" Dec. 31, 1952, 12/389.

용소 당국이 한국군보다 미군을 더 중시했던 것으로 보인다.

병력 규모를 후에 포로의 희생이 컸던 수용소의 포로 규모와 비교하면, 〈표 7〉에 나타나듯이 먼저 봉암도 수용소의 경우 포로 9,105명에 미군 행정요원을 제외한 한국군 경비대는 포로 1인에 10.8명 수준이었고, 용초도 수용소의 경우도 포로의 수 8,012명에 한국군 경비대 856명의 비율은 9.4명 수준이었다. 제주도 수용소의 경우 미군 행정요원 207명을 제외하고 헌병대만 881명이었으므로 6.7명의 비율로 수용소 관리에서 경비와 포로의 권장비율인 1:20보다 훨씬 낮은 수준으로 수용소 당국이 포로의 통제에 대한 어려움을 병력 부족으로 변명할 수 없었다. 또한 영천, 상무대, 마산, 부산 등지의 수용소에는 미군 헌병대의 배치가 없었던 까닭에 나중에 한국군이 반공포로를 탈출시킬 때에 다른 수용소보다 유리했을 것이다.

〈표 7〉 수용소별 병력과 포로의 수[274]

(단위: 명)

수용소	위치	포로성향	국적별				미군 행정요원		미군 헌병대		카투사	한국군
			중국	북한	남한	CI	장교/하사관	사병	장교/하사관	사병		
제1	거제도	친공	13	46,200	915	489	137	1,564	129	3,003	681	2,170
1A	저구리	친공	.	11,560	.	13	16	200	2	80	51	843
1B	용초도	친공	.	7,982	30	.	15	212	·	·	51	856
1C	봉암도 (추봉도)	친공	·	3	14	9,088	15	207	2	25	51	845
2	부산	친공	426	9	·	·	58	512	1	89	·	872
8	제주	친공	5,911	·	·	·	20	187	33	848	·	

[274] "Statistical Report" Feb. 28, 1953, 19/389. 단, 한국군의 수는 1952년 12월 27일 현재를 기준으로 한 것이다("POW and CI" 1953, 15/338).

		소계	6,350	65,754	959	9,590	261	2,882	167	4,045	834	5,586
2	부산	반공	427	1,569	108	1	위의 부산 수용소 병력에 포함
3	모슬포	반공	14,298	·	·	·	35	357	8	296	6	·
4	영천	반공	·	493	·	35	8	129	·	·	·	871
4A	대구	반공	·	494	·	·	4	34	·	45	·	·
5	상무대	반공	·	11,996	·	·	20	315	·	·	·	969
6	논산	반공	·	11,908	2	·	13	228	3	42	·	916
7	마산	반공	·	3,911	·	12	16	269	·	·	·	855
9	부산	반공	·	4,309	·	·	13	185	·	·	·	862
		소계	1,725	34,674	110	48	109	1,517	11	383	6	4,473
		총계	21,075	100,428	1,069	9,638	370	4,399	178	4,428	840	10,599

2) 통제 정책의 강화

(1) 전투원으로 처리

포로 심사와 분산과정에서 거듭된 사건으로 거제도 수용소는 포로에 대한 규율과 통제가 상실되었다. 이에 대해 유엔군사령부는 무력 진압을 했고 결과적으로 사상자가 발생했음도 시인했지만, 이를 통해 수용소를 통제할 수 있었다는 사실을 긍정적으로 평가했다.[275] 그러나 이러한 사건이 판문점협상에서 유엔 측의 입장을 약화시키기 위해 외부 지시에 의해 발생했다고 간주했다. 미국 상원 군사위원회에서도 광적인 핵심 공산주의자들이 거제도를 완전히 장악했다

---

[275] "CINCUNC, Tokyo to DA for JCS" June 17, 1952, 5/407 ; "The Communist War in POW Camps", Jan. 1953, 서문.

고 평가하면서, 그들의 모든 행동은 공산 측이 미국을 불신시키려는 선전재료를 제공하기 위한 목적으로 상부의 지시에 의한 것이라고 주장했다. 상원의원 러셀(Russell, Richard B.)은 돗드사건이 미국의 지나친 관대정책이 기인했다고 말했다. 따라서 공산주의자의 거짓 선전을 타파하기 위해 다른 나라로부터 고위급 장교를 초청하여 거제도를 방문시켜 실상을 확인하도록 건의했다.276)

하지만 수용소 당국은 심사와 분산 과정에서 좌익포로들의 저항이 예상되었음에도 불구하고, 그 희생자를 최소화하지 못함으로써 공산 측의 비난과 함께 세계여론을 악화시켰다. 공산 측은 이들 사건을 계기로 희생자의 규모를 과장하면서 북한과 중국은 물론 소련, 동유럽 등지에서 심사에 반대한 포로들에게 미군들이 무력을 행사하여 수백 명의 사상자가 발생함으로써 자원송환의 기만극을 폭로했다며277) 규탄대회를 열거나 유엔에 항의했다.

이에 대해 미군 측은 좌익포로들의 폭동이 사전에 잘 계획했던 것이고 판문점 협상과 연계되었다는 논리를 폈지만, 영국 언론을 비롯해서 세계 언론들은 거제도 사건에 대해 크게 주목하면서 유엔군의 포로처리에 대한 무능력을 비판했다. 이에 대해 미 군부에서는 검열을 강화하면서 심리전 요원을 급파하여 거제도 사건에 대한 진상을 알리려고 노력하는 한편, 포로 통제에 대한 상실을 회복하기 위하여 그들의 통제를 더욱 강화하도록 했다.278)

---

276) 「미국 상원 Richard B.Russell이 대통령에게」 1952.6.10, President's SF, Subject Files, Cabinet Defense of Secy of POW, Korea, Bx 156/HSTL.
277) 「거제도 포로폭동은 소위 '자원송환'의 기만극을 폭로했다」, 『로동신문』 1952년 2월 25일자 ; 『조선인민군』 1952년 6월 16~17·20일자 ; 시성문·조용전, 윤영무 역, 『(중국인이 본)한국전쟁: 板門店 談判』, 252쪽 ; "CG Army Eight to CINCUNC, tokyo" June 10, 1952, 2/218 ; "DKB" June 16, 1952, RCIA II, p.449 ; "Memo by USUN, New York for the Secretary of State: North Korea charges US which Atrocities on POWs" June 18, 1952, 『남북한관계사료집』 12, pp.202~206.
278) "DA(JCS) to CINCFE, Tokyo" June 6, 1952, 5/407 ; "CINCUNC, Tokyo to DA" June

돗드 피랍사건 직후 1952년 5월 11일, 리지웨이 유엔군사령관은 밴 플리트 제8군사령관에게 거제도에서 더 이상을 소요를 막기 위해 충분한 병력을 유지하고, 돗드사건에 책임 있는 포로들의 적절한 처벌조치를 강구할 것, 포로경비를 위해 미군 전투부대보다 한국군에 최종적 경비를 넘기는 계획도 강구할 것 등을 지시했다. 12일 새로 임명된 클라크 유엔군사령관도 그동안 포로에 대한 통제가 약했음을 인식하고 밴 플리트 장군에게 포로의 분리와 완벽하고 완전한 통제(complete and uncontested control) 방안을 수립할 것을 지시했다. 5월 14일 보트너를 수용소장으로 새로 임명하여 수용소에 대한 엄격한 통제를 지시했다. 미군들은 이 시기부터 포로들을 더 이상 비전투원(noncombatant)으로 대우하지 않고, 활동적인 적(an active enemy)으로 처리하는 강경 조치를 취했다. 수용소 당국은 한 번 명령이 내려지면 확실하게 실행해야 하고, 포로들의 불합리한 요구에 양보를 하지 말도록 했다.[279] 포로 대우에 대한 제네바협약의 준수는 조직적 투쟁을 중지시키고 억류국에 복종하는 포로에 대한 규정이라는 인식 아래, 억류국에 도전하는 포로는 그 규정의 준수를 배제할 수 있다는 입장이었다.[280]

9, 1952, 같은 상자.

[279] "CINCUNC, Tokyo to DA" May 12, 1952, 12/389 ; "And Koje Prisoners still flaunt Defiance as US flexes Muscles", *Life*, June 9, 1952, p.34 ; US Army Military Police Board, "Control and Administration of POWs during the Korean conflicts," pp.238~239.

[280] "HQ POW Command, 8203d Army Unit to the Adjutant General, DA: POW Command Study on the Administration and Security of the Oriental Communist POW" Oct. 8, 1953, 4025/407.

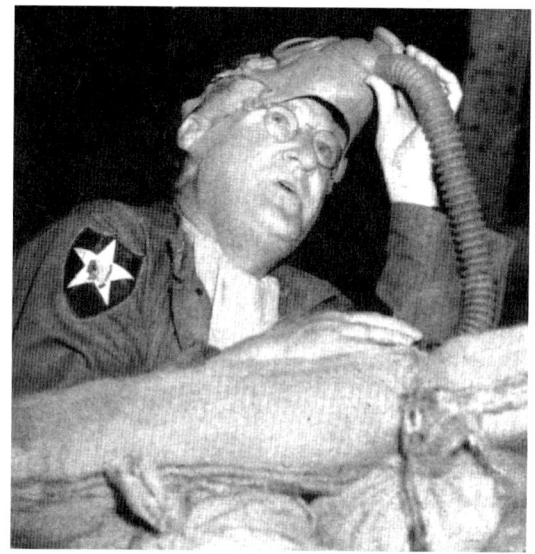

〈사진 6〉 보트너 소장(*Life* June 23, 1952, p.30)

미군 당국은 한국전쟁에서 공산포로들이 다른 전쟁의 경우와는 달리, 가능한 모든 수단을 통해 전쟁을 수행하려 했던 것으로 인식했다. 또한 수용소에서 일어난 사건이 결국 판문점에 있는 공산 측 대표와 연계되어, 공산 측이 포로를 비전투원으로 간주하지 않고 그들을 새로운 총체적 전쟁(total war)에 이용하고 있는 것으로 파악했다. 바로 판문점 휴전협상의 공산 측 대표 이상조와 남일이 수용소에서 일어난 사건의 배후라고 믿었다.[281]

또한 포로수용소사령부는 포로들을 통제하기 위해 수용소 내에 정보원을 심는 등 공격적인 정보수집 활동과 함께 무력 사용을 강화했다. 즉 포로들에게 명령에 순종할 것을 명하고, 이를 거부할 경우 협상에 의한 해결이 아니라 무력을 사용했다.[282] 실제로 그 대상은

---

[281] 「유엔군사령부가 발표한 포로수용소 내에서의 공산전쟁」 1953.1.28, 『한국전란 3년지』, C14~16쪽 ; "The Handling of POW", 서문, p.1 ; "Logistical Support", 서문.

모든 포로가 아니라, 수용소 당국에 도전하는 주로 좌익포로에 한정되었다.

1952년 6월 미 제8군사령부는 포로에게 폭력을 야기하는 시위를 허용하지 않고, 나아가서 각 동 수용소에 대해 매일 실태 공개와 보안검색을 실시하도록 했다.[283] 이 해 8월 17일 보트너 소장은 각 단위 수용소장에게 포로의 규율과 통제를 결코 늦추어서는 안 된다고 지시하면서, 유화정책 때문에 사건이 발생한다고 말했다. 그는 수용소 지휘관들에게 수용소에서 누구든지 너무 많은 무력을 사용했다고 비난하거나 조사 혹은 징계를 받는 일은 결코 없겠지만, 그들이 필요한 것보다 적게 무력을 사용할 경우 비난받을 것이라고 통지했다. 이에 따라 경비병들은 철모를 쓰고 전투태세로 들어갔다.[284]

이는 이전의 지침과 구별되는 것이었다. 이전 규정을 보면 수용소 경비들에게 "소동 혹은 폭동이 있더라도 유엔군을 살해 또는 공격하는 것을 미연에 방지하기 위하여 포로들을 진압시킬 수 있는 다른 효과적인 방법이 없다고 결정되기 전에는 무기를 사용하지 못할 것이다. 도주를 기도하는 경우에는 한국말로 '정지'라고 수하를 거듭한 후 도주의 미연 방지를 위하여 화기를 사용치 않으면 안된다는 것이 명백했을 때 한해서 화기는 사용될 것이다. 거듭 말하건대 화기는 수하를 대신 사용할 수 없다. 가창 혹은 구두 모욕은 극단한 긴급사(緊急事)를 구성하지 않는다. 포로들이 주위나 정문보초에게 투석을 시작한 경우에는 곧 수용소장에게 보고하여야 할 것이며 수용소장은 무기를 유지하고 보초에게 존엄을 보존하기 위한 방법을 지시할

---

[282] "The Administration", pp.62~63.
[283] "Command Report" May 1952, 4/407, p.6 ; "CINCFE to DA" June 21, 1952, 14/389 ; "The Story of the PW Command" 1953, 같은 상자, p.3.
[284] "POW PMS, No.211", 27/497, p.13 ; Bertran F. Wallace's interview, http://lcweb2.loc.gov/diglib/vhp-stories/loc.natlib.afc2001001.01649.

것이다."285) 등이었다.

　포로수용소사령부는 경비들에게 포로가 이전의 전투원이었다는 점과 승리한 군사(conquering soldier)는 우월하다는 사실을 잊지 말도록 했다. 즉 포로처리의 운용지침으로 유엔군 요원에게 포로들의 반항행위나 불순종, 투석 등 적대적 태도가 허용되지 않는다는 점을 알리도록 했다. 이를 어길 경우 진압하기 위해 경비병들은 권총이나 소총 혹은 카빈총, 기타 필요한 무기의 발사를 포함한 즉각적이고 적극적인 조치를 취할 수 있었다. 경비병은 M1이나 카빈 소총에 총창을 꽂아서 무장하고, 실탄은 M1 소총일 경우 48발, 카빈 소총일 때 60발을 휴대할 수 있었다. 야간에 포로들은 수용소 밖으로 나가는 것을 금했다. 1952년 12월 1일 지시에서 포로들은 화장실 출입과 취사원을 제외하고 오후 7시부터 새벽 5시까지 지정된 숙소 내에 있도록 했다. 각 수용소 내에서 포로들은 수용소 당국의 시찰 등 통제 사항에 따르기 위해 매일 적어도 두 번 수용소장이 지정한 장소에 규정된 호각신호나 기타 방법으로 명령할 경우 즉시 100명씩 5열종대로 정렬해야 했다.286)

---

285) 「폭동 소동 기도 및 탈출 및 급습의 경우 화기 및 최루가스를 사용하는 군대관리에 대하여」 1952.4.12, General Clark files, Box 8/ Office of the Chief of Staff, Records of HQ, FEC, SCAP, and UNC RG 554.
286) 국제연합 제1포로수용소사 본부(제8137헌병단 사령부), 「포로감시에 관한 규정」 1952.7.5, 5744/407 ; 국제연합 제1포로수용소 사령부(제8137헌병집단부대 본부), 「지시」 1952.8.19, 11/497 ; 국제연합 제1포로수용소 사령부(제8137헌병집단부대 본부), 「숙사에 대한 규칙에 관한 건」 1952.12.20, 5449/407 ; HQ UNC POW Camp No.1(Koje-Do), "Standing Operation Procedure for Handling of POW and Operating POW Enclosures" Oct. 9, 1952, 5746/407.

> 국제연합제1포로수용소사령부 (거제도)
> (8137 헌병집단부대본부)
> 1952년 8월 19일
>
> <u>지 시</u>
>
> 각 수용소 포로대표자 들에게
>
> 1. 포로들은 절대로 국제연합군에 대하여 반항행위나 순종치 않거나 혹은 적의 잇는 태도를 하여서는 않된다는 것을 알어야 한다. 이러한 국제연합군에 대한 불손행위를 제지하기 위하여 상당한 무력으로서 진속하고도 적극적인 행동을 취하도록 국제연합군에게 지시하였다.
> 즉 엽총이나 혹은 소총 혹은 카-빈총 기타 판요한 무기를 사용할 것이다. 포로들이 국제연합군에 대하여 돌을 던지는 등의 반항행위는 국제연합군이 포로들에게 발사하는데 충분한 이유가 될 것이다.
>
> 2. 국제연합군이 시찰 기타 관리사무를 보기 위하여 각 수용소내에서 포로들을 매일 적어도 두번은 수용소소장이 지정한 장소에 규정된 호각신호나 기타 방법으로서의 명령하에 즉시 대열을 지며 정열할 것이다. 그 대열은 100명씩 5열종대로 지을 것이다.
> 별지 대열법도를 참조할 것.

〈자료 4〉 포로수용소사령부 '지시'(1952.8.19)

노래는 수용소 밖의 모든 작업장에서 금지되었다. 수용소 안에서 포로의 노래 허용여부는 수용소장의 권한이었다. 그러나 노래를 부를 수 있는 시간은 돗드 피랍사건 이후에는 오전 6시에서 오후 6시까지로 한정되었고, 그 내용도 공격적이고 정치적인 성격은 허용되지 않았다. '적기가(赤旗歌)', '김일성 장군의 노래', '자본주의에 싸우는 인민들', '빨치산의 노래', '인민군가', '스탈린의 노래', '이승만과 한국을 타도하라' 등의 노래는 어떠한 일이 있어도 허용되지 않았다. 포로들은 막사 내에서나 작업장에서 국기나 깃발, 정치적 장식물을 내걸어서는 안 되었다. 포로들에게 군사적 훈련은 허용되지 않았으나, 각종 스포츠는 장려되었고, 계급뱃지, 국적표시의 착용은 허용되었다. 포로들이 철조망에서 5자[尺] 이내로 접근하거나 모이는 것은 허용되지 않았다. 어느 때나 담장에 옷이나 담요를 걸어둘 수 없었고, 냄비나 양동이 등을 두드리는 것도 허용되지 않았다. 단위 수용소 소장은 단체로 포로들에게 급식을 제한하는 처벌을 할 수 없었지만, 개인적인 처벌은 가능하도록 했다. 작업장에서 좌익포로는 그룹별로 25명을 초과하지 말도록 했고 이에 대해 최소한 4명의 경비가 그들을 보호하도록 했으나, 우익포로의 경우는 수용소장의 권한으로 50명까지 허용됐다.287) 그 결과 포로수용소 내에서 수용소 당국과 포로들 사이의 갈등이 상존했다. 이러한 강경 조치에 대해 공산 측은 보트너가 수용소장에 취임한 후 포로들이 하루도 희생되지 않는 날이 없었다고 주장했다.288)

(2) 범법포로의 처벌

휴전협상의 시작과 이에 따른 심사와 분산작전이 진행되는 동안 포로수용소에서 폭동, 시위 및 폭력적인 상황이 일상적으로 일어났다. 그러나 유엔군사령부는 포로들을 일일 기준(day to day basis)으로 대처했다. 이러한 정책은 휴전이 곧 이루어져서 유엔군사령부의 조치가 필요 없기를 희망하는 안이한 견해에서 비롯되었다. 수용소 당국의 강력한 제재가 없자, 좌익포로들은 더욱 더 대담해지고 요구

---

287) "SOP for the Guarding of POW, HQ UNC CI En No.1−C(Pongam−Do)" Sep. 10, 1952, 14/338 ; HQ POW Command 8203d Army Unit APO 59, "Standing Operation Procedure for the Operation of UN POW Camps" Feb. 10, 1953, 2/338, pp.49~61, p.73.
288) 거제도 인민군 포로장병 6,223명, 「호소문」 1952.5.23,『승리의 길』1952년 7월 7일자,『빨치산 자료집』7, 84쪽;「죽음의 수용소에서 도라 온 박상현 내외 기자들과 회견」,『로동신문』1953년 9월 10일자.

가 더 많아졌다.[289] 분산작전 이후에도 포로들은 수용소 당국에 계속해서 도전했다. 이는 여러 가지 이유가 있겠지만, 범법포로에 대해 유엔군사령부가 적절하게 조치를 취하지 못했기 때문에 상황을 악화시키는 측면이 있었다.

미군은 제2차 세계대전 중에 독일군 포로의 범죄에 대해 영창제도를 운영하고 혹은 훈련을 시키는 등 대책을 마련하여 시행했다. 독일군 포로 중 살인행위를 한 14명을 사형에 처했으며 7명에게는 무기징역을 선고한 적이 있었다.[290]

한국전쟁에서도 포로가 된 후 범법행위자에게 전쟁법과 관습법, 한국법, 유엔군사령부의 선언, '유엔군 포로 관리규정' 등의 위반에 대해 처벌을 모색했다. 유엔군사령부는 이들에 대한 처벌문제가 1951년 8월 처음으로 제기되었을 때, 미 제8군사령관에게 권한을 부여했다. 포로의 처벌에 관한 규정은 제네바협약 제82~90조, 97~108조에 따라 포로의 행정적 처벌규정(1951.10.12), 포로의 감금규정(penal confinement) (1951.10.22), 유엔군 포로처리와 규정(1951.11.11) 등이 정비되었다. 포로에 대한 재판은 군사위원회(military Commissions)에서 처리하되, 그 절차는 부속규정(1951.10.6)에 따르도록 했다.[291] 민간인억류자에 대한 규율은 포로와 같은 기준으로 적용한다는 방침이었다.[292]

그 내용은 다음과 같았다. 처벌될 포로는 원칙적으로 독방에 억류하여야 하나, 행정적 형편에 따라서는 여러 명을 감금할 수 있으며, 제

---

[289] Hermes, Walter G. *Truce Tent and Fighting Front*, p.233.
[290] "The Army Correctional System by Office of the Adjutant General Depot of the Army" Feb. 1946, 23/407 ; Tollefson, Martin, "Enemy POW", Iowa Law Review Vol.32, 1946 & 1947, Extracts, 15/389.
[291] GQ, UNC Tokyo, "Trial of POW for Post Capture Offense" Oct. 12, 1951, 12/389 ; HQ UNC APO 500, "Operation Instructions Reference, Enemy POW" Oct. 14, 1952. UNC Phamphlet No.1, 15/338.
[292] "Disciplinary Control of CI's" Nov. 3, 1951, 462/338.

네바협약의 특권이 박탈된다. 범법 여성포로들은 병원수용소에 감금하도록 했다.293) 이들 포로에 대한 식사나 우편교환 등은 일반포로와 같이 대우된다. 또한 하루에 최소한 2시간씩 운동을 옥외에서 하도록 하고, 의료서비스도 일반포로와 같이 제공되었으며 예배도 포로가 원하면 가능했다. 그러나 처벌 중인 포로가 규율을 어겼을 때, 경고와 견책, 식사제한(14일간을 넘을 수 없고, 14일 이내에 또 다시 처벌할 수 없다) 등을 받았다. 형이 확정된 포로들에게는 야외에서 운동과 활동 특권의 박탈, 담배 중단 등의 처벌을 할 수 있었다. 사형집행은 제8군사령관 혹은 이 임무를 맡은 장성의 명령에 의해 시행될 수 있었다. 하지만 중범죄자에 대한 재판은 휴전협상이 진행 중일 때에는 시행되지 않았다. 그럼에도 불구하고 유엔군사령부는 범죄 혐의자들에 대한 분리와 그들의 행위에 대한 조사는 강력한 억제력으로 작용할 것을 기대했다.294) 이러한 규정 가운데 1952년 9월 23일 사형집행의 명령을 행할 수 있는 지위가 미 제8군사령관에서 한국후방기지사령부 사령관으로 바뀌었다.295)

 그러나 포로에 대한 처벌이 행정적 처벌 외에는 시행되지 않았다가, 수용소 당국은 '2·18폭동' 이후 포로의 범법행위에 대한 처벌 강화를 모색했다. 1952년 3월중 대부분의 포로수용소가 불온했고, 이 달 17~19일에는 반공포로들의 행진, 노래, 깃발 게양 등이 나타났다. 이 시기에 폭력은 없었으나, 명령이 준수되지 않았다. 친공포로들은

---

293) 중국의 주은래 수상은 독일의 뉘른베르크와 동경의 국제재판에서 결정한 원칙에 의하여 전범자로 인정된 포로는 제네바협약의 혜택을 받지 못한다고 했다. 이는 공산 측에 포로된 세균을 뿌렸다고 주장하는 비행사의 처리와 관련된 것으로 보인다(『신한민보』1952년 7월 24일자).
294) "GQ, UNC to the PMG, DA: Report of Visits of ICRC Delegates to UN POW Camp #1 in Aug. and Sep. 1951" Jan. 23, 1952, 12/389.
295) GQ UNC, "Regulations Governing the Penal Confinement of POW," Oct. 20, 1951, Sep. 23. 1952, 462/338.

작업장으로 나가는 반공계 포로들에게 욕설과 함께 돌을 던졌다. 이에 대한 처벌은 단지 식사 양을 줄이고, 담배의 공급을 중단하는 것에 불과했다. 즉 반공포로들에게는 5일간 식사를 줄이고, 친공계 포로들에게는 14일간 식사를 감축시켰다. 또한 쌀 1/3비율을 전부 보리로 대체했다.296)

〈사진 7〉 거제도 포로수용소 중영창

돗드 소장의 피랍 사건 이후 범법포로들에 대한 적절한 법적 제재 수단이 없었기 때문에, 수용소장이 행사할 규율권은 약화되었다. 이에 따라 1952년 5월 17일 미 제8군사령관은 범법포로에 대한 재판을 요구했고, 유엔군사령부는 이 달 27일 승인했다. 친공과 반공포로들이 동료를 살해한 사건도 많았다.297) 7월 하순까지 총 14건이 조사가 완료되어 약 100명의 범법포로가 재판을 받을 준비를 하고 있었다. 그러나 유엔군 측 휴전협상 대표를 비롯해서 군부 내에도 포로의 탈

---

296) "Summary report" March 31, 1952, 5740/407, p.3.
297) 중국포로는 전체 전범포로의 규모를 중국군 포로 140명, 북한군 포로 1,000명으로 추산했다(장택석, 『중국군 포로의 6・25전쟁 참전기』, 325쪽).

법행위에 대한 재판이 공개되면, 공산 측이 비난 선전을 할 것이고, 그들이 억류하고 있는 유엔군 포로에 영향을 미칠 것이라고 우려했다. 또한 정전협정이 체결되면 이 처벌들은 부분적으로나 전적으로 무효화될 것이고 재판을 한다 하더라도 피고가 된 포로들이나 공산 측에서 재판에 대한 도전과 선전을 하게 될 것이라고 평가했다. 이와 반대로 한편에서는 이 재판이 제네바협약에 근거한 것으로 그 시행은 포로들의 규율을 강화시키고, 여러 사건으로 비난을 받았던 여론을 약화시킬 수 있을 것을 기대했다. 재판에는 국제적십자사의 대표를 초청하도록 했다. 그러나 공산 측이 이런 조치를 신뢰하지 않을 것이므로, 유엔군사령부에서는 이의 시행을 위해 언론에 적극적으로 홍보하고 재판을 공개할 것을 육군부에 요구했다.[298]

포로의 분산작전 이후에도 수용소에서 사건이 계속 발생했다. 1952년 8월 28일 클라크 유엔군사령관은 적절한 법적 제재조치 없이는 수용소 내의 규율이 약화될 것이므로 포로의 탈법행위에 대한 처벌을 위한 군사위원회의 임명을 승인했다. 유엔군사령부는 포로들의 적절한 처벌이 당시로는 불가능했으므로, 재판을 위한 군사위원회의 설치가 필수적이라고 인식했다.[299] 머피(Murphy, Robert D.) 주일 미국대사는 범법포로에 대한 처벌이 없으면 질서와 규율의 파괴를 더 유인할 것이라며, 미국은 옳은 일을 하는 데에 공산주의자의 보복이나 도발을 우려하여 움츠려 들어서는 안 된다고 건의했다.[300]

그러나 미 국무부는 범법포로의 재판이 여론에 미칠 영향을 우려하여 유보적인 입장을 나타냈다. 무초 대사도 수용소에서의 범법행

---

[298] "CINCUNC, Tokyo to DA" July 24, 1952, 12/389 ; "Thomas, Herren, W., Major General, USA Commanding to CINCUNC: Status of POWs to be tried for War Crimes and Post Capture Offenses" Aug. 19, 1952, 23/333.
[299] "CINCUNC to DF" July 24, Aug. 18, 1952, 309/319.
[300] "USAmbassador in Japan to DS" Aug. 21, 1952, 12/389.

위에 대해 군사위원회가 공개재판을 열 경우, 공산 측은 유엔군이 포로들에게 누명을 씌운다고 주장하는 등 좋은 선전자료를 제공하게 될 것이라는 입장을 밝혔다. 그는 수용소의 질서를 위해서는 체포, 감금, 말썽꾸러기의 분리 수용 등이 유용할 것이라고 주장했다.[301]

이러한 논란 속에서 유엔군사령부는 1952년 12월 초 미 국방부의 정책을 확인해 줄 것을 요구했다. 동 사령부는 다시 한번 포로의 범법 행위에 대한 심리가 유엔군의 지지를 확고히 하고 질서의 확립을 위해 공개적이고 공정한 심판이 시급히 필요하므로 군사위원회의 설치를 요구했다. 즉 그 위원회의 필요성에 대해 "거제도 제1수용소에서 대규모의 소요계획은 아직 결정적인 증거가 없지만 포로들이 적절한 법적 조치가 없다는 것을 아는 한 불온한 움직임을 계속할 것이므로, 군사위원회가 폭동을 제거시킬 수는 없겠지만 폭력을 약화시킬 수는 있을 것이다. 또한 좌익 선동자들에 대한 공개적이고 공정한 재판은 유엔군의 지지를 강화시킬 것이고, 그동안의 통제조치가 정당하지 않았다는 의심을 없앨 것"이라고 주장했다.[302] 따라서 유엔군사령부는 가능한 한 조기에 군사위원회가 설치되도록 고려를 해 줄 것을 국방부에 요청했다.

그러나 이 문제에 대한 미국의 정책결정이 유보된 상태에서 휴전협상이 계속 정돈되자, 유엔군사령부는 미 국방부 장관에게 1953년 1월 9일 유엔군 군사위원회의 구성을 재차 제안했다. 합참에서는 이 위원회의 설치가 수용소 내에서 상황을 개선할 수 있다는 데 동의했지만, 이 조치는 많은 심각한 법률적 정치적 문제를 야기할 것이라는 우려를 폭 넓게 고려했다.[303] 1953년 1월 말에 포로의 공격으로

---

[301] "DKB" 1952.8.23, RCIA II, p.553. 영국도 휴전협상 기간에는 그들에 대한 재판을 연기하는 것이 좋다는 입장이었다("Memo of Conversation: Korea" May 4, 1953, 『남북한관계사료집』 12, p.480).

[302] "CINCUNC to DA" Dec. 11, 1952, 3/218 ; "CINCFE to DA" Dec. 11, 1952, 309/319.

미군 1명이 사망하자, 다시 유엔군사령부는 국방부에게 포로 후 범법자의 처벌에 대한 즉각적이고 최우선적 고려를 요구했다.304) 유엔군사령부는 명백한 살인자들을 처벌할 수 없다는 점에 당혹했다.

4. 분산 이후의 갈등

1) 통제정책의 한계

1952년 4월부터 7월까지 포로들은 송환거부자와 희망자로 나뉘어 분산되었고, 좌익포로들이 지도자들과 분리되었기 때문에 이제 보트너 수용소장 기대대로 포로들이 더 이상 반동적이지 않아야 했다. 그러나 친공포로들은 자신들이 '극단한 퇴조기'에 처해 있다면서, 투쟁의 앙양기를 다시 모색하려 했다.305) 그들은 거제도·제주시·봉암도 등 수용소에서 공산주의 노래를 부르거나, 군사 훈련, 시위, 작업거부 등으로 수용소 당국에 계속 도전했다. 이에 대해 1952년 9월부터 10월에 복무했던 한 미군 헌병대원은 매일 사건이 발생했고, 변기통(honey-buckets)에서 인민재판으로 살해된 포로 색출, 무기 제작과 도주 방지를 위한 수용소 변경 등을 기억했다.306)

분산 이후 한 동안, 포스터(Foster, W. C.) 미 국방부 차관이 거제도 수용소를 방문한 후 수용소 요원과 시설 등이 잘 정돈되었고 포로에 대한 '철의 규율(iron discipline)'을 유지하고 있다고 수용소장을

---

303) "Robert A. Lovett to Secretary of Defense" Jan. 9, 19, 1953, Sec.13.3/218.
304) "CINCUNC to DA" Feb. 4, 1953, Sec.14/218.
305) 「비합법 태세를 강화하자」, 『강철』 1952년 11월 23일자, 군사편찬연구소, HD 1413.
306) Hubert Dame, "Koje in Sep.~Oct. 1952" 2010-04-25, http://www.koreanwar.org/html/units/kojedo.htm.

치하했던 것307)처럼, 포로에 대한 통제가 가능했다. 그러나 〈표 8〉에 서 보듯이 분산 이후에도 크고 작은 사건이 많이 일어났다.

여러 사건 가운데에는 송환거부포로들의 수용소에서도 일어난 경우가 있지만 그 수는 적었다. 예를 들면, 논산 수용소에서 1952년 7월 27일, 30일에 일어난 사건은 수용소를 장악하기 위한 싸움에서 비롯되었다. 일부 포로들이 좌익포로가 수용소에 잠입하여 반공포로 지도자를 살해하고 수용소를 장악하려고 한다는 주장을 했지만, 미군들은 그 증거를 찾지 못했다. 다만 일부 좌익포로가 수용소에 존재하여 말썽을 일으킬 수 있다는 점에는 동의했다.308) 그러므로 이 시기에 보다 중요한 것은 송환희망포로수용소에서 갈등과 분규이다.

좌익포로들은 계속해서 민청, 노동당 등과 같은 단체를 유지하면서 공산주의 교육과 반미선동 등 수용소 당국을 당혹케 하기 위해 비합법 태세를 강화했다.309) 이렇게 계속해서 사건이 발생한 이유는 한 때 수용소장을 지냈던 맥거(Mcgarr, Lionel C.)의 지적처럼 포로들이 송환된 후 그들의 활동을 북한이나 중국 정부로부터 인정받으려는 의도도 있었을 것이다.310)

---

307) Lancer, Thomas F., Colonel, MPC, Chief Operation Division, "Visit by the Deputy Secretary of Defense to Koje-Do" Nov. 26, 1952, 12/389.
308) HQ FEC, "Staff Section Report, G 1 Section" Aug. 1952, 8/407.
309) 「비합법 태세를 강화하자」, 『강철』 1952년 11월 23일자 ; HQ UNC POW Camp No.1, "Command Report" Dec. 1952, 5747/407, p.1.
310) "HQ POW Command 8203d Army Unit to the Adjutant General, DA: POW Command Study on the Administration and Security of the Oriental Communist POW" Oct. 8, 1953, 4025/407.

〈표 8〉 사망자와 도망자의 통계(1952.7~1953.2)[311]

(단위: 명)

	사망자				도망자			
	인민군	중국군	CI	계	인민군	중국군	CI	계
1952. 7	37	7	17	61	4	·	1	5
1952. 8	42	4	11	57	2	·	1	3
1952. 9	37	7	9	53	10	1	·	11
1952. 10	33	73	7	113	9	·	·	9
1952. 11	32	6	5	43	9	·	·	9
1952. 12	47	8	87	142	1	·	·	1
1953. 1	49	3	3	55	·	·	·	·
1953. 2	43	8	2	53	·	40	·	40

포로중 도망자 가운데 일부는 지리산 빨치산부대에 합류했던 것으로 보인다. 인민군 중대장 출신인 방종환을 비롯해 윤기복[312] 등 3명이 1952년 중반 거제도 포로수용소를 탈출해 지리산 빨치산부대를 찾아가서 심사를 거쳐 활동하다가 덕유산과 대원사골에서 국군 토벌대와 전투 중 사망했다고 한다.[313]

〈표 9〉 사건 횟수(1952.7~1953.2)[314]

(단위: 건 / 명)

	사건			사망	입원	경상
	좌익	우익	계			
1952. 7	14	4	18	7	31	56
1952. 8	19	3	22	7	27	136
1952. 9	11	2	13	5	20	197
1952. 10	14	5	19	61	155	292
1952. 11	10	3	13	5	6	71
1952. 12	41	7	48	109	133	196
1953. 1	16	6	22	10	9	10
1953. 2	26	·	26	16	71	9

---

311) "POW and CI Strength" Sep. 24, 1953, 21/389.
312) 그러나 거제도 포로수용소 명단에는 방종환과 윤기복의 이름이 보이지 않는다.
313) 정충제, 『실록 정순덕』 중, 대제학, 1989, 93~97쪽.
314) "PM Statistical Report" April, 1953, 19/389.

〈표 8과 9〉의 통계에 따르면[315] 1952년 7월 중 사망자 61명 가운데 갈등으로 인한 경우가 7명뿐이었고, 8월에도 53명 중 7명, 9월 53명 중 5명, 10월엔 113명 중 61명, 11월에는 43명 중 5명, 12월엔 142명 중 109명 등이었고, 1953년 1월엔 55명 중 10명, 2월 53명 중 16명 등이었다. 그러므로 전체 사망자 가운데 폭동이 일어난 경우인 1952년 10월과 12월이 아니면, 갈등으로 인한 사망 숫자는 그다지 많지 않았음을 보여 준다.

〈표 10〉 사건 내용 분석(1952.11~1953.6)[316]

(단위: 건 / 명)

	사고	야간이동	지시거부	공격(작업중)	도주	시위,폭동	포로간충돌	경비병의과실
사건횟수	4	18	6	15	5	4	23	1
사망자	4	11	4	12	5	120	25	1
부상자	9	7	2	13	·	267	1	1

이 시기의 사건유형을 살펴보기 위하여 1952년 11월 하순부터 1953년 6월까지 주요한 포로사건 77건을 분석하면 〈표 10〉과 같다. 이 표에서 나타나듯이 수용소 내의 갈등 가운데 가장 많은 것은 포로들 사이에서 일어난 사건이었다. 포로들의 성향에 따라 분산된 이후에도 포로끼리 갈등이 크게 일어난 점은 집단생활에서 갈등도 있었겠지만, 심사가 제대로 이루어지지 않아서 그들 사이에 여전히 이념적 갈등 요소가 있음을 나타낸 것이다. 그리고 포로들이 야간에 이동하는 것을 경비병이 통제하거나 포로들이 경비병을 공격하는 경우도 많았다. 포로들이 작업하는 중에도 경비병에게 도전하는 사건이 계속되었다. 그런데 야간이동 중 일어난 사건은 수용소 당국의 과도한 통제에 기인한 면도 있다. 1952년 12월 1일자로 수용소 당국은

---
[315] 상술한 대로 포로사망자의 통계에는 상당한 차이가 있었다.
[316] "POW PMS No. 168~248", 28~30/497. 제주도 시위는 포함되지 않았다.

포로들이 취사원과 개별적인 화장실 출입을 제외하고 19:00~05:00시까지 통금시간을 확대했다. 이에 대해 포로들이 불만을 나타내며 수용소 당국에 도전한 경우가 많았다. 그러자 1953년 초에 숙소 내의 통제시간을 다시 20:00시부터 04:00시로 환원시켰다.[317]

  수용소 당국은 포로들의 폭동에 대해 즉각적이고 압도적인 무력으로 진압했다.[318] 이러한 무력진압이 포로에 대한 주요 통제 수단이 되었다. 그 배경에는 좌익포로들이 유엔군의 지시를 거부하고 노래나 대규모 시위를 하는 등 폭동화하는 데도 있었지만, 폭동 주동자를 제도적으로 처벌하지 못한 이유도 있었다. 당시 유엔군 포로관리 지침에 폭동의 주동자를 사형에 처한다고 규정되어 있었지만, 미군을 포함한 유엔군 포로의 완전 송환까지 포로 후 범법포로를 억류했으나, 이들에 대해 재판을 하지 않은 상황이었다.[319] 이는 미 합참에서 극동군사령부에 전범과 범법포로에 대한 재판을 하지 말라고 지시했기 때문이었다. 그 이유는 공산 측에 억류당하고 있는 유엔군 포로의 완전한 송환을 위험하게 할 우려가 있다는 점이었다.[320] 그러므로 수용 중 범법행위를 한 포로에 대한 처벌은 끝내 이루어지지 않아서 수용소 내의 포로통제에 아무런 기여를 하지 못했다. 다만 포로되기 전 미군 학살 등의 전범, 포로 후 범법자들과 그 혐의자들의 송환 문제는 판문점에 마지막으로 이송할 것이 고려되

---

[317] HQ UNC, POW Camp No.1(Koje-DO), "Standing Operation Procedure for Handling of POW and operating POW Enclosures" Oct. 9, 1952, 5746/407 ; 국제연합 제1포로수용소 사령부, 「숙사 규칙에 관한 건」 1952.12.1, 10/497 ; 제8255부대, 「보초에 대한 특별지시」 1953.2.24, 11/497.

[318] "Briefing for Taylor" Oct. 25, 1952, 15/338 ; "Command Report, NO # 21" Nov. 1952, 5747/407 ; Vatcher, William H., *Panmunjom: The story of the Korean Military Armistice Negotiations*, p.145.

[319] "USAmbassador, Korea to DS" Aug. 11, 1953, Sec.15.3/ 218.

[320] "CINCUNC to CG AREIGHT" Aug. 10~11, 1953, 1/338 ; "CINCUNC to DA" Aug. 25, 1953, 1/338.

없을 뿐이었다. 포로들이 전부 교환된 이후에도 그들을 억류하는 것은 정전협정의 위반이었다.[321)

경비병이 총기발사 보다는 최루탄으로 진압을 했다면 인명피해를 보다 최소화할 수 있었겠지만, 미 군법은 무질서를 진압하기 위한 무력 사용에 비교적 관대했다. 그 처벌 범위는 병사의 판단 실수가 아니라 의도적이고 악의적이어야 가능하다는 입장이어서, 경비병이 폭동을 진압하기 위해 총을 발사하는 것은 타당하다고 여겨졌다.[322) 이에 공산 측은 '비인도적 야만행위의 중단'과 책임자 처벌을 요구했다.[323) 남한의 한 언론에서도 거제도 수용소에서 유엔군의 폭동진압은 아직 좌익 게릴라가 남아 있으므로 만약 적측 포로들이 출몰하여 그들과 합류하게 된다면, 실로 중대한 사태를 초래하게 될 것이므로 이 경우에 유엔군의 폭동 진압은 당연하다고 했다. 그러나 여하한 처지에 있는 사람이든 간에 "생명의 안전은 보장되어야 한다"고 지적했다.[324)

레흐너 국제적십자사 대표도 일반적으로 친공수용소에 대한 수용소 당국의 통제는 지나치게 엄격해서 경비병들이 과도한 무력을 행사하여 포로들을 불필요하게 당혹하게 만들고, 때로는 부당한 유혈과 폭력을 야기하게 한다고 비난했다. 그는 "포로는 적이 아니라, 제네바 협약에 따른 어떤 특권을 가진다"고 유엔군 측의 반성을 촉구했다.[325)

---

321) "CG AFFE(Main) to CG KCOMZ" April 2, 1953, 1/338 ; "CINCUNC to DF" April 4, 1953, Sec.14/3/218 ; "SR MBR, UNCMAC to CINCUNC" Sep. 3, 1953, 42/333.
322) "94b, US Code of Military Justice, US Army 1951, POW PMS No.211", pp.11~12.
323) 「봉암도에서 미군이 북한군과 중국군에 대한 대량학살에 대한 결의안」, Papers of Dean Acheson, Subject file, 63/HSTL ; "Stalling the Peace Talks", *China Monthly Review* Feb. 1953, p.120.
324) 「인도군의 비인도성-반공포로에 대한 발포에 抗함」, 『조선일보』 1953년 10월 5일자.
325) "CINCUNC, Tokyo to DA" Jan. 5, 1953, 12/389.

2) 제주시 중국 포로수용소 사건, 봉암도 사건 등

분산 이후 시위와 폭동의 건수는 줄어들었지만, 사상자는 여전히 많이 발생했다. 포로들은 유엔군을 불신시키려고 제주시, 봉암도, 용초도 등지의 수용소에서 폭동을 일으켰다. 특히 그들은 유엔군의 통제력이 강화된 거제도 수용소보다는 외곽지역을 택해 공산주의 노래를 부르고, 시위와 작업거부 등으로 수용소 당국의 규율을 무너뜨리려고 했다. 이에 맞서 수용소 당국은 폭동진압 훈련을 강화시켜 무력으로 즉각 진압했다.326)

이 기간 중 사망자를 많이 낸 대표적인 사건은 1952년 10월 1일 제주시 중국군 포로수용소에서 중국정권 기념일 행사를 저지당하는 과정에서 포로 56명이 사망하고 91명이 부상을 당한 경우였다. 또한 1952년 12월 14일 봉암도에서도 포로의 시위의 진압과정에서 포로 85명이 사망하고, 113명이 부상을 입는 사건이 발생했다. 1953년 3월 7일 용초도 인민군 장교 수용소에서 한 포로의 처벌을 위해 인계도 중, 폭동으로 변해 포로 23명이 사망했고 42명이 부상을 당했다. 미군 헌병사령관은 제주시와 봉암도 포로수용소에서 수 많은 사상자가 발생했던 점을 최소한의 희생자(a minimum number of fatalities)로 인식했다.327)

(1) 제주 중국 포로수용소 사건

제주시 포로수용소에서 사건이 일어나기 전에도 수용소 당국과

---

326) 유엔군 제1포로수용소 제8137헌병단, 「포로통제를 위한 타격대」 1952.9.14, 5746/407 ; 「테일러 장군을 위한 한국에서 포로작전 보고」 1952.10.25, 15/338 ; Vatcher, William H., *Panmunjom: The story of the Korean Military Armistice Negotiations*, p.145.

327) 미군 헌병사령관 P. Parker 소장, "POW operation in Korea" Dec. 20, 1952, 12/389, 서문.

포로간에 긴장은 계속되었다. 포로들이 제주도로 이송된 직후에 포로들이 명령 무시, 경비병들의 수용소 진입거부를 포함한 지시에 대한 공개적 도전, 수신호 및 변기통을 통한 소식전달 등을 통해 수용소 당국에 도전했다. 이에 대해 한국후방기지사령부(KCOMZ) 사령관은 신규 수용소에서 명령이 준수되지 않을 때, 언제든지 적절한 병력을 동원하여 대응조치를 취하도록 했다. 수용소 당국은 포로에 대한 완전장악(uncontested policy)을 계속 추진했다.328)

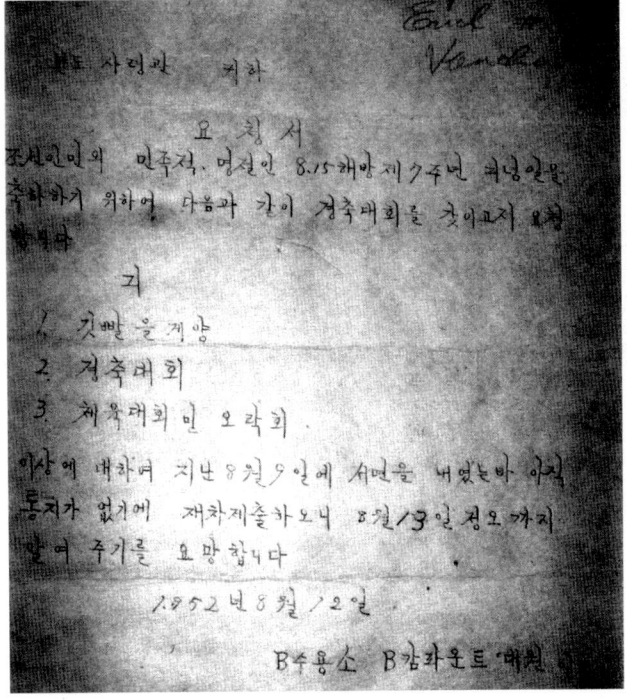

〈자료 5〉 8·15기념행사 요청서(1952.8.12)

1952년 8월 15일 거제도에서 북한군 포로가 해방기념일을 축하하

328) 「동경 유엔군사령부에서 육군부로」 1952.7.14, 8.18, 25, 29, 12/389.

는 행사가 있었으나, 유엔군의 통제로 중단되었다. 당시 북한군 포로들은 행사를 하기 전 8월 9일과 13일에 깃발 게양, 경축대회, 체육대회 및 오락회의 승인을 요청했다.

제주시에 있는 중국군 포로들은 1952년 8월 15일 11시에 일제히 각동 마다 오성홍기를 게양했다. 수용소 당국은 깃발을 내려 불태울 것을 명령했으나 포로들이 이를 거부하자, 최루탄과 무력을 시위하여 질서를 회복했다. 그 후 8월 21일 이 수용소에서 제10동 포로들이 태풍으로 피해를 입었던 천막 잔류품의 인도를 거부하자, 수용소 소장과 사병 2명이 진입했다. 이때 영어를 할 줄 아는 포로가 미군에게 욕을 하자, 미군들이 그를 끌어내는 동안 싸움이 발생했다. 기동소대가 즉시 출동하여 해당 포로들을 끌어내 영창에 감금했다. 8월 28일 감금 중이던 포로 1명이 변기통을 경비병에 던지자, 미군이 총기를 발사하여 포로 3명이 부상을 입고 입원했다.[329]

9월 23일에도 제주시 포로수용소 1구역 2동의 작업장에서 포로들이 공산주의 노래를 불렀다. 즉각 미군 기동소대가 출동하여 질서를 회복했으나, 이 과정에서 49명이 경상을 입고 그 중 2명은 병원에 입원했다. 포로들이 노래를 부를 수 있었으나, 공격적이거나 정치적 색채를 띤 노래는 모두 금지 되었다.

9월 25일 제주시 수용소에서 375명의 포로들이 작업장에서 돌아오는 도중에 1구역 1, 2동 사이에 포로 1명이 열을 벗어나서 막대기를 잡아들었다. 이에 비무장 미군 헌병이 그것을 빼앗은 순간에 포로가 미군을 철조망으로 밀어 붙였다. 기동소대가 출동하여 이 사건에 관련된 포로 3명을 인계하도록 했으나, 그들이 거부하자 수용소 안으로 진입하여 3명을 끌어냈다. 이 과정에서 113명이 찰과상, 타박상 등 부상을 당했고, 9명이 입원했다.

---

[329] 「동경 유엔군사령부에서 육군부로」 1952.7.14, 8.18, 25,29, 12/389.

9월 26일 제주시 수용소에서 6동 포로들이 노래를 부르자, 경비병들이 이를 중지하도록 했으나 포로들이 거부하자 기동소대가 즉시 출동하여 질서를 회복시켰다. 7동에서 포로들에게 강제로 경례를 시킬 경우 수용소 소장과 미군 장교를 살해할 것이라는 포로정보원의 첩보에 따라, 11시 모든 포로들을 옥외로 나가게 한 후 수용소를 수색했다. 경비대원들이 포로들의 옷을 벗겨 검사하는 과정에서 포로 2명이 다쳤으나, 10명의 포로가 조그마한 칼을 가졌고 1명은 큰 칼을 가지고 있어서 그들을 즉시 영창으로 감금시켰다. 일부 문서와 붉은 옷감은 압수했다.[330]

이 무렵 제주시 포로수용소 소장의 교체와 중국정권 창건일은 포로들에게 좋은 기회였다. 1952년 10월 1일 경비병이 포로를 월동 준비 작업장으로 인도하기 위해 7시 15분경에 7동으로 갔을 때 포로 대변인은 아침 점호를 거부했으며, 10개 동 포로들도 모두 동참했다. 포로들은 이 날 중국정권 창건 3주년 기념일을 기념하기 위해 노래를 부르고 대오를 지어 시위를 하며 10개 동에서 모두 오성기를 게양했다. 7시 30분에 수용소장과 장교들이 포로들에게 이를 중지하도록 3회 명령했지만 거부하자, 미군 2개 기동소대가 8시 10분에 출동했다. 7동 옆에서 1개 소대가 진입하려다 돌세례를 맞자 12발을 발사하여 그들의 투석을 중단시켰다. 8시 15분에 다시 오성홍기를 내리고 질서를 회복하도록 명령했으나 포로들은 거부했다. 8시 20분경 미군 장교와 사병이 7동 출입문을 열고 진입하려 하자, 5,000명에 이르는 포로들은 건물 뒤에 숨어서 돌과 천막봉, 철조망을 엮어 만든 막대기, 곤봉 등으로 대항했다. 이에 미군들은 즉각 총기를 발사하여 무력으로 진압작전을 전개해 8시 30분경 다른 모든 동에서 포로들에 의해 오성홍기가 내려졌고 35분에 총성이 멈추었다. 이 당시 한국군 장교 15명과

---
330) 「동경 유엔군사령부에서 육군부로」 1952.9.24, 26, 27, 12/389.

사병 300명은 외곽경비를 맡고 있어서 포로와 직접 접촉이 없었다.331)

이 사건으로 포로 56명이 사망했고, 91명이 부상을 입었다. 사상자의 대부분은 총상에 의한 것으로, 당시 최루탄이 발사되었으나 풍향 때문에 효과가 없었다고 보고했다.332) 그러나 위에서 살펴보았듯이 포로들의 투석에 미군은 즉각 발사했다. 부상자 가운데 중상자는 부산으로 이송되었다. 추가로 9명이 부상자로 밝혀졌으나 3명은 복귀하고 6명은 의무실에서 치료를 받았다. 이에 비해 미군은 9명이 손, 눈 등에 경미한 타박상을 입었을 뿐이었다. 미군은 포로들이 이전 거제도의 폭동을 재현한 것으로 인식하여 강경 대응을 했다. 폭동은 이전 수용소장이 거제도 수용소의 부소장으로 가고, 새 수용소장 보어렌(Boeren, Richard)이 부임한지 이틀만에 일어난 것으로 수용소 당국은 외부에서 온 비밀첩자의 지시에 의한 것으로 보았다. 클라크 유엔군사령관은 9월 하순에 이미 공산 측이 비밀첩자를 제주도나 거제도에 상륙시키는 것을 방지하기 위해 해안을 봉쇄하도록 지시했다.333) 당시 미군 장교는 수용소 당국이 제네바협약의 준수와 최소한의 병력으로 포로들의 규율을 장악하려고 노력했지만, 친공포로의 계속된 공개적인 도전과 도발로 인하여 무력진압을 할 수 밖에 없었고 이 과정에서 내키지 않는 사상자가 발생했다고 주장했다.334)

이에 대해 중국 측은 165명이 살상당한 '10월 1일 학살'이라고 규정했다.335) 중국군 포로가 노래를 부르고, 오성홍기를 걸어 국경절

---

331) 「동경 유엔군사령부에서 육군부로」 1952.10.1~3, 2/389.
332) 「동경 유엔군사령부에서 육군부로」 1952.10.3, 2/389 ; 미군 헌병사령관 P. Parker 소장, "POW operation in Korea" Dec. 20, 1952, 12/389, 서문 ; 한 연구에서 포로 52명이 사망했고, 113명이 부상을 입었다고 밝혔다(Foot, Rosemary, *A Substitute for Victory: The Politics of Peace Making at the Korean Armistice Talks*, p.120).
333) 「동경 유엔군사령부에서 육군부로」 1952.9.30, 12/389 ; 「테일러 장군을 위한 한국에서 포로작전 개요 소개」 1952.12.20, 같은 상자, p.3 ; 「UP통신 기사」 1952.10.1, 같은 상자.
334) Gorman, Harry W. 대령, 「한국에서 포로의 처리」 1952.11.4, 12.3, 12/389.

을 축하했다는 이유로 학살했다고 주장하면서, 이러한 피비린내 나는 사건은 미국이 인류문명과 도덕성이 없는 공적(公敵)이라고 보도했다.336) 공산 측에 있는 미군포로들이 7월 4일 미군들의 독립기념일을 기념하기 위해 미국 국가를 불렀다고 '광적인' 미군을 죽이는 행위가 정당한가를 반문했다.337) 송환을 희망하는 중국군 포로수용소에서 많은 사상자 발생은 "포로들이 노래를 부르고 국기를 게양한 '애국행동'에 대해 대규모 학살을 했다고 당사국인 중국뿐만 아니라 공산 측의 비난을 가져왔다.338)

수용소장의 교체와 중공 건국일인 국경절을 맞이하여, 수용소 당국이 시위나 탈주음모 등을 사전에 파악하고 있었음에도 많은 희생을 냈는지에 대해서는 비판받을 수밖에 없었다. 당시 포로들이 신임 수용소장의 의지를 확인하려고 했을 때, 수용소장은 자신의 입장을 강하게 나타내려고 했을 것이다. 당시 미국의 한 교회는 수용소에서 죽음이 없이 진압할 수 없는 것인가를 반문하고, 사상자를 최소화할 것을 요구했다.339)

하지만 이 사건이 일어난 후에도 10월 28일 제주시 수용소에서 18시 50분경 중국군 포로 1명이 삽을 가지고 비무장 감독관을 공격하자, 본부경비대원의 즉각 발사로 그는 사망했다. 12월 13일 04시 45분경, 포로 1명이 경비병에 돌을 던지고 다른 2명이 보안등에 돌을 던지자, 경비병의 발사로 1명은 사망했고 2명이 입원했다.340)

---

335) A special correspondent of People's China, "Grim contrast at Panmunjom," p.2 ;「조선에서 미군이 감행한 만행에 관한 중국 적십자회의 보고」1953.12.
336)『인민일보』1952년 10월 3일자 ; 중국인민보위세계화평위원회 편,『朝鮮停戰談判中的戰俘問題』, 북경: 세계지식출판사, 1952, 471~477쪽.
337) "Stalling the peace talks", *China Monthly Review* Feb. 1953, p.120.
338) 중국인민보위세계화평위원회 편,『朝鮮停戰談判中的戰俘問題』, 471~474쪽.
339)「The Community Church, N.Y.에서 육군부로」1952.11.21, 12/389.
340)「동경 유엔군사령부에서 육군부로」1952.10.30, 12.15, 12/389.

(2) 봉암도 사건

봉암도 포로수용소는 북한으로 송환되기를 원하는 약 9,000명의 민간인억류자들이 수용된 곳으로, 미군과 국군 제31포로경비대대에서 경비를 담당했다. 수용소는 2곳으로 나뉘어졌는데, 1개 구역의 규모는 4,000여 명이었으며 동은 500~600명 수준이었다.

이들은 거제도 제62수용소에서 1952년 2월 18일 폭동을 일으킨 자들로 이전에도 불온한 요소가 있었다. 이들은 지금도 거제도 포로수용소유적공원이나 추봉도 관광 팸플릿에 '악질 공산주의자'로 소개되어 있다.

1952년 8월 21일 봉암도 포로수용소에서 16시 점호에서 3명이 부족했는데 22일에 3명 중 2명이 체포되었고, 1명은 도주하다가 사살되었다. 11월 6일 포로들이 노래를 부르자, 국군 소대 병력이 진입하여 질서를 회복하는 동안 포로 21명이 부상을 입었다. 12월 4일 16시경 1구역 F1동에서 소지품의 전시를 거부하자, 한국군 경비병이 진입하여 질서를 회복시켰으나 이 과정에서 포로 10명이 부상을 입었다. 12월 7일 2구역 3개 동에서 포로들이 군사 훈련과 시위를 벌이자, 국군 2개 소대가 진입하여 질서를 회복시키는 과정에서 포로 5명이 부상을 당했다.[341]

1952년 12월 초 아직은 결정적인 근거는 없지만, 포로들이 거제도 제1수용소에서 대규모의 소요를 계획하고 있다는 첩보에 따라, 수용소 당국은 이에 대비하고 있었다. 인근 수용소에서도 포로의 대중 탈출을 기도한다는 문서를 발견하여 경계를 강화했다.[342]

---

[341] 「동경 유엔군사령부에서 육군부로」 1952.11.8, 12.9, 12/389.
[342] 「유엔군사령부에서 국방부」 1952.12.11, 3/218 ; 「극동군사령부에서 국방부로」 1952.12.11, 309/319 ; 「유엔군사령부에서 육군부로」 1952.12.9, 12/389.

12월 14일 일요일 12시 30분 2구역 D, E, F, G, H 등 6개 동 포로 3,600명이 무리를 지어 공산주의 노래를 시작했다. 수용소 당국은 이 시위가 대규모 탈출계획을 시험해보려는 의도로 파악했다. 이미 압수된 계획에 따라 경계령을 내려 대비하고 있었다. 수용소장은 즉시 미군 1개 소대와 한국군 2개 소대를 출동시켰고, 250발의 최루탄도 준비했다. 그는 2개 동의 상황이 매우 심각하다고 여겨서 추가로 2개 소대를 출동시켰고, 1구역에도 1개 중대를 보냈다. 처음 미군 40명과 한국군 70명을 F동에 보냈다. 포로 3,600여 명이 노래와 군사훈련으로 시위했다. 이에 한국군 경비병 1개 중대가 진입하여 진압하려고 했으나, 포로들은 손으로 서로 연결하여 돌을 던지면서 저항했다. 한국군은 최루탄을 발사했으나, 바람 때문에 효과가 없었다. 봉암도는 가파르고 바람이 많이 부는 곳이어서, 수용소에 접근하려면 아래에서 위로 올라가야 했다. 따라서 포로들의 공격을 진압하는데 경비대의 최루가스탄이나 충격수류탄 같은 것은 효과가 없었다.

〈사진 8〉 봉암도 포로수용소 전경

경비대가 해산 명령에 이어서 경고사격을 했고 산탄총을 발사했지만, 진압에는 효과가 없었다. 소총이 발사되어 사상자가 발생했지만, 포로들은 여전히 저항했다. 탑 초소에서 기관총도 발사했지만, 완전히 진압되지 않았다. 여전히 포로들은 손으로 연결해 시위를 계속했다. 특히 F동은 테라스 쪽에 있어서 사상자가 많이 났고, D동이 가장 적게 났다. 진압 작전 후 포로 85명이 사망했고[343] 부상자 113명이 제64야전병원과 제543의무중대에 이송되었으며 103명이 경상을 당했다. 사망자 전원은 총상에 의한 것이었다. 사건 당일 백철수[포로번호 174] 등 77명이 총상으로 수용소에서 사망했고, 거제도 제64야전병원으로 이송하던 중 박상연[60121] 등 6명도 사망했다. 15일에는 제64병원에서 권기선[79036], 16일에는 이종진[79049], 임주식[87754], 황봉[202313] 등이 치료 도중 사망했다.[344]

캐드웰(Cadwell, C. V.) 유엔군 포로수용소 소장은 헤렌(Herren, Thomas W.) 한국후방기지사령관과 함께 15일 봉암도 수용소 현장을 시찰한 후 밀러(Miller, George P.) 봉암도 수용소장이 적절한 판단을 했으며 폭동을 진압시키는데 있어서 필요 이상의 조치를 하지 않았다고 말했다. 그러나 미군 2명과 한국군 2명이 포로들이 던진 돌에 경상을 당했을 뿐이었다.[345] 결국 제주시 수용소사건이나 봉암도사건은 고립지역에서 최루탄이 효과가 없다는 이유로 사상자가 많이 발생했다.

수용소 당국은 왜 포로들이 노래와 시위를 하는 데에 무리하게 진

---

[343] 「유엔군 포로사령부, 봉암도 포로 소요사건 발표」, 『동아일보』 1952년 12월 17일자 ; 「봉암도 폭동에서는 84명의 민간인억류자가 사망했다」, 「테일러 장군을 위한 한국에서 포로작전 개요 소개」 1952.12.20, 12/389, p.3.

[344] "Representative of C-Comp to Commander" Dec. 12, 1952, 군사편찬연구소, SN 1843~3.

[345] 『동아일보』 1952년 12월 17일자 ; 「동경 유엔군사령부에서 육군부로」 1952.12.15, 18, 24, 12/389.

압했을까? 전체 포로들이 똑같이 폭력적이어서 수용소를 장악할 조치가 필요하다는 입장이었다. 즉 포로들이 대규모 폭동을 일으켜서 미군을 인질로 하거나 당혹케 하려는 것으로 이해했다. 당시 수용소 병력의 대부분이 행정병인 미군 100명과 1개 한국군 대대뿐이어서 동시에 6개 동에 강력한 병력을 파견할 수 없었던 까닭에, 수용소장은 대규모의 폭동을 방지하고 전체 수용소를 장악하기 위해 기관총과 소총을 사용했다.346)

봉암도 대학살 사건은 미국 식인종들의 계획적 도발행위이다

〈자료 6〉 "봉암도대학살 사건" (『민주청년』 1952년 12월 21일자)

유엔총회에서 미국 대표 그로스(Gross, Ernest)는 공산 측이 수용소에서 포로들이 강제로 억류되어 있다는 인상을 주기 위해 생명을 희생하면서까지 무모한 폭동을 일으킨 것으로 규정했다. 그는 적절한 질서회복의 조치가 없었더라면 더 많은 희생이 있었을 것이라고 강조했다.347) 이 사건 직후인 15일 공산 측 휴전협상 수석대표인 남일이 "야만적인 대규모 학살"에 대해서 강하게 항의했다. 주은래 중국

---

346) 넬슨(Nelson, Merlin N.) 소령, 「국무부 관리를 위한 포로보고」 1952.12.22, 12/389.
347) "UNCURK to CINFE, Tokyo" Dec. 26, 1952, 23/333.

수상이 "미군의 비인도적 대량학살 행위 발생"에 대해 유엔에 항의서를 제출했고, 소련을 통해서도 '비인도적 야만행위'를 중단하고 책임자를 추궁할 것을 유엔에 요구했다.348)

(3) 용초도 사건

용초도 포로수용소는 약 8,000명이 3개 구역으로 편성되었으며, 각 구역은 4개 동으로 이루어져 있었다. 사건 당일 이미 며칠 전부터 포로들의 저항이 있었다. 1953년 3월 4일 포로들이 앞으로의 전투에서 승리하기 위한 조직, 훈련, 전투, 식량비축 등에 대한 문건을 압수함에 따라 수용소장은 다른 구역의 포로들과 구분하기 위해 1구역에 있는 포로들의 모자에 1인치 크기의 띠를 착용하게 했다. 그런데 3월 6일 포로 1명이 2.5인치 크기의 띠를 착용했다. 구역소장이 지시위반을 이유로 이 포로에게 하루에 2시간씩 7일간 중노동을 명령했다.

1953년 3월 7일 07시 30분경 1구역 A동에 있는 포로 1명을 징계하기 위해 맥제네트 하사가 그에게 바위를 깨는 작업을 지시했다. 그때 포로는 일을 거부하고 처벌의 부당성을 따졌다. 그 포로가 하사를 밀어 제치고 수용소로 돌아가려 하자, 하사는 카투사의 도움을 받아 그를 붙잡아 경비초소로 데리고 갔다. 포로의 증언에 따르면, 이 과정에서 카투사들이 포로를 차고 때렸다고 한다. 이때 작업을 하러 나가려고 출구에 있던 포로 60~70명이 돌을 던져서 하사와 카투사가 몇 번 돌을 맞았다. 포로들은 "죽여라"고 소리치면서 외곽 철

---

348) 「봉암도에서 미군이 북한군과 중국군에 대한 대량학살에 대한 결의안」, Papers of Dean Acheson, Subject file, Bx 63, Truman Library ; 유지원, 「대만 소재 한국문제·한국전쟁 관련자료 해제」 1, 231쪽 ; 김학재, 「진압(鎭壓)과 석방(釋放)의 정치: 한국전쟁기 포로수용소와 국민형성」, 71~72쪽.

조망까지 달려갔고, A동에 있던 포로들도 소리를 질렀다. 카투사는 이에 위협사격을 했고, 이 과정에서 실수로 A동에 있는 포로 1명이 부상을 입었다. 경비대에서 그 부상자를 인계할 것을 요구했으나, 포로들은 이를 거부했다. 마침 카투사가 A동 출입문을 잠그려고 할 때, 포로들이 그를 붙잡으려고 하자 카머스(Kammers, Robert J.) 상등병이 7발을 포로들의 머리위에 발사하여 카투사가 도망 나올 수 있었다. 이 사이에 경비초소에 있던 문제의 포로가 바깥쪽과 안쪽의 철조망을 넘어서 수용소로 도망갔다.

던 대위는 병력을 배치하고, 도망간 포로에게 나오도록 지시했다. 그 포로가 밖으로 나오기를 거부하자, 다른 포로들도 "우리는 그를 내보내지 않을 것"이라고 말했다. 경비대원들이 최루가스를 살포했고, 포로들은 돌을 던지며 야유했다. 다시 누군가가 사격명령도 없이 사격을 시작했다. 그러나 곧 사격을 중지하도록 명령했다. 이때 수용소장이 한국군 기동타격대들을 데리고 왔다. A동에서 포로들은 총상을 입은 포로 1명을 출구 가까이 데려 놓았다. 수용소장이 그 포로를 내보내도록 명령했지만, 포로들은 이를 거부하고 소리를 지르면서 대형을 이루어 시위를 했다. 다른 동의 포로들도 수용소의 출구 쪽으로 나와서 A동을 지켜보았다.

경비병들은 이를 해산시키기 위해 최루탄 발사를 준비하다가, 포로들이 더욱 불온해지고 돌을 던져 공격하자 사격을 했다. 인근의 B, C, D동도 시위를 하면서 돌을 던지자, 경비대원들은 총격을 가했다. 수용소장이 8시경 최루탄을 발사했지만 포로들은 일제히 야유를 했다. 다른 동들도 노래를 부르면서 야유를 계속했다. C동의 포로들이 돌을 미군 경비병에게 던졌다. 한국군이 총기를 발사했지만, 즉시 수용소장이 제지했다. B, D동에서도 포로들이 돌로 저항할 때, 한국군이 몇 발을 쏘았다. 마메이어 수용소장은 포로들의 움직임이 대규모 탈출로 이어질 것을 우려했다.349) 심지어 그는 1구역뿐만 아니라 2구역도 함께 조율된 것이라고 판단했으나, 나중에 확인한 결과 사실은 아니었다. 하지만 그의 판단은 강경 진압요인이 되었다. 한국군 경비대에서 브라우닝 자동소총 22발, 카빈총 96발, M1소총 126발을 발사했고, 미군은 모두 96발을 쏘았다.

  10시 15분경에는 최루탄과 총기발사가 끝나고 30분경 최루가스가 걷히자, 부상자와 사망자를 오후 2시까지 끌어냈다. 그 결과 포로 23명이 사망했고, 42명이 중상을 입었으며 18명이 경상을 당했다.350)

  사건이 확대되는 계기는 징계를 받을 예정이었던 포로의 인계가 아니라, 카머스 상등병이 위협사격을 할 때, 실수로 맞았던 부상병의 인계거부인 것으로 조사되었다. 사망자가 많은 이유는 총기발사에 있었다. 미군은 폭동을 진압하는 데에 먼저 최루탄이 발사되고, 사격이 있었다고 주장했다. 그러나 포로 권태일과 안봉식(C동 대표, 대위)의 증언에 따르면, 먼저 총기가 발사되었고 후에 최루가스가 살포되었으며 총기의 발사도 30분정도 지속되었다고 했다. 이에 대해 조사위원회는 경비병이 포로를 처벌하기 위해 데리고 가는 데에 포로들이 악의적으로 돌을 던졌다고 결론지었다. 포로들이 집단적으로 공산주의 노래를 부르며 유엔군을 죽여라고 소리친 것은 모두 수용소 규정을 어긴 것으로 사격명령이 없이도 발사할 상황이었는데도, 경비병들은 포로들이 돌을 던진 때만 사격을 했다고 지적했다. 조사위원회에서도 이 사건은 포로들이 사전에 조율되어 일으킨 폭동으로 성격을 규정했다. 당시 상황이 수용소 당국에 단순히 도전한 수

---

349) 당시 언론에는 이 폭동은 포로수용소 당국이 공산군 중핵 포로의 선동으로 수용소 목책을 파괴한 포로에게 해산하도록 명령했으나 포로대표가 이를 거부하고 아무 예고도 없이 돌로 수용소 사령관과 동 보좌관에 대해 도전하였으므로 발생되었다고 보도했다(『동아일보』 1953년 3월 10일자).
350) 「미제야수들 령초도에서 우리 측 포로 65명 살상」,『로동신문』 1953년 3월 12일자.

준이 아니었으므로 즉각적이고 적극적이며 효과적인 조치가 강구되어야 한다면서 총기사용을 정당화했다.351)

이상에서 보듯이 미군은 포로의 폭동에 대해 강경진압을 계속했다. 그 배경에는 좌익포로들이 유엔군의 지시를 거부하고 노래나 시위를 하는 등의 도전에 있었다고 할 수 있다. 당시 포로들은 체력 향상과 수용소 내의 질서를 유지하기 위한 활동을 수용소 당국이 군사훈련이라고 날조했으며, 아무런 정치적 색채를 띠지 않고 관리당국에 대해 모욕적이거나 공격적인 노래가 아닌 평화스러운 가창에 대해서도 제한하고 자유를 박탈하는 이러한 비법성을 즉시 철폐하라고 항의했다.352) 미군은 거제도폭동의 경험이 재현될 것이 두려워 강경정책에 충실한 것으로 보인다.

미군이 총기발사 보다는 최루탄으로 진압을 주로 했다면 인명피해는 최소화될 수 있었을 것이다. 1953년 3월 19일 용초도에서 폭동이 일어났을 때, 최루가스만 사용되고 발포는 없어서 진압과정에서 미군 장교 1명이 부상을 입었을 뿐 다른 피해는 없었다. 이 폭동은 북한군 장교들이 수용소 당국의 정기적인 점호에 불응한데서부터 시작되었다. 포로들은 점호를 거부하면서 고함을 지르며 밖으로 뛰어나왔다. 그런데 이전 사건을 의식한 경비대장이 "병력을 적절하게 배치하여 이 폭동을 진압했다."353)

---

351) 「포로 사건보고 211」, 27/497, 497.
352) 유봉길(거제도 포로수용소 1-A, G 포로대대), 「항의문」 1953.4.29, NA.
353) 『경향신문』 1953년 3월 24일자.

5. 희생자 규모와 인식 차이

1) 희생자 규모

휴전 후 북한 측은 최종적으로 각 수용소별로 발생한 수 많은 사건이 우연이 아닌 유엔군에 의해 조직적으로 자행되었고, 이로 인해 33,600명의 사망자와 수만 명의 부상자가 발생했다고 주장했다.354) 이에 대해 반공포로 단체에서는 좌익포로들의 구타, 인민재판 등으로 1,000명 혹은 2,000여 명이 희생되었다355)고 회고함으로써 희생자 규모에 대해 큰 차이를 보이고 있다.

미 제8군사령부에서도 이미 1951년 11월 14일 공산 측이 전쟁 이후 한국군을 제외하고 유엔군 장병포로 5,790명을 학살했다고 주장했다.356) 이후에도 북한에 있는 포로수용소에서 많은 희생자가 발생했다며, 당시 여론은 이런 상황에 분노와 증오를 전했다.357)

거제도 포로수용소에서 사건이 일어날 때마다 북한에서는 "백배천배로 복수할 것"을 인민들과 장병들에게 교육시켰다.358) 북한과 중국 측은 전쟁 중에도 유엔군 측의 포로의 학살을 제기했고, 포로교환 이후 보고서를 작성하여 비난했다. 북한 측은 『로동신문』을 통해 1951년 10개월 동안에 17,000여 명의 포로가 학살당했다고 주장했다. 또한 포로를 마치 동물과 같이 취급하여 세균무기의 시험대상으

---

354) "Report of the Central Committe of the United Democratic Fatherland Front of Korea on Atrocities committed by the American aggressors against captured officers and men of the Korean People's Army", April 30, 1954, p.8.
355) 황세준, 『신생의 날』, 9쪽 ; 백웅태, 『거제도에서 판문점까지』, 29쪽.
356) 「미 제8군, 중국군이 유엔군 포로를 학살했다고 주장」, 『조선일보』 1951년 11월 16일자.
357) 「포로문제를 재구명하라」, 『조선일보』 1953년 8월 14일자.
358) 「백배 천배로 복수하겠다」, 『로동신문』 1952년 3월 22일자.

로 삼았으며, 심지어 원자탄시험을 위하여 1천여 명의 포로를 비밀리에 빼돌렸다고 주장했다.359)

평양 주재 소련 대사는 소련 외무부 제1부수상에게 보낸 전문에서 올해(1951년) 불충분한 자료만 보더라도 남한에 있는 포로수용소에서 고문과 기아로 포로 중 17,000명의 조선인민군과 중국인민지원군 병사와 군관들이 사망했다360)고 북한 주장을 되풀이 했다.

그런데 북경 방송은 1952년 8월 7일 중국군 포로와 인민군 포로 수천 명이 이미 살해되었기 때문에서 송환될 수 없다고 주장했고, 후에 1952년에 2,000명 이상의 사상자를 발생시켜서 자발적 송환계획의 음모를 드러낸 것(over 2,000 Pws killed or injured, 1952, unmasks voluntary repatriation scheme)이라고 보도했다.361)

송환포로 가운데 실력자였던 박상현은 1953년 9월 7일 회견에서 "20세기 후반기인 오늘 아직도 인간의 양심으로써는 도저히 상상할 수 없는 야수인 미 제국주의자들이 있다는 것을 놀래지 않을 수 없다"고 주장했다. 그는 거제도 포로수용소는 "수용소가 아니라, 동물원의 형식을 갖춘 인간도살장이다. 포로에 대한 박해와 학대는 돗드 사건 이후 더욱 혹독했고, 악랄하였다"고 말했다. 북한 언론들은 거제도 수용소를 '죽음의 수용소', '피의 수용소' 등으로 선전했다.362)

북한은 포로교환이 끝난 직후 즉시 귀환포로를 대상으로 유엔군의 포로학대에 대한 조사를 벌여 "조선인민군 포로들에 대한 미국침

---

359) 「거제도 포로폭동은 소위 '자원송환'의 기만극을 폭로하였다」, 『로동신문』 1952년 2월 25일자.
360) 「평양 주재 소련 대사가 소련 외무부 제1부수상에게 보낸 전문」 1951.11.21, 국사편찬위원회, 『한국전쟁, 문서와 자료, 1950~53년』, 2006, 738쪽.
361) 「북경방송」 42/333 decimal file ; 「1952년 8월 8일자 보고」, RCIA II, pp.528~529 ; "Red Cross Society of China," Out of their Own Mouths, Peking, 1952.
362) 「죽음의 수용소에서 도라온 박상현 내외 기자들과 회견」, 『로동신문』 1953년 9월 10일자.

략자들의 범죄적 만행에 관한 조선적십자회조서"(1953.11), "조국통일민주주의전선 중앙위원회 보도"(1953.12) 자료를 발표한 후 외무성을 통해 1954년 4월 유엔총회에 제출했다.363) 이 자료는 이 해에 북한적십자회와 중국적십자회의 보고서를 합쳐서 『조선인민군 및 중국인민군 포로들에 대한 미국침략자들의 만행에 관한 자료집』으로 발간되었다. 또한 포로 외에 민간인 희생과 공습피해에 대한 사실을 포함하여 『조선에서 미국침략자들의 만행에 관한 문헌집』364)이 출판되었다. 이러한 노력을 통해 북한 측은 각 포로수용소별로 발생한 수 많은 사건으로 북한군 포로 33,600명과 중국군 포로 2,350명이 사망하고 수만 명의 부상자가 발생했다고 주장했다.365)

이 자료를 바탕으로 『조선통사』(1958)에서 "미제는 야만적 학살정책으로 자원송환을 거부하는 듯이 보이려고 송환을 원하는 포로들에게 무서운 고문과 학살을 감행했다. 죽음의 섬이라고 불려진 거제도 봉암도 용초도 등의 수용소에서는 포로들이 무참히 학살되었으며 또한 세균무기와 화학무기의 시험대상으로 이용되었다"(440쪽)고 서술되었다. 이후 1980년대 개정판에서는 "포로들을 원자무기, 세균무기, 화학전의 실험대상으로, 실탄사격의 과녁으로, 무기성능 검열대상으로 삼아 학살했다. 그리고 송환을 요구하는 포로에 대한 학살만행이 극심하여 1952년 2월과 5월에 제62동, 68, 73, 76, 77동에 만행을 저질렀다. 이러한 만행은 인도주의와 자원송환 본질이 어디에

---

363) "Report of the Central Committee of the United Democratic Fatherland Front of Korea on Atrocities committed by the American Aggressors against captured Officers and Men of the Korean People's Army", April 30, 1954.
364) 『조선에서 미국침략자들의 만행에 관한 문헌집』, 평양: 조선로동당출판사, 1954.
365) 국립출판사 편, 『조선인민군 및 중국인민군 포로들에 대한 미국침략자들의 만행에 관한 자료집』, 평양: 1954, p.12, pp.72~73 ; "Report on Atrocities"(April 30, 1954), p.8. 이러한 주장에 대한 비판은 다음 논문 참조(조성훈, 「북한의 포로문제인식에 관한 연구」, 단국대 사학회, 『사학지』 31, 1998).

있는가를 드러낸 것이고, 이에 대한 증오와 적개심을 더욱 높여 미제에 복수할 것"을 강조했다(478~479쪽).

유엔군 측 희생자 통계와 사망원인

유엔군 포로정보국의 통계에 따르면 1953년 9월 24일 현재 수용 중 사망한 포로의 규모는 북한군 포로 2,668명, 민간인억류자 409명, 중국군 포로 328명 등 총 3,405명이었다.366) 그런데 휴전 후 유엔군 사령부에서는 포로수용소에서 공산포로 8,440명이 사망했다고 발표했다.367) 이러한 차이는 전투 중 부상으로 인한 사망한 인원을 얼마나 포함시키느냐에서 비롯된 것으로 보인다. 이에 대한 보다 포괄적인 통계는 미군 적 포로정보국(Enemy POW Information Bureau Korean Section)의 보고에 나타나 있다. 이에 따르면 1953년 7월 24일 현재 수용 중 사망한 포로는 북한군 6,790명과 중국군 377명 등 총 7,167명이었다. 그 외에 전투 중 부상으로 인하여 도착 즉시 사망한 북한군 포로가 1,605명이었고 중국군 포로의 경우가 707명으로 총 2,312명과 전투 중 부상으로 인한 사망한 경우가 각각 1,231명과 603명으로 총 1,834명 등 양자를 합한 경우 4,146명이 포로가 아닌 전사자로 처리되었다.368)

그 후 1954년 7월 26일 포로 통계에서 수용 중 사망자는 약간 늘어나서 7,656명이었고, 전투 중 부상으로 인한 사망으로 전사자로 처리된 자는 이전의 통계와 같은 총 4,146명이었다.369) 1998년 미 국방부에서 공개한 자료에 의하면 한국전쟁 중 수용소에서 사망한 포로 규

---

366) 「포로의 통계(Statistical Reports Relating to EPW)」, 1/497.
367) 「동경 8월 11일 유피」, 『국민보』 1953년 8월 26일자.
368) 「포로통계」 1952.6.13, 21/389 ; EPOW Information Bureau, 「한국전쟁에서 포로통계」 1953.7.27, 21/389.
369) 「적포로 정보국 보고(EPWar Information Bureau Korean Section)」 1954.7.26, 20/389.

모는 7,614명으로 정정되었다.370) 따라서 수용 중 사망한 공산포로의 총수는 전사자로 인한 4,146명과 유엔군 측이 수용 중 사망자로 처리한 7,614명을 합해 모두 11,760명이었다.

63NK-127	KIM.YUN SUN	PVT	DEC	5 JUL 51
63NK-189	LEE KAAP-YOUN	PVT	DEC	3 JUN 51
63NK 194	KO KIL SUP	PVT	DEC	29 JUN 53
63NK 202	LEE DONG KOOK	SGT	DEC	7 MAR 53
83NK 224	CHUN MYONG JUN	PVT	DEC	23 NOV 51
C3NK 314	MOON HYUNG SUN	PVT	DEC	28 JUN 52
63NK 438	KIM NAK LON	PVT	DEC	11 MAY 52
63NK 584	CHON KWON BYON	PVT	DEC	4 JAN 52
G3NK 694	O CHAI SUK	CIV	DEC	25 OCT 50
G3NK 699	DO JONG DAL	PVT	DEC	29 SEP 50
G3NK 701	CHE.JONG HO	CIV	DEC	5 JUN 51
G3NK 749	CHAE CHONG UK	PVT	DEC	21 DEC 51
63NK 790	O DUK SUNG	PVT	DEC	20 JUN 51
63NK 931	CHEH NAK FUAN	PVT	DEC	18 JUL 51
63NK 994	KIM KWAN DOK	PVT	DEC	27 JUL 53
63NK 1005	KIM JUN HWA	PVT	DEC	31 JUL 51
63NK 1006	KIM KENG HAN	PVT	DEC	29 OCT 51
63NK 1057	KIM CHANG HWAL	PVT	DEC	16 MAY 51

〈자료 7〉 사망자 명단 일부

이러한 11,000여 명도 북한 측의 주장과는 크게 차이가 난다고 할 수 있겠다. 또 하나 지적할 수 있는 것은 유엔군 측이 공식적으로 발표한 7,000여 명을 토대로 하면 공산포로 중 사망자 비율은 약 4~5% 수준이었다. 제2차 세계대전 중 독일과 일본의 미군포로(육군) 124,079명 중 111,426명이 귀환하여 12,653명이 수용 중에 사망했으므로 그 비율이 10%였다. 일본군 포로수용소에서 미군포로는 하루에 2끼 식사에 말라리아·이질·각기병 등으로 매일 50~100명씩 사망했다.371) 한국전쟁의 경우 미군은 5,145명이 공산 측에 포로로 잡혀서

---

370) Sun Huh, "Cause of death of the POW during Korean War", the research grant of Cooperative Project between Hallym University, Korea and Harvard University, USA (1998~1999).

그 중 1,079명이 희생되었으므로, 사망율이 21% 수준이었다.[372] 이러한 경우에 비추어 보면 한국전에서 유엔군에 수용되었던 공산포로의 사망비율이 상대적으로 낮은 편이었으나, 그래도 많은 포로가 사망했음을 부인할 수는 없을 것이다.

〈사진 9〉 수용소의 장례식(www.historynet.com)

전체 7,614명의 사망자 구성을 살펴보면 302명은 민간인억류자이고, 3명은 피난민, 6,753명(88.69%)은 포로들이었다. 질병에 의한 사망자를 분류하면 폐렴·이질 등 감염성 질환 4,975명(65.34%), 외부원인 824명(10.82%), 출혈·출혈 충격·사인 불명 등 648명(NEC, 8.51%), 호흡기 질환 542명(7.12%), 소화기 질환 249명(3.27%), 신경계 질환 110명(1.44%), 순환기 질환 86명(1.13%), 내분비·영양 등 71명

---

[371] Cpr. Dixon, John L., US Army, "From Batan to Korea", *People's China*, Dec.16, 1951, pp.12~13.
[372] Conduct of American POW, Chief, Collection and Dissemination D to Commanding Officer, Army Security Center, Dec. 12, 1954.

(0.93%), 비뇨·생식기 질환 54명(0.71%), 종양 30명(0.39%), 피부 및 피하조직 질환 13명(0.17%), 혈액 및 혈액 생성기관 질환 6명(0.08%), 근골격 질환 4명(0.05%), 정신 및 행동장애 2명(0.03명) 등이다.[373]

따라서 사인이 불분명한 경우가 포함된 것이지만, 구타나 도주 혹은 폭동과정에서 총격 등 외부 충격에 인한 사망 824명과 출혈·출혈 충격·사인 불명 648명 등 모두 1,472명이 좌우익포로들의 갈등과 수용소 당국과의 충돌과정에서 사망한 경우로 전체 사망원인의 19.33%를 차지하고 있다.

수용 중 질병으로 인한 사망한 포로들의 사례를 좀더 구체적으로 설명하면 다음과 같다. 1951년 11월 중 중환과 부상으로 입원한 환자는 총 79명이다. 폐결핵 32명, 폐렴 2명, 이질 6명, 진단미정(NYD) 6명, 위염과 위출혈 3명, 복막염 1명, 뇌막염 5명, 흉막삼출 3명, 췌장염 1명, 빈혈 1명, 영양실조 2명, 뇌염 1명, 두개골과 턱 골절 각각 1명, 심낭염(perticarditis) 1명, 골수염 1명, 목척추 부상 1명, 간질환 1명, 간질 2명, 탈장 1명, 요독증 1명, 악성육아종증 1명, 원인불명 2명 등이다. 이중 24명이 사망했고, 폐결핵으로 사망한 포로가 15명에 이르렀는데, 이들은 입원한 지 하루에서 20일만에 사망했다. 황해도 은율군 출신의 황진욱[203761]은 영양실조로 1951년 11월 11일에 입원했다가, 이튿날 사망했다. 입원일에 상관없이 11월 중 사망한 포로는 58명이었다.[374] 1952년 9월부터 이듬해 9월까지 질병으로 인한 월별 사망자와 결핵사망자의 통계에서처럼 폐결핵으로 인한 사망은 그 후에도 줄어들지 않았다.[375]

---

[373] Sun Huh, "Cause of death of the POW during Korean War", the research grant of Cooperative Project between Hallym University, Korea and Harvard University, USA (1998~1999).

[374] 「중환자 보고」 1951.11, 462/338.

[375] 사망자의 수는 그래프를 판독한 것이어서 실제와 약간 차이가 날 수 있다

〈표 11〉 폐결핵 사망자 통계(1952.9~1953.9)

구분	1952.9	10	11	12	1953.1	2	3	4	5	6	7	8	9	계
전체 사망자	48명	56	33	35	40	31	33	40	19	26	36	27	7	431
결핵 사망자	25명	36	20	15	20	22	18	20	11	17	24	14	5	247

　　북한 측은 포로들이 매일 평균 7~8명씩 질병으로 사망했다고 주장했으나, 질병과 부상으로 인한 사망은 유엔군 측에서 밝힌 대로 매일 2명 정도였다. 그들은 질병으로 인한 사망원인에 대해 10명이 겨우 들어 갈 수 있는 천막에 50여 명을 강제로 수용하여 환자가 늘어나서 하루에도 10여 명이 사망했다고 주장했다.[376] 상병포로로 송환된 포로 550명 중 221명이 불구라면서, 그 중에서 189명이 미군의 부적절하고 불완전한 치료 때문에 생긴 것이고 결핵환자 109명은 영양실조와 중노동 때문이라고 주장했다.[377]

　　그러나 유엔군 수용소에서 포로의 대우를 보면 영양실조를 야기할 만큼 열악하지 않았고 노동의 강도도 그렇게 높은 편은 아니었다. 당시 어려운 식량사정으로 인해 한국인들 대부분이 영양실조인 상황에서 많은 사람들이 결핵을 앓고 있었기 때문에 결핵문제가 포로만의 문제는 아니었다. 대만으로 간 반공포로 가운데 환자 2,400명 중 폐결핵 환자가 1,000명에 이르렀다.[378] 거제도 수용소에서 송환된 한 포로는 최루탄이 폭발하면서 손가락이 떨어져 나갔으나, 제때 치료를 받지 못해 감염이 되어 결국 팔 한쪽을 잘라냈다고 주장했다. 그러나 거제도 수용소에서 시위 중 부상을 당한 자를 포로들이 후에 선전에 이용할 목적으로 수용소 당국에 인계하지 않았던 경우가 많

("Logistical Support to POW", p.206).
[376] 「학대로 포로들은 빈사상태」, 『로동신문』 1952년 1월 20일자.
[377] A special correspondent of People's China, "Grim contrast at Panmunjom," p.4.
[378] 유지원, 「대만 소재 한국문제·한국전쟁 관련자료 해제」 1, 235쪽.

앉던 점도 감안해야 할 것이다.379) 물론 수용소 당국이 보다 더 우수한 의료진을 줄곧 요구했던 점으로 보아 의료수준의 향상은 필요했던 것을 보인다.380)

2) 다양한 사망 원인들

포로와 수용소 당국과의 갈등 이외에도 포로들이 수용소에서 사망한 원인은 자살, 포로의 부주의로 인한 경우, 경비병의 오발 및 과잉발사 등 실수, 작업장 사고, 도주 중 피살 등 다양했다.

첫째, 포로의 부주의로 인한 각종 사고사로, 수영 미숙으로 인한 익사381)나 체육활동 중 부상, 유엔군 보급품을 훔치려다가 피살된 경우도 있었다. 1950년 12월 17일 포로 1명이 보급품을 훔치다가 사살되었고, 1951년 3월 1일 물품 창고에 침입하여 발각되었으나 정지명령을 거부하여 경비병의 발사로 1명은 사망하고 1명은 부상당했다.382) 1953년 5월 20일 13시 30분경, 14구역 C동에서 한달은(포로번호 78348)은 다른 포로들과 게임 중 가슴에 부상을 입은 후 의무실로 옮겨졌다가, 64야전병원으로 이송되었으나 도착 즉시 사망했다.383).

둘째, 포로의 자살이 상당히 자주 발생했다. 이 경우도 단순히 수용소의 환경에 부적응한 경우 외에 포로 사이에 이념적 심리적 갈등 등 복합적 요소가 개입될 때도 있어서 실제 타살인데도 자살로 처리

---

379) 남궁만, 「판문점 병상 포로교환장에서」, 『로동신문』 1953년 5월 4일자 ; A special correspondent of People's China, "Grim contrast at Panmunjom," p.4.
380) 「임병직이 이승만에게 보낸 서한」 1953.2.16, 『자료집』 12, p.12 ; US Army Military Police Board, "Control and Administration of POWs during the Korean conflicts," pp.19~20.
381) 「포로사건 조사, 26」, 20/497.
382) 「포로사건 조사, 5, 7」, 19/497.
383) 「포로사건 조사, 242」, 23/497.

된 경우도 있었다. 1952년 1월 2일 8시 20분경, 제63수용소에서 이삼석[616]이 숙소의 서까래에 목을 매서 자살했다. 1월 9일에는 제61수용소에서 함경북도 성진 출신의 이재순[142257]이 목을 매서 자살했다. 1월 19일 10시 20분경, 63수용소에서 민간인억류자 조ㅇ원[2835]이 칼로 자살을 시도했으나 중상은 아니어서 입원 후 치료받았다. 1월 30일에는 91수용소에서 박ㅇ악[577]은 끌로 배를 찔러 자살을 기도했다. 그는 이전에도 목을 매서 자살을 시도했다. 1월 31일 72수용소에서 중국군 포로 쪼춘준이 도서관 천막에서 목을 매서 자살했다.[384]

1952년 2월 5일 1600시경, 83수용소에서 김모[110962]가 면도날로 혀를 잘라 자살을 시도하여 중상은 아니었으나, 제64야전병원에 입원하여 치료를 받았다. 22일 2300시경, 서울 출신인 민간인억류자 박ㅇ식[47047]이 면도날로 혀를 베서 자살을 시도했는데, 이는 다른 억류자들에 의해 신문을 받던 중 남한에 충성을 확인시켜 주기 위한 노력이었다.

1952년 2월 25일 1400시경, 64수용소에서 전북 옥구군 출신인 민간인억류자 김학원[51619]도 동료에게 심문을 받던 중 면도날로 배를 베어 자살을 시도하여 병원에 입원했다. 그는 휴전 직후 북한으로 갔다. 3월 11일 13시 40분경, 65수용소에서 서울 출신인 민간인억류자 이원성[346]이 면도날로 자신의 혀를 베었다. 그는 공산주의자로서 좌익단체를 결성하려다가, 반공포로들에게 몇 번 구타를 당했고 우익포로들에게 조사를 받던 중 공산주의 노래를 못 부르게 한다고 자해했다.[385]

1952년 4월 8일 00:50분경, 86수용소 화장실에서 중국군 포로 쩌윈강(Tseo Win Kang, 719370)이 목매 있는 것을 발견했으나 타살에 의

---

[384] 『1952년 1월 보고』, 5739/407.
[385] 제94헌병대, 「요약보고서」 1952.3.31, 5740.407, p.6.

심이 있었다.386) 8월 30일 1시 20분 거제도 13구역 A동 북한포로 1명이 자살하려고 목을 달아 매고 있는 것을 발견하여 소생노력을 했으나 실패했다. 9월 21일 반공포로수용소인 영천 수용소에서도 18시 35분 포로 1명이 자살을 기도했으나, 경비병이 구했다. 그는 자신이 남한에 잔류함으로써 북한에 남아있는 가족들에게 일어날 고통 때문에 괴로워서 자살을 시도했다.

후기로 갈수록 중국군 포로의 자살이 눈에 띄게 늘었다. 제주 수용소에서 1952년 10월 11일 6시 30분과 그 이튿날 22시 45분에 포로 1명이 각각 목을 매서 자살했다. 모슬포 수용소에서 11월 11일 16시에 포로 1명이 목을 매서 자살했다. 그는 건강이 좋지 않았는데 정신질환이 있는 것으로 보고되었다.387) 1953년 2월 16일 제주 수용소 J1동에서 1명이 목을 매서 자살한 듯 위장했으나 실제는 타살로 밝혀졌다.388)

셋째, 1951년 1월 20일 부산 제3구역 7수용소에서 미군 전투기가 수용소로 추락하여 포로 24명이 사망했고 3명이 부상을 당한 경우나 1951년 6월 1일 거제도 수용소에서 산사태로 포로 6명이 부상을 입은 사건389) 이외에 작업장에서 사고가 발생한 경우로 초기부터 포로들이 석방될 때까지 계속되었다. 이 경우는 순수한 사고사와 작업을 거부하는 포로와 경비병 사이의 갈등으로 나누어 살필 수 있다. 먼저 작업장에서 안전수칙을 준수해야 함에도 불구하고 사고는 계속되었다. 1951년 4월 24일 영국군 숙소 건립을 위한 작업장에서 실수

---

386) 「1952년 4월 보고서」 5741/407. 국방부 군사편찬연구소 포로명단에 1952년 4월 8일 송환된 것으로 정리되어 있으나, 이 시기 송환된 사례는 사실이 아니다.
387) 「동경 유엔군사령부에서 육군부로」 1952.9.22, 10.13, 15, 27, 11.11, 12.15, 27, 12/389.
388) 「수용소에서 유엔군사령부로」 1953.2.18, 42/333.
389) 「포로사건 조사, 30」, 20/497 ; 60th General Depot, "Monthly Command Report" Jan.~April 1951, 군사편찬연구소 HD 1495.

로 폭발 사고가 일어나 포로 13명이 부상을 입었는데 이중 2명은 두개골이 부러지는 중상을 입어 그중 1명이 사망했다. 6월 14일에도 작업 중에 바위가 굴러 1명이 치여서 사망했고, 1명이 부상을 당했다.[390] 1952년 2월 16일 06시경 72수용소에서 이종환이 난로청소를 할 때 바지에 기름이 묻어 불이 붙는 사고가 나서 화상을 입었다. 17일 중국군 포로 추서우융(Choo Sou Yoong)이 갑판에서 쌀을 하역하다가 부상을 당하여 입원했다. 29일에는 민간인억류자 11명을 태우고 가던 트럭이 계곡으로 굴러 미군 1명, 한국군 경비 2명, 민간인억류자 5명 등이 부상으로 입원했다. 이중 민간인억류자 1명이 입원 후 12시간 만에 사망했다.[391]

8월 25일 마산 수용소 작업장에서 다이나마이트의 폭발로 포로 1명이 죽었다. 9월 1일 봉암도 수용소에서 공병대에 의한 폭발사고로 민간인억류자 1명이 사망했다. 논산 수용소에서 1952년 11월 22일 15시경 한국군 하사 하ㅇ만이 2.5톤 트럭의 운전 부주의로 행진 중이던 포로를 치여 오세열[92004]이 사망하고 9명이 경상을 입었다.[392] 모슬포 수용소에서 11월 24일 LST 위에서 작업 중 포로 1명이 실종되었으나, 그가 도망을 쳤거나 실수로 물에 빠졌을 것으로 안일하게 수습했을 뿐이었다.[393]

포로의 작업거부나 경비병에 대한 공격으로 인한 사상자가 발생했다. 포로의 작업을 감독하는 경비는 포로 25명당 경비 4명으로 구성되었다. 경비는 착검이 된 M1 소총이나 카빈으로 무장했다. 만약 포

---

[390] 「사고경위보고」 1951, 350/338 Records of US Army Command, 1942~, Records of GQ, FEC, and UNC, Adjutant General's Section, Operation Division, General Correspondence ; 「포로사건 조사, 33」, 20/497.
[391] 「Command Report, S-2」 March 7, 1952, 5739/407.
[392] 「포로사건 조사, 168」, 28/497.
[393] 「동경 유엔군사령부에서 육군부로」 1952.8.27, 9.3, 11.24, 26, 12/389.

로가 공격할 경우, 경비병은 즉시 발사하여 대응함으로써 사상자가 발생했다.394) 1951년 6월 7일 작업을 거부하던 포로 1명이 한국군 경비병의 구타로 사망했다. 9월 20일 경비병에게 돌을 던지는 포로 1명이 총을 맞아 사망하고, 3명이 부상을 당했다.395)

넷째, 도주 중 피살된 경우로 임시수용소에서부터 송환될 때까지 도망을 많이 시도했다. 보초 혹은 경비병은 도망을 기도하는 포로를 발견할 때 정지 함성을 올리고 만약 2차 반복을 해도 이에 불응하고 탈주를 방지할 다른 유효한 방법이 없을 때에는 발포할 수 있었다.396) 평양의 제2수용소에서 1950년 10월 31일과 11월 1일 사이에 한 무리의 포로들이 도주를 시도하다 12명이 사살되었다.397) 1950년 11월 10~11일 평양 포로집결소 제3동에서 포로 2명이 울타리 밑을 파서 도주하려고 시도하자, 이를 저지하고 정지를 명령했으나 거부하자 경비병의 발사로 사망했다. 이들에 대한 신원 확인에 실패했으나 제187공정대의 묘지등록팀(Graves Registration)이 묘지에 매장했다.398) 이 사건의 문제점은 같은 수용소에서 10일 밤 9시에 도주사건이 있었고 1명이 피살되었는데, 충분한 예방 조치가 없었던 까닭에 11일 새벽 3시에 비슷한 사건이 일어나서 또 한명이 피살되었다는 점이다.

경비병이 총기를 함부로 발사한 경우도 있었다. 1951년 8월 29일 거제도 수용소 제1구역 2호수용소에서 중국군 포로 머수암[0712045]이 04시 30분 담장을 타고 도주를 시도하고, 다른 포로 2명이 담장

---

394) 「거제도 제1수용소 규칙」 1952.12.13, 16, 5449/407.
395) 「포로사건 조사, 13」, 19/497 ; 「포로사건조사, 29」, 20/497.
396) 제60병참본창사령부, 「포로수용소에 설치된 한국군 위병에 대한 지령」 1951.2.21, 5231/407 ; 포로근무부대 본부, 「공간 급 주위보초에 대한 특별명령」 1953.2.24, 11/497.
397) 「POW DIV., PMS, No.1, 2(「포로사건 조사 1」 등으로 정리할 것임」, 19/497.
398) 「포로 사망보고」(미 8군사령부에서 극동군사령관에게) 1950.12.20, 19/497.

안쪽에서 기다리고 있는 것을 경비병이 발견하고 천막으로 돌아가도록 명령했으나 이를 듣지 않았다. 탑경비병인 김봉선이 공중으로 한 발을 발사하자 포로 2명은 수용소로 되돌아갔으나 1명은 다리 아래로 숨었다. 이때 초소경비 손승덕이 2발을 발사하여 포로에게 부상을 입혔다. 그는 경고사격을 하지 않고 곧 발사를 했다. 이 때문에 조사위원회는 그에게 무기사용에 있어서 충분한 판단을 하지 않는 것으로 판단하여 징계를 권고하였고 제2군수사령관도 이를 승인했다. 그러나 11월 21일 미 제8군사령관은 명확한 남용이 입증되지 않았다는 이유로 그 권고를 수용하지 않았다.[399]

이 사건이 일어 난 후, 1951년 9월 4일자로 경비병의 발사에 관한 지침이 내려졌다. 경비병이 발사할 수 있는 경우는 포로가 담장을 끊고 도주를 시도할 때, 도주를 목적으로 담장을 오르거나 담장 밑에 구멍을 팔 때, 포로가 경비병에 위협을 가할 때 무기를 사용하지 않으면 안 될 위급한 경우와 포로의 위협이 경비병에게 신체적으로 해칠 우려가 있을 경우, 포로들이 모여서 선동을 하여 경비병의 명령으로 해산이 안 될 때 등에만 발사할 수 있도록 했다. 유사시에는 먼저 3발을 공중에 발사하여 경고를 한 다음에 발사할 수 있다. 사격은 다른 사람에게 발사되지 않도록 주의를 하도록 했다.[400]

다섯째, 경비병의 실수로 인한 경우로 1950년 12월 24일 미군과 캐나다군 2명이 함께 사냥하던 중 오발로 포로 1명이 다리를 잃은 사건이 있었다.[401] 1951년 2월 13일 작업 중에 있던 포로 1명이 발사자 불명의 총탄에 피살되었다.[402] 1951년 2월 18일 미군 경비병들이 다투는 도중에 한국군에 발사하여 엉뚱하게 포로 하경윤이 잘못 맞아

---
399) 「포로사건 조사, 16」, 19/497.
400) 「경비병의 발사에 대한 지침」 1951.9.4, 20 /497.
401) 「포로사건 조사, 9」, 19/497.
402) 「포로사건 조사, 10」, 19/497.

서 사망했다.403) 1951년 6월 21일 한국군 실수로 포로 1명이 작업 중 피격되어 사망했다.404) 1952년 1월 29일 13시 45분경, 76수용소에서 정용현은 미군이 실수로 발사한 총에 가슴에 부상을 당했다.405) 1952년 6월 3일 10시 20분 미군 탑 경비병이 실수로 기관총을 발사하여 78수용소에서 포로 1명이 사망하고 1명이 부상당했으나, 포로들은 그 시체와 부상포로의 병원이송을 거부했다.406) 6월 19일에는 3구역 3-E동에서 조용준이 엉덩이 총상을 입었다. 외곽경비를 서고 있던 캐나다군이 소총을 닦다가 실수로 발사한 것이다.407)

1952년 8월 25일 상무대 수용소에서 한국군 경비병이 총기를 실수로 발사하여 한 포로의 얼굴뼈를 골절케 했다.408) 1953년 4월 3일 05시 20분, 거제도 수용소 5구역 C동에서 포로 1명이 돌에 쪽지를 매달아 D동으로 던졌다. 이에 미군 경비병이 그를 체포하려고 정지를 3회 명령했으나, 불응하자 총기를 발사하여 포로의 넓적다리에 부상을 입혔다. 그런데 이 과정에서 실수로 다른 포로(고영창, 180157)가 가슴에 맞아 사망했다. 그의 사망은 경비병이 의도적으로 한 것이 아니라는 이유로 징계 조치도 없었다. 하지만 사망한 포로는 자신의 잘못과는 전혀 상관이 없는 죽음을 당했다. 이처럼 경비병의 실수에 의한 포로의 사상은 경비병이 자신들의 무기에 대해 익숙하지 못한 요인도 있었기 때문에 경비병에 대한 교육과 훈련이 강조되었다.409)

---

403) 「포로사건 조사, 6」, 19/497.
404) 「포로사건 조사, 11」, 19/497.
405) 『1952년 1월 보고』, 5739/407.
406) 「동경 유엔군사령부에서 육군부로」 1952.6.4, 12/389.
407) 「사령부보고서 # 16」 1952.7.5, 5743/407, p.3 ; "Staff and special section narratives, Provost marshall Section" July 18, 1952, 5743/407, p.13.
408) 「동경 유엔군사령부에서 육군부로」 1952.8.29, 12/389.
409) 「포로사건 조사, 212」 497 ; US Army Military Police Board, "Control and Administration of POWs during the Korean conflicts," pp.17~18.

한편 1952년 2월 하순에 북한을 비롯해 중국·소련 등의 언론에서 일제히 미군의 세균전을 비난했다. 그들은 미군포로들의 진술을 토대로 미군이 1950년 겨울부터 합동참모본부에서 작성한 세균전 계획에 따라 세균무기를 사용했다고 주장했다.410) 또한 포로를 마치 동물과 같이 취급하여 세균무기의 시험대상으로 삼았으며, 심지어 원자탄시험을 위하여 1천여 명의 포로를 비밀히 빼돌렸다고 주장했다. 포로들이 돗드 수용소장을 납치한 후에도 독가스, 세균사용 및 원자탄 실험 등의 중지를 요구했다.411) 1952년 2월 중순에 거제도 수용소 당국은 북한에서 온 편지 중 "미군은 포로들을 핵폭탄 시험에 이용하고 있다"는 내용을 발견했다고 한다.412) 거제도에서 발견된 문서에서도 이 문제를 제기하고 있어서 일부 연구자는 포로에 대한 세균 생체 실험 가능성을 제기하기도 했다.413)

전후의 『조선전사』의 서술을 보면, 1951년 3월 유엔군총사령부의 후생복리처장 젬스 준장이 인솔한 제1091호 세균상륙정이 원산과 거제도 앞 바다에 정박하고 있으면서 포로들을 세균무기의 실험대상으로 삼아 포로 중 1,400명은 위급한 환자이며 그 나머지 인원 중 80%가 모종의 전염병에 감염되었다는 1951년 5월 18일자 유피통신을 인용했다.414) 또한 미군이 1,400여 명의 전쟁 포로들을 태평양에서 원자탄 실험에 이용하여 집단적 학살을 했고, 수많은 포로들을 세균전과 전쟁의학을 위한 실험대상으로 삼아 학살하거나 종신불구

---

410) "American POW's writes to US Delegates at Peace Conference", *China Monthly Review*, Feb. 1953.2, pp.178~186 ; "Proof of Germ Warfare", *China Monthly Review*, May 1953, pp. 92~99 ; 양대현, 『민족의 증언』, 214~215쪽.
411) 「거제도 포로폭동은 소위 '자원송환'의 기만극을 폭로했다」, 『로동신문』 1952년 2월 25일자 ; 『조선인민군』 1952년 5월 9일자.
412) 「주간보고서」 1952.2.17~23, 5739/407.
413) 강정구, 「한국전쟁과 세균전」, 264~265쪽.
414) 『조선전사』 27, 152쪽.

로 만들었다고 주장했다. 이러한 서술은 『조선통사』에서도 지속되었다. 『미제의 만행』에서도 1950년 10월 23일 부산 수용소에서 포로 등록도 하지 않는 수백 명의 포로가 알려지지 않는 장소로 이송되었는데, 휴전 후 송환된 일부 포로들은 이들이 무인도 원자탄시험 대상이라고 말했다.[415]

이에 대해 미군 측은 즉각 포로 심문을 통해 그 진위를 확인하는 한편, 예하 부대에 가스무기를 저장하고 있지 않았고, 부대원들에게도 가스 마스크를 지급하지 않았을 뿐만 아니라 미국 정부의 방침이 "가스의 사용은 보복할 경우로 한정한다"는 입장을 취하면서 공산 측의 선전전이라고 일축했다.[416]

---

[415] 『조선전사』 27, 157쪽 ; 『조선통사』 하, 478~479쪽 ; 『미제의 만행』, 282~283·285쪽.
[416] "CINCFE, Tokyo to DA, Washington, DC" June 7, 1952, HQ, FEC/UNC, 「월간 보고서」 1952.6, 6/407.

V. 포로 교환과 송환거부포로의 처리

1. 포로협상의 지연과 중립국의 개입

1) 미국의 입장

휴전협상에서 포로문제의 걸림돌은 송환을 거부하는 포로의 처리에 관한 유엔군과 공산 측과의 대립이었다. 미군 측은 송환거부포로들에게 정치적 피난처를 허용해야 한다는 기본원칙을 확고히 하면서, 이를 실현시키기 위하여 다음과 같은 방안을 강구했다.

첫째, 유엔군사령부는 민간인억류자의 석방이 휴전협상에 영향을 미칠 수 있다는 이유에서 미루다가, 자원송환원칙으로 협상이 지연되자 오히려 이들의 석방이 인도적 원리에 기초한 송환원칙을 확고하게 뒷받침할 수 있으며 공산 측의 반발도 무시할 수 있다고 판단하여 1952년 6월 말에서 10월 말까지 석방시켰다.[1]

---

[1] 조성훈, 「한국전쟁중 민간인억류자의 처리에 관한 연구」, 『군사』 32, 1996, 301~306

둘째, 미 합동참모본부에서는 공산 측이 자원송환원칙을 수용하지 않으면, 송환을 거부하는 포로의 심사를 통해 확정한 후, 송환을 희망하는 포로들은 모두 송환하자는 안을 제시했다. 헐(Hull, John E.) 육군부 부참모장과 존슨 국무부 극동 담당 부차관보는 이 안을 지지하여 1952년 2월 25일 트루먼 대통령에게 보고하자, 그는 이를 즉각 동의하면서 송환 거부자에 대한 일방적 석방안도 추진하도록 지시했다. 트루먼 대통령은 이틀 후에 애치슨 국무장관, 러빗 국방장관 및 합동참모본부의 여러 참모들에게 이 방침을 재확인해 리지웨이 사령관에게 지시를 내렸다.[2] 그러나 일방적 석방은 공산 측에 억류되어 있는 유엔군 포로에 대한 보복이나 휴전협상의 파탄 등을 우려하여 쉽게 시행되지 않았다. 그 후에도 유엔군사령부는 포로의 수용에 대한 비용과 병력의 수요 등을 이유로 이들에 대한 석방을 검토하다가, 이들 포로의 처리에 대한 해결을 찾지 못하고 1953년을 맞자, 이들의 석방을 적극적으로 미국 정부에 건의했다. 리지웨이의 후임이었던 클라크 유엔군사령관은 이를 적극 지지했다.[3]

셋째, 유엔군은 북한에 대해 공습을 하는 등 군사적 압력을 가했지만,[4] 많은 희생을 담보로 한 것이었고 공산군 측의 전력도 무시할 수 없는 형편이어서 그 대안의 모색에 고심했다.

이처럼 자원송환원칙이 공산 측의 반대로 휴전협상에서 난제로 작용하자, 미국은 중립국에 의한 포로의 자율적 의사를 확인하는 방안을 모색했다. 앞에서 살펴 본 대로 국제적십자사와 같은 중립적

쪽 ; "CINCUNC(ADV) to CINCUNC, Tokyo" 1952.8.1, 8/407 ; "Recapitulation of CI Strength" Sep. 24, 1953, 21/389.
[2] "Matthews to Johnson: Meeting with JCS, January 29" Jan. 28, 1952,『남북한관계사료집』12, pp.112~115 ; Johnson, U. Alexis, *The Right Hand of Power*, pp.137~138.
[3] 마크 클라크,『다뉴브강에서 압록강까지』, 436~437 · 440쪽.
[4] Schnabel, James F. · Watson, Robert J., 채한국 역,『한국전쟁사』, 256~260쪽.

국제기구를 통한 재심사를 제기한 바 있었으나, 공산 측이 수용을 하지 않음으로써 결국 유엔군 단독으로 심사를 마쳤다. 미국은 인도를 통하여 중국의 입장을 알아내기 위하여 외교적 노력을 기울였다.

인도 정부는 1950년 6월 29일 북한의 적대적 행위의 중지와 함께 38선 이북으로 군대를 철수하도록 하는 유엔의 결의안을 지지했으나, 이후에 독자적으로 행보하면서 미국의 입장과는 거리를 두었다. 즉, 1950년 7월 7일 인도는 미국이 제안한 유엔군사령부의 창설안에 대해 기권하는 한편, 이 달 중순에 제3차 대전을 저지하고 한국문제의 해결을 위해 유엔 안보이사회에 중국을 가입시키는 조건으로 중국과 소련이 안보이사회에서 한국전을 종결하는 방안을 미국에 제안했으며, 유엔군이 38선 이북으로 진격하는 데에 반대했다. 중국군의 한국전 개입 이후, 인도 유엔 대표 라우가 한국 휴전의 기초를 탐색하는 것을 목적으로 하는 이란의 엔테잠, 인도의 라우, 캐나다의 피어슨 등 3인 위원회의 조직을 재차 제안했고, 그 안은 1950년 12월 14일 유엔에서 결의되었다. 1951년 1월 20일 인도는 중국의 행위를 침략으로 규정하는 미국 결의안에 반대했다.[5]

이후 인도 정부는 국내의 총선과 캐시미르 문제로 한국전쟁에 소홀했다가,[6] 영국에 의해서 휴전협상에 개입하게 되었다. 1952년 2월 21일 톰린슨(Tomlinson, F. S.) 주미 영국 대사관 자문관은 국무부 부원과 함께 한국문제에 관한 장래 정치회의에 인도의 참가건을 제기했다. 그 후 캐나다 정부도 인도가 정치회의에 초청되어야 한다는 입장이었다. 이에 대해 미 국무부 존슨은 "한국에서 유엔 측의 개입은 군사작전에 대한 적극적인 지지 속에 이루어지는 것이므로, 우리

---

[5] 『한국전란 1년지』 B12~13 · B19쪽 ; 김철범 편, 『한국전쟁을 보는 시각』, 을유문화사, 1990, 323~326쪽 ; 김계동, 「한국전쟁 초기 印英의 평화적 종전 모색」, 269~270쪽.

[6] 김철범 편, 『한국전쟁을 보는 시각』, 331~332쪽.

는 인도의 참여를 계속 거부한다"는 입장을 밝혔다. 그러나 톰린슨은 인도가 아시아에서 주요한 나라이므로 포함되는 것이 바람직하다는 영국입장을 전했다.[7]

1952년 4월 28일 유엔군 측이 자발적 송환원칙을 고수하면서, 비행장 건설에 대한 묵인과 소련을 중립국 감시국으로 수용하지 않겠다는 '포괄적 제안'을 했지만, 5월 2일 공산 측은 이를 거부했다. 이에 따라 유엔군사령부는 송환을 거부하는 포로들을 정치적 난민으로 처리하여 석방하는 안을 권고했으나 미 합동참모본부에서 승인하지 않았다.[8]

이러한 여건에서 1952년 5월 초 미 국무부에서는 '4·28안'을 기초로 한 공산 측의 동의를 얻기 위해 인도 정부와 같은 제3자의 개입이 휴전협상을 유리하게 할 것이라며 네루의 초청을 논의했다. 미국 정부는 휴전협상에서 오로지 포로문제 밖에 남아 있지 않다고 생각했으므로, 네루(Nehru, Jawaharlal)가 그들에게 어떤 양보를 요구할 위험은 없다고 보았다. 즉 인도 정부가 휴전협상에서 비행장 건설에 대한 양보와 중립국감독위원회(Neutral Nations Supervisory Commission)로부터 소련을 제외하는 문제, 그리고 포로문제도 미국 입장을 지지하는 것으로 이해했다. 그러므로 미국 정부는 네루가 중국이나 소련에 접근할 수 있는 합리적인 시기로 여겼다. 만약 네루가 이 방안에 동의한다면, 공산 측에 상당한 영향을 미칠 수 있을 것이고, 그렇지 않더라도 그에게 공산 측의 비타협성과 동서의 대결을 이해시키는 데에 도움이 될 것이라고 보았다.[9]

---

[7] "Memo of Conversation by the Officer in Charge of Korean Affairs(Emmons)" April 2, 1952, *FRUS* 1952~54, p.132.

[8] Vatcher, William H., *Panmunjom: The story of the Korean Military Armistice Negotiations*, pp.157~158.

[9] "Memo by Assistant Secretary of State for UN Affairs(Hickerson) to the Under

당시 인도와 중국과의 관계는 매우 우호적이었다. 중국은 1951년 10월 말 인도에 문화사절을 파견하여 친선을 강화했고, 뉴델리에서는 이 문화사절의 체류기간을 '중국주간'으로 선포하기도 했다.10) 인도 정부는 중국 주재 외교관을 통해 주은래 수상이 송환될 포로 규모 7만 명은 수용할 수 없지만, 10만 명 선에서 타협이 가능할 것이라는 암시를 전해 받았다. 주은래 수상은 어떤 포로든지 자의적으로 처리하는 것은 옳지 않다면서, 송환될 포로의 수보다는 그 선택 방법이 중요하다고 강조했다. 네루 수상은 모든 포로를 중립지대에 두고, 공산 측과 대화할 기회를 주어 그들의 결정이 완전히 우호적으로 이루어질 수 있는 모든 방안이 만들어져야 한다는 입장이었다. 이에 대해 보울스(Bowls, Chester) 인도 주재 미국 대사는 네루의 입장이 적절하고 합리적이라고 여겼다.11) 이든(Eden, Robert A.) 영국 외무부 장관도 공산 측에 휴전 전 심사를 제안하는 것이 바람직하다는 입장이었다. 이 제안은 파니카(Panikkar, K. M.) 북경 주재 인도 대사를 통해 중국 외무차관에 전달되었다. 이에 덧붙여 파니카는 자신의 입안으로 포로의 재심사가 '중립지역', 즉 개성에서 이루어져야 한다고 제안했다.12)

그 후 1952년 6월 15일 주은래 수상은 파니카 대사와 만나서 다음 두 가지 방안을 제시했다. 첫 번째 안으로 그는 포로 송환문제를 9만 명의 북한포로와 2만 명의 중국군 포로를 기초로 해결하자는 방안이

Secretary of State(Bruce)" May 2, 1952, *FRUS* 1952~54, p.188 ; "Memo by the Director of the Office of North East Asian Affairs(Young) to the Assistant Secretary of State for Far Eastern Affairs(Allison)" May 26, 1952, *ibid.*, pp.242~244.

10) *Daily News Release*, Nov. 17, 1951.
11) "The Ambassador in India(Bowles) to the DS" May 17, 1952, *FRUS* 1952~54, pp.206~208.
12) "Memo of Conversation by the Deputy Assistant Secretary of State for FE Affairs(Johnson)" May 27, June 6, 1952, *FRUS* 1952~54, pp.249~251 · 317~318.

었다. 파니카 대사는 포로의 숫자 문제에 대해 중국군 포로 2만 명이 포함된다면 10만 명 수준도 해결 가능한 것으로 재확인할 수 있었다. 두 번째 방안은 모든 포로를 송환한다는 제네바협약을 기본원리로 수용하되, 송환거부포로를 판문점으로 이송시켜 군사적 호위가 아니라 4개 중립국과 국제적십자사의 요원의 면접을 받자는 안이었다. 주은래는 중국과 북한 정부가 이 면담의 결과를 따를 것이며, 포로를 면접할 때 군사적 호위에서 벗어나야 한다고 강조했다. 이는 송환거부포로들이 유엔군의 군사적 지배나 국민당과 한국 정부의 영향력에서 벗어나 독립된 기구에 의해 심사되는 것을 의미한다고 인도 측이 확인했다. 주은래의 제2안은 공산 측의 전원송환원칙과 유엔 측의 자발적 송환원칙을 절충한 것이다. 이러한 내용은 영국 정부를 통해 미국에 전달되었다. 영국 측은 후자의 방안이 정전회담의 정돈을 극복하고 휴전을 얻을 수 있는 방안으로 평가했다. 이에 대해 미국 측은 이 방안이 휴전 후 혹은 휴전 전에 시행될 것인가 등을 확인하여야 한다는 신중한 자세였지만, 이상의 접촉결과를 클라크 유엔군사령관에 알려 주었다.[13]

『뉴욕타임즈』는 뉴델리발로 중국 정부가 북경 주재 인도대사관을 통해 먼저 이미 귀환희망을 표시한 약 7만여 명 정도의 공산포로는 즉시 귀환을 실시하고, 귀환의사가 결정되지 않는 다른 10만여 명은 한국의 연안 섬 같은 중립지역으로 옮기며, 양측의 합의로 구성된 중립국이 미해결 포로를 심사하고 그 결과를 최종 수락할 것이라는 제안을 보도했다. 이 제의에 대해 런던이나 뉴델리에서 호응도가 매우 높았다고 전했다.[14]

---

[13] "Memo of Conversation by the Deputy Director of the Office of Northeast Asian Affairs" June 18, 19, 1952, FRUS 1952~54, pp.340~341 · 344~346 · 347~349.
[14] 『신한민보』 1952년 7월 24일자.

미국 국무부에서도 주은래의 두 번째 방안이 판문점에서 어두운 구름을 걷어 낼 빛줄기로 여겼다. 즉 판문점에서 공산 측이 주은래의 1안을 제시하고 있지만, 다음 단계에서 두 번째 방안을 제안하든지 아니면 유엔군 측이 제안할 것이라고 예상했다.15) 유엔군 측 휴전협상 대표인 해리슨 장군은 주은래의 제2안에 대해 그동안 유엔군이 모색했던 것으로 수용할 수 있다는 입장을 나타냈다. 다만 그는 휴전 후 포로의 심사에서 공산 측이 가능한 방법을 동원하여 포로를 설득하거나 위협할 것이므로, 유엔군 측은 이러한 여건을 만들지 않도록 노력해야 한다고 제안했다.16)

미국 정부는 포로의 의사를 확인하기 위해 공정한 기구의 구성과 그 심사방법을 구체적으로 강구했다. 그 기구가 인도, 인도네시아 혹은 아랍 국가로 구성한다면 공산 측이 거절하기 어려울 것으로 여겨 미국은 중립국감독위원회 보다 공정한 위원회를 선호했다. 특히 중립국감독위원회 중 폴란드와 체코가 포로문제에 있어서 사보타지할 가능성이 있다고 여겼다. 그러나 미국 측은 공산 측이 굳이 주장한다면, 중립국감독위원회에 의한 방법이나, 인도를 선택하는 것도 동의할 의향이었다. 심사장소는 포로수용소보다는 중립지역에서 하는 방안이 선호되었고, 심사기간은 어느 정도 수정될 수 있으며 심사 후 송환 거부자는 더 이상 포로의 신분이 아니라는 입장이었다.17)

---

15) "Memo of the Substance of Discussion at DS and JCS Meeting" July 9, 1952, *FRUS* 1952~54, pp.387~388 ; "Draft Memo by the Deputy Assistant Secretary of State for FE Affairs(Johnson)" July 9, 1952, *ibid.*, 1952~54, p.391 ; "The Deputy Assistant Secretary of State to the Ambassador in Korea(Muccio)" July 21, 1952, *ibid.*, p.415.

16) "Memo by the Senior Delegate, UNC Delegation(Harrison) to the CICUNC(Clark)" July 14, 1952, *FRUS* 1952~54, p.404.

17) "Memo of the Substance of Discussion at DS and JCS Meeting" July 9, 1952, *FRUS* 1952~54, p.389 ; "Draft Memo by the Deputy Assistant Secretary of State for FE Affairs" July 9, 1952, *ibid.*, pp.392~394. ; "The JCS to CINCFE(Clark)" July 11, 1952, *ibid.*, 1952~54, p.402.

그러나 중국 정부는 주은래 제1안에만 관심이 있다는 입장을 인도 대사관에 전달했다. 이는 중국 측이 더 이상 송환거부자를 중립지역에서 재심사하는 안에 관심을 두지 않겠다는 의미였으므로 미국 정부와 네루 수상은 크게 실망했다.18)

이런 중국의 태도 변화는, 포로들에게 자유로운 선택을 부여하는 일이 유엔군의 자발적 송환원칙과 동일한 것으로 여겼기 때문이었다. 브래들리 미 합참의장은 주은래안에 대해 유엔 측이 기다려야만 하나, 유엔군이 이 제안을 그들에게 한다면, 공산 측은 이를 거부할 것이라고 예상한 적이 있었다.19)

그런데 시몬슨의 지적처럼 1952년 6월 23일부터 시작된 유엔군의 북폭이 중국 측에 현실적인 압력으로 작용했을지도 모른다.20) 1952년 7월 중순 중국은 비밀회담에서 자신들의 포로들을 전부 포함시키면, 북한군 포로의 수를 더 줄여도 되고, 모든 포로를 중립지역이 아닌 평양에 이송시킨 후 국제적십자사에 의한 심사를 한다면 이를 수용하겠다는 안을 제시했다. 후에 그들은 구체적으로 중국군 포로 2만 명을 포함한 116,000명의 송환에 대해 강경하게 주장했다.21)

중국의 입장 전환으로 인도를 통한 해결책의 모색도 어려웠지만, 미 국무부는 스위스와 스웨덴 등 4개 중립국이 포로문제 해결을 위한 열정이 부족하다고 생각했으므로 중립국감독위원회의 역할에 회

---

18) "DKB" July 9, 1952, *RCIA* II, p.487 ; "The Ambassador in the UK and India to the DS" July 14, 1952, *FRUS* 1952~54, pp.407~408 ; "The Charge in the UK to the DS" July 23, 1952, *ibid.*, p.419 ; Stueck, William, *The Korean War: An International History*, pp.280~281.
19) "Memo of the Substance of Discussion at DS and JCS Meeting" July 9, 1952, *FRUS* 1952~54, p.387.
20) 로버트 R. 시몬슨, 기광서 역, 『한국내전』, 열사람, 1988, 241~242쪽.
21) "POC meeting of 14 July, Aug. 11, 1952" July 15, Aug. 12, 1952, PSB 334 POC, HSTL.

의적이었다. 이들 중립국이 트루먼 대통령의 거제도 5개국 감시안에 대해서도 매우 조심스러운 반응을 보였던 까닭에,[22] 미국 정부는 여전히 인도를 통한 해결을 선호했다. 그러므로 중국군 송환거부포로의 처리문제에 대해서도 대만으로 보내는 안 보다는 인도와 같은 공정한 국가로 하여금 떠맡도록 하는 입장이었다. 합참에서는 중국군 포로를 인도에 인계하는 방안을 검토하기도 했다.[23]

이미 미국 국무부는 휴전협상에서 파니카와 주은래의 제2안이나 유사한 제안이 바람직하지만, 공산 측이 반대할 것이고 또한 미국의 자원송환원칙을 약화시킬 수 있다는 우려 때문에 다른 대안을 모색했다. 그래서 휴전협상에서 북한과 중국에 영향력을 행사하는 국가가 소련이라고 판단하고 이와 접촉했다. 이때 미국은 송환거부포로들을 양측의 감독하에 공정한 기구에 의해 심사하겠다는 입장을 분명히 했다. 이 무렵에 캐나다에서 열린 국제 적십자회의에서 인도대표는 포로문제의 해결을 위해 종전 후 포로를 송환해야 하지만, 그들에게 선택의 자유를 부여하여야 한다고 비공식으로 개진함으로써 이전의 인도입장을 더욱 구체화했다.[24]

그래서 1952년 9월 28일 회의에서, 유엔군 측은 포로의 자유선택권 인정, 비무장지대에서 중립국에 의한 포로의 면담, 어떠한 심사나 면담 없이 중립지역에서 포로들의 정치적 자유 선택 등 3가지 안 가운데 어느 하나를 공산 측이 채택한다면, 즉시 휴전에 응할 것이라고 제안했다. 10월 6일 미 국무장관은 이 제안을 수용하도록 재차 촉

---

[22] "Memo by the Deputy Assistant Secretary of State for FE Affairs(Johnson)" July 9, 1952, *FRUS* 1952~54, p.385.

[23] "Memo of the Substance of Discussion at DS and JCS Meeting" July 9, 1952, *FRUS* 1952~54, p.387 ; "Memo by the Director of the Policy Planning Staff(Nitze) to the Deputy Under Secretary of State", *ibid.*, p.488.

[24] "DS to Amembassy, Moscow 92" July 25, 1952, 『남북한관계사료집』 14, pp.182~187 ; "USCONGEN, Toronto to DS" July 31, 1952, 40/389.

구했으나, 10월 7일 공산 측이 거부했다. 이에 대해 미국 정부는 유엔을 통한 해결 방안과 9월 28일 안이 공정하고 합리적이라는 인도 수상 네루의 발언에 관심을 기울였다.25) 네루 수상은 11월 초에 유엔군과 공산군 양측이 한국문제를 해결하는 데에 무력으로는 안 된다고 자각하게 된 것이 휴전을 위한 약간의 진전이라고 말했다.26)

이러한 배경 속에서 1952년 겨울, 인도 정부는 다시 포로 송환문제에 대한 유엔군과 공산 측의 대립에 대한 중재 노력을 재개했다. 11월 23일 미·영 등 서구 21개국 대표가 공동결의로 "북한과 중국에 대해 자유송환원칙에 입각한 즉시 휴전"을 요구했다. 소련도 이에 맞서 즉각 휴전, 정치문제 해결을 위한 특별위원회 구성 및 모든 포로의 석방 등을 촉구했다. 이에 대해 유엔회원국은 절충안을 기대했고, 이에 부응하여 1952년 12월 1일 인도 정부는 포로의 석방과 송환은 제네바협약을 준수하여 처리하되, 포로의 송환을 방해 혹은 영향을 줄 강제력을 사용해서는 안 된다는 기초 위에서 인도적 대우와 전쟁에 참여하지 않는 4개국 중립국송환위원회로 이관하여 처리하는 안을 제시했다. 이 결의안은 3일 유엔총회에서 소련의 반대 속에 통과되었다. 그러나 중국과 북한은 자신들의 참석 없이 채택되었으며, 미국 안을 수용했다는 이유로 거부했다. 북경방송은 인도안이 강제송환을 반대하는 미국 측 주장을 대변한 것이라고 비난했고, 평양방송도 미국을 지지한 것이라며 비난했다. 그들은 미국 대통령의 선거를 의식해서 포로의 강제송환에 대해 더욱 강경한 입장을 취했다.27)

---

25) 양대현, 『역사의 증언』, 255~258쪽 ; "Korean Armistice Negotiations" Oct. 9, 1952, PSB 387.4 Korea, HSTL.

26) "POC meeting of Nov. 6, 1952" Nov. 7, 1952, PSB 334 POC, HSTL.

27) 『서울신문』 1951년 11월 25일자 ; 양대현, 『역사의 증언』, 258·262~268쪽 ; "POC Meeting" Nov. 25, 1952, PSB 334 POC, HSTL ; "CG UNCURK to CINCFE" Dec. 26, 1952, 23/333.

그러나 이미 1952년 11월 10일 소련은 '중립국위원회'의 구성을 제안했고, 다시 24일 즉각 휴전과 포로문제를 중립국위원회로 이송하는 방안을 제시했다. 이에 대해 중국과 북한 정부는 28일 방송에서 소련 방안을 전적으로 지지한다고 밝혔다.[28] 중국 정부는 한때 유엔군 측으로부터 귀환될 공산포로의 수로 116,000명을 강조했으나, 1952년 12월 중순에 이르러서 10만 명 선으로 줄였고, 또한 중국포로 전원을 고집하지 않았다.[29]

공산 측은 줄곧 유엔군 측이 휴전협상을 지연시켰다고 비난했지만, 포로문제에 대한 중립국의 처리문제 만큼은 1952년 중반 미국이 인도를 통해 중국과 상당한 합의수준에 이르렀던 것으로, 정작 1952년 12월 초에 인도 결의안이 통과되자 공산 측은 이를 거부했다. 그들은 인도안의 합리성에도 불구하고 자원송환의 개념이 포함된 것을 이유로 반대했다.

그 사이 클라크 유엔군사령관은 1953년 2월 22일 국제적십자사의 결의를 받아들여 우선 위중한 상병 포로들의 상태를 확인하고 상호 교환하기 위한 협상을 진행할 준비가 되어있다고 공산 측에 제안했다. 이해 3월 30일 공산 측이 클라크 유엔군사령관의 상병포로의 교환안을 수용함으로써, 포로문제의 해결에 새로운 계기가 이루어졌다. 이때 중국과 소련 사이에는 송환을 거부하는 포로들은 중립국으로 인도해 해결한다는 방침에 서로 합의했다.[30]

공산 측은 이미 1951년 12월 유엔군 측이 제안했던 상병포로의 교환에 대해 거부한 적이 있었으나, 스탈린이 사망한 후 한반도에서

---

[28] "DKB" Dec. 1, 1952, RCIA II, p.694.
[29] "POC Meeting" Dec. 16, 1952, PSB 334 POC, HSTL ; Heimsath, Charles Herman, "India's Role in the Korean war," pp.187~188.
[30] 「소련내각회의 결정서」 1953.3.19, 국사편찬위원회, 『한국전쟁, 문서와 자료, 1950~53년』, 760~766쪽.

'스탈린의 전쟁'을 끝내기를 원했다. 공산 측이 상병포로의 교환에 동의한 직후, 주은래 수상은 송환거부포로를 중립국으로 이관하는 안을 공식 제의하여 "협상 중인 쌍방은 전투중지 후 즉시 귀환을 희망하는 모든 포로의 송환을 실시하고, 나머지 포로들은 송환문제에 대한 정당한 해결책을 보장받기 위하여 중립국가로 인도되어야 한다"는 성명을 발표했다. 그러나 그는 "우리는 포로들 가운데 송환을 거부하는 자들이 있다는 유엔군사령부의 주장을 인정하지 않는다"는 단서를 달았다. 그는 당시 공산포로들이 상대방의 위협과 억압 속에서 귀환을 우려하고 있으므로 이들을 중립국가로 보내 당사국이 설득하여 송환문제를 해결하자는 입장이었다.[31] 이 제안에 대해 공산 측은 공정하고 논리적인 것으로 한국전쟁에서 전투와 무의미한 유혈을 끝내기 위한 조치로서, 세계의 지지를 획득할 것이라고 주장했다.[32]

1953년 4월 26일, 1952년 10월 초 이래 6개월간 휴회되었던 휴전회담 본회의가 재개되었다. 쌍방의 상병포로의 교환이 순조롭게 진행되어 남아있는 포로의 문제도 서로 양보와 협의로써 해결할 수 있는 시기가 성숙하자, 공산 측 대표 남일은 6개 항목을 제출했다. 주요 내용으로는 첫째로 일체의 전쟁포로를 휴전 효력이 발생한 후 2개월 이내에 집단적으로 송환 인도할 것, 둘째로 직접 송환되지 않는 나머지 포로 즉 송환거부포로는 쌍방의 협상을 거쳐서 동의된 1개 중립국가에 책임지고 보내 그 나라의 군사통제 아래 석방하되 해당 중립국이 협조할 것, 셋째로 포로들이 중립국에 인도된 지 6개월이 경

---

[31] 「소련 외무상이 조선문제에 대해 소련 내각회의 간부회의 의장에게 보낸 성명서 텍스트」 1953.3.31, 국사편찬위원회, 『한국전쟁, 문서와 자료, 1950~53년』, 769~722쪽 ; 로버트 시몬스, 기광서 역, 『한국내전: 전쟁의 내전적 성격과 북방동맹』, 열사람, 1988, 258쪽.

[32] *London Daily Worker* April 1, 1953 ; *Toward Truth & Peace*, No.8, Vol.2, 1953, pp.25~31.

과된 후, 여전히 중립국관리 아래 남아있는 포로는 정치위원회(협정 4조 60항)에 이송할 것 등이었다.[33]

이 제안에 대해 유엔군 측은 송환거부포로들의 중립국 이송을 이유로 반대했다가, 5월 6일 판문점 회의에서 중립국이 한국으로 와서 포로를 관리하는 안을 제안했다. 공산 측은 이튿날인 7일 회의에서 유엔군 안을 수용하면서 다음과 같은 보다 구체적인 제안을 했다. 즉, "직접 송환하지 않는 포로들의 귀향에 협조하기 위하여 쌍방은 정전협정 제2조 37항에 의해 폴란드, 체코, 스위스, 스웨덴과 쌍방에서 동의한 인도를 더한 5개국 국가에서 각기 동등한 수를 파견하여 중립국송환위원회를 구성한다. 중립국송환위원회는 인계받은 포로들을 관리하기 위하여 각기 동등한 수의 무장병력을 배치한다. 중립국송환위원회는 포로를 인수한 날로부터 4개월간 포로들이 가지고 있는 의심과 두려움을 제거하기 위하여 해설하며 그들의 귀향에 관계되는 모든 사항, 즉 집에 돌아가서 평화적 생활을 할 완전한 권리를 그들이 가졌다는 것을 통지할 자유와 편리를 가지도록 조치를 취해야 한다. 4개월이 만기된 이후에도 중립국송환위원회에 남아 있는 포로는 정치회의에 이관한다. 전쟁 포로의 귀국여비 및 중립국송환위원회에 있는 동안의 경비는 포로의 소속국이 부담한다" 등이었다.[34]

이는 1952년 12월 유엔에서 통과된 인도 결의안과 거의 동일한 내용으로, 공산 측이 송환거부포로들을 중립국으로 이송시키자는 4월 26일 제안에서 양보한 것이었다. 그런데 5월 13일 유엔군사령부는 휴전협상에서 송환거부포로들 가운데 중국군 포로들을 중립국으로 인도해도 좋으나 북한포로들은 중립국송환위원회에 인계함이 없이

---

[33] 홍석률,「한국전쟁 직후 미국의 이승만 제거계획」,『역사비평』26, 1994, 152쪽 ; "New Korean Peace Offer", *China Monthly Review* June 1953, pp.9~10.

[34] 『로동신문』1953년 5월 8일자 ; 마크 클라크,『다뉴브강에서 압록강까지』, 431~434쪽 ; Stueck, William W., *The Korean War: An International History*, pp.314~315.

휴전과 동시에 즉시 석방할 것을 제안했다. 이 제안은 미국 국무부 방침과 구별됐으며, 영국 등 동맹국의 지지를 받지 못했다. 당시 처칠은 공산 측이 양보를 했는데도 미국이 너무 강경하고 융통성이 없다는 입장을 나타냈다.[35]

결국 1953년 5월 25일 유엔군 측은 송환거부포로를 둘러싼 협상을 타결하기 위해 '최종안'으로 이들을 중립국으로 인도하자는 공산 측의 제안을 절충하여 중립국으로 하여금 판문점으로 와서 그들을 관리하도록 했다.[36] 이 안은 공산 측이 제기한 유엔군 포로수용소의 포로 심사과정에서의 불공정 논란을 불식시키기 위한 것이었다. 그 내용은 첫째 송환거부포로는 휴전이 발표되는 날에 석방되어야 한다는 주장의 철회, 둘째 포로는 60일이 아니라 90일 동안 중립국 기구 아래 관리될 것, 셋째 90일이 경과된 후에도 남게 되는 송환거부포로의 처리를 위한 기구로서 정치회의 수락, 넷째 중립국 관리기구는 다수결 원칙으로 운용될 것 등이었다. 이에 대해 6월 4일 회의에서 공산 측의 남일은 "우리는 기본적으로 유엔군 측이 5월 25일 제시한 새 제안에 동의한다"고 말하면서 포로송환협정안을 제시했다. 이에 대해 미 합동참모본부는 클라크 유엔군사령관에게 공산 측의 초안을 휴전의 기초로서 승인했다.[37]

유엔군 측은 공산 측이 주장한 송환거부포로의 중립국 관리를 받아들였고, 공산 측이 1개국에 의한 포로 관리 주장을 철회함으로써

---

[35] 홍석률, 「한국전쟁 직후 미국의 이승만 제거계획」, 153쪽 ; 마크 클라크, 『다뉴브 강에서 압록강까지』, 442~443쪽 ; "Memo of Conversation: Korea" May 4, 1953, 『남북한관계사료집』 12, p.481.
[36] 쉬나벨·왓슨, 채한국 역, 『한국전쟁』 하, 387~388쪽. 미국은 송환거부포로들의 처리를 위해 양측의 감독하에 공정한 기구에 의해 심사하겠다는 입장을 1952년 9월 28일 제안했다. 그러나 공산 측은 유엔군 측이 여전히 자원송환원칙을 고수한다고 거부했다.
[37] 쉬나벨·왓슨, 채한국 역, 『한국전쟁』 하, 387~388쪽.

합의에 이르렀다. 아이젠하워 대통령도 공산 측이 크게 양보한(major concession) 것으로 받아들였다.38) 이로써 1년을 끌어 왔던 송환거부 포로의 처리에 대한 합의가 이루어져서 1953년 6월 8일 포로교환협정에 합의했다. 이로써 휴전협상 중 가장 큰 난관이었던 포로문제가 타결되었다.

2) 한국 정부의 반응

한국 정부 당국자들은 휴전협상에서 북한을 협의 대상으로 여기지 않았다. 1951년 6월 30일 이승만 대통령은 공산 측이 휴전 회담을 제안하자, 중국군의 완전철수, 북한 인민군의 무장해제, 제3의 강대국으로부터 북한의 원조 방지에 대한 유엔의 보증, 한국문제에 대한 국제회의에 한국대표의 참석 및 한국의 행정적 주권이나 영토적 통합에 상치되는 어떠한 법적 조치도 계획되거나 조치되지 말 것 등 5개안을 제시했다.39) 이 제안은 휴전 반대에 비중이 있는 주장으로 포로문제는 배제되어 있었다.

이승만의 이런 시각은 1950년 9월 1일 "한국민은 자유와 독립을 유지하고 통일할 권리를 가지고 있다"는 트루먼 대통령의 선언이나, 그해 9월 8일 장면 주미 한국 대사가 "북한군을 완전 격멸하고 현 대한민국 정부의 주도하의 통일을 바란다"는 입장, 그리고 그 자신이 9월 19일 부산에 열린 대중집회에서 "우리 국토 내에 단 한 명의 적도 남지 않을 때까지 만주국경을 목표로 진군해야 하며 유엔군이 어떻게 결정하든 우리는 진군을 멈추지 않을 것"이라고 선언한 수준에

---

38) Eisenhower, Dwight D., *Mandate for Change* 1953~1956, New York: Doubleday & Company, INC., 1963, p.185.
39) 온창일, 「휴전을 둘러싼 한미관계」, 223~224쪽 ; "CINCFE to DA" June 30, 1951, 32/218.

있었다. 이처럼 그는 그의 후원자였던 맥아더 장군의 "적이 항복할 때까지 한반도 전체를 군사작전 지역으로 간주할 것"이라는 말[40]처럼 유엔군을 통한 통일전략을 버리지 못했다. 한국 정부는 휴전협상이 타결될 가능성이 높아지자, 1953년 4월 8일 양유찬 주미 대사를 통해 덜레스(Dulles, John F.) 국무장관에게 휴전에 관한 한국의 입장을 설명했다.[41]

이미 1952년 7월 한국 정부는 임병직 유엔대사로부터 인도 정부가 중국과 포로문제에 대한 제3국가로 선정될 가능성이 크다고 보고를 받았지만, 그에 대한 효과적인 대책을 세울 여지가 없었다.[42] 1953년 5월 25일에도 변영태 외무장관은 미국의 새로운 제안이 영국과 인도 제안을 반영한 것으로, 인도 제안은 이미 공산 측이 거부했으므로 법적으로 완전히 효력을 다한 것이라고 안일하게 인식했다. 그는 인도가 중립국감독위원회의 의장국이 되자, 공산주의 동정자임이 분명한 인도의 군대를 한국의 뒷문을 열고 받아들일 수는 없다고 강경하게 주장했다.[43] 이승만 대통령도 네루의 노선을 싫어했다. 그는 1953년 5월 12일 클라크 장군에게 "휴전을 반대하는 견해에 변함이 없으며, 포로 관리차 인도군이 한국 내에 입국한다면 내 명령으로 송환거부 포로들을 석방하겠다"는 뜻을 전달했다.[44]

한국 정부는 중립지역이 공산국가에 의해 실질적으로 장악될 것이라며 반대했으나, 결과적으로 그것은 충분치 못한 정보에 의한 것이었다.[45] 한국 정부는 중립국송환위원회의 일원인 체코와 폴란드가 소

---

[40] 죠셉 굴든, 『한국전쟁』, 254·256쪽.
[41] 문창극, 『한미갈등의 해부』, 93쪽.
[42] 「한표욱이 임병직에게」 1952.7.18, 『대한민국사 자료집』 31, 243쪽.
[43] 국회속기록 제15회 제75호, 1953.5.28, 13~16쪽.
[44] 「프란체스카 여사가 임병직 대사에게」 1952.9.4, 『대한민국사 자료집』 31, p.371 ; 마크 클라크, 『다뉴브강에서 압록강까지』, 439~440쪽.
[45] "DKB" Oct. 6, 1952, *RCIA* II, pp.619~620.

련의 위성국이고 인도가 친공적이기 때문에 한국영토에 들어오는 것은 주권침해라는 입장이었다. 변영태 장관은 군사정전위원회의 중립국 구성에 대한 의견에서, "공산권 세계는 단일한(monolithic) 것으로 다른 어떤 나라가 전쟁에 참여하는 한 중립이 될 수 없다. 그러니 중국이나 소련과 마찬가지로 체코나 폴란드도 중립국이 아니며, 또한 중립국송환위원회의 감독 아래 공산 측에 의한 4개월간의 설득제안이나 송환거부자의 운명을 정치회의에서 처리하려는 것은 단지 포로를 강제로 송환하려는 노력을 은폐하는 것"이라고 주장했다.[46]

변영태 장관은 북한포로가 "공산당의 멍에로부터 해방된 우리들의 형제이므로 외국인 취급하여 다른 나라로 이송하는 것은 주권과 독립의 침해"라며, 제3국으로 이송하는 것 역시 반대했다.[47] 국회에서도 휴전반대 결의문을 통해, "한국 정부가 당연히 처리해야 할 한인포로를 외국인이 관리하고, 송환거부포로까지도 휴전 후 공산군 또는 친공산군에 의하여 취급된다는 것은 한국의 주권을 무시하는 조치이며, 이들 송환거부포로를 즉시 석방할 것"을 요청했다.[48] 이처럼 한국 측은 미국의 송환거부포로의 중립국송환위원회의 처리를 제안한 5월 25일 안에 대해 주권침해라고 반발했고, 또한 중립국송환위원회의 의장국으로 인도의 지명이나 무장병을 허용하는 유엔군의 방침에 적극 반대했다.

이미 한국 정부는 1952년 9월 12일 유엔 주재 멕시코 대사 네르보(Nervo, Luis Padillo)가 유엔군과 공산 측은 정전협정이 발효되면 송환을 희망하는 포로들을 즉시 교환하고, 송환을 거부하는 나머지 포로들은 유엔 회원국의 임시 보호를 위해 인도하며 앞으로 채택될 합

---

[46] "DKB" Feb. 26, 1952, RCIA II, p.294 ; "US Ambassador Pusan to DA" May 1953, Joint WeeKA 4, p.318.
[47] 『서울신문』 1952년 11월 6일자 ; 변영태, 『나의 조국』, 252쪽.
[48] 김덕형, 『6·25 휴전 협정과 평화협정』, 남북문제연구소, 1994, 49쪽.

의에 의해 송환되도록 하자는 안에 대해서도 거부했었다.[49]

이러한 한국 정부의 확고한 입장은 송환거부포로들이 작성한 중립국 이송을 절대 반대한다는 청원서에 의해 더욱 강화되었다. 반공포로들은 클라크 유엔군사령관, 해리슨 장군, 다니엘 제독, 함마슐트 (Hammarskjöld, Dag) 유엔사무총장 등에게 비슷한 형식의 청원서를 보냈다. 청원자의 수는 제4포로수용소(영천)에서 클라크 장군에게 보낸 청원자가 328명, 제7포로수용소(마산)에서는 클라크 장군과 다니엘 제독에게 1,700명이 서명하는 등 모두 51,74명에 이르렀다.[50]

그들의 중립국 이송 반대 이유를 다음 몇 가지로 정리할 수 있다.[51] 첫째, 자신들이 공산주의 치하에서 살았던 경험에 비추어 공산 측의 어떠한 약속도 믿을 수 없다. 둘째, 민주주의와 공산주의와의 이념전쟁에서 중립은 능란한 공산주의자들에게 쉽게 넘어 갈 수 있다. 셋째, 중국의 송환거부포로를 중립국으로 이송하는 제안은 강제송환을 위한 허울 좋은 이름에 불과한 것이다. 넷째, 송환거부포로들은 단군과 조국 대한민국의 자손으로서, 석방 후 한국과 유엔 및 세계에 기여할 것이므로 한국에서 석방되어야 한다. 다섯째, 자신들은 한국, 단군의 후손으로 조국을 떠날 수 없으므로, 공산당을 없애기 위해 전선으로 달려 갈 기회를 달라는 등이었다.[52] 나아가서

---

49) 『민주신보』1952년 11월 5일자 ;「광주 제1수용소 포로대표 홍익찬이 클라크 장군에게」1953.4.22, 205/319 ;「영천 수용소 한봉림이 이승만 대통령에게 보낸 진정서」1953.4.23, 같은 상자 ; 국사편찬위원회, 『한국전쟁, 문서와 자료, 1950~53년』, 751~752쪽 ; The American National Red Cross, "The Role of the Red Cross in the Exchange of Prisoners During the Korean Conflict", p.11 ; "USARMA Korea to Department of Defense and State" Sep. 17, 1952, Joint WeeKA 4, p.138.

50) "Petition(Jl to CS)" June 3, 1953, 42/333.

51)「광주 제1수용소 포로대표 홍익찬이 클라크 장군에게」1953.4.22, 205/319 ;「영천 수용소 한봉림이 이승만 대통령에게 보낸 진정서」1953.4.23, 같은 상자 ;「부산 수용소 7구역 F동 대표 이동창이 클라크 장군에게」1953.5.10, 같은 상자 ;「부산 수용소 이창복이 클라크 장군에게」1953, 같은 상자 ;「광주 제3수용소 포로대표 유지훈이 이승만 대통령에게」1953, 407/319.

그들은 한국 정부의 결단을 촉구했다.

그러나 인도 정부는 남북한 어느 정부도 승인하지도 않았고 외교 관계도 없었던 점에서 친공적인 성향으로만 파악할 수는 없다. 네루 수상은 북한이 남침했을 때, 이 전쟁이 대규모이고 잘 계획된 침략이라고 인식해 전쟁의 대규모로 확산되는 것을 막기 위해 유엔 결의안을 지지했다. 인도 정부는 1950년 11월 20일 331명의 야전 의무대를 파견했고, 이에 1951년 8월 의무대는 한국군으로부터 군과 민간인에 이바지한 공로로 표창을 받았다.[53] 따라서 한국 정부가 인도에 대한 일방적인 배척은 중립노선에 대한 불신에서 비롯된 것으로 보인다.

2. 한국 정부의 포로 석방

1) 민간인억류자 석방과 공산 측의 반발

6·25전쟁 시기 거제도 포로수용소에 수용된 민간인억류자의 규모는 약 50,000여 명이며, 이 가운데 39,000여 명이 반공포로의 석방 이전에 석방되었고 나머지는 북한으로 돌아갔다. 그럼에도 공산 측은 민간인억류자를 모두 포로로 간주하여 휴전협상과 휴전 후에도 계속 포로송환을 요구했다.

민간인억류자에 대한 심사 결과에 따라, 한국 국방부에서는 유엔군사령부에 민간인억류자들이 강제로 동원된 만큼 곧 석방을 요구

---

[52] 「영천 수용소 포로 대표 한봉림의 진정서」 1953.4.23, 205/319 ; 「부산 수용소 이창복이 클라크 장군에게」 1953, 같은 상자.
[53] 『한국전란 2년지』, C 494~495쪽 ; "The Ambassador in India to DS" July 7, 1950, RG 59-2.

했다. 한 때 국방부에서는 심사를 거친 남한 출신 의용군에 대해서는 석방할 것을 결정하고 미 제8군사령부의 승낙까지 얻어 곧 석방하게 될 것이라고 했다. 그런데 이 문제는 미 8군이 단독으로 할 것이 아니고 유엔군사령부에서 결정할 사항이었다.[54]

한국 정부에서는 인민군이 남한지역을 강점했던 시기 강제로 의용군이 된 자에 대해 "어디까지나 관용하여 석방할 방침"이었다.[55] 유엔군사령부에 그들의 석방을 몇 차례 요구했지만, 미군 측은 적대 중에 적군과 함께 싸운 포로들 중에서 석방할 자들을 구분할 수 없다는 입장을 고수했다. 국회 외무위원회에서도 1951년 5월 22일 트루먼 대통령, 리지웨이 유엔군사령관, 유엔 총회에 4만 명의 남한 출신 포로의 석방을 요구하는 결의를 했다. 동 위원회에서는 이들이 공산주의자에게 강제로 동원되었기 때문에 유엔군에 의해 포로가 되는 것을 반겼으며 한국에 충성하고 있다고 평가했다. 이 위원회는 그들의 석방이유를 다음과 같이 정리했다. 첫째, 그들의 억류는 많은 비용이 들고, 둘째로 그들은 현재 한국에 충성하고 있지만 수용소에서 공산주의에 감염될 수 있다. 셋째, 그들 중에는 지식인, 기술자들이 있어서 한국에 몹시 필요한 자들이다. 넷째, 그들의 억류는 처음부터 적절한 것이 아니기 때문에 불공정하다는 입장 등이었다.[56]

이러한 한국 정부의 요구에 대해 1951년 6월 11일 미 극동군사령부의 입장은 한국 정부가 포로 중 지식인·교사·기술자·농부 등이 필요하다고 하나, 한국에는 충분한 인력이 있고 한번 적을 위해 총을 든 자들이 다시 그렇지 않으리라는 확신이 없으므로, 상부에서 지시명령이 없으면 석방할 수 없다는 견해를 밝혔다. 이러한 연유로

---

[54] 『동아일보』 1951년 2월 18일자 ; 『경향신문』 1951년 4월 30일자.
[55] 「극동군사령관이 합참으로 보낸 전문」 1951.12.25, *FRUS*, 1951, Vol. VII, pp. 1444~1445 ; Hermes, Walter G. *Truce Tent and Fighting Front*, p.142.
[56] "USAmbassador, Korea to Secretary of State" May 27, 1951, 2/338.

유엔군사령부는 정보기관을 통해 파악된 자의 분리를 제외하고는 1951년 가을까지 포로를 민간인억류자로 재 수속하는 것에 동의하지 않았다.57)

1951년 10월 10일 의용군 출신 석방문제에 대해 국방부에서 수차에 걸쳐 미군과 교섭했으나 유엔군사령부는 국제법상 한국전쟁이 종료될 때까지 포로는 일제 석방할 수 없다고 답변했다.58) 이를 두고 당사자들은 미군이 "애국동지의 조국에 대한 충성을 좀처럼 믿어주지 않았다"59)고 원망했다. 1951년 12월 13일 민주국민당에서는 현재 유엔군에 포로가 되어 있는 남한 출신 의용군은 포로 교환서 대상이 되어서는 안되고 반면 적에게 납치된 무수한 군민이 포로로서 교환되어야 한다고 주장하는 성명서를 발표했다. 그 논거로 이번 전란은 이민족간의 국제적 전쟁이 아니요, 동족간의 사상전쟁이므로 다 공산주의자에게 강제로 끌려 나갔다가 대한민국에 충성을 다하기 위하여 투항한 소위 의용군은 기실 국제법상의 포로가 아니라고 주장했다.60) 1951년 12월 21일 이기붕 국방장관은 "한국 양민으로서 북한군에 강제 복무케 된 약 4만 명의 의용군포로는 불원 석방될 것"이라고 확언했다.61)

의용군 출신의 석방이 지연되자, 1952년 2월 17일 이기붕 국방장관은 국방부 제1국장, 정훈국장, 육본 작전참모부장 등을 대동하고 부산지구 포로심사위원장 임대순 대령의 안내로 해군 어뢰정편으로 거제도 포로수용소를 방문했다. 이때 제68수용소에서는 전쟁 이전 국

---

57) "Release of POWs of South Korea Origin" June 13, 1951, 2/338 ; "Weekly ISUM (1951.10.13~19)" Oct. 20, 1951, 4980/407.
58) 『서울신문』 1951년 10월 12일자 ; 『자유신문』 1951년 10월 23일자.
59) 이한, 『거제도 일기』, 10쪽.
60) 『동아일보』 1951년 12월 15일자.
61) 『조선일보』 1951년 12월 25일자.

회 경비계장을 지냈던 김계철이 이 장관과 면식이 있어 장관의 손목을 잡고 감격의 눈물을 흘리며 호소하는 극적인 장면이 있었다. 63수용소에서는 포로 전원이 광장에 정렬하여 포로 양준모가 대표로 장관 앞에 나와 "우리들은 조국 대한민국에 돌아가 애국적인 모든 충성을 다할 것을 맹세한다."는 환영사를 낭독했다. 이어서 이 장관은 "정부의 한 사람으로 여러분의 애국심은 결코 헛되지 않을 것이며 불원한 장래에는 희망이 달성하게 될 것을 믿는다"는 훈시를 했다.[62]

미 제8군사령부에서는 휴전협상이 진행되면서 민간인억류자의 석방을 위한 계획을 구상했으나, 유엔군사령부는 민간인억류자의 심사가 끝난 후에도 그들을 계속 억류하도록 했다. 그 이유는 잠재적으로 유엔군에 위협이 될 수 있다는 점보다 일단 포로로 분류되었던 이상 이들의 일방적인 석방이 휴전협상의 지연과 공산 측에 억류되어 있는 미군포로에 대한 보복을 우려하여 민간인억류자를 정전협정이 조인될 때 석방할 예정이었다.[63]

하지만 휴전회담이 포로문제로 지연되면서, 민간인억류자의 석방은 공산 측에 하나의 압력수단이 되었다. 이들의 석방은 또한 포로의 송환에서 인도적 원리에 기초한 자발적 송환원칙을 뒷받침해 주는 것이기도 했다.[64]

1952년 6월 22일 유엔군사령부는 남한 출신 민간인억류자를 책임 있는 한국 정부기관에 인도하여 민간생활로 돌려보낼 것이라고 발표했다.[65] 이들의 석방이 지연되면서 수용 중 질병, 폭동 등으로 모

---

[62] 『경향신문』 1952년 2월 21일자.
[63] EUSAK, Command Report Jan. 1952, 군사편찬연구소, HD 1515 ; 「동경의 유엔군사령부에서 합참을 위한 육군부에 보낸 전문」 1952.6.5, 309/319 Army-AG, Command Reports.
[64] 「동경의 유엔군사령부에서 합참을 위한 육군부에 보낸 전문」 1952.6.5, 309/319 ; Johnson, U. Alexis, The Right Hand of Power, p.137.
[65] 「국무성에서 포로문제논의」 1952.7.25, 『남북한관계사료집』 12, p.261 ; 국방부

두 409명이 사망했다.[66]

공산 측은 포로를 민간인억류자에 재분류하는데 동의하지 않았다고 줄곧 항의했지만,[67] 1952년 6월과 10월 사이에 남한 출신 의용군 포로들이 석방되었다. 이 과정에서 국제적십자사 등의 제3의 중립적 기구에 의한 심사과정을 거치지는 않았다. 이들은 제10수용소(부산)와 제14수용소(영천)에 집중되어 있었다. 6월 29일 영천 수용소에 있던 민간인억류자들을 시작으로 10월까지 제7수용소(마산)와 제2수용소(부산)에 있는 모두 약 39,464명이 석방되었다.[68] 그런데 홍송식의 경우는 이때 석방되지 못하고 1953년 6월 반공포로 석방시 탈출했다가 붙잡혀 영천 수용소로 이동했다가 휴전 후 중립국송환위원회의 설득 절차를 거쳐 석방되었다.[69]

민간인억류자의 귀향자에게 일부 군 수사기관에서 의용군 시절의 행적에 대한 감시를 행하는 조치에 대해, 1952년 9월 4일 국방부 장관이 "석방된 민간인억류자 취체에 관한 건"에 훈령을 내려 피석방자가 의용군 시기에 범한 범죄사실에 대해 국가형벌권의 소추를 중지함은 물론 비인도적이고 악질적인 죄를 범하지 않는 이상 의용군을 복무했다는 이유만으로 불이익을 주지 않도록 했다.[70] 하지만 석방된 민간인억류자 가운데 신체 건강한 자는 억울하게 포로 생활을 한 기간은 무시되고 다시 군대에 입대해야 되는 억울한 사정이 발생

정훈국, 『정훈대계』 2, 1956, F112쪽.
[66] 「민간인억류자 규모의 요약」 1953.9.24, 21/389
[67] 『남북한관계사료집』 7, 13쪽, 260~261쪽.
[68] 조성훈, 「한국전쟁중 민간인억류자의 처리에 관한 연구」, 『군사』 32, 1996, 301~306쪽 ; 국방부 정훈국, 『정훈대계』 2, 1956, F125쪽 ; 『한국전란 2년지』 A22쪽 ; "1952.8.11, 18, 9.3 등의 보고", Sec.11/2/218 ; 「민간인억류자의 규모 요약」 1953.9.24, 21/389 ; 「포로의 통계」 1953, 15/338, Unclassified ; US Army Military Police Board, 1957, 30/389, p.474.
[69] 홍송식, 『가시밭 길을 헤치고』, 192~209쪽.
[70] 육본 법무감실, 『육군법무관계법령급 예규집』, 1953.8, 14~15쪽.

했다. 예를 들면, 양일화 씨는 제주 4·3사건 관련을 이유로 인천형무소에 수감 중 전쟁이 나서 인민군에 편성됐다. 그 후 국군에 사로잡혀 거제도 포로수용소에서 2년 반 동안 포로생활 끝에 석방되었지만 이번엔 국군에 입대하여 4년 4개월간 복무한 뒤 1957년 9월에야 제대할 수 있었다.[71]

이러한 석방에 대해 공산 측은 이들의 '자기 조국으로의 송환'을 가로막는 일이라면서 항의하면서, 석방된 인원 37,944명에 대한 해명을 계속 요구했다.[72] 그런데 남한 출신이 모두 석방된 것이 아니라 북한으로 송환되기를 희망하는 민간인억류자는 상병포로가 교환될 때 449명, 일반포로 교환시 9,352명 등 모두 9,801명이 송환되었다.[73] 이들은 남한 출신이면서도 이념적 성향 때문에 북한으로 송환되기를 희망했다. 경남 하동 출신의 박모 씨[포로번호 30315] 아들은 의용군으로 간 부친의 생사여부를 알 수 없었기 때문에 자신을 유복자라고 생각했으나, 2009년 10월 하순 비로소 부친이 북한으로 갔다는 사실에 망연해 했다.

---

[71] 염광만(부개동),「나는 붉은 망을 이렇게 뚫었다」, 군사편찬연구소 소장 ;「4·3사건에 휘말린 양일화 씨 '기막힌 10년', 옥살이 후 인민국·국군 복무」,『경향신문』2007년 4월 3일자.

[72]「휴전협상 포로의제 회의」1952.1.16,『남북한관계사료집』5, 617쪽 ;「자유와 독립을 위한 조선 인민의 정의의 조국해방전쟁」,『조선전사』, 316쪽. 공산 측의 해명요구 규모가 유엔군 측이 국제적십자에 통보한 176,000여 명으로부터 포로명단 교부시 제시된 132,000명으로부터 제외된 44,000명을 주장한 경우도 많았다. 그런데 2005년 제6차 적십자회담에서 북한대표는 37,952명의 북한군 포로를 석방하여 국군에 강제 편입시켰다고 주장했다.

[73] "Statistical Reports Relating to EPW", 1/497 Records of HQ, U.S. Army Forces, Far East, 1952~57.

2) 6·18 반공포로 석방

(1) 휴전반대와 반공포로 석방

이승만 대통령은 미국 정부가 송환을 거부하는 반공포로를 중립국에 의하여 처리하려는 방안에 대한 반발로 반공포로를 석방했다.

휴전회담이 제안될 무렵인 1951년 6월 27일 이승만 대통령은 한국을 분할하는 평화안을 절대 수락할 수 없다는 입장을 밝히면서 "그 문제를 해결 지으려면 반드시 한국민에 대한 공산침략이 장차 또 다시 일어나지 않으리라는 확실한 보장을 주어야 한다"고 요구했다.[74] 이에 대해 무초 주한 미국 대사는 한국 측이 감정을 정리하고 현실을 인식하게 될 것이며, 이승만의 태도가 진정한 국익이 아니라는 점을 설득시킬 수 있을 것으로 희망했다.[75] 1951년 9월 19일 이승만 대통령이 자신의 입장을 다시 언급하자, 무초 대사는 이승만이 휴전협상을 변함없이 반대하고 있음을 알았다.[76] 이에 더해 12월 초 한국 정부는 중국군의 한국잔류허용 반대와 공산 측에 있는 한국인의 확보 및 자유롭고 통일된 한국의 건설 등이 없이는 어떠한 휴전도 비극적인 실수가 될 것이라는 입장을 말했다. 다만, 이승만 대통령은 중국군이 철퇴하면 정전 안을 수락할 뜻을 밝혔다.[77]

그러나 이 대통령의 주장이 휴전협상 자체를 불가능하게 할 수 있었으므로, 워싱턴의 정책 담당자 누구도 그와 협상이나 설득을 하려 들지 않았다. 무초 대사도 그와 합의를 모색하지 않고, 오히려 애치슨의 지시에 따라 그에게 협력을 요구했다. 트루먼 대통령도 서한을

---

[74] 양대현, 『역사의 증언』, 62~64쪽.
[75] "Amembassy, Pusan to SCAP, Tokyo, Japan" July 2, 1951, 1/497.
[76] "DKB" Sep. 22, 1951, *RCIA* II, p.80.
[77] 『동아일보』 1950년 12월 14일자 ; "DKB" Sep. 28, 1951, *RCIA* II, p.90·186~187.

보내 "미국의 방침에 따르지 않으면, 전후의 지지를 보장할 수 없다"고 위협했다.[78]

무초 대사는 1951년 11월 5일 이승만 대통령을 예방한 자리에서, 휴전협상에서 군사분계선의 설정에 어려움이 있다고 하자, 이 대통령은 공산 측에 협상을 기대하는 것은 어리석은 일이라고 확고한 자신의 태도를 재확인했다. 그는 한국에서 휴전반대 운동이 계속되고 있고, 한국 정부가 이를 부추기고 있어 휴전협상이 더욱 어려워지고 있지만 상당수의 한국인은 한국의 사실상 분단을 인정하는 현실적인 태도를 취하고 있다고 보고했다.[79]

1951년 12월 이승만 대통령은 "만일 휴전이 된다면, 한국군은 자유로운 행동을 취하게 될 것이다, 이는 한국군은 교전기간에만 유엔군사령관의 작전지휘하에 둔다고 약속했기 때문에 휴전과 동시에 자동적으로 그 통제로부터 이탈하는 것이다. 유엔군사령관이 협정한 조건은 한국군을 규제하지 못하므로, 한국 정부는 휴전조건에 구속당하지 않는다"고 주장했다. 또한 1952년 2월 중순 한국을 분단한 채 휴전하느니, 한국이라도 싸울 것이라고 재천명했다. 이에 대해 미군 측은 유엔군이 군부를 장악하고 있지만, 이 대통령의 휴전반대 운동은 두려울 만한 것(forcible proportions)이라고 평가했다.[80]

휴전반대운동

1952년 4월 10일에는 부산에서 5만여 명의 학생들이 "통일이 아니면 죽음을 달라"는 시위가 있었고, 이승만 대통령은 4월 14일 공식성

---

[78] 육군본부 군사감실, 「6·25사변사 초고」, 『한국전쟁 사료』 99, 1003쪽 ; 양대현, 『역사의 증언』, 62쪽.

[79] "DKB" Aug. 14, Nov. 7, 1951, *RCIA* II, p.23·152.

[80] 일본육전사연구보급회 편, 『한국전쟁』 10, 148~150쪽 ; "USARMA, Korea to DA" Dec. 7, 1951, *Joint WeeKA* 4, p.34.

명에서 "나는 분단을 고착화하는 어떤 휴전에도 계속 반대한다"고 선언했다. 그러나 이 시기는 개헌과 대통령의 재선을 앞두고 그의 정치력이 요구되었다. 그는 1952년 1월에 재선에 출마하지 않겠다고 했지만, 3월 말에 지지자였던 트루먼 대통령이 대통령 후보의 지명을 포기하자 충격을 받고, 위기 중에 지도자를 교체하는 것은 민주주의의 최대약점이라면서[81] '부산 정치파동'을 일으키면서까지 대통령으로 재선되었으며, 휴전협상에 대한 자신의 입장을 지속할 수 있었다.

1952년 9월 7일 한국을 떠나는 무초에게 이승만 대통령은 북한에 대한 완전 해방의지를 여전히 나타냈다. 아이젠하워 대통령이 그 해 12월 초에 한국을 방문하자, 한국군의 수뇌는 물론 정부 당국도 "휴전협상 반대"의 범국민 궐기가 열매를 맺을 것이라고 기대했다. 당시 미 제9군단 부군단장이었던 정일권 중장은 만주지역을 포함한 대규모 공세작전인 맥아더의 전략이 아이젠하워의 당선으로 햇볕을 보게 될 것이라고 희망하면서, 한국전선을 방문했던 아이젠하워 대통령 당선자에게 이 의견을 제시했다.[82] 이는 당시 한국 정부가 아이젠하워 대통령 당선자에 대한 기대의 표현이지만, 그가 '한국휴전'을 공약으로 당선되었다는 사실을 간과한 것이었다.

1953년 신년사에서 이승만 대통령은 여전히 수백만의 애국동포를 구출하는 데에 더 이상 늦추어서는 안되고, 필요하다면 단독으로라도 이북까지 진격할 것이라고 선언했다. 그는 한국은 압록강을 따라 방어하기가 훨씬 쉬울 것이라고 주장했다.[83] 그가 국내에서 휴전반대 운동과 미국 정부와 유엔을 상대로 한 외교노선을 추구했으나,

---

[81] "DKB" April 7, 1952, RCIA II, p.351.
[82] 정일권, 『전쟁과 휴전』, 345~348쪽 ; "DKB" Sep. 12, Dec. 8, 1952, RCIA II, p.585·701.
[83] "DKB" Jan. 2, 1953, RCIA II, p.730.

이상의 노력이 그다지 성과를 거두지 못한 가운데 1953년 4월 27일 상병포로의 교환이 끝나면서 교착되었던 휴전 회담이 재개되었다. 이때 한국 정부와 주미 대사관은 아찔한 기분이었다고 한 외교관은 증언했다.[84] 이전까지만 해도 한국 정부는 막연히 중국이 정전을 반드시 바라지 않고 있으므로 전쟁은 계속될 것이며 국토통일의 기회는 사라지지 않을 것으로 기대하고 있었는데, 휴전 단계에 이르렀던 것이다.

이제 이승만 정부는 휴전 후 한국 안전보장의 확보에 더 초조해졌다. 전쟁의 수행을 거의 전적으로 미국에 의존하고 있었던 이 대통령은 미국과의 갈등을 무릅쓰고, 휴전협상을 반대하면서 한국군의 유엔군으로부터 탈퇴, 단독북진, 및 반공포로의 석방 등의 대안을 모색했다. 그러나 이것이 반드시 통일된 한국 정부의 실현을 위해서라기 보다는 미국의 방위조약 보장, 경제원조, 한국군 증강 및 휴전과 장래 정치회담에서 보다 많은 한국의 참여를 얻기 위한 노력이었다.[85] 그 중에서도 휴전 전에 미국과 상호방위조약을 체결하여 휴전협상시에 발언권을 가지고서, 전후 한국의 안전을 보장받고자 했다.

따라서 한국 정부는 이 무렵부터 통일 없는 휴전반대운동을 강화했다. 1953년 4월 중순 이승만 대통령은 각 군 참모장을 비롯하여 육·해·공군의 고급장교 18명을 소집하여, 유엔군이 통일 없이 평화를 모색한다면, 유엔군사령부로부터 국군을 탈퇴시키고 단독으로 싸울 것을 결의했다.[86] 임병직 유엔대사는 이승만 대통령에게 휴전 회담의 전개에 대해 미국이 공산 측의 음모를 알지 못한다고 하면

---

84) 한표욱, 『이승만과 한미외교』, 중앙일보사, 1996, 148쪽.
85) 죠셉 굴든, 『한국전쟁』, 648쪽 ; "USAmbassador Pusan to DA" May 22, 1953, *Joint WeeKA* 4, p.307 ; "CINCUNC to JCS" May 26, 1953, *FRUS* 1952~54, pp.1106~1108·1120~1121.
86) 「이승만 대통령이 올리버에게」 1953.4.22, 『대한민국사 자료집』 32, 177쪽.

서, "단지 제2의 진주만 사건과 같은 보다 결정적인 사건만이 그들을 일깨울 것이며, 이제 우리의 적들뿐만 아니라, 우방과도 싸워서 질서를 잡아 주자"고 주장했다.87) 그러나 이 시기는 이미 휴전협상의 타결 시점에 있었으므로 휴전회담 자체를 봉쇄하기 어려웠다.88)

이러한 움직임 속에 이전에도 단독북진론을 개진했던 이승만 대통령은 1953년 5월 7일 INS 통신과의 회견에서 "통일된 한국이 보장되지 않는 휴전은 수용할 수 없다. 필요하다면 한국군 단독으로라도 북진하겠다"는 단독북진론을 재차 내세웠다. 5월 14일 변영태 외무부 장관도 한국군은 유엔 측이 휴전에 조인을 하면 얽매이지 않고, 정치회의를 기다림이 없이 북진할 권리가 있다고 선언했다. 5월 15일 이승만 대통령은 중국군을 몰아내지 않으면, 협상은 성공하지 못할 것이며 이를 달성하지 못하면, 한국 단독으로 싸워야 한다고 강조했다. 1953년 5월 3일 백두진 국무총리가 한국을 분단한 채 평화협상이라는 것은 3개월을 지속할 수 없으므로, 한국은 그런 부질없는 조치를 막을 것이라고 말했다.89)

그러나 이상의 방안은 미국의 강력한 견제와 한국군의 독자적 능력의 결여로 실행하기 어려웠다. 먼저 미국 정부는 한국군의 유엔군 탈퇴를 막기 위하여 이승만을 제거하려는 강력한 대응책[Everready Plan]을 수립했고, 심지어 유엔군의 철수로 위협하기도 했다.90) 또한 한국군의 단독북진론은 미국의 반대를 돌파해야 하는 어려움 외에도 현실적으로 탄약 등의 보급이 어려웠다. 당시 한국의 국방장관이

---

87) 「임병직이 이승만 대통령에게」 1953.4.20, 『대한민국사 자료집』 32, 173쪽.
88) 서중석, 「이승만과 북진통일」, 『역사비평』 29, 1995, 117쪽.
89) "USAmbassodr, Pusan to Department of Army and State" May 8, 1953, Joint WeeKA 4, p.296.
90) 존 코취, 「미국의 대한 안보 공약의 기원」, 브루스 커밍스 외, 『한국전쟁과 미국』, 287~291쪽 ; 홍석률, 「한국전쟁 직후 미국의 이승만 제거계획」, 151~152쪽 ; 문창극, 『한미갈등의 해부』, 97쪽.

일선 사단장을 방문하여 국군의 독자능력에 대해 확인한 결과, 참모장은 단지 3일간의 공격을 위한 탄약밖에 없다고 보고했다. 이러한 현실과 한국의 대응에 대해 미국 대사관에서는 한국이 미국의 원조에 과도하게 의존하고 있으므로 군사적으로나 경제적으로 이를 제어할 수 있다고 파악했다.[91]

'5월 25일'안과 포로교환협정

1953년 6월 휴전협상에서 유엔군과 공산 측이 한국의 반대를 무시하고 송환거부포로 처리를 위해 합의하자, 이승만 대통령은 반공포로의 일방적 석방이라는 획기적 조치를 취했다. 이러한 결정이 이루어진 데에는, 이승만 대통령이 휴전 반대운동을 벌이면서 미국 정부에 대해 거듭 휴전 전 상호방위조약의 체결을 호소했지만, 그에 대한 확답을 하지 않는 채,[92] 5월 25일 유엔군 측은 이전 13일자 "송환을 거부하는 북한포로는 휴전 후에 석방한다"는 입장을 철회하고 그들도 중국군 포로와 함께 중립국에 인도하여 90일간의 설득을 받은 후 처리하자는 안을 제시했다. 이 제안을 공산 측에 제안하기 직전에 파악한 휴전협상 한국군대표 최덕신 소장은 25일 판문점회담에 참석을 거부했다.

---

[91] "USAmbassador, Pusan to DA" May 29, 1953, *Joint WeeKA* 4, pp.312~313.
[92] 한배호, 「한미방위조약의 체결과 협상과정」, 『군사』 4, 1982, 166쪽 ; 홍석률, 「1953~61년 통일논의 전개와 성격」, 서울대 박사학위 논문, 1997, 18쪽.

〈자료 1〉 「북한 출신 포로석방안철회」, 『조선일보』 1953년 5월 26일자(신화봉, 『휴전선이 열리는 날』, 272쪽)

　　미국의 정책 당국자는 송환거부포로의 처리를 위해 중립국에 의한 처리 방안을 오랫동안 모색하여 왔지만 휴전협상에서 한국 정부, 즉 이승만 대통령을 설득하지 않고 거의 배제시켜 왔다.[93] 이러한 관계 때문에 휴전회담이 시작된 이래 유엔군사령부는 휴전협상에 관한 입장이나 협상 전략을 취하는 데 있어서 미리 한국 정부의 동의를 청하지 않았고, 한국 정부도 휴전반대의 입장에 서 있었기 때

---

[93] 최덕신, 『제2의 판문점은 어디로』, 20쪽.

문에 휴전협상의 진행에 대해 소홀했다.[94]

휴전협상 대표들이 '5월 25일안'을 공산 측에 제안하는 날, 클라크 장군과 브릭스(Briggs, Ellis O.) 대사가 이승만 대통령에게 전달했다. 이에 대한 이 대통령의 첫마디는 "나는 매우 실망했다"며, 미국의 제안에 대해 "너무나 유화적이어서 굴복한 인상을 금할 수 없으며, 이것은 장차 우리 모두에게 큰 재액으로 가져 올 것"이라고 피력했다.[95] 동석한 변영태 외무부장관도 공산주의자들이 한국에 있는 북한포로들에게 접근하는 것을 허용하는 것은 강제송환이나 다름없다고 언급했다. 그는 이들 포로들 중 다수가 자살하게 됨을 목격할 수도 있다고 말했다.[96] 그는 28일 국회 보고에서도 5월 25일 제안이 한국인 포로만은 휴전협정 성립 즉시 석방하겠다는 이전 13일안과 "동서 혹은 천양의 차가 있다"면서 한국뿐만 아니라 자유진영에게 낙심을 주었다고 비판했다.[97]

이러한 한국 정부의 입장에 대해 『타임즈』지는 이미 1952년 12월 초에 한국 정부가 모든 북한출신 반공포로를 전부 완전한 한국민으로 받아들여 가능한 빨리 석방할 것이라고 보도했다. 이러한 사실을 이미 미국 군 당국도 파악하고 있었다.[98] 또한 변영태 외무부장관은 1953년 4월 30일에 클라크 장군에게 보낸 서한에 포로의 청원서를 첨부하여, 송환거부포로를 판문점에서 중립국으로 보내자는 공산 측

---

[94] 「이승만 대통령이 임병직 대사에게」 1952.7.11, 『대한민국사 자료집』 31, p.230 ; "Ralph J. Watkins' Memo" Aug. 28, 1952, PSF Korean War File, 243/HSTL, p.6 ; "CINCUNC(Clark) to JCS" May 12, 1953, FRUS 1952~54, p.1007.

[95] 마크 클라크, 『다뉴브강에서 압록강까지』, 427쪽 ; 이호재, 『한국외교정책의 이상과 현실』, 법문사, 1986, 364쪽 ; 신화봉, 최태순 역, 『휴전선이 열리는 날』, 한국논단, 1993, 269~273쪽.

[96] 「클라크 유엔군사령관, 미국의 휴전제안에 대해 이승만과 한국 정부의 입장 보고」 1953.5.26, FRUS 1953, 1106~1108쪽.

[97] 국회속기록 제15회 75호, 1953.5.28, 19쪽.

[98] "DA(Psywar) to CINCUNC, Tokyo" Dec. 2, 1952, 23/333.

의 주장은 사실상 강제송환이므로 그들을 즉시 석방해야 한다고 주장했다. 또한 그는 송환거부포로를 중립국으로 보내자는 '인도방안'은 더 이상 구속력이 없으며, 북한 출신 반공포로들은 한국의 시민들로 간주되므로 한국 정부가 그들을 처리하는 최종적 권한을 가지고 석방할 것이라고 했다. 이에 대해 5월 6일자로 클라크 장군은 "현재 회담과 관련하여 송환거부자의 처리에 대한 어떠한 논의도 피할 것이며, 강제송환을 거부하는 포로에 대하여 완전히 동정적이고, 한국에서 평화가 재정착되어 귀국의 인민들을 민주적 사회에서 정상적 생활을 할 수 있도록 허용할 것"이라고 답변했다.99) 이를 반영하여 미군 측은 5월 13일 제안에서 송환을 거부하는 북한군 포로는 휴전 후에 석방한다는 단서를 덧붙였다.100)

더욱이 클라크 유엔군사령관과 브릭스 주한 미국 대사는 5월 25일 이승만 대통령과 면담에서 송환거부포로 문제 외에 상호방위조약이 유엔 참전국의 선언을 약화시키므로 바람직하지 못하다는 미국의 입장을 전달했다. 그러나 5월 30일 이승만의 강력한 반발에 부딪치자 아이젠하워 미국 대통령은 만약 한국이 정전협정을 받아들인다면 공식적인 안보조약을 보장하겠다고 결정하면서 다만 휴전회담의 성사를 위해 그 제안이 공표되기를 원하지 않았다.101) 6월 6일 아이젠하워 대통령은 이승만에게 서한을 보내, 상호방위조약에 관한 협상은 정전협정이 조인되면 곧 개시될 것이라고 제의했다. 이는 휴전 전의 조약 체결을 요구했던 이승만 대통령이나 변영태 외무부장관을 크게 실망시켰다. 일부 여당 의원들은 제안된 방위조약이 지연되거나 상원에서 비준이 안될 것이라고 지적했다. 그러나 몇몇 야당과

---

99) "Y. T. Pyun, Minister of Foreign Affairs to General Mark Clark, Supreme Commander, UNC" April 30, 1953, 42/333 ; "Memo by CINCUNC" May 22, 1953, 같은 상자.
100) 신화봉, 최태순 역, 『휴전선이 열리는 날』, 269~270쪽.
101) 온창일, 「휴전을 둘러싼 한미관계」, 226~228쪽 ; 죠셉 굴든, 『한국전쟁』, 651쪽.

무소속 지도자들은 아이젠하워 대통령의 제안이 공정하고 합리적이므로 한국 정부가 이를 수용해야 한다는 의견도 있었다.102)

그 사이에 6월 8일 판문점에서 유엔군 측 수석대표 해리슨 2세(Harrison, William K. Jr.)와 공산 측 대표로 북한군 대장 남일(南日)이 전쟁 중 본국으로 송환을 거부하는 포로의 처리를 위한 중립국송환위원회의 임무와 운용에 관한 협정을 체결했다. 포로교환협정은 총칙, 포로의 관리, 설득, 전쟁포로의 처리, 적십자사의 방문, 포로 및 중립국송환위원회를 위한 보급 등 11조로 규정되어 송환거부포로 처리에 관한 쌍방의 책임이 명시되어 있다.

이제 휴전협상에서 양측과의 정식조인만이 남게 되었다. 그동안 계속해서 휴전을 반대했던 이승만 대통령은 아무런 성과 없이 휴전이 성립되었을 때, 자신의 정치적 입지의 약화가 우려되었다. 미국은 한국 정부의 단독 행동을 우려하고 있었지만, 군 내부에 여러 갈래의 군사고문단이 퍼져 있었기 때문에 한국군이 경찰이나 청년단과는 달리 어떤 일방적인 행동을 하기 어려울 것으로 파악했다.103)

반공포로 석방 단행

1953년 6월 18일 포로를 석방하기 직전인 17일 이승만 대통령은 아이젠하워 미국 대통령에게 보낸 서한에서 휴전 전 방위조약의 체결을 주장하는 입장을 재확인했다. 그는 "침략자 중국군이 계속 주둔을 허용하는 휴전이 체결된다면, 우리는 생존할 수 없다. 이러한 우려를 평가절하하지 말라. 침략자 공산주의자들과 정전협정을 체결

---

102) 존 코취, 「미국의 대한 안보 공약의 기원」, 291~292쪽 ; "USAmbassdor, Pusan to DS" June 12, 1953, *Joint WeeKA* 4, p.323.

103) "USAmbassador, Pusan to the Deputy Assistant Secretary of State for FE Affairs" Feb. 27, 1952, *FRUS* 1952~54, p.65.

하려고 하는 상황에서, 우리는 계속해서 어떻게 한 국가로서 살아남을 것인가 하는 문제에 시달리고 있다. 정전협정을 받아들이는 것은 사형집행영장(death warrant)을 받아들이는 것"이라는 견해를 반복했다. 또한 그는 아이젠하워 대통령이 제시한 정전협정 후 상호방위조약이 미국의 신실성까지 이의를 제기할 순 없지만, 이 조약이 휴전과 연계된다면 그 효용성은 거의 없다고 주장했다.[104]

이러한 요구에 대한 답변을 들을 시간도 주지 않고, 1953년 6월 18일 이 대통령은 반공포로를 석방했다.[105] 이미 휴전협상에서 유엔군과 공산 측이 포로교환협정이 체결되기 직전인 6월 6일 이승만 대통령은 원용덕 헌병총사령관을 경무대로 불러 비밀리에 반공포로의 석방 방안을 모색하도록 했다. 헌병총사령부는 1953년 3월 22일 각 군에 헌병사령부가 있으므로 불필요하다는 반대를 무릅쓰고, 이승만 대통령에 의해 2개 중대 규모로 창설되었다. 이 부대는 형식상 국방부의 관할로 두었으나 사실상 대통령의 직접 명령에 따라 움직이는 특수부대인 셈이다. 6월 17일 석주암 육본 헌병사령관이 당시 백선엽 육군총참모장에게 "헌병총사령부에 모종의 움직임이 있다"는 정보보고를 했다. 이때 백선엽 총참모장은 "그 일에 대해서는 일체 관여하지 말라"고 지시하면서 동조했다.[106]

이승만 대통령은 미군의 반대를 피하기 위해, 당시 한 포로의 표현대로 "무슨 죄수들이라고 야반도주시키듯" 밤에 철조망을 뚫고 포로를 탈출시켰다. "그날 밤은 칠흑 같은 암흑 속에 동이로 내리붓는 듯한 비가 억수로 쏟아져 내리고, 미군들은 계속해서 조명탄을 쏘아

---

[104] 「미국 대사관에서 국무장관에게 보낸 전문」 1953.6.17, 『대한민국사 자료집』 11, p.407 ; 차상철, 『한미동맹 50년』, 생각의 나무, 2004, 50~51쪽.
[105] 한국 헌병대의 석방과정에 대한 논고는 다음의 글에 자세하다(김행복, 『한국전쟁의 포로』, 192~206쪽).
[106] 『서울신문』 1953년 3월 25일자 ; 백선엽, 『군과 나』, 275쪽.

올리며 기관총을 난사해서 이날의 상황은 거의 극한에 가까웠다"고 한 포로는 회고했다. 원용덕 사령관은 예하 지휘관들에게 반공포로수용소의 접수를 명령했지만,107) 미군은 즉각 경비임무를 한국군으로부터 인수받고 경계를 강화했다. 논산 포로수용소에서는 제1대대부터 순서대로 탈출하다가 제일 마지막 8대대 포로들은 거의 대부분 탈출하지 못했다.108)

이렇게 반공포로의 석방이 가능하게 되었던 배경은 다음 몇 가지로 정리할 수 있다. 첫째로, 이승만 대통령은 휴전 후 안전 보장이나 경제 원조 등을 확보하려는 것 외에 휴전협상에서 발언권을 확보하여 그의 정치적 입지를 강화하려고 했다.109)

둘째, 이승만 대통령은 이 조치에 대해 유엔군이 묵시적으로 지지한다고 보았다. 그는 이미 38선 돌파 문제가 나왔을 때, 국군의 작전지휘권이 유엔군 총사령관에게 이양되어 있으나, "내가 이 나라의 최고 통수권자이니, 나의 명령에 따라 북진을 하라"고 지시한 적이 있다.110) 또한 워싱턴의 입장과 현지 사령관인 클라크의 견해 차이에서 비롯된 점도 지적할 수 있다. 미국 정부는 휴전협상의 성사를 위해 노력했으나, 휴전협상 대표인 해리슨 중장 외에 현지 사령관들은 공산 측이 시간을 벌기 위한 것이고 유엔군 안에 결코 동의하지 않을 것이라는 인식을 했다. 특히 클라크 장군은 이승만 대통령이 반공포로를 석방할 수도 있다는 의사를 표현했을 때, 그 자신도 송환거부포로들의 석방을 찬성했고 건의했다는 사실을 설명했다.111) 이러한 정황으로 이 대통령은 자신의 반공포로의 석방에 대해 미 군

---

107) 황세준, 『신생의 날』, 4쪽.
108) 장정문, 『머나먼 고향길』, 87쪽.
109) 존 코취, 「미국의 대한 안보 공약의 기원」, 287쪽.
110) 김종구, 『평양탈환작전』, 34~38쪽.
111) 마크 클라크, 『다뉴브강에서 압록강까지』, 439~440쪽.

부 측도 지지한다고 이해했을 수 있다.

셋째, 이승만 대통령에 대한 한국군의 지지였다. 한국군은 일반적으로 지지부진하던 휴전 대신에 전쟁을 적극적으로 계속해야 한다는 입장이었다. 당시 한국군은 공산 측이 휴전협상을 끄는 데는 그들의 군사력의 재정비와 강화를 위해 시간을 벌자는 속셈으로 파악했고, 반면에 유엔군은 휴전성립만 서두른 것으로 인식했으므로 반공포로의 석방은 당연한 것으로 받아 들였다.112) 클라크 장군은 전선의 2/3를 책임지고 있던 남한군대가 이 대통령에게 충성을 하고 있으므로 그가 여전히 한국 군부에 대한 장악을 하고 있다고 평가했다.113)

〈사진 1〉 반공포로 석방 지지시위(전남 광주, 이경모 사진집, 181쪽)

반공포로의 석방은 한국의 안전보장을 위해 미국과 유엔에 대항해서라도 이에 단호히 대처했다는 사실에 한국인과 반공국가의 찬

---

112) 정일권,『전쟁과 휴전』, 329~330쪽 ; "DKB" 1952.5.9, *RCIA* II, p.394.
113) General Mark W. Clark, "The Truth about Korea", *Collier* Feb. 5, 1954, p.34.

사를 받았다. 후에 그의 정적이 되었던 장면도 "이 박사의 용단이 아니고는 아무도 따를 수 없는 것"이라고 칭찬을 했다.114) 반공포로의 석방으로 한국 민중들 사이에 이승만 대통령의 인기는 크게 올랐다. 이 조치는 한국이 응당 단행할 수 있는 주권을 행사한 것으로 그동안 공산주의자들이 선전해왔던 이승만 정부가 미국의 '괴뢰정부'라는 주장을 불식시키는 것으로 받아들였다.115)

이승만 대통령 자신은 로버트슨 미국 특사에게 "나는 반공포로를 공산지옥으로 보내느냐, 광명의 이 땅에 머무르게 하느냐는 문제를 가지고 근 일주일 동안 기도한 끝에 내린 결단"이라고 설명했다. 그는 그들이 벌써부터 제네바협약과 인권옹호의 제 원칙하에 석방되어야 할 것으로 생각했다고 말했다. 즉 원래 반공포로들은 포로로 취급될 성질이 아닌 대한민국 국민이라는 논리였다.116) 일부 연구에서도 이 대통령의 행동이 일년에 걸쳐 전투를 연장해 왔던 이념전쟁에서 승리를 보장했고, 포로의 인권존중을 실행한 결과였으며 한편 계속 소강상태를 보였던 한미상호방위조약의 체결에 실마리가 되었다고 평가했다.117) 미 국무부에서도 한때 자원송환원칙을 공산 측이 수용하기 어려우므로 전원송환원칙에 동의하는 대신에 송환거부포로들에게 탈출을 방관하는 방안을 모색하기도 했다.118)

---

114) 운석선생기념 출판위원회, 『한 알의 밀이 죽지 않고는-장면박사 회고록』, 가톨릭출판사, 1967, 33쪽 ; 마크 클라크, 『다뉴브강에서 압록강까지』, 149쪽.
115) 「韓雲史의 인생만유기」, 『세계일보』 2005년 5월 19일자 ; 황세준, 『신생의 날』, 5쪽 ; HQs KCOMZ G-2, "Intelligence Summary # 45" July 7, 1953, 군사편찬연구소, SN 1841(2).
116) 황세준, 『신생의 날』, 5~6쪽 ; 이원순 편저, 『인간 이승만』, 신태양사, 1965, 375~376쪽.
117) 온창일, 「휴전을 둘러싼 한미관계」, 228~229쪽 ; 김철범, 『한국전쟁과 미국』, 323쪽.
118) "Johnson to the Secretary: Draft Radio to CINCUNC" Feb. 2, 1952, 『남북한관계사료집』 12, p.118.

그러나 유엔군과 공산 측의 입장을 절충한 중립국에 의한 처리방안에 합의가 이루어진 상황에서 이를 부인한 조치가 타당한 것이었는가 하는 문제이다. 아이젠하워 대통령은 반공포로 석방이 6월 17일자 이승만 대통령의 서한이 마르기도 전에 폭탄이 터진 것으로 받아들였다.[119] 미군 참전 용사도 그와 그의 동료들이 싸워왔던 것을 배신한 것으로 느꼈다(Kasten felt it was a betrayal of what he and his fellow soldiers had been fighting for)고 회고 했다. 심지어 국제신의를 파기하고 포로를 석방하는 것은 "이승만같은 국제깡패"나 할 수 있는 것으로 독재자의 횡포라는 비판도 있었다.[120]

유엔군의 주요한 일원이었던 영국 정부의 "유엔군사령부의 권위에 대한 배반(treacherous violation)"이라는 항의[121]는 무시하더라도, 포로 석방과정에서 일부 희생자가 발생했고, 또한 결과적으로 중립국 감시하의 설득에 대한 한국 정부의 우려는 현실화되지 않았다. 즉 변영태 외무장관이 송환거부포로를 공산 측에 3개월 동안이나 설득을 시키도록 내버려두면, 반공포로는 모조리 다 공산국가로 끌려갈 텐데 이를 보고만 있을 것이냐고 강한 불신을 나타냈다.[122] 그러나 실제 중립국송환위원회의 처리 과정에서 송환거부포로 가운데 북한군 포로 7,900명 중 188명과 중국군 포로 14,704명 중 440명만이 공산 측으로 귀환했을 뿐이었다.[123] 그러므로 유엔군 측의 중립국송환위원회에 의한 처리도 자신감을 가질 수 있는 대안이 될 수 있었

---

[119] Dwight D. Eisenhower, *Mandate for Change 1953~1956*, New York: Doubleday & Company, INC., 1963, pp.184~185.
[120] 『동아일보』 1953년 6월 25일자 ; 박찬웅, 『6・25일지』, 263쪽 ; "Raymond A. Kasten's interview," http://lcweb2.loc.gov/ diglib/vhp-stories/loc.natlib.afc2001001.57057.
[121] "British Legation in Korea to Pyn Young-Tae" June 22, 1953, 729.5 UK, 147/외무부 외교문서철.
[122] 변영태, 『외교여록』, 한국일보사, 1959, 53~54쪽.
[123] "The Handling of POW", p.97.

을 것이다.

한편 이승만 대통령의 휴전반대운동이 결국 상호방위조약의 체결의 요구라는 점을 충분히 알고 있으면서도 이를 적절히 대응하지 못했던 미국 측은 이승만 대통령의 반공포로 석방으로 재차 그를 제거하려고 했다.124) 하지만 한국민과 군부의 지지 등을 감안해 그 안을 폐기했고, 한국 정부와 상호방위조약의 체결을 강구하는 동시에 휴전을 추구했다.125) 이러한 배경에는 중국과 북한이 이승만 대통령의 조치에 대한 미국의 묵인을 항의했고 석방된 반공포로를 즉시 재 수용할 것을 요구했지만, 정전협정을 파기시키는 데에까지 이르지 않았던 점도 있었다. 소련은 1953년 6월 16~17일에 있었던 베를린 폭동에 대한 더 큰 우려를 가졌다. 다만 포로 석방에 대한 보복으로 중국군은 7월 13~14일 한국군 수도사단을 공격해서 막대한 피해를 입혔다.126) 1997~98년 사이에 북한을 탈출한 양순용 이병이나 장무환 상병도 이 전투에서 포로가 되었다.

한국군 경비대는 미군의 방해를 피하기 위해 포로들을 몰래 탈출시켰다. 미군은 즉각 경비임무를 한국군으로부터 인수받고 경계를 강화했다. 미군들은 계속해서 조명탄을 쏘아 올리며 기관총을 난사하는 과정에서 한국군 경비대의 희생적인 엄호가 있었다.127)

---

124) 박정희 소장이 5·16쿠테타를 모의할 때 가장 큰 장애로 미국의 개입을 우려하자, 황용주 부산일보 주필은 "미국이 큰 문제가 되지 않을 것이다"고 이해를 시켰다고 한다. 그는 그 이유로 1952년 부산 정치파동과 반공포로 석방 때, 미국은 실력으로 막지 않았던 점을 들었다고 한다(조갑제, 「내 무덤에 침을 뱉어라」, 『조선일보』 1998년 6월 18일자, 19쪽).
125) 홍석률, 「한국전쟁 직후 미국의 이승만 제거계획」, 155~157쪽.
126) 로버트 시몬스, 『한국내전: 전쟁의 내전적 성격과 북방동맹』, 260~261쪽·264쪽 ; Zhang, Shuguang, *Deterrence and Strategic Culture: Chinese-American Confrontation, 1949~1958*, Ithaca, N.Y.: Cornell University Press, 1992, p.140.
127) 강용준, 「반공포로석방」, 649~652쪽 ; 육본, 『6·25사변후방전사』, 1956, 137쪽.

〈표 1〉 반공포로 석방 현황 통계

수용소명	수용인원	탈출인원	사망	잔류인원			
				부상	피체	미탈출자	계
거제	3,065	392	1		116	2,556	2,672
영천	1,171	904	1		116	150	266
대구	476	232	2		180	60	242
광주	10,610	10,432	5	8		165	173
논산	11,038	8,024	2	2	336	2,674	3,012
마산	3,825	2,936	3	11	144	731	886
부산	4,027	3,930				97	97
부평	1,486	538	42	60	39	807	906
계	35,698	27,388	56	81	931	6,740	8,254

출처: 육본, 『6·25사변 후방전사』(인사편), 1956, 137쪽.

사상자도 많았다. 탈출 과정에서 모두 60명에 이르는 포로들이 희생되었고, 100여 명이 부상을 입었다.[128] 18일 포로들이 탈출할 때 사망자는 10여 명이었으나, 이튿날에는 부평 포로수용소에서 400명이 탈출하면서 30명이 사망했다. 19일에는 이미 미군들이 통제를 강화했기 때문이었다.[129] 광주 상무대 수용소에서는 미군 총격으로 포로 5명이 사망하고 8명이 부상을 입었다. 이러한 희생에도 불구하고 포로의 탈출은 부산과 광주 등지의 수용소에서 21일까지 계속되었다. 이때 탈출한 규모는 〈표 1〉에서처럼 27,388명[130]이다. 미군 정보

---

[128] "POW Com to AFFE(Main)" June 18, 1953, 42/333 ; "CINCFE, Tokyo to DA" June 19, 1953, 3/218 ; "Anticommunist POW Escapees" (no date), 13/338 ; 육본, 『6·25사변후방전사』, 1956, 137쪽 ; 주영복, 『내가 겪은 조선전쟁』 2, 378쪽. 〈표 1〉에서처럼 육군본부 기록에는 사망인원이 56명이나, 미군기록에는 61명이었다.

[129] 주영복은 부평수용소에서만 60여 명의 포로들이 사망한 것으로 서술했다(주영복, 『내가 겪은 조선전쟁』 2, 379쪽).

[130] 25,000명, 27,312명, 27,381명 등 다양하게 나타나고 있다(육본, 「참모연구」 1953.8.6, 1954.5, 육군기정단 ; 조지프 굴든, 김쾌상 역,『한국전쟁』, 654쪽 ; 양대현,『역사의 증언』, 13쪽). 미군 정보당국은 1953년 7월 1일 현재 도망자는 27,577명으로 파악했다(HQs KCOMZ G-2, "Security Information" July 5, 1953, 군사편찬연구소, SN 1841(2)). 공산 측은 이때 50명이 넘는 중국군 포로들도 탈출했다고 주장했다(「중국 주재 소련대리대사가 소련 내각회의 의장에게 보내는

당국은 탈출한 포로 가운데 일부 공산주의자는 좌익 빨치산투쟁에 참가하거나 간첩이 되었을 것으로 추정했다.[131]

탈출 과정에서 부상을 입었던 포로들은 사단법인 '6·18자유상이자회'를 결성했다.[132] 6·18탈출사건 이후 수용소에 남아있거나 탈출했다가 붙잡힌 포로들은 논산 및 부산 포로수용소에 재수용되었다.[133]

탈출한 포로들 가운데 일부는 한국 정부로부터 아무런 지원을 받지 못하는 등 남한 시민들의 차가운 반응에 적지 않게 실망했다. 한 탈출포로는 수용소로 다시 돌아갈 수 있다면 돌아가겠다는 의사를 나타냈다.[134]

포로석방이 비밀히 이루어진 것이었기 때문에, 한국 정부는 탈출포로를 어떻게 대우할 것인지에 대해 사전대책이 수립되어 있지 않았다. 정부는 행정당국과 국민들에게 포로들의 의식주를 해결하도록 지시하는 한편, 내무부와 국방부에서는 마산경찰서에 지시를 내려 6월 28일 민간, 정치, 경찰관계자 등이 모여 탈출포로들을 모두 국군으로 입대시키려 했다. 그러나 한국 정부는 즉시 그들을 국군으로 편입시킬 것이 아니라 포로들이 남한시민으로 동화된 후 자원에 의해 징병

전문」 1953.7.31, 국사편찬위원회, 『한국전쟁, 문서와 자료, 1950~53년』, 7812쪽).

[131] HQs KCOMZ G-2, "Intelligence Summary # 43" June 23, 1953, 군사편찬연구소, SN 1841(2). 지리산 빨치산 부대에서 국군과 포로로 위장하기 위해 반공포로들이 석방된 후 그들이 버리는 포로복을 구입했다고 한다.

[132] 이때 부상을 입은 포로들은 '대한반공귀순상이자회'(회장 박재만)를 결성했으며 2000년 10월 초에 주한 미국 대사관을 통해 미국에 손해배상을 요구했다(『연합통신』 2000.10.5). 사상자의 발생은 탈출과정에서 일어난 것이므로 한국 정부에 요구하는 것이 타당할 것이다.

[133] 육본 정보참모부, 『판문점』 하, 637쪽 ; 강용준, 『나성에서 온 사내』, 23쪽 ; HQs KCOMZ G-2, "Intelligence Summary # 45" July 7, 1953, 군사편찬연구소, SN 1841(2).

[134] HQs KCOMZ G-2, "Intelligence Summary # 45" July 7, 1953, 군사편찬연구소, SN 1841(2).

되도록 하는 등 조치를 강구했다. 석방 후 자유를 만끽한 포로들 가운데에는 국군에 입대하는 것을 달가워하지 않는 경우도 있었다.[135]

(2) 반공포로 석방의 영향

1953년 6월 16~17일 휴전협상에서 유엔군 측은 회담의 교착상태를 조속히 타결하려고 18일 오후에도 다시 회합하기로 했다. 그러나 18일 새벽 기습적인 반공포로 석방으로 공산 측은 물론 미국, 영국, 캐나다 등의 반발을 받았다. 이승만 대통령은 반공포로의 석방으로 전후 한국의 안전보장을 위해 휴전 전에 미국과 군사동맹조약의 체결을 요구하여 미국으로부터 한미상호방위조약을 확보하는데 성공했다.

미군 측은 이 사건을 쿠데타적인 것(a coup)으로 받아들였다. 당시 클라크 유엔군사령관은 이승만 대통령이 일방적으로 반공포로를 석방한 사건은 1950년 7월 이 대통령이 한국군의 작전권을 유엔군에 이관했으므로 한국군에 관한 행동에 있어서는 유엔군과의 사전협의를 보장했는데, 분명히 그러한 보장을 폐기한 것이라고 항의했다.[136] 미군 측은 석방된 포로의 체포를 요구했지만, 반공포로 석방을 주도했던 원용덕 헌병사령관의 해임 등의 조치를 요구하지 않았다.

공산 측의 반발로 휴전협상이 파탄될 위기에 빠졌다. 6월 20일 재개된 판문점 회담에서 남일은 "탈출포로를 재수용하라"고 요구한 후 일방적으로 휴회를 선언했다. 그들은 이승만 당국이 전쟁포로를 납치해갔다고 비난했다. 이후에도 그들은 포로석방에 대한 유엔군 측

---

[135] HQs KCOMZ G-2, "Intelligence Summary # 45, 48" July 7, 28, 1953, 군사편찬연구소, SN 1841(2) ; HQs KCOMZ G-2, "Security Information" July 5, 1953, 같은 문서.
[136] 허정, 『우남 이승만』, 태극출판사, 1970, 342~343쪽 ; GHQ, FEC/UNC, "Command Report" Aug. 1953, p.8.

의 책임을 묻고 정전협정이 조인될 때 한국의 협력 보장 등을 요구했다. 이에 대해 유엔군 측 해리슨 수석대표는 공산 측에 한국군의 휴전협상을 위협하는 공세적인 조치를 지지하지 않는다고 통보했지만, 포로석방 사건에 대한 책임과 포로의 재수용에 대한 책임을 받아들이지 않았다.137)

반공포로의 석방으로 정전협정의 조인이 늦어졌다. 휴회 20일 만인 7월 10일에 회담이 재개되었다. 반공포로의 석방 때, 중국과 북한은 이승만의 조치에서 미국의 묵인을138) 항의했지만, 1953년 여름에 휴전을 절실히 원해 신중한 반응을 보였다. 소련 측은 6월 16~17일에 있었던 베를린 폭동에 대한 더 큰 우려를 가졌다.139)

김일성은 포로석방 사건이 미국에서 의식적으로 이승만을 조종하여 전쟁포로협정을 파괴하고 정전 달성을 방해하려는 음모를 실현하도록 했다고 비난했다. 이승만의 포로석방이 강제 혹은 비합법적으로 석방한 것으로 포로의 강제억류를 위한 것으로 인식했다. 이러한 주장은 최근까지도 계속되었다. 북한 측은 이승만 정권이 미국의 사주 없이 독단적으로 정전을 파탄시킬 망동을 감행하리라고 믿을 사람은 한 사람도 없다고 비난했다.140)

---

137) 『로동신문』 1953년 6월 21일자 ; GHQ, FEC/UNC, "Command Report" Aug. 1953, p.8.
138) 김일성은 미국의 사주 아래 포로를 석방하여 강제억류한 것으로 비난했다(『로동신문』 1953년 7월 28일자).
139) 『로동신문』 1953년 6월 30일자.
140) "미국 측은 결정적 행동으로써 자기의 성의를 표시하라", 『로동신문』 1953년 7월 12일자 사설 ; 김일성, 「정전협정 체결에 제하여 전체 조선인민에게 보내는 방송연설」, 『로동신문』 1953년 7월 28일자 ; 『조선통사』(1958), 455쪽.

〈자료 2〉 북한 측, 반공포로 석방 규탄(『로동신문』 1953년 6월 21일자)

　공산 측은 남한군이 클라크 휘하에 소속된 것이 분명한 데 한국군이 독단적으로 행위를 감행하는 것을 보고도 그냥 그대로 내버려두었는가에 대해 항의하면서, 미군이 자기들의 용인 아래 감행된 포로석방에 대한 책임을 지고 그들을 재수용하라고 요구했다. 그들은 유엔군사령관에게 정전협정의 보장을 위하여 석방된 포로 27,000명을 원상대로 회복하여 중립국송환위원회에 넘겨 실질적 행동을 보일 것을 재차 요구했다. 하지만 미국은 석방된 포로들을 재수용하려는 노력을 발견할 수 없다고 비난했다.[141]

---

[141] 「미국 측은 정전에 대한 무성의를 표시하고 있다」,『로동신문』1953년 7월 1·9일자 ;「미국 측은 왜 아직도 명확히 책임적인 담판을 회피하고 있는가」,『로동신문』1953년 7월 14일자 ;「정전의 조인을 위해서 미국은 결단적 조치를 취하여야 할 것이다」,『로동신문』1953년 7월 16일자.

포로석방에 대한 김일성과 팽덕회의 항의에 대해 클라크 장군은 이미 석방된 27,000명에 대해 다시 거두어들이는 것은 불가능하다고 했다. 석방된 포로의 전부를 재수용하는 일은 공산 측이 적대적 행위 기간 중에 '석방'한 5만 명을 회수하는 것과 같이 불가능한 것이라고 했다.142) 미군 측은 석방된 포로가 희망한다면, 정전협정에 의해 정전발효 후 '실향사민귀환협조위원회'를 거쳐 돌아갈 수 있을 것이라고 주장했다. 그 후에도 공산 측은 도망한 포로의 재수용과 이들 중 일부가 국군에 편입되는 것을 방임한 사실을 항의했다. 그들은 일부 포로들이 군대에 편입되었는데도 민중 속으로 종적을 감추었기 때문에 재수용이 불가능하다는 주장을 이해할 수 없다는 입장이었다.143) 한편으로 공산 측은 이승만 대통령이 중국군 포로와 미처 탈출하지 못한 북한군 포로 8,000여 명을 석방할까 봐 우려했다.144)

중국과 북한이 석방된 반공포로를 즉시 재수용할 것을 요구했지만, 정전협정을 파기시키는 데까지 이르지 않았다. 그들은 미국으로 하여금 이승만 대통령을 고립시키는 동시에 정전협정의 준수를 보증할 것을 중시했다.145)

하지만, 중국군은 휴전을 앞둔 상황에서 자신의 군사력 우세를 과시하고 반공포로 석방을 보복하기 위해 1953년 7월 중순 김화와 금성천 사이의 돌출부를 점령하기 위한 대규모 공세를 가해 왔다. 중국군은 7월 13일부터 중국군 6개 군단(제21·54·60·67·68·24군)을

---

142) 클라크 유엔군사령관이 반공포로의 석방을 이미 엎질러진 물로 여겨 담대하게 처리하여, 한국 측으로서는 이 문제가 기대 밖으로 원만하게 해결되었다고 인식했다(김정렬,『김정렬 회고록』, 을유문화사, 1993, 157~160쪽).
143) 「클라크장군의 서신」 1953.6.29,『로동신문』 1953년 7월 9일자 ; 「미국은 리승만을 통제함에 결코 무능력할 수 없다」,『로동신문』 1953년 7월 4일자.
144) 『로동신문』 1953년 7월 12일자.
145) 「중국 주재 소련 대리대사가 소련 내각회의 의장에게 보내는 전문」 1953.7.31, 국사편찬위원회,『한국전쟁, 문서와 자료, 1950~53년』, 778~782쪽.

동원하여146) 국군 제2군단의 제6·8·3·5사단과 인접한 미 제9군단 휘하의 국군 수도사단과 제9사단 일부가 방어하고 있는 금성돌출부를 공격했다.

금성전투 시기의 북한신문, 중국 『인민일보』와 『동북인민일보』 등의 전과 발표에서 포로를 구별하지 않고 78,000여 명을 살상 및 포로로 했다고 공표했다.147) 전후에 그 규모는 61,300여 명으로 약간 줄어들었고 중국군만으로는 53,000여 명을 섬멸한 것으로 정리되었다.148) 결국 1953년 7월 19일에 이르러, 공산 측 남일 대표가 휴전협상에서 포로석방 주제를 완전히 제외시켰던 것은 금성공세의 전과에 힘입은 것으로 보인다.149)

국군 피해현황은 아군 전투상보에 따르면, 수도사단의 경우 1953년 7월 13일부터 16일까지 전사 1,026명, 실종 1,418명이었고, 제8사단의 경우 7월 13일부터 21일까지 전사 312명, 실종 1,136명이었다.150) 이를 종합한 전투사에 따르면, 전사 2,689명, 부상 7,548명, 실종 4,136명 등이었다.151) 2006년 7월 현재 국군 장병의 병적을 전산화하여 정리한 통계에 의하면, 1953년 7월 12일부터 27일까지 전사자와 실종자는 모두 5,569명이었다. 이 가운데 실종자는 31명에 불과하여 최근 탈북

---

146) 인민군 2개 군단도 동원되었다(陣興九, 『조선전장 一干天』, 474쪽).
147) 『인민일보』1953년 7월 25일자 ; 중국군사과학원 군사역사연구부, 군사편찬연구소 역, 『중국군의 한국전쟁전쟁사』3, 군사편찬연구소, 2005, 679쪽. 중국 측에서 팽덕회 사령관이 작전 전에 예상했던 전과 15,000여 명보다 4배 이상의 성과를 얻었다고 평가했다(杜平, 『在志願軍總部』, 해방군출판사, 1989, 601쪽).
148) 『중공군의 한국전쟁사』, 385쪽 ; 『중국군의 한국전쟁사』3, 675쪽.
149) 황오, 「'3·8선'의 획분과 그 감독」, 정협 연변조선족자치주 문사자료위원회 편, 『돌아보는 력사』, 2002, 318쪽 ; 정성관, 『판문점의 비사』, 평문사, 1953, 136~138쪽 ; 邊麗君·馮金暉, 『朝中戰俘遣返內幕』, 華藝出版社, 1990, 185~187쪽 ; 許晨, 『血染的金達萊－철병조선기실』, 북경: 중국사회출판사, 1992, 250쪽 ; 홍학지, 『홍학지 회고록』, 해방군출판사, 2002, 652~653쪽.
150) 『한국전쟁사료』42, 299쪽 ; 『한국전쟁사료』56, 1056쪽.
151) 국방부 전사편찬위원회, 『금성전투』, 1987, 194쪽.

해 온 포로들 중 전사처리자가 많은 이유를 설명해 준다.152)

반공포로의 석방은 돌아오지 못한 국군포로의 귀환 정책에 방해가 되었지만, 이들을 북한 측의 주장대로 중립국송환위원회(the Neutral Nations Repatriation Commission, NNRC)에 인계했다고 해도 그들이 국군포로를 귀환시키지 않았을 것이 분명하다. 이미 북한 측은 1951년 12월 국군포로의 대부분을 인민군과 주민으로 편입시킨 나머지만 포로명단 교부 수준에서 송환할 예정이었기 때문이다.

미국 측은 반공포로 석방이 휴전협상에 미치는 영향을 우려했다. 아이젠하워 대통령은 국무부를 통해 대전협정을 거론하면서 이승만 대통령이 유엔군사령부와 사전 협의 없이 일방적으로 조치할 수 없으며 유엔군사령부의 권능을 존중할 것을 요구했다. 즉 이승만 대통령이 전쟁을 종결하려는 유엔군사령부의 권위를 받아들이지 않으면 새로운 협정이 필요하다고 했다. 미국 정부는 로버트슨(Robertson, Walter) 차관보를 파견하여 이승만 대통령에게 그가 합리적일 때 미국이 지원할 것이라는 메시지를 전달했다. 7월 4일 로버트슨이 방위조약 초안을 전달한 이후 이 대통령은 지극히 우호적으로 나왔다. 결국 1953년 7월 8일 클라크 유엔군사령관은 공산 측에 한국군이 정전협정을 준수할 것이고 통보할 수 있었고, 이승만 대통령은 12일 공개적으로 협력을 약속했다.153) 로버트슨이 회담을 성공적으로 끝마치고 워싱턴으로 돌아간 7월 12일, 서울과 워싱턴에서는 동시에 이승만·로버트슨회담을 통해 한국의 휴전, 포로의 처리, 장래 제휴를 위한 문제의 해결에 있어 합의에 도달했음을 강조하는 공동성명을 발표했다. 같은 시간에 미 국무부는 별도의 성명에서 이승만 대통령이 한국전쟁의 휴전에 동의했다고 분명하게 성명했다. 이승만

---
152) 조성훈, 「한국전쟁 국군포로실태 분석」, 국방부 정책과제, 2006, 10~12쪽.
153) Eisenhower, Dwight D., *Mandate for Change 1953~1956*, pp.185~187.

대통령은 반공포로의 석방으로 전후 한국의 안전보장을 위해 휴전 전에 미국과 군사동맹조약의 체결을 요구하여 미국으로부터 한미상호방위조약을 확보하는데 성공했다. 즉 반공포로의 석방은 계속 소강상태를 보였던 한미상호방위조약의 체결에 실마리가 되었다. 이 대통령은 휴전 이전에 미 상원의 방위조약 승인을 요구했지만 휴전 이후에 실현되었다.154)

2. 포로 교환과 송환거부포로의 처리

1) 상병포로 및 송환희망포로 교환

포로 교환은 상병포로, 송환희망포로, 송환거부포로 가운데 다시 송환을 희망한 자 등 세 차례에 걸쳐서 이루어졌다. 앞의 두 경우는 큰 문제없이 완료되었다.

1953년 2월 22일 클라크 유엔군사령관이 국제적십자사의 상병포로의 즉각 교환에 대한 호소(1952.12)를 수용하여 공산 측에 제기하므로써, 1952년 9월 28일 제안 이래로 교착상태에 빠진 휴전협상은 재개의 가능성을 띠었다. 3월 28일 공산 측이 이에 동의하자, 4월 11일 양측은 연락관을 파견하여 상병포로 교환 협약에 서명했다.155)

상병포로의 교환[Little Switch]은 1953년 4월 20일부터 5월 3일까지 이루어졌다. 첫날 북한군 포로 400명과 중국군 포로 100명을 보내는

---

154) 김광운, 「"이·로버트슨 회담문서"를 보고」, 『서울신문』 1995년 10월 16일자.
155) 양대현, 『역사의 증언』, 271~276쪽 ; 김행복, 『한국전쟁의 포로』, 180~192쪽 ; A special Correspondent on People's China, "Grim contrast at Panmunjom," pp.1~5 ; The American National Red Cross, "The Role of the Red Cross in the Exchange of Prisoners During the Korean Conflict", pp.13~14.

것으로 시작하여 여성포로 21명을 포함해 북한군 포로 5,640명과 중국군 포로 1,030명이 북으로 송환되었다. 국군포로 471명, 미군 149명, 영국군 32명, 터키군 15명 등 모두 684명이 남으로 귀환했다. 상병포로 명단을 교부할 때 공산 측에서 통보받았던 인원보다 약간 늘어나, 국군포로의 경우 435명에서 471명으로 늘어났다. 그들은 전선에서 부상을 입은 포로를 포함시켰다고 주장했다.156)

〈사진 2〉 상병포로 교환(1953.4)

반공포로 석방 직후인 1953년 6월 26일, 클라크 장군과 로버트슨 미 국무부 극동담당 차관보는 이승만 대통령과 회담한 후에 대한민국 정부는 다른 무엇보다도 한국군이 현재 유엔군사령부 아래 남아 있는 한국인 비송환 전쟁포로의 안전을 보장하라는 유엔군사령부의 명령을 이행할 것과 전쟁포로가 중립국송환위원회에 인도될 비무장

---

156) 『동북조선인민보』 1953년 5월 7일자 ; "Repatriation of Sick and Wounded Enemy POWs April 20~May 3, 1953", 15/338, 군사편찬연구소 HD 1461.

지대로 전쟁포로를 이송하는데 유엔군사령부와 협력할 것이라고 약속했다. 또한 중국인 비공산주의자 전쟁포로의 경우도 중립국송환위원회로 인도하는데 협력할 것이라고 했다.[157]

금성전투 후 1953년 7월 19일 휴전회담이 속개되어 유엔군과 공산측은 상호 교환할 규모를 통보했다. 유엔군과 공산 측 수석대표가 판문점에서 정전협정에 서명한 후, 양측의 최고사령관이 각각 따로 서명할 것에 합의했다. 1953년 7월 27일 10시 판문점에서 양측의 휴전회담 수석대표인 해리슨 미 육군 중장과 남일 북한군 대장이 정전협정에 서명하고, 그 날 오후에 문산에서 클라크 사령관이 문서에 서명했다. 김일성과 팽덕회는 각각 북한과 중국을 대표해서 서명했다.[158]

정전협정에는 송환을 희망하는 포로는 휴전발효 2개월 이내에 판문점에서 또는 필요시에는 기타 추가적인 장소에서 교환하기로 했다. 1953년 7월 28일 판문점에서 양측은 포로송환위원회 제1차 회의를 열고, 휴전직후인 1953년 8월 5일부터 포로송환[Operation Big Switch]을 시작할 것에 합의했다. 이에 따라 8월 5일부터 9월 6일까지 33일 동안 공산군과 유엔군 양측은 송환을 원하는 쌍방의 포로를 교환했다.[159]

포로교환 사업을 위해 양측은 군사분계선 내에서 지뢰제거, 도로 확충 등을 9월 1일까지 마쳤다.[160] 포로들이 교환되기 전, 송환희망과 송환거부포로들은 각각 서로 다른 대책을 세웠다. 송환희망포로들이 수용되어 있던 거제도 포로수용소에서는 국제적십자사 대표의 방문을 계기로 공산포로 지도자들이 단체를 결성하여 포로들을 통

---

[157] 「국무부 극동담당 차관보 로버트슨, 이승만과의 대화내용을 국무부에 보고」 1953.6.26, *FRUS* 1953, 1279~1280쪽.
[158] GHQ, FEC/UNC, "Command Report" Aug. 1953, 군사편찬연구소, HD 1563, p.9.
[159] 『로동신문』 1953년 7월 29일자·9월 9일자 ; 『주평양신화통신문』 1953년 9월 12일자.
[160] GHQ FEC/UNC, "Command Report" Aug. 1953, 군사편찬연구소 HD 1563, pp.56~57.

제하기 위해 교양을 시키거나 귀환할 때 필요한 인공기 등을 만들었다. 저구리 포로수용소는 공산포로의 본부가 되어 송환을 희망하는 북한포로를 통제했다. 연락은 병원수용소를 통해 전달했다.[161]

포로가 송환되는 동안 포로에 대한 인도적 지원을 위해 포로송환위원회 아래 공동적십자소조(Joint Red Teams)가 창설되었다. 이의 적절한 운용을 위해 설치된 적십자위원회에서 8월 3일 공동적십자소조의 활동에 대해 합의했다. 이 팀은 병력을 파병한 유엔군 측과 북한과 중국 적십자사로 구성되었다. 이 중 한 팀은 양측에 각각 20명씩 편성되어 포로교환 장소에서 지원하고, 각각 30명으로 편성된 2개 팀은 남북으로 나누어 공산 측과 유엔군 측 포로수용소와 교환지점으로 수송되는 과정을 지원하기로 했다. 이때 북한수용소를 방문했던 한국위원으로 배동걸, 박재옥, 장익진 등 9명과 미국 위원 10명, 캐나다 위원 1명, 덴마크 위원 6명 등 총 30명으로 이루어졌다.[162] 그런데 적십자사의 활동마저 상대방을 흠집내는 데에 동원되었다. 이 때문에 유엔군사령부는 적십자사의 활동을 철수시킬 것을 고려했으나 포로교환이 지연될 것을 우려하여 시행하지 않았다.

〈표 2〉 포로수용소 현황(1953.5.29)[163]

수용소	위치	구성/성향	규모(명)	1953.6.26
제1수용소	거제도	북한, 남한, 민간인억류자, 중국군(송환희망)	42,839	47,015
1A	저구리	북한, 민간인억류자(송환)	11,688	11,607
1B	용초도	북한, 남한(송환)	7,187	3,137

---

[161] HQs KCOMZ G-2, "Intelligence Summary # 41~44" June 1953, 군사편찬연구소, SN 1841(2).

[162] 배동걸, 『북한포로수용소를 찾아서』, 영창 원색 출판, 1962 ; GHQ, FEC/UNC, "Command Report" Aug. 1953, 군사편찬연구소, HD 1563, pp.21~25.

[163] HQs KCOMZ G-2, "Intelligence Summary # 40, 44" June 2, 30, 1953, 군사편찬연구소, SN 1841(2).

1C	봉암도	민간인억류자(송환)	8,819	8,575
2수용소	부산(병원)	입원자	3,172	2,940
3수용소	모슬포(제주)	중국(송환거부)	14,279	14,260
4수용소	영천	북한, 민간인억류자(송환거부)	1,022	269
4A	대구	북한(송환거부)	489	239
제5수용소	상무대	북한(송환거부)	10,636	174
제6수용소	논산	북한(송환거부)	11,050	3,043
제7수용소	마산	북한(송환거부)	3,857	927
제8수용소	제주	중국(송환희망)	5,036	5,305
제9수용소	부산	북한(송환거부)	3,927	111
제10수용소	ASCom City	북한(송환거부)	1,488	879

1953년 8월 5일부터 9월 6일까지 공산군 측으로 송환을 원하는 북한포로 69,000명과 중국포로 5,000명 등 74,000명은 수용소에서 25척의 수송선을 이용하여 인천으로 이동한 후 영등포를 거쳐서 판문점에서 교환되었다. 일부 포로는 부산 병원수용소에서 열차로 이동했다. 이때 정전협정 제3조 57항의 규정에 따라 '공동적십자소조'의 포로에 대한 위문활동이 있었다.

판문점으로 이동하는 과정에서도 포로들의 저항이 계속되었다. 1953년 8월 6일 배를 타고 인천으로 이동하는 과정에서, 노래를 부르고 항의하는 포로들을 진압하기 위해 경비대원들이 소총과 가스탄을 발사하여 포로 1명이 죽고 4명이 부상을 입었다. 22일 인천에서 영등포로 수송되는 중에도 포로들이 노래를 부르자 역시 가스탄이 발사되었다. 500여 명의 여성포로들도 부산에서 판문점으로 이동하던 중 식판으로 열차 창문을 깨고, 열차 침대 시트를 잘라 북한을 찬양하고 남한 정부를 비난하는 혈서를 써서 창밖으로 흩날리게 했다. 공산 측 적십자 대표는 송환을 희망하는 포로들이 열차를 타고 지나갈 때 어린이들은 물론 경찰까지 돌맹이를 던졌다고 항의했다.[164]

---
[164] 박종순, 「북한여군포로 이송작전」, 대한민국 참전경찰 유공자회 경찰전사편찬위원회, 『경찰전사』, 2003, 월간조선사, 1005~1007쪽 ; 공동적십자소조 영등포분조 조·중측 수석대표 정림, 「중립국감독위원회 조사단 앞의문사」 1953.8.23,

판문점에서 교환 첫날부터 공산포로 1명이 비난 연설과 유엔군 수용소에서 포로의 대우에 대한 장문의 비난 편지를 적십자사 대표에게 보내면서, 송환포로들은 정치적 연설과 비난을 계속했고, 국제적십자사, 유엔군사령부, 평화위원회, 세계 여러 언론 등에 수많은 항의 편지를 보내 국제적십자사 대표와 면담을 요구했다. 그러나 유엔군 측 적십자사 대표는 자신들의 역할을 벗어나는 것이라고 거절했고, 8월 16일에는 포로의 항의 편지의 접수를 거부했다. 공산 측 적십자사 대표는 유엔군사령부가 정전협정과 합동 적십자사의 활동에 대한 규정을 어기며 포로에 대한 위문연설과 편지의 전달을 방해했고, 접촉 자체도 금지했다고 비난했다. 이에 대해 서방측 국제적십자사 대표는 오히려 공산군 측이 자신들의 활동을 지연시키고 방해했다고 반박했다.165)

공동적십자소조 공산 측 대표들은 위문편지, 북한과 중국기가 포함된 꾸러미 등을 제공했다. 1953년 8월 25일 이들이 거제도 수용소를 방문하여 선물을 나누어 준 후, 포로들은 "적십자사 동지들, 우리를 보호해달라"며 소리를 지르고 경비대들을 향하여 돌을 던졌다. 경비대는 이를 진압하기 위해 가스탄을 발사했다.166) 공산포로들은 판문점에서 그동안 입었던 피복을 모두 벗어던지고 몸에 팬티만 걸치고 갔다. 이는 유엔군을 곤란케 하려는 선전의 일종이었다. 그런데 그들은 이를 포로들에게 가한 미국과 이승만 당국의 참혹한 박해에 항거이고 "조국과 인민에 충성하는 불굴의 절개"로 받아들였다.167)

"Procedures to Red Cross", RG 333 UN Command Military Armistice Commission / 8, NA ; GHQ, FEC/UNC, "Command Report" Aug. 1953, 군사편찬연구소, HD 1563, pp.33~35.

165) 『국민보』 1953년 8월 5일자 ; "UNC MAC to CINCUNC" Aug. 20, 1953, 42/333 ; The American Red Cross, "The Report of the Joint Red Cross Teams in Korea December 1953," pp.27~33.

166) GHQ FEC/UNC, "Command Report" Aug. 1953, 군사편찬연구소, HD 1563, p.90.

〈사진 3〉 송환시 옷가지를 벗고 항의하는 북한군 포로

 이러한 갈등 속에서 1953년 8월 5일 첫날 공산 측은 국군 250명, 미군 70명 등 400명을 인도하고 유엔군 측은 357명의 환자를 포함해 북한군 포로 2,158명과 중국군 포로 600명을 보냈다.[168] 8월 중순 태풍 '니나' 때문에 일부 지연되었지만, 8월 28일에는 5만 번째 포로가 송환되었다. 8월 31일 군사정전위원회에서 공산 측은 유엔군사령부에서 대만 정부에서 장개석 사진과 청천백일기를 배포한 사실과 대만과 남한 첩자가 포로수용소에 활동하고 있다고 거듭 비난했다.[169] 9월 4일에는 전쟁 초기 대전전투에서 북한군에 의해 포로가 된 미

---

[167] 김문철, 「판문점을 지키던 나날」, 정협 연변조선족자치주 문사자료위원회 편, 『돌아보는 력사』, 311쪽.
[168] GHQ, FEC/UNC, "Command Report" Aug. 1953, 군사편찬연구소, HD 1563, p.21.
[169] GHQ, FEC/UNC, "Command Report" Aug. 1953, p.78.

제24사단장 딘(Dean, William F.) 소장이 되돌아왔다.170) 〈표 3〉에 정리된 대로 북한군 포로 70,183명 중국군 포로 5,640명 등 75,823명을 송환했고, 국군포로 7,862명, 미군 3,746명 등 모두 12,773명이 돌아왔다.

〈표 3〉 포로 교환 현황

처리결과 국적(소속)	송 환 포 로			송환거부포로					총 계
	상병포로교환시	휴전후포로교환시	소계	공산측복귀/잔류	UN측잔류/복귀	중립국(인도)선택	도피/행불/사망	소계	
북한군	5,640	70,183	75,823	188	7,604	74	34	7,900	83,723
중공군	1,030	5,640	6,670	440	14,236	12	17	14,704	21,374
소 계	6,670	75,823	82,493	628	21,839	86	51	22,604	105,097
한국군	471	7,862	8,321	325	8	2	-	335	8,656
미 군	149	3,597	3,746	21	2	-	-	23	3,769
영국군	32	945	977	1	-	-	-	1	978
기 타	32	369	400	-	-	-	-	-	400
소 계	684	12,773	13,444	347	2	-	-	359	13,803

출처:『한국전란4년지』, D5쪽 ; Hermes, Walter G. Truce Tent and Fighting Front, pp.514~515.

유엔군 측 포로수용소에 있던 전범관련자 들은 송환희망자 중 418명, 포로후 범법자 166명이고, 송환을 거부한 포로 가운데 240명이 전범 혐의가 있었다. 포로가 교환되는 동안, 양측은 전범포로의 처리에 대해 합의하지 못했다. 미군 측은 공산 측이 세균전 폭로에 이용했던 쉬와블(Schwable, Frank H.) 대령, 에녹(Enoch, Kenneth L.) 중위 등을 비롯한 아직 송환되지 않은 장교와 부사관의 처리에 관심을 기울였다. 그런데 8월 초 덜레스 국무장관이 기자회견에서 상호주의원칙에 의해 유엔군사령부는 공산 측이 일부 억류된 유엔군 포로를 송환시킬 때까지 전범포로를 억류할 것이라고 말했다. 13일 스티븐스(Stevens,

---

170) 신화봉, 신태순 역,『휴전선이 열리는 날』, 238쪽.

Robert) 육군장관이 살인을 포함한 범법한 중국포로 250명을 교환 마지막까지 억류할 것이라고 발표했다. 8월 10일 군사정전위원회에서 유엔군 측 대표는 송환을 거부하는 포로를 제외하고 모든 포로를 송환하겠다는 입장을 밝히면서 공산 측도 동일한 조치를 취할 것인지에 대해 답변을 요구했다. 정전협정에는 재판을 받을 포로들을 송환에서 제외할 근거는 없었다. 1953년 8월 31일, 군사정전위원회에서 공산 측은 포로중 전범혐의자와 포로 후 전범자(post-capture offenders)와 목격자들을 포로교환시 송환하는 데에 합의했다.171)

2) 송환거부포로의 설득과정

유엔군과 공산 측은 송환을 거부한 포로 가운데 1953년 6월 석방된 27,000여 명을 제외하고 나머지 23,000명 포로의 처리문제를 놓고 '총성없는 전쟁'을 6개월간 더 치렀다. 이들에 대한 처리를 위해 정전협정에 따라 중립국송환위원회가 설치되었다. 포로송환의 감시를 위한 중립국위원회의 설치는 한국전쟁 이전에도 1923년 그리스와 터키와의 분쟁이나 1949년 이스라엘과 이집트전쟁 등에서 선례가 있었지만, 한국전쟁의 경우처럼 복잡하고 미묘한 경우는 없었다.172)

송환거부포로의 중립국송환위원회 이관

포로교환협정에 따라 유엔군과 공산 측은 휴전 후 모든 포로들이 송환될 기회를 가지도록 보장하기 위해, 스위스·스웨덴·폴란드·

---

171) GHQ FEC/UNC, "Command Report" Aug. 1953, 군사편찬연구소 HD 1563, p.78·94~98.
172) Baxter, "Asylum to Prisoners of War", *British Book of International Affairs*, 1953, pp.490~491, Heimsath, Charles Herman, "India's Role in the Korean war," p.223에서 재인용.

체코 및 인도 대표로 하여금 중립국송환위원회를 구성하도록 요청하고 그 활동에 협조하도록 했다. 인도 정부는 중립국송환위원회의 활동에 소요되는 군대와 운영요원을 제공하며, 인도 대표는 중립국송환위원회 감독 및 의장이 되었다. 포로의 관리 조항에서는 정전협정의 발효 이후 가능한 한 속히 최대한 60일 이내 송환을 반대하는 모든 포로는 중립국송환위원회에 이관되도록 했다. 중립국송환위원회에 이관된 포로들은 3개월 동안 설득과정[173]을 거쳤다.

이에 대해 정전협정 발표 직후인 7월 28일 이승만 대통령은 원용덕 헌병총사령관으로 하여금 아직도 억류당하고 있는 포로들에게 "유엔대표단과 대한민국대표단 시찰하에서 위협이나 강제를 엄금하고 일일이 문답해서 이북으로 가겠다는 사람이나 중국으로 가겠다는 사람은 그대로 해주고 이남이나 대만으로 가겠다는 사람은 다 그 뜻대로 해서 우리 반공포로는 해방하여 평민으로 다 자유롭게 될 것이라면서, 조금도 우려 말고 고생만 좀하면 순리로 조치될 것이다. 부디 안심해서 인내하라"고 당부했다.[174] 반공포로들에게는 공산 측이 물귀신처럼 끝까지 붙잡고 늘어진 것으로 받아들였다.[175]

송환거부포로들은 중립국송환위원회의 감독 아래 모국 정부의 대표로부터 9월 9일부터 12월 23일까지 90일 동안 송환에 대한 '설득'을 들어야 했다. 설득기간은 공산군 측이 처음에 설득기간으로 6개월간을 주장했으나, 유엔군 측과 타협하여 90일간으로 결정되었다.[176]

양측의 송환거부포로들은 1953년 8월 하순에 비무장지대로 이송되었다. 이들을 관리하기 위해 티마야(Thimayya, K.S.) 중장의 지휘

---

173) 중국에서는 이를 '해석공작'이라고 불렀다.
174) 『민주신보』 1953년 7월 30일자.
175) 김석태, 『내 인생 내 마음대로 할 수 있나요』, 57쪽.
176) 김석영, 『판문점』, 신문화사, 1972, 227쪽 ; "CINCFE, Tokyo to DA" June 8, 1953, 205/319 ; HQ, NNRC, "Final Report on the NNRC" Dec. 20, 1954, 18/389, p.2.

아래 인도군(Custodian Force-India) 제1진 1,400명이 8월 11일 인천에 도착한 이래 6개 보병대대와 부속부대 등 모두 5,000명이 한국에 왔다. 그런데 이승만 대통령이 인도군의 한반도 상륙을 금지시켰기 때문에, 유엔군사령부에서는 인도군을 인천에서 판문점까지 미군 헬기로 5명씩 수송해서 모두 1,000여 회의 출격을 통해 이동시켰다.[177]

양측으로부터 포로의 인계는 1953년 9월 10일부터 시작되어 25일에 모두 끝났다. 유엔군 측이 인도군에 북한군 7,900명과 중국군 14,704명을 인계했고, 이어서 공산 측은 한국군 335명(여군 5명 포함), 미군 23명, 영국군 1명 등 모두 359명을 22,963명을 인도했다. 이제 양측의 송환거부포로들은 인도군의 감독 아래 놓이게 되었다.[178] 이러한 조치는 포로 중 지도적인 일부에 해당하더라도 자신들의 선택에 대해 구체적으로 고민할 시기임을 알았을 것이다. 주영복은 이러한 조치가 4개월간의 유예기간을 두고 북으로 갈 것인지 남쪽에 남을 건지 아니면 중립국으로 갈 건지 선택하라는 조치로 받아들였다. 문명철은 1953년 8월 말경, 동료들에게 "여러분은 이제 남한으로 가든지 북한으로 가든지 아니면 중립국으로 가든지 자신의 길을 선택해야 한다"라고 설명했다.[179]

동창리 일대에 유엔군이 건설한 막사는 500명을 수용할 수 있는 캠프 7~10개씩을 1개 구역으로 하는 7개의 구역으로 나눠져 중국군 3개, 북한군 2개, 송환희망포로 격리수용소 1개, 병원용 1개소씩으로

---

[177] 「주한인도관리군활동사」(History of the Custodian Force of Indiain Korea: 1953~54) ; 「인 국방부 「한국전포로 감시」 비록 입수 공개」, 『서울신문』 1994년 6월 24일자.
[178] 「판문점 9월 24일 유피」, 『국민보』 1953년 10월 7일자 ; 「주한인도관리군활동사」 (History of the Custodian Force of Indiain Korea:1953~54) ; 「인 국방부 '한국전포로 감시' 비록 입수 공개」, 『서울신문』 1994년 6월 24일자 ; K.S. 티마야, 『판문점일기』, 318~319쪽. 『한국전란 4년지』에서는 포로규모에 대해 약간의 차이가 있다(국방부, 『한국전란 4년지』, 1955, A2쪽).
[179] 「상파울루동양선교회 문명철 목사」, 『국민일보』 1998년 10월 21일자, 19쪽 ; 『76인의 포로들』, 41쪽 ; 문명철, 『슬픔도 고통도 짜우 짜우』, 177쪽.

할당됐다. 캠프는 17개의 막사와 식당·목욕탕·화장실텐트 등 모두 20개의 텐트로 구성된 거대한 '인도촌'180)이 됐다. 미군 측은 이곳에 식수와 생활용수공급을 위해 50만 갤런 상당의 물탱크를 설치했고 임진강으로부터 모두 31㎞의 대형송수관을 매설했다. 전기공급을 위해 발전시설 12개를 건설했으며 전체 생필품공급을 위한 대형보급창고도 세웠다. 또한 설득장 및 설득자대기소, 송환희망포로 수용을 위한 막사 등 10여 동이 별도로 건설되었다. 포로들은 막사 마다 대표를 선출하여 자치적으로 취사를 했다. 포로들의 일과는 오전 6시 기상하여 오후 9시 30분 취침에 들 때까지 대부분 운동과 오락으로 진행됐다.181)

유엔군사령부는 송환거부포로를 설득하고 감독을 위해 송환설명단(UNCREG: Repatriation Explainer Group)을 구성했다. 단장은 햄블런(Hamblen, A. L.) 준장이었고, 부단장 겸 참모장은 라이안(Ryan, Ward S.) 대령이 맡았다. 이 기구의 특징은 수용소의 운용체계와 비슷했으나, 미국 육군역사에서 이전에 존재한 적이 없었던 부서로 감독, 설득, 대표 등이 있었다. 각 팀의 구성은 감독과 대표 및 통역 등 3명으로 이루어져서 공산 측이 송환거부포로들을 설득할 때 감시했다. 이들 외에 이 설명단의 활동을 지원할 장교와 사병 등 500여 명의 요원은 한국후방기지사령부, 포로수용소사령부, 미 8군 등에서 복무하던 한국군, 영국군, 오스트레일리아군, 프랑스군, 캐나다군, 그리스군, 벨기에군, 이디오피아군 및 콜럼비아군 등에서 보충되었다. 포로와 부대원에 대한 군수지원은 유엔군사령부 정전위원회(UNCMAC)의 제8020부대에서 담당했다.182) 이때 포로를 보호하기 위해 정보교육

---

180) 反共義士奮鬪史編纂委員會, 『反共義士奮鬪史』, 184~186쪽.
181) 「주한인도관리군활동사」(History of the Custodian Force of Indiain Korea: 1953~54) ; 「인 국방부 '한국전포로 감시' 비록 입수 공개」, 『서울신문』 1994년 6월 24일자.
182) "The UNCREG Story, Korea" Sep. 1~Dec. 31, 1953, 19/338, pp.10~18 ; 정채호, 『그

국 요원, 목회자 등이 함께 할 예정이었다.[183]

유엔군사령부 송환설명단은 비무장지대의 중립국송환위원회에 있는 포로를 두고 공산 측과 한국전쟁의 마지막 싸움인 '설득전쟁(explaining war)'을 치렀다. 유엔군 측은 이들을 공산주의자들로부터 구하지 못한다면 휴전협상 이후 전쟁이 아무런 성과가 없는 것으로 여겼다.[184] 유엔군송환설명단은 미군포로 23명, 영국군 포로 1명 및 335명의 국군 포로 등 모두 359명을 상대로 한 설득활동을 할 예정이었고, 23,000여 명의 송환거부 공산포로에 대한 공산 측의 설득활동을 감시했다. 유엔군송환설명단은 1953년 9월 1일부터 활동을 시작한 후, 쌍방이 송환거부포로를 인도군에 인계함으로써 본격화되었다.[185]

미군 당국은 귀환을 거부한 미군포로들에게 설득하기 위한 방법으로 몇 가지를 논의했다. 첫째, 자유선택을 존중하여 포로들에게 설득요원을 보내지 않고 중립국송환위원회에 맡기겠다고 성명하는 것이다. 이 방법은 포로들을 포기했다는 비난을 받을 우려가 있었다. 둘째로 모든 미군을 귀환시키기 위해 이미 돌아 온 포로, 정신과 전문가, 유명인사 등을 동원해 적극적으로 설득시키는 방안이다. 그러나 이러한 노력에도 불구하고 설득결과가 적으면 공산 측의 선전에 빠질 우려가 있어서 채택되지 않았다. 결국 선발된 요원들이 포로들의 태도와 저항 정도를 고려해 귀환포로의 권리를 설명하기로 했다.[186]

포로설득을 위해 유엔군사령부는 8월 31일부터 대구에서 극동군 (AFFE) 정보교육국의 감독 아래 설득요원에 대한 교육을 시작했다.

날의 산하』, 436쪽.
[183] GHQ FEC/UNC, "Command Report" Aug. 1953, 군사편찬연구소 HD 1563, p.86.
[184] "Report of Conference concerning formation of UNC Repatriation Group at FFC and AFFE, Tokyo" Aug. 29~30, 1953, RG 333 UN Command Repatriation Group / 4, NA.
[185] 「판문점 9월 24일 유피」, 『국민보』 1953년 10월 7일자.
[186] GHQ FEC/UNC, "Command Report" Aug. 1953, 군사편찬연구소 HD 1563, pp.88~89.

그 내용은 공산 측의 세뇌와 이에 맞서는 반세뇌공작에 관한 것이었다. 유엔 측 대표로는 극동해군(NAVFE)에서도 장교를 파견했고, 국군 대표로 윤하준 중령, 김종성 소령, 김경업 대위, 김대식 중위 등이 파견되었다.187) 공산 측의 설득대표는 중국지원군 제193사단 정치위원 하명(賀明) 등을 비롯해 거제도 포로수용소에서 투쟁을 계속했던 장택석 등 공산주의 간부 30명이 포함되었다.188)

유엔군사령부는 중립국송환위원회에 송환거부포로가 이송되면 먼저 이들에게 인도군의 역할을 이해시키려고 했다. 포로들은 "인도군이 한반도에 온 것은 반공포로를 설득하여 이북에 보내려는 계략"이라는 선입관을 갖고 있었고, 한국 정부의 반인도(反印度) 선전으로 그들에게 적대적인 태도를 견지했다. 유엔군 측은 송환거부포로들이 공산 측으로 귀환한 것을 바라지 않았지만, 그렇다고 반공포로 석방과 같은 조치가 한국 정부에 의해 재현되는 것도 바라지 않았다.189)

그러나 그들의 보다 중요한 역할은 중립국송환위원회가 정전협정과 포로 대우에 관한 제네바협약을 준수하는 지에 대한 감시이다. 클라크 유엔군사령관은 공산 측에 송환거부포로에 대한 설득이나 심사를 허용해서는 안 된다는 기본입장을 지니고 합동참모본부에 건의까지 했다. 이는 유엔군의 감독 아래 공산 측이 포로에게 하는 선전도 위험하다는 인식에서 비롯되었다. 또한 중립국감독위원회 의장국인 인도가 본국 정부의 정치적 영향 때문에 포로 관리에 친공적일 수 있는 상황에 대한 견제였다.190) 한국 정부도 상술한 대로 중립

---

187) 휴전대책연구회,「중립지대감시위원회 아측위원명단 제출에 관한 건」1953.10.4, 군사연구실 편,『한국전쟁사료』99, 589~592쪽 ; GHQ FEC/UNC, "Command Report" Aug. 1953, 군사편찬연구소 HD 1563, p.82.
188) 장택석,『중국군 포로의 6·25전쟁 참전기』, 338~339쪽 ; 賀明,『志願軍戰俘歸來的坎坷經歷』, 북경: 중국문사출판사, 1998, 序.
189) 「문산 10월 5일 유피」,『국민보』1953년 10월 14일자 ; 주영복,『내가 겪은 조선전쟁』2, 384쪽 ; "Dulles, John Foster to Frank" Oct. 9, 1953, 4025/407.

국송환위원회의 활동, 특히 인도를 중립국으로 인정하지 않고 그들의 역할에 대해 불신했기 때문에 공산 측의 설득활동을 저지시키려고 노력했다.[191]

이 때문에 중립국송환위원회의 체코나 폴란드 대표가 인도적 이유로 가족들에게 생존을 알릴 수 있도록 송환거부포로들의 명단을 줄곧 요구했지만, 유엔군사령부는 이러한 조치가 송환거부포로들의 가족이나 친지들을 위험에 빠지게 할 수 있다고 거부했다. 유엔군 측은 중립국송환위원회에 행정적 혹은 보급을 위한 이송 명부(shipping roster)만을 제공했고, 또한 미귀환 유엔군 포로의 귀환을 위해 그들의 부모나 아내 등 친척들을 통해 그들을 설득하는 방안이 가장 효과적인 것이라는 점을 알고 있었으나, 이러한 방식을 취하면 공산 측도 송환거부포로들에게 가족이나 친구들을 동원하여 정신적으로 강제하거나 위협할까 우려하여 채택하지 않았다.[192] 당시 양측은 설득결과가 민주주의와 공산주의의 우열과 양측 주장의 정부(正否)를 판별할 것으로 신경을 곤두세웠다.

따라서 유엔군사령부는 중립국송환위원회가 공산 측으로 기우는 것을 막기 위해 인도, 스위스 및 스웨덴 정부와 직접 접촉을 통해 방지하려 했고, 서방 언론에 대해 충분한 정보를 제공하여 유엔군의 입장을 지지하는 여론을 형성하도록 노력했다.[193] 이에 대해 중립국송환위원회는 유엔군이 더 이상 송환거부포로를 보호하는 입장에 있

---

[190] 마크 클라크, 『다뉴브강에서 압록강까지』, 438~441 · 443 · 461 · 477쪽 ; "CINCUNC, Tokyo to DA" Oct. 5, 1953, 42/319.

[191] "Memo of Conversation: Panmunjom Conference by Ambassador Dean, Arthur H., US Representative in Connection with Korean Political Conference" Oct. 21, 1953, 『남북한관계사료집』 1953.10.21, pp.543~555.

[192] "CINCUNC, Tokyo to DA" Sep. 20, 1953, 40/389 ; "CINCUNC, Tokyo to DA" Sep. 28, 1953, 4025/407.

[193] "CINCUNC to DA" Nov. 2, 1953, 42/333.

지 않으므로 간여하지 말도록 했다. 유엔군은 이를 인정하면서도 송환위원회의 전반적 활동에 대한 감독을 계속 했다.[194]

　송환거부포로들은 중립지대로 이송되는 데에 불안해했다. 1953년 7월 31일 이승만 대통령은 송환거부포로들에게 중립지대로 이송되는 현실을 설명하면서 송환을 희망하는 지역으로 보낼 것을 확인하는 서한을 보냈다. 8월 2일에는 장개석 총통의 육성으로 녹음된 연설이 전해졌다. 반공적인 중국포로들은 중립국송환위원회를 불신해서, 인도군을 검은 괴수(黑傀)적 관리라고 비판했다. 대만 정부는 본토수복협회(The Mailland Relief Association of Taiwan)와 함께 32톤의 선물을 수송기로 실어 보냈다. 대만 관리들은 중국포로들을 방문해 설득 과정 후 대만을 선택해 오면 환영받을 것이라고 그들을 안심시켰다. 선물들은 음식, 사진, 영화, 포로들이 대만으로 오는 것을 환영하는 10만 명의 서명 두루마리 등이다. 또한 중국포로 대표에게 청천백일기가 전달되어 포로들의 사기는 크게 올라갔다.[195]

　부산과 영천에 수용되어 있던 송환거부포로들은 '반공청년단'의 지도 아래 아이젠하워 대통령, 클라크 유엔군사령관, 해리슨 장군 등에게 자신들을 즉시 석방시켜 전선으로 보내달라고 탄원서를 보냈다. 그들은 집회를 열어 통일 없는 휴전을 반대하는 시위를 했고, 인도는 친공 국가이므로 반대한다거나 자신들이 중립국으로 이송될 것이라는 소문에 반대했다. 이러한 불안감을 해소하기 위해 수용소 당국은 그들에게 교육을 실시했다.[196] 송환을 거부하는 중국군 포로

---

[194] "CINCUNC, Tokyo to DA" Sep. 20, 1953, 40/389 ; "CINCUNC, Tokyo to CG, UNCREG" Oct. 15, 1953, 35/319.

[195] 黃安道 等 編, 『反共義士佳作選』, 65쪽 ; GHQ FEC/UNC, "Command Report" Aug. 1953, 군사편찬연구소 HD 1563, pp.80~83.

[196] HQs KCOMZ G-2, "Intelligence Summary # 40" June 2, 1953, 군사편찬연구소, SN 1841(2).

들도 90일간의 설득을 '세뇌'라고 인식하고, 교육지도위원회를 조직해 설득과정에 대비하여 교육과 토론을 실시했다.197)

설득 경과

정전협정에 따르면, 양측의 송환거부포로들은 비무장지대로 이송되어 중립국송환위원회의 감독 아래 포로 1,000명 당 설득위원 7명 비율로 포로의 모국 정부의 대표로부터 1953년 9월 9일부터 12월 23일까지 90일 동안 송환에 대한 '설득'을 들어야 했다.

포로에 대한 설득은 일요일을 제외하고 매일 8시간씩 진행되며, 산술적으로 포로 1인당 40여 분 정도로 할당되었다. 설득기간은 공산 측이 처음에 6개월간을 주장했으나, 유엔군 측의 60일간 주장과 타협하여 90일간으로 결정되었다. 포로들은 설득 후 비무장지대에서 추가로 30일간 더 억류될 예정이었다. 이 기간 동안에 포로들은 인도군의 보호 아래 인도·스웨덴·스위스·체코·폴란드 등으로 이루어진 중립국송환위원회의 결정에 따라야 했다. 유엔군과 공산 측 대표는 중립국송환위원회와 그 산하 기구의 설득과 면담 등의 활동을 지켜 볼 수 있었다.198)

포로가 중립국송환위원회에 인계된 후, 곧 설득이 시작되어야 했으나 설득 장소의 지정문제와 포로의 탈출로 지연되었다. 중립국송환위원회는 다수결로 유엔군 측 남쪽 수용소의 일부를 설득장소로 결정했다. 그러나 공산 측은 설득장소가 유엔군 쪽에 있으며 유엔군 사령부의 기술자가 그 건물을 지었던 점을 들어 이의를 제기했으므로 설득활동이 시작되지 못했다. 티마야 중립국송환위원회 위원장은

---
197) 反共義士奮鬪史編纂委員會, 『反共義士奮鬪史』, 163~166·181쪽.
198) 김석영, 『판문점』, 227쪽 ; "CINCFE, Tokyo to DA" June 8, 1953, 205/319 ; HQ, NNRC, "Final Report on the NNRC," p.2.

포로들이 설득 장소의 위치 때문에 해설에 귀를 기울이지 않을 수 있다는 공산 측의 주장을 수용하여 인도군으로 하여금 적절한 지역을 물색하도록 했다. 한국 정부는 설득 장소를 비무장지대 북방계선으로부터 가장 가까운 곳(〈그림 1〉의 A, B)으로 하자는 것으로 이해했다. 이제 양측은 설득 장소의 건설 시기 문제로 대립했다. 공산 측은 4일밖에 걸리지 않을 것이라고 했으나, 유엔군 측은 지뢰제거 작업 등으로 4주일이 소요된다고 맞섰다. 인도군의 설득으로 건설기간이 단축되어 건물은 10월 14일에 비로소 완공되었다.199)

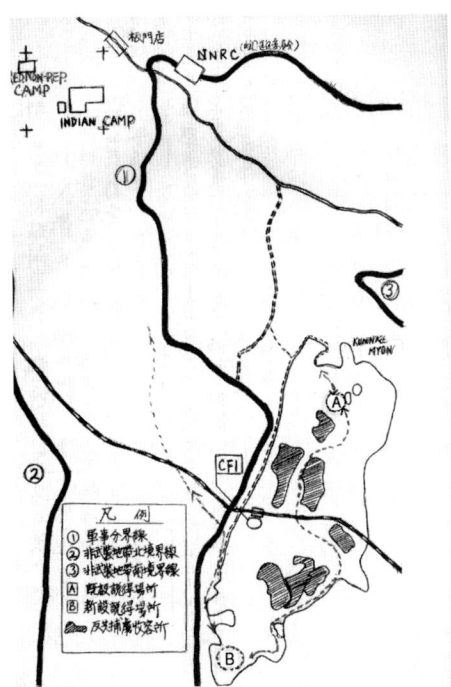

〈그림 1〉 판문점 설득장소(휴전대책연구회, 「송환불원포로 설득인원면접에 관한 건」 1953.10.5, 『한국전쟁사료』 99, 601쪽)

---

199) 휴전대책연구회, 「송환불원포로 설득인원면접에 관한 건」 1953.10.5, 『한국전쟁사료』 99, 598쪽 ; K. S. 티마야, 라윤도 역, 『판문점일기』, 198~201쪽.

판문점으로 이송된 첫날 중국군 포로 가운데 7명이 대열을 이탈하여 송환을 요청해온 것을 비롯하여 밤에 철조망을 뚫고 변의를 요청해오는 포로들이 늘어났다. 송환거부포로 가운데 일부는 반공적인 신념을 가지고 있지만 송환을 희망했다. 논산 수용소에 있던 포로 가운데 274명이 자신들이 반공주의자이지만 가족이 있는 북한으로 돌아가겠다고 인도군에 알렸다.[200]

이처럼 포로 중에는 설득을 기다리지 않고 송환을 희망한 경우가 존재했다. 1953년 9월 26일 중국군 장교 포로 66명이 공산 측으로 송환을 희망했다. 10월 7일 북한포로 5명과 중국포로 1명이 송환을 희망하여 공산 측으로 보내졌다. 10일에 북한포로 4명이 송환되었고, 12일 북한포로 3명 더 송환되었다. 13일에 북한포로 3명이 송환을 희망하여 이를 승인했으나, 1명은 송환지점에서 송환을 거부하고 스위스로 가는 것을 희망하여 2명만 송환되었다. 14일까지 북한군 포로 48명과 중국군 포로 79명이 송환되었고, 그 후에도 설득을 기다리지 않고 송환을 희망하는 포로가 계속 발생했다. 이 규모는 유엔군 측 발표에 따르면 북한군 포로 85명과 중국군 포로 145명으로 총 230명이었다.[201] 그러나 중립국송환위원회의 의장이었던 티마야 장군의 기록에는 설득을 받은 후 송환된 포로의 수가 총 150명[202]에 불과했으므로 그 수는 478명이 될 것이다.

본격적인 설득작전은 포로 인계인수가 끝나는 1953년 9월 25일부터 시작될 계획이었다. 그러나 문제는 이날부터 발생했다. 날이 밝

---

[200] HQs KCOMZ G-2, "Intelligence Summary # 52" Aug. 25, 1953, 군사편찬연구소, SN 1841(2).
[201] 「판문점 9월 26일 에이피」, 『국민보』 1953년 10월 7일자 ; 김석영, 『판문점』, 281쪽 ; "CG, UNCREG to CINCUNC, Tokyo" Oct. 12, 14, 35/319.
[202] 중립국송환위원회의 스위스와 스웨덴 대표는 설득을 받은 후 송환된 포로가 136명이라고 했다(HQ, NNRC, "Final Report on the NNRC," p.9 주 1).

자 포로들은 인도군에 중국군 포로 원추를 즉각 돌려보내줄 것을 요구하며 대규모 시위를 벌였다. 그들은 반인도 플래카드를 내걸고 돌을 집어던지며 강력히 저항했다. 이 와중에서 토라트(Thorat, S. S. P.) 사령관이 포로들에게 억류되는 사태가 발생했다. 먼저 억류된 그류왈 소령의 구출협상을 벌이기 위해 수용소를 찾은 토라트 사령관과 브두와르 중령 등 12명이 순식간에 500명에게 포위되었다. 싱 부사령관은 즉시 무장병력을 출동시켜 캠프전체를 에워싸고 사령관 일행의 즉각 석방을 요구했다. 그리고 유엔군사령부에 협조를 요청하는 등 순식간에 긴장이 감돌았다. 그 사이 페인탈 여단장은 특공대를 동원, 극비의 구출계획도 세워놓고 있었다. 토라트 사령관의 설득으로 상황은 종료되었다. 그 후에도 10월 1일과 2일 두 차례 총격사건이 발생해 수십 명의 사상자 생겼다.[203] 이 때문에 9월 26일부터 설득작업에 들어가야 했으나 10월 15일이 되어서야 비로소 시작될 수 있었다.[204]

중립국송환위원회는 유엔군과 공산 측에 1953년 10월 15일 오전 8시부터 설득을 실시한다고 통보했다. 또한 설득은 하루에 두 번씩 실시하며 손실된 기간은 보충하기로 했다.[205] 그러나 송환과 귀환을 거부하는 포로들은 설득장소로 데리고 오는 것부터 어려움이 따랐다. 1953년 10월 13일 중립국송환위원회는 포로를 수용소로부터 설득장소까지 데려오는 방법에 대해 논의했다. 중립국송환위원회의 체코와 폴란드 대표는 송환거부포로들에게 공산 측의 설득을 강제적

---

[203] 「주한인도관리군활동사」(History of the Custodian Force of Indiain Korea:1953~54) ; 「인 국방부 '한국전포로 감시' 비록 입수 공개」, 『서울신문』 1994년 6월 24일자 ; K. S. 티마야, 라윤도 역, 『판문점일기』, 190쪽.

[204] "UNCREG to CINCUNC, Tokyo" Oct. 3, 1953, 35/319 ; "CINCUNC, Tokyo to DA" Oct. 7, 1953, 같은 상자 ; "Lee Sang Cho, Representative of the Korean People's Army to Lt. General Thimayya, K.S., Chairman, NNRC" Dec. 23, 1953, 18/389.

[205] "UNCREG to CINCUNC, Tokyo" Oct. 13, 1953, 35/319.

이더라도 듣게 하여야 한다고 주장했고, 스위스와 스웨덴 대표는 반대했다. 즉 체코 대표는 먼저 포로들에게 설득장소에 나오도록 요청하고, 이를 거부하면 비무장 군대가 들어가서 포로들을 설득장소로 유도하며, 이것도 실패하면 실탄 없는 무기를 소지하고 들어가 강제로 집행할 것을 주장했다. 그리고 이것이 효과가 없으면 최루탄을, 다음은 무장군인이 투입되어야 한다고 주장했다.

이에 대해 스위스와 스웨덴 대표는 무장군의 동원이 유혈을 일으킬 수 있다고 반대했다. 스위스 대표는 포로가 도망가는 경우를 제외하고 살해될 수 없으며, 세계여론이 그러한 조치에 반대할 것이라고 주장했다. 유엔군사령부나 한국 정부도 송환을 희망하던지 아니면 거부하던지 모두 설득과 면담을 해야 한다는 중립국송환위원회 입장이 설득작업에 강제, 강제위협 혹은 폭력사용을 금지하는 설득규정에 일치하지 않는다고 이의를 제기했다. 공산 측은 북한포로들에 대한 설득이 정전협정에 위배되지 않는다고 반박했다.[206]

이러한 대립 속에서 10월 15일 오후 3시 30분 본격적인 공산 측의 설득이 시작되었다. 이날 반공적인 중국포로 491명이 설득을 받기 위해 각자 청천백일기를 들고 주은래와 모택동을 비방하는 노래를 부르면서 해설장으로 '진군'했다. 제일 먼저 하천수(何天壽) 포로가 "모택동을 죽이자"라고 고함을 치면서 해설장으로 들어가 해설원의 설득을 반박하면서 대만 행을 주장했다. 이날 설득을 받았던 포로 중 10명만이 중국 본토로 귀환을 희망했다.[207]

16일에는 공산 측이 설득장에 나오겠다는 중국군 포로 대신에 북

---

[206] 「판문점 10월 2일 유피」, 『국민보』 1953년 10월 14일자 ; 「판문점 10월 21, 23일 유피」, 『국민보』 1953년 11월 4일자 ; "UNCREG to Thimayya, K.S., Chairman NNRC" Sep. 19, 1953, 42/333 ; "CG, UNCREG to CINCUNC, Tokyo" Oct. 14, 1953, 35/319.

[207] 反共義士奮鬪史編纂委員會, 『反共義士奮鬪史』, 222~227쪽 ; 신화봉, 신태순 역, 『휴전선이 열리는 날』, 282쪽.

한포로 1,000명을 요구했으나, 출석을 거부하자 설득이 중단되었다. 17일에 공산 측은 설득 대상자로 1,000명의 중국군 포로를 요구했지만, 그들은 430명과 면담하여 10명의 송환 희망자를 얻는 데에 그쳤다. 19일에 중국군 포로가 설득에 참여할 것을 나타냈으나, 북한 측은 설득장에 나오지 않겠다는 북한군 포로 1,000명을 요구하여 결국 설득이 이루어지지 않았다. 공산 측은 인도군에 대해 무력을 사용해서라도 강제 출두를 요구했지만, 인도군은 유혈사태의 야기와 한국 정부의 반발을 두려워했다. 이 문제로 지연되었다가, 10월 31일에 다시 재개되었다. 북한의 해설위원들은 이날 459명을 설득하여 21명을 송환시킬 수 있었고, 11월 1일에는 183명 중 19명을 송환시켰다.

이에 따라서 공산 측은 전술을 바꾸어 중립국송환위원회에서 허용한 시간인 4시간까지 설득을 했지만, 그 결과는 비슷해서 11월 4일 중국군 포로 205명 가운데 2명이 송환되었을 뿐이다. 그런데 이 날의 심사대상인 D. 28동은 용의자 7명과 목격자 15명 등 반공포로 지도자 22명이 동료 포로 1명을 살해한 혐의로 재판을 받고 있었는데, 그 사이에 포로 17명이 탈출하여 송환을 희망함으로써 반공포로 지도자들의 압력이 있었음을 드러냈다. 하지만 북한 해설위원은 이러한 사실을 활용하여 포로들에게 3~4시간씩 설득을 했으나 송환희망자는 205명 중 2명에 그쳤다.[208]

11월 5일에도 136명 가운데 2명이 송환을 희망했을 뿐이었다. 6일에 공산 측은 당시 인도군이 해설을 받은 포로와 그렇지 않는 포로를 구분하지 않는 방침에 이의를 제기하여 앞으로 설득해야 할 포로의 수를 요구하여 15일까지 설득작업은 중단되었다. 16일에 설득이 재개되었지만, 그 성과는 북한의 기대에 미치지 못해 227명 가운데 6명을 송환시켰다. 이에 공산 측은 다시 21일까지 설득을 중단시켰

---

[208] K. S. 티마야, 『판문점일기』, 235~236쪽.

다. 그들은 90일간의 설득기간 중 마지막 3일간 742명을 설득하여 69명을 귀환시킬 수 있었다. 유엔군사령부의 발표에 따르면, 포로 중 설득을 받은 포로는 북한군 포로 2,003명과 중국군 포로 1,211명 등 총 3,214명이었고, 그 가운데 628명이 송환되었다.[209] 중국군 포로는 400여 명이었다. 이들이 중국으로 돌아갔을 때, 온통 상처투성이에 비통하여 죽고싶어하는 모습은 마치 지옥에서 도망쳐 나온 것 같아 정말 참혹하여 차마 볼 수 없었다고 과장했다.[210]

1953년 12월 23일까지 90일간 주어진 설득기간 중 실제로 설득이 이뤄진 날은 10일에 불과했다. 설득 받은 포로는 전체의 15%에 불과한 3,469명이었으며 설득 후 송환을 요청한 자는 모두 137명, 그나마 공산 측 억류포로 중에는 한명도 없었다. 여기에 설득을 기다리지 않고 막사탈출 등으로 송환을 희망한 238명(공산군 측 포로 8명 포함)을 더해 최종적인 송환희망자는 모두 375명에 그쳤다.[211]

송환을 희망하는 수도 많지 않았던 만큼 설득과정은 순탄하지 않았다. 이 과정에서 힘이 세고 반공정신이 강한 포로들을 먼저 심사 받게 했다. 송환거부포로들은 이미 중립국 포로 관리 군인들에게 인도될 때, 그들은 공산 측 위원들에게 돌을 던지고, 신분증명서를 떼여 버리고 귀환의 권고에 대항했다. 그들은 '소련타도', '나는 대만으로 갈 것을 원한다' 등 소란을 피웠다.[212] 그들은 설득을 위한 해설장에 나오는 것을 줄곧 거부해, 한 언론은 당시 송환거부포로가 "공

---

[209] 김석영, 『판문점』, 281쪽 ; "The UNCREG story", pp.6~8. 그러나 유엔군 측 발표와는 달리 중립국송환위원회의 의장이었던 티마야 장군의 회고록에는 설득을 받은 포로가 3,500명이라고 서술되었다.(K. S. 티마야, 『판문점일기』, 240~241쪽).
[210] 장택석, 『중국군 포로의 6·25전쟁 참전기』, 339쪽.
[211] 「주한인도관리군활동사」(History of the Custodian Force of Indiain Korea: 1953~54) ; 「인 국방부 '한국전포로 감시' 비록 입수 공개」, 『서울신문』 1994년 6월 24일자.
[212] 「소련타도를 절규」, 『조선일보』 1953년 10월 20일자 ; 「문산 9월 17일 유피」, 『국민보』 1953년 9월 22일자 ; 주영복, 『내가 겪은 조선전쟁』 2, 392쪽.

산당의 소위 해설 심사대 위에 올라서게 될 것을 교수대 위에 올라서는 것과 같이 두려워하고 싫어했다"고 보도했다.213)

　중국과 북한 측 해설위원들이 송환거부포로들에게 설득을 시작할 때, 포로들은 욕설을 퍼부으며 그들의 설득을 듣지도 않으려고 했다. 오히려 포로들은 공산주의가 무엇인지 어떠한 지를 잘 알고 있으니, 자신들에게 공산주의의 설명을 들으라고 항의하면서 권고위원을 발로 차고, 침을 뱉으며 의자를 뒤집어엎기도 했다. 이렇듯이 설득은 20분 정도도 못 미치는 경우가 많았으나, 어떤 경우에는 2시간 가까운 해설이 있었다. 이 과정은 자유를 외치는 반공포로와 그들을 설득하여 데려 가겠다는 공산 측과의 결사적인 설전이 벌어졌고 인도군은 포로들의 폭동을 우려했다.214)

　이와 같이 송환거부포로들이 해설장에 나가기를 꺼리고, 해설장에 나가서도 설득을 당하지 않는 데에는 여러 요소가 있었다. 첫째, 한국군과 미군의 송환거부포로의 통제이다. 특히 한국 정부는 장시간에 걸쳐서 공산주의자들에게 반공포로들을 접근할 기회를 허용한다는 것이 결국 강제송환과 같다는 입장215)이었기 때문에 그들의 통제에 적극적이었다. 인도군은 서울에서 온 편지와 수용소를 내왕하는 심부름꾼을 통해 포로들이 한국군과 연락을 계속하고 있다는 정보를 추적했다. 그들은 국군 헌병사령부가 포로들과 밀접하게 연락하고 있음을 감지했다. 1953년 12월 15일 경 인도군은 한국 정부의 누군가가 포로 지도자에게 전달할 것으로 보이는 메모지를 색출하여, 수용소 내의 시위와 활동이 한국 정부의 조종 아래 이루어진 것이 드

---

213) 「반공 한인포로 석방에 대하여」, 『조선일보』 1953년 6월 20일자 사설.
214) 「獄庭같은 해설장」, 『조선일보』 1953년 11월 2일자 ; 「판문점 10월 31일 유피」, 『국민보』 1953년 11월 11일자 ; 신화봉, 신태순 역, 『휴전선이 열리는 날』, 282쪽 ; 김석태, 『내 인생 내 마음대로 할 수 있나요』, 57쪽.
215) 마크 클라크, 『다뉴브강에서 압록강까지』, 448~449쪽.

러났다고 주장했다. 더욱이 그 메모에는 포로의 조직과 동원에 대한 지시와 제안이 있었고, 다시 한국 정부에 보내는 방식도 서술되어 있었다. 이 증거는 유엔 측을 난처하게 했는데, 그동안 수용소 내에 남한 정부의 지시를 받은 단체가 활동하고 있다는 공산 측의 주장과 비난을 확인시켜 준 셈이기 때문이었다. 유엔군사령부도 수용소를 청소하거나 서비스하는 한국인 노무자를 통해 한국군과 포로사이에 많은 정보가 오고 간 것을 알고 있었다. 인도군은 정보를 교환하기 좋은 장소였던 병원에 신경을 곤두세우고 있었다.216) 이러한 활동의 근거로 미 육군의 통신부대용이었던 무전기가 남쪽 수용소에서 발견되면서, 인도군은 유엔군 측이 정전협정을 어기면서 포로와 계속 연계를 맺고 있다고 항의했다.217)

미군도 송환거부포로를 통제하는 데에 노력을 기울였다. 미군 자문관인 로맨(Loman, Joseph D.)은 공산 측의 공작을 저지시키고 포로들의 통제를 위해 민간정보교육국에서 개발한 프로그램을 이용하자고 주장했다. 유엔군사령부 심리전과 책임자인 한센(Hansen, Kenneth K.)도 포로에 대한 심리전이 설득기간에 포로들에게 영향을 크다고 인식했다. 한센은 문산과 판문점에서 진행되는 상황에 관심을 가지면서 "인도가 공산 측의 압력을 받고 있다. '이기느냐 지느냐의 문제'는 포로들의 결정에 영향을 미칠 수 있는 포로단체의 단결력을 유지에 있으므로 이러한 여건이 설득기간이 끝날 때까지 유지되어야 한다"고 주장했다.218)

---

216) K. S. 티마야, 『판문점일기』, 164~166 · 175~177쪽 ; "Activities of Loman, Joseph D." pp.38~40.
217) K. S. 티마야, 『판문점일기』, 166~167쪽 ; "Program of Education and Recreation for Korean and Chinese POW", no date, 41/389, Preface ; "Activities of Joseph D. Loman", pp.7~8 · 12.
218) K. S. 티마야, 『판문점일기』, 164~166쪽 ; "Activities of Loman, Joseph D.", p.39.

둘째, 포로단체는 포로들을 통제했다. 한 반공포로 지도자는 공산측이 선전을 통해 포로들이 귀환하면 자유가 부여될 것이라고 세뇌할 것이며, 당장에 공산주의의 장점보다는 포로들이 느끼는 향수에 호소할 것이라고 지적했다. 그러므로 반공포로의 다수가 고향이 북한이고 그곳에 부모 형제가 있는데다가, 그들이 민주적 생활을 향유해 보지 못했기 때문에 공산 측의 주장에 쉽게 넘어 갈 수 있다는 점을 유엔군 측에 거듭 상기시키면서 대책을 세울 것을 요청했다.[219]

실제로 포로 지도자들은 각 수용소마다 대표부를 설치하여 매일 모임을 갖고 군사훈련과 반공교육을 실시하여 포로들을 통제했고, 중립국송환위원회의 활동을 방해하거나 탈출을 시도했으며 혹은 송환희망포로를 제거시킨 경우도 있었다.[220] 북한 측이 대형 확성기를 철조망 기둥에 설치하여 북한으로 돌아오라는 선전을 하자, 반공포로들은 돌을 던져 스피커를 부수었다.[221]

반공포로들은 포로들 중 공산 측으로 송환되기를 희망하는 경우는 물론, 중립국 행을 기도하는 포로[222]에게도 고문과 구타를 가했고, 이 과정에서 희생자가 발생하기도 했다. 1953년 10월 1일 포로 2명이 다른 포로에 의해 희생되었고 10여 명이 부상을 당했다.[223] D.28수용소에서 1953년 10월 5~6일 밤 사이에 행방불명된 것으로 보고되었던 중국포로 장태성은 동료 쿠퍼산(Ku Feo San) 등 7명에 의해 희생되었다. 또한 E-38수용소에서 12월 12일 포로 전도국 등 8명이 송환을 희망하는 포로 4명을 살해했다.[224] 이러한 포로의 살상은 송환

---

[219] 「부산 수용소 이창복이 클라크 장군에게」 1953, 205/319.
[220] 주영복, 『76인의 포로들』, 41~42쪽 ; K. S. 티마야, 『판문점일기』, 256쪽 ; 김행복, 『한국전쟁의 포로』, 248~249쪽.
[221] 홍송식, 『가시밭 길을 헤치고』, 204~205쪽.
[222] 「조국은 없고 고향만 있을 뿐」, 『한겨레신문』 1993년 10월 22일자, 8쪽 ; 강정구, 『분단과 전쟁의 한국현대사』, 236~237쪽 ; 주영복, 『76인의 포로들』, 42~44쪽.
[223] "UNCREG to CINCUNC, Tokyo" Oct. 2, 1953, 35/319.

희망자를 견제하는 과정에서 일어났다.

  셋째, 중립국송환위원회의 활동과 인도군의 한계를 지적할 수 있다. 중립국송환위원회의 중립성은 결국 양측의 대변으로 그치고 말았다. 폴란드와 체코는 공산 측을 대변했고, 스위스 대표는 유엔송환설명위원단의 대표 햄블런을 찾아와서 그 위원회의 사정을 보고했던 것으로 보아도, 송환위원회의 중립성은 회의적이었다. 스위스 대표 대니커는 공산주의자가 어떠한 문제에서든지 옳을 수 없다는 적대적 감정을 지니고 있었다.225)

  인도군은 포로수용소에서 포로들이 지속적으로 시위와 훈련을 하고 있음을 목격했고, 단체를 결성했음을 파악했다. 그 단체는 심지어 수용소에 진입하지 못하게 할 정도로 위협적이어서, 인도군은 수용소 밖에서만 감시하고 의견교환도 포로의 대표하고만 했을 정도로 수용소 내부를 통제하지 못했다. 어떤 경우에는 인도군 장교가 포로에게 붙잡힌 경우도 있었다. 포로들의 조직은 각 수용소마다 일반적인 현상으로, 정보교류는 물론 행동을 조정했다. 포로들은 돌을 던지거나 손이나 깃발 등을 이용해 의사소통을 하거나, 한국인 노무자를 통하기도 했다. 이 때문에 유엔군 보다 먼저 정보를 입수하기도 했으므로, 유엔군의 정보원들도 병원수용소의 포로들에게서 정보를 입수할 정도였다. 인도군은 이러한 과정이 비무장지대로 오기 전에 이미 준비된 것으로 송환희망자를 감시하기 위한 이승만과 장개석 정부의 활동이라고 비판했다.226)

  이와 같이 인도군은 포로에 대한 완전한 통제를 하지 못하고 있었

---

224) "A Consul in India to UNCREG" Jan. 22, 1954, 18/389 ; "CG, UNCREG to CINCUNC, Tokyo" Jan. 22, 1954, 12/389.
225) K. S. 티마야, 『판문점일기』, 59~60·82~83쪽 ; "UNCREG to CINCUNC, Tokyo" Oct. 2, 1953, 35/319.
226) "Activities of Joseph D. Lohman," pp.37~38·41~43.

다. 이 과정에서 인도군은 탈출을 시도하는 포로에게 발포함으로써 한국 정부와 갈등을 증폭시켰다. 한국 정부는 인도군의 행동이 불법적이고 비인도적일 뿐만 아니라 인권유린이라고 비난하고 이러한 만행이 계속되면 무력을 행사하겠다고 경고했다. 갈홍기 공보처장은 인도국 포로감시를 즉시 무장을 해제할 것을 요구하면서, 인도가 중립국이라는 것은 웃음거리에 지나지 않고, 공산군에 동정한다고 주장했다. 국회에서도 정일형, 김문용 의원 등을 파견하여 현지 조사를 했다.227) 당시 언론은 인도의 지나친 친공적 태도를 비판하고 오직 정의에 입각한 중립적 임무처리를 요구하면서, 당시 인도군이 5천 명의 병력을 가지고 있었으므로 23,000명의 포로를 관리하는 데에 무기를 사용하는 것은 중립국의 권한 남용이라고 지적했다.228)

〈사진 4〉 포로로부터 크리스마스선물을 받고 있는 티마야 장군(전쟁기념관)

---

227) 「인도군의 반공포로 사살사건 진상 현지 조사반 일행 안내에 관한 건」1953.10.4, 『한국전쟁사료』99, 582~587쪽 ; 「서울 11월 25일 만국통신」, 『국민보』1953년 12월 2일자.

228) 「인도군의 비인도성－반공포로에 대한 발포에 항의함」, 『조선일보』1953년 10월 5일자 사설 ; 「인도군의 행동을 규탄」, 같은 신문.

티마야 중립국송환위원회의 의장은 비무장지대 포로수용소에서 일어난 사건에 대한 한국 관리의 성명이 동 위원회의 의무와 책임을 전적으로 무시한 것이고, 의도적으로 포로와 한국인을 자극하려 한다고 비난했다. 특히 한국 정부의 인도군에 대한 적대적인 사실을 지적하며, 유엔군사령부의 주의를 촉구했다.[229]

포로들은 설득과정에 대한 강한 불만과 함께 강제로 송환될지 모른다는 불안감을 가졌다. 설득 기간이 지날수록 포로들은 북한 측이 무슨 수를 쓸까봐 초조했다. 한 포로는 마지막 20일은 완전 무장을 한 상태로 새우잠을 자면서, 행여 북한에서 수작을 부리면 도망치려고 잘 때도 군화까지 신고 남쪽을 향해 누웠다고 한다.[230]

결국 설득과정에서 포로에 대한 설득기간은 예정된 기간의 1/9에 지나지 않았고, 유엔군 아래 있던 송환거부포로 가운데 85%는 해설장에 참석하지도 않았다. 송환을 거부하는 포로 22,604명 중 628명이 송환을 희망했고, 일부는 중립국을 희망했다. 공산 측에서 귀환을 거부했던 유엔군 포로 359명 중 설득에 참여했던 인원은 60여 명에 불과했고 이 가운데 미군 2명과 한국군 8명 등 10명이 귀환했다. 이에 대해 햄블런 유엔군 송환위원단장은 '자유송환' 작전의 성공적 완수라고 평가했다.[231]

스웨덴과 스위스 대표는 포로 내에 강력한 단체가 있었음에도 불구하고 포로는 송환을 신청할 기회가 있었다고 주장했다. 송환거부포로 중에서 결국 628명이 송환되었고, 그 중에서 150명이 설득과정을 통해 송환되었기 때문이다. 그러나 중립국송환위원회는 포로들이 자발적으로 송환을 거부했다는 주장에 대한 증거가 뒷받침되지 않

---

[229] "CG, UNCREC to CINCUNC, Tokyo" Oct. 7, 1953, 35/319.
[230] 김석태, 『내 인생 내 마음대로 할 수 있나요』, 57~58쪽.
[231] "The UNCREG Story," p.9. 그러나 실제 양측으로 송환과 귀환된 포로의 비율은 2.8% 수준이었다(K. S. 티마야, 『판문점일기』, 318~319쪽).

았다고 결론지었다.232)

공산 측은 포로에 대한 설득이 유엔군의 지시를 받는 비밀요원에 의해 5차례나 방해되었다고 주장했다. 송환위원회에서 폴란드 대표는 그것을 유엔군의 방해정책(the obstructionist policy)이라고 비난하면서, 포로 내에 단체가 결성되어 포로들에게 파괴적인 영향력을 행사하고 있다고 항의했다. 공산 측은 중립국송환위원회에 비밀요원 450명의 명단을 제출했지만, 티마야 장군은 그들을 찾아낼 수 없다는 입장을 밝혔다. 체코와 폴란드 중립국 위원들은 공산 측으로 송환을 거부하는 포로 22,000명을 수용한 55개소에 남한장교와 관리들이 비밀히 포로들을 위협하여 송환을 막았다고 비난했다. 중국의 주은래 수상 역시 미국이 무력으로 포로를 잔류케 함으로써 평화회의를 파괴하고 있다고 비난했다.233) 그들은 중립국송환위원회에 있는 포로가 여전히 미국, 이승만 및 장개석 비밀요원의 폭력적 조직의 영향 아래 있다고 지적했다. 이들 비밀요원이 송환희망자에게 강제적 조치를 취하고, 심지어 살해했다고 주장했다. 이 때문에 통장리 수용소에서는 송환희망포로가 한 명도 없었다고 항의하면서, 중립국송환위원회가 이들에 대한 적절한 제재조치를 취하지 않고, 오히려 이들에게 보호와 지지를 주었다고 비판했다.234)

설득 기간 연장 논란과 포로석방

정전협정에 정해진 대로 90일간의 설득기간이 종료될 경우, 아직

---

232) "HQ NNRC to the CINCUNC: the Final Report of the NNRC" Feb. 20, 1954, 18/389, p.33.
233) "CG, UNCREG to CINCUNC, Tokyo" Oct. 10, 1953, 35/319 ; 「동경 12월 7일 에이피」, 『국민보』 1953년 12월 16일자 ; 「판문점 12월 28일 에이피」, 『국민보』 1954년 1월 6일자 ; K. S. 티마야, 『판문점일기』, 170~172쪽.
234) 邊麗君·馮金暉, 『朝中戰俘 遣返內幕』, 79~82쪽 ; "CUNCUNC to DA" Oct. 7, 1953, 35/319.

설득을 받지 못한 포로를 어떻게 처리할 것인가에 대해 유엔군과 공산 측은 서로 대립했다.

공산 측은 먼저 설득기간을 연장할 것을 요구했다. 그들은 1953년 12월 23일까지 설득작업이 실제로 단지 10일밖에 이루어지지 않았기 때문에, 상실된 기일이 보충되어 설득사업이 90일 동안 충분히 이루어져야 한다며 기간 연장을 강력히 요구했다. 그러나 유엔군 측은 이 주장을 거부했고, 중립국송환위원회도 처음에 그 연장을 거론했지만 동 위원회의 활동이 계속 늦추어 질 것을 우려하여 이를 수용하지 않았다. 1953년 11월 2일 인도군 대표는 1954년 1월 23일까지 포로문제가 해결이 안되면, 그 문제를 유엔군과 공산군 양측에 돌려주는 것이 바람직하다는 입장을 밝혔다. 일본 주재 영국 대사관의 보고에 따르면, 티마야 장군은 포로들을 무한정 억류하고 있으면 유혈사태가 발생하고 중립국송환위원회의 임무에 불신이 생길 것을 두려워하여 임무를 가능하면 빨리 끝내고 싶다는 견해를 밝혔다. 그는 설득기간이 끝나면 인도군이 사실상 송환거부포로에 대한 통제력을 잃을 것임을 우려했다.[235] 이에 따라 중립국송환위원회에서 12월 23일로 설득기간을 종결하려고 하자, 공산 측 위원들은 이를 자의적인 조치라고 항의했다. 이에 대해 스위스와 스웨덴 대표는 90일간이라는 의미는 중립국송환위원회에서 포로를 인수한 후부터 90일간이므로, 송환위원회에서 1953년 9월 24일 포로를 인수받았으므로 같은 해 12월 23일로 종결된다고 주장했다.[236]

유엔군 측은 기간을 한정한 기본 목적이 양측 중 한쪽이 회의에 참석을 거부하거나 다른 대안제시 등으로 포로의 무한정 억류를 방

---

[235] "New Delhi to Secretary of State" Dec. 18, 1953, 46/319 ; "Seoul to Secretary of State" Jan. 5, 1954, 35/319.
[236] 「판문점 12월 28일 에이피」, 『국민보』 1954년 1월 6일자 ; HQ, NNRC, "Final Report on the NNRC," pp.1~3.

지하려는 것이라면서, 공산 측이 지연작전을 구사한 것으로 이해했다. 덜레스 미 국무장관은 1953년 11월 중순 포로에 대한 설득기간이 12월 23일에 끝나면, 포로들은 민간인으로 석방할 것이라고 선언했다. 대만 정부는 1953년 11월 26일 포로의 설득공작은 반드시 정전협정에 따라 12월 23일까지 종결하고 1954년 1월 22일 이전에 송환을 거부하는 반공포로 전부를 석방하도록 유엔에 요구했다. 이에 대해 공산 측은 미국이 고의로 송환거부포로들에게 자신들의 설득을 듣지 못하게 하여 정전협정을 위반하고 있다고 비판했다.237)

중립국송환위원회의 인도 대표는 설득기간의 연장에 동의했지만, 유엔군과 공산 측의 동의에 의해서만 가능하다는 입장이었다. 인도 대표는 이미 1953년 12월 24일과 28일, 양측에 서한을 보내 자신들이 설득기간을 연장할 권한이 없음을 알리고, 서로 연장여부에 대한 합의를 촉구했다. 이에 대해 공산 측은 아직 송환될 권리를 행사하지 못한 포로들의 처리를 위해 90일을 채울 수 있도록 설득기간을 연장해 정치회의가 개최되기 전에 당장 설득을 재개하고 포로의 분리와 폭력적 조직의 해체 즉 유엔군의 남쪽 포로수용소에 대한 개입 중단 및 90일이 경과한 후에도 포로의 억류를 주장했다. 그들은 군사정전위원회를 통해서도 1954년 1월 13일 유엔군 측의 설득기간 연장 반대는 공산포로를 '납치'와 '강제억류'하려는 음모라고 비난했다.238)

유엔군사령부는 포로에 대한 설득이 제대로 이루어지 않는 이유

---

237) 「판문점 11월 20일 유피」, 『국민보』 1953년 11월 25일자 ; 유지원, 「대만 소재 한국문제·한국전쟁 관련자료 해제」 1, 249~250쪽 ; "Hull, J. E., General, USA Army to Thimayya, K.S." Jan. 6, 1954, 18/389, p.7 ; "Activities of Joseph D. Lohman", pp.26~27.

238) K. S. 티마야, 『판문점일기』, 257쪽 ; "Kim, il Sung, Marshal, Supreme Commander, KPA and Peng Teh-huai, Commander Chinese People's Volunteer's to Thimayya, K. S, Chairman, NNRC" Jan. 7, 1954, 18/389, pp.8~11 ; GHQ FEC & UNC, "Command Report" Jan. 1954, 군사편찬연구소, HD 1568.

는 공산 측이 더 많은 포로를 귀환하도록 설득하는 데 실패하여 지연전술을 썼기 때문이라면서 정전협정이 정한 기한을 수정하는 것에 동의할 수 없다고 반박했다. 즉 정전협정에 90일간의 설득기간이 지나면 무조건 석방할 수 있다고 상기시키면서, 체코와 폴란드 위원들이 주장하는 안보다는 스위스와 스웨덴 위원들이 제기한 1월 23일이 지나면 포로들을 그냥 석방하자는 안을 지지한다고 밝혔다.[239]

결국 중립국송환위원회 인도 대표는 체코나 폴란드 대표의 반대에도 불구하고 포로 통제의 어려움과 유엔군과 공산 측이 설득기간의 연장에 대한 합의를 하지 못했으므로 정전협정에 따라 1954년 1월 22일자로 그들을 종전에 보호받았던 곳으로 돌려보내도록 결정했다. 이러한 결정을 하게 된 요인 가운데에는 중립국송환위원회가 유엔군의 지원 없이 독자적으로 보급을 조달할 수 없었던 점과 1월 23일 이후에 일어날 폭동과 유혈로 이어질 가능성이 있는 포로들의 저항을 두려워했기 때문이었다. 인도 정부도 이미 1954년 1월 초 포로의 조기 석방에 동의하는 입장이었다.[240]

1954년 1월 20일 상오 8시부터 인도군은 포로들을 쌍방에 인계하기 시작했다. 다음날 새벽 3시까지 모두 19시간 동안 21,839명이 유엔군 측으로, 347명이 북한군 측으로 인계됐다. 이 가운데 북한군 74명, 중공군 12명, 국군 2명 등 88명은 제3국을 택했다.[241] 1월 21일 티마야 중립국송환위원회 위원장은 송환거부포로들에게 24시간을 주어 그들의 의사를 재차 확인했다. 이때 포로들 중 104명이 추가로 인도군의 보호를 요청하거나 송환 혹은 망명을 요청했다. 1월 27일

---

[239] 『국민보』1954년 1월 6 · 27일자 ; GHQ FEC & UNC, "Command Report" Jan. 1954, 군사편찬연구소, HD 1568.
[240] GHQ FEC & UNC, "Command Report" Jan. 1954, 군사편찬연구소, HD 1568.
[241] 「인 국방부 '한국전포로 감시' 비록 입수 공개」, 『서울신문』1994년 6월 24일자 ; K. S. 티마야, 『판문점일기』, 260쪽.

에는 남으로 귀환을 거부하는 미군 21명과 영국군 1명, 한국군 325명 등을 북쪽으로 인계했다.242)

수용 중에 동료 포로를 살해했던 중국포로 7명, 북한포로 10명 등에 대해 유엔군사령부는 이들에 대한 기록을 함께 인도하도록 요구했으나, 중립국송환위원회에서는 이들의 석방이 정의에 위배된다고 반대하면서 군사재판을 위해 계속 억류했다. 1954년 1월 9일 변영태 외무부 장관은 범법포로의 재판에 대해 일시적인 관할권(temporary jurisdiction)을 가진 인도가 재판권을 행사하려는 것은 권한을 벗어난 오만이라고 비난 성명을 발표하면서 그 뜻을 유엔군사령부에 전달했다. 이에 대해 유엔군사령부는 중립국송환위원회가 재판의 관할권이 없다는 한국 정부의 주장에 동의하지 않았지만, 송환위원회의 존속기간이 1월 23일 종료됨으로 이후에는 재판을 할 권한이 없다면서, 그들의 석방을 강력히 주장했다. 인도 정부와 중립국송환위원회에서는 이들에 대한 재판을 진행할 것이라는 입장을 고수했지만, 결국 범법자 17명을 1954년 2월 18일 사건기록과 증거를 함께 유엔군사령부에 인도했다. 한국 정부는 이들이 유엔군사령부에 인도된 후에도 재판을 강력히 반대했다.243)

그러나 중립국송환위원회는 1954년 1월 21일 포로를 양측으로 보내는 것이 바로 민간인 지위로 선언되는 것이 아니라는 점을 결의했다. 설득을 받지 않는 포로들에게 설득과정의 완결과 정치회담에 의한 고려를 하기 전에 일방적으로 민간인 선언이나 석방(disposition)은 정전협정의 규정과 어긋난다는 점을 선언했다. 하지만 헐(Hull, John

---

242) 「판문점 1월 21일 에이피」, 『국민보』 1954년 1월 27일자 ; 「판문점 1월 28일 유피」, 같은 신문, 1954.2.3 ; K. S. 티마야, 『판문점일기』, 258~259쪽 ; HQ, NNRC, "Final Report on the NNRC," pp.11~13.

243) "Thimayya, K. S., Chairman NNRC to Hamblen, A. L., CG, UNCREG" Jan. 24, 1954, 18/389 ; GHQ FEC & UNC, "Command Report" Jan. 1954, 군사편찬연구소, HD 1568.

E.) 유엔군사령관은 유엔군으로 인계된 송환거부포로를 1월 23일 이후로 즉시 석방하겠다고 주장했고, 판디트(Pandit, Vijaya Lakshmi) 유엔총회 의장도 1954년 1월 22일부터 비무장지대에 있는 약 14,500명 중국포로와 7,500명의 북한포로 등 22,000명의 처리는 유엔군사령부의 분명한 도덕적 책임이 있다고 확인했다. 그는 이들의 처리가 어떤 정치회의에서도 결정될 수 없다고 말했다. 이에 대해 공산 측은 유엔군 측이 포로를 납치해 갔다고 비판했다.

결국 송환되지 않는 포로들은 1954년 1월 22일부터 민간인이 됐다. 이들 가운데 일부는 대만이 아닌 중립국을 원했지만, 자유중국 정부는 이들을 심사 없이 수용할 것을 천명했다. 한국 정부도 다른 곳을 원하는 포로까지 포함해서 심사 없이 모든 송환거부 북한포로를 받아들일 것을 약속했다. 중립국송환위원회나 인도적십자사의 참여 없이, 유엔군사령부는 북한포로들을 한국 정부에 인계했고 중국군 포로는 대만정부와 합의된 지역에서 인계할 예정이었다. 이들에 대한 보급은 한국후방기지사령부의 책임 아래 미 제8군이 지원하기로 했다.[244]

한국 정부로 이송된 송환거부포로들은 수용소로 옮겨져서 재교육을 받고 석방되었다. 석방된 포로들은 매년 6월 18일과 1월 23일을 각각 '반공의 날', '세계자유의 날'로 정하여 반공포로석방 기념행사를 통해 반공의식을 고취시켰다. 그 후 그들 중 대다수가 국군에 입대했다.

---

[244] 「판문점 1월 17일 유피」, 『국민보』 1954년 1월 27일자 ; "Hamblen, A. L. CG, UNCREG to CG, CINCUNC" Nov. 10, 1953, 42/333 ; GHQ FEC & UNC, "Command Report" Jan. 1954, 군사편찬연구소, HD 1568.

〈사진 5〉 인천에서 대만으로 떠나는 중국군 반공포로들(1954.1.21)

1954년 1월 25일 송환거부 중국군 포로들은 대만에서 파견된 대만대학교 총장 전사량(錢思亮), 입법원 부원장 황국서(黃國書) 등 반공포로환영단 7명, 한국 각지 48개 화교 대표들과 동경지역 대표 등의 환영을 받으면서 인천항구에서 운송선으로 대만 기륭(基隆) 항구로 이송되었다. 부상포로 100여 명과 인도군에 잡혀 있던 7명도 비행기로 대만으로 갔다. 이들은 공산주의를 버리고 대만을 선택한 반공의사(反共義士)로 "대륙의 인심은 되돌아섰다"는 심리전에서 승리의 상징으로 자유중국 정부와 국민의 인산인해의 뜨거운 환영을 받았다.[245]

---

[245] 「대북 1월 25일 유피」, 『국민보』 1954년 2월 3일자 ; 강용준, 『나성에서 온 사내』, 37·47쪽 ; 왕동원, 「반공포로 쟁탈전 기록」, KBS 6·25 40주년 특별제작반, 1990, 22~24쪽.

대만 정부는 반공포로가 석방되었던 1월 23일을 특별히 '1·23자유일(一二三自由日)'로 정했고, '반공의사촌(反共義士村)'을 설치했다. 이미 하루 속히 국민당군에 입대해서 대륙회복에 동참하겠다고 결의했던246) 반공포로들은 대만에서 대부분 군대에 입대했다. 이들 가운데 제대 후 사회로 나갔고 일부는 대중공군 심리전을 담당했다. 대북 시내[榮民之家]에 600여 명이 살고 있고 같은 현 충의산장(忠義山莊)에 한때 4,000여 명이 살았으나, 2010년 1월 현재 230명 정도가 살고 있다. 이제 대만에서도 반공의사들은 국공 대립의 특수적 산물로 여기고 있고, 그들도 반공주의를 내세우지 않으며 중국 대륙 고향으로 돌아가기도 했다.247)

1954년 1월 23일 자유를 희망한 한국과 자유중국의 반공애국청년들이 대한민국과 대만으로 귀환한 날을 기려 1958년 아시아반공연맹 총회에서 '자유의 날'로 공포하고 자유 쟁취 상징일로 기념했다.248) 대만의 '반공의사위원회'에서는 이미 1953년 12월 '반공의사자유일'을 발기했다.249)

송환거부포로들 가운데 공산 측으로 송환된 일부를 제외하고 그 대다수는 한국과 대만에 잔류함으로써, 한국전쟁에서 난제였던 포로 문제는 일단락되었다. 이에 따라 중립국송환위원회는 1954년 2월 21일 해체됐다.

---

246) 유지원, 「대만 소재 한국문제·한국전쟁 관련자료 해제」 1, 228쪽.
247) 「韓戰反共義士 投奔自由為祖國奮鬥」, http://www.tvbs.com.tw/news/news_list.asp?no=tzeng20030727180931 ; 「反共義士' 奔台 今何在?, 2007.9.21, http://tw.myblog.yahoo.com/jw!6kmWXnieRkXQuVYy2T.QZSFQlf4-/article?mid=1229 ; 賴名湯口述, 「接運一萬四千反共義士歸國」, http://boxun.com/hero/xsj1/382_1.shtml ; 「碧血丹心換自由」, 국방부 청년일보사, 『청년일보』 2009년 12월 31일자 ; 「123自由日 韓戰反共義士創造的」, 2010.1.21, http://www.worldjournal.com/printer_friendly/5629805.
248) 「자유상이자회」 거제서 51주년 기념행사」, 『한산신문』 2004년 6월 25일자.
249) 유지원, 「대만 소재 한국문제·한국전쟁 관련자료 해제」 1, 255쪽.

3) 제3국 행 포로들

휴전 후 제3국으로 가겠다는 포로는 공산 측에 수용되어 있던 포로 가운데 국군포로는 2명에 불과하고, 나머지는 북한군 포로 74명, 중국군 포로 12명 등이었다. 이들이 인도를 비롯해 제3국에 정착하는 문제는 쉽게 해결되지 않았다.[250]

비무장지대에서 설득기간 동안 가장 갈등이 심한 포로들은 바로 제3국을 택하려는 포로들일 것이다. 왜냐하면 남한과 대만이나 북한 혹은 중국이라는 분명한 목표가 있는 다른 포로들과 달리 아직 결정되지 않은 미래에 대한 불안이 더 컸기 때문이다. 이들 중 일부는 거제도 수용소에서부터 제3국을 택하려는 포로들도 있었겠지만, 중립지대에 와서 "모이기만 하면 어디 가서 어떻게 살아야 하는가?" 하는 고민 속에 결정하는 경우도 있었다. 북한 출신에게는 정말 돌아가고 싶은 곳은 부모와 가족이 있는 고향이었지만 공산주의체제는 싫고, 그렇다고 남한에서 이념적인 것은 제외하고라도 일가친척 하나 없는 외톨이로 어떻게 살아갈 지 막막하여 미래에 대한 불안이 있었다. 더욱이 고향과 가까운 남한에서 평생 북한에 있는 가족을 그리워하면서 살기에 너무 힘들었을 것이다.[251] 그러므로 남과 북 중 어느 하나를 선택하라면, 남한을 택할 포로들이지만, 미지의 가능성이 있는 제3국은 새로운 돌파구였다. 이 시기에 제3국으로 가기를 원하는 포로들은 공산 측으로 송환되기를 거부하는 반공포로들을 받아

---

[250] 「판문점 1월 21일 에이피」, 『국민보』1954년 1월 27일자 ; 「판문점 1월 28일 유피」, 같은 신문, 1954.2.3 ; HQ, NNRC, "Final Report on the NNRC," pp.11~13 ; K. S. 티마야, 『판문점일기』, 258~259쪽. 조성훈, 「한국전쟁기 제3국행 포로의 정착과정과 그 성격」, 『전사』 3, 2001.6 참조.

[251] 「상파울루동양선교교회 문명철 목사」, 『국민일보』1998년 10월 21일자, 19쪽 ; 김태영, 『인민군』, 유림출판사, 1989, 18~19・39~42쪽 ; 문명철, 『슬픔도 고통도 짜우 짜우』, 171~179쪽.

들이겠다는 멕시코 정부의 발표로 크게 고무되었다.252)

```
Reproduced at the National Archives                          Fill

        Nominal Roll of Prisoners of War who have elected to
                    proceed to neutral countries
                    ........
                           SOUTH CAMP CFI
Serial    PW No      Rank              Name
  No

                           North Koreans

   1      150003      Civ        Pak Sang Sin
   2      148198      M/Sgt      Hong Il Seop
   3      12246       Pvt        Jo Cheon Hi
   4      73687       2/Lt       Kang Yeong Bin
   5      139387      1/Lt       Hang Seo Keun
   6      123794      Pvt        LIM IK KAN
   7      73526       1/Lt       Hyeo Dong Hwa
   8      17328       Maj        Ji Ki Chol
   9      129097      Sgt        Han Hyeong Mo
  10      39496       Pvt        Jang Ki Joo
  11      47814       Pvt        Kim Myeong Bok
  12      19258       Pvt        Choi Kuk Joo
  13      79554       Pvt        Lim Chong Heong
  14      104017      Pvt        Pak Chang Kun
  15      85346       Pvt        Lee Joong Hi
  16      147990      Pvt        Kim Seok Lin
  17      146426      Pvt        Lee Joon Hyeong
  18      127959      Pvt        Jeong Seong Kong
```

〈자료 3〉 제3국 행 포로 명단 일부253)

---

252) 「인도행 선박에 탄 76명의 포로」, 『문화일보』 2000년 6월 1일자, 5쪽 ; 김태영, 『인민군』, 294~295쪽.
253) "Nominal Roll of POWs who have elected to proceed to neutral countries" Jan. 1954, "Procedures to Red Cross", Box 8/ RG 333 UN Command Military Armistice Commission.

제3국을 선택한 포로들 중 주영복·지기철 등 일부는 "적색도 없고 백색도 없는 그런 땅에서 내 손으로 땅을 일구며 살고 싶었다"는254) 중립노선적 지향을 하고 있었지만, 한 포로의 회고처럼 대체로 제3국행 포로들은 "대부분 현실적인 이유에서 어렵게 결심했을 겁니다. 사상갈등을 치열하게 인식하거나 자본주의와 공산주의의 장래를 면밀하게 헤아릴만한 지적 능력을 갖추고 방황한 사람들이 얼마나 됐겠습니까. 빨갱이 아니면 반동으로 몰아버리던 풍토에서 독재체제의 고향 북한, 연고도 없고 북한군 출신이라는 핸디캡을 안아야 하는 폐허의 남한 어디에도 남고 싶지 않았던 사람들이었다."255)

포로협정에서 이들 포로들이 중립국에 정착, 혹은 그들이 선택할 경우 언제든지 조국으로 귀환하는 문제를 원조한다고 규정되어 있었으나, 인도로 간 포로들은 어느 나라에 정주할 것인가에 대해 그 결정과정에서 어려움이 많았다. 그들을 관리하던 인도 정부도 처음에 포로들이 인도에 체류하는 기간을 약 12개월로 예정했다.256) 그러나 이들을 적극적으로 받아들이려는 국가들이 나서지 않아서 포로들이 원하는 나라에 송환하는 것이 지연되었다. 그동안 포로들 사이에 어느 국가를 선택할 것인가에 대한 갈등이 있었다. 포로들의 진정한 희망은 어느 나라였을까? 스위스와 스웨덴은 이미 거부했다.

포로들의 상당수는 미국으로 가고 싶었다. 미 국무부 동아시아 담당 부차관보는 인도로 간 포로들 중 40~45명가량이 미국으로 오기를

---

254) 주영복, 『76인의 포로들』, 39쪽 ; 현동화 구술(정동현 씀), 『격랑의 세월 인도에 닻을 내리고: 소설 『광장』 실존 인물의 생생한 증언과 인도 체험』, 89쪽.
255) 「"남도 북도 싫다" 비운의 40년/M—TV 『3국행 반공포로』 추적」, 『경향신문』 1993년 6월 21일자, 22쪽 ; 「아르헨서 선장된 제3국행 포로/정주원 씨」, 『한국일보』 1993년 10월 20일자, 29쪽 ; 「반공포로의 9번째 조국」, 『문화일보』 2000년 6월 5일자, 5쪽 ; 『76인의 포로들』 서문.
256) 「주미 인도대사가 국무부로」 1959.10.21, C0038 ; Records of Dept of State Political Relations between Korea and other states 1955~59, Decimal File 695A.0024/2~955, Roll No. 1, National Archives.

원한다는 점을 그들을 한국을 떠나기 전부터 인지하고 있었다. 티마야 중립국송환위원회 위원장도 처음부터 인도를 선택한 사람은 15명이었고, 대부분은 미국으로 가기를 원했다고 평가했다. 그러나 인도군은 미국이 중립국이 아니기 때문에 그곳으로 갈 수 없음을 지적했으나, 포로들은 미국으로부터 비자를 내주겠다는 약속을 받았다고 주장하기도 했다. 미국 정부는 그들을 받아들일 수 없다고 공식적으로 밝혔고, 인도 정부는 미국이 중립국이 아니기 때문에 받아들일 수 없다는 것을 포로들에게 전달했다.257)

미국에서 받아들일 수 없다는 점이 알려지자, 그들은 다음으로 멕시코, 브라질 등 남미국가나 유고슬라비아 같은 제3국을 선택했다. 그러나 인도 정부는 포로문제를 하루빨리 벗어나기 위하여 유엔사무총장을 통해 이들의 제3국에서 정착을 위해 노력했으나, 1년이 지나도록 성과가 없었다. 1955년 6월 인도 정부는 전 포로의 상황에 대해 중국으로 1명, 북한으로 5명이 귀환했고, 현재 인원 82명 가운데 인도 잔류희망자 34명, 멕시코 29명, 아르헨티나 12명, 도미니카 2명, 브라질 3명, 유고슬라비아 1명 등이고 1명은 병원에 입원 중이라고 미국 정부에 알려 주었다.258)

인도 잔류를 원하는 경우를 제외하고 포로들 가운데 절반이 넘게 멕시코를 선택했다. 그 이유는 인종차별이 없을 것 같은 요소도 있었지만, 한표구의 경우처럼 멕시코가 미국과 가장 가까워서 멕시코에서 영어를 향상시켜 미국으로 가려고 한 의도였다.259) 더욱이 주

---

257) K. S. 티마야, 『판문점일기』, 262쪽 ; "Memo of Conversation: former pow who chose to go to neutral countries" Feb. 19, 1954, RG 59.
258) "New Delhi to Secretary of State" June 21, 1955, 군사편찬연구소 SN 1682 ; "Embassy New Delhi to the Department of State" June 24, 1955, 같은 문서.
259) 「뉴델리 미 대사관에서 국무부에」 1955.5.20, 1958.7.24 ; 「아르헨서 선장된 제3국행 포로/정주원 씨」, 『한국일보』 1993년 10월 20일자, 29쪽.

인도 멕시코 대사가 54명을 수용하겠다는 의사를 포로들에게 밝히기도 하여 포로들이 크게 기대했지만, 그 후 멕시코는 그 규모를 24명, 12명으로 줄여 나가면서 결국 받아들이지 않았다.260)

함마슐트 유엔사무총장이 멕시코와 접촉했으나, 과도한 과테말라 피난민 때문에 어려움을 나타냈다. 특히 국내문제에 짐을 보태는 것을 반대했으나 다른 남미국가가 참여한다면, 10명 혹은 좀더 수용할 수 있다는 입장이었다. 사무총장은 남미 대표에게 이 문제의 국제적 협조를 요청했으나 해결의 진전이 없었다. 다만, 도미니카 같은 국가는 1명의 포로를 받아들이겠지만, 그가 결코 공산주의자가 아니라는 사무총장의 확인을 요구했다. 양유찬 주미 한국 대사는 콜럼비아가 몇몇의 포로를 수용할 것이라는 인식을 하고 있었지만, 콜럼비아는 참전국이었으므로 미국과 같은 이유로 실현될 수 없었다.261)

일부 포로들은 멕시코 행을 포기하지 않았다. 브라질과 아르헨티나로 대다수의 포로가 떠난 후에도 일부는 멕시코로 갈 것을 유엔을 통해 교섭 중이었다. 1957년 6월 13일 현재 인도 외무부에 따르면, 인도에 잔류한 포로 11명중 3명이 멕시코 행을 원하고 있었다. 1959년 초까지도 한국 외무부에서는 인도에 머물고 있던 10명 중 5명은 멕시코로 이민 가기를 희망하고 있다고 파악했다.262) 그러나 멕시코는 끝내 포로들을 받아들이지 않았다. 이 가운데 한표구는 1958년 7월 하순 인도 주재 미국 대사관에 와서 멕시코로 이민가는 것을 협조해 줄 것을 요청했다. 그는 아르헨티나 브라질 정부에서 기회를 제공

---

260) K. S. 티마야, 『판문점일기』, 262쪽 ; 주영복, 『내가 겪은 조선전쟁』 2, 461 · 473 · 479 · 502쪽.

261) "Memo of Conversation: former pow who chose to go to neutral countries" Feb. 19, 1954, RG 59 ; "New York to Secretary of State" June 17, 1955, 군사편찬연구소, SN 1682.

262) 「인도 미국대사가 국무부에」 1956.7.30, 1957.6.17 ; "AmEmbassy Seoul to the Department of State" March 16, 1959, 군사편찬연구소, SN 1682.

했지만, 멕시코로 가는 것 이외는 인도에 남기를 희망했다. 멕시코로 가는 것이 허용되지 않으면, 세상은 희망이 없을 것이라고 말했다. 그는 한국을 떠나기 전에 항상 멕시코로 가는 것을 희망했다고 주장했으나[263] 미처 그 꿈을 이루지 못하고 1959년 11월 22일, 자동차 사고로 사망했다.[264]

멕시코의 거부로 포로들의 목적지는 브라질과 아르헨티나로 바뀌었고 이들 국가는 다소 적극적이었다. 그 외에 유고슬라비아 등을 원하는 경우도 있었으나 실현되지 않았다.[265] 미국과 유엔사무총장은 포로의 정착문제가 조기에 해결될 수 있도록 비공식적으로 여러 정부와 논의했다. 다행히 1955년 9월 초 유엔 브라질 대표가 남미국가에 정착을 희망하는 모든 포로들을 받아들이는 가능성을 본국 외무부에 건의했고, 후에 브라질 정부가 이들 포로를 받아들인다는 데에 동의했다. 이렇게 브라질 정부가 적극적인 이유는 이 조치로 인도와 관계개선을 도모하려는 요소도 있었다.[266] 결국 1956년 2월 초에 북한포로 50명과 중국포로 60명이 브라질로 갔다. 원래 브라질로 가겠다는 희망자는 3명에 불과했으나 크게 늘었고, 포로들은 브라질이 그들을 받아 준데 대해 만족했으며 곧 새로운 직업을 구하기를 희망했다.[267]

아르헨티나에서도 페론 대통령의 독재에 대한 민주세력의 반발로

---

[263] "New Delhi to the Department of State" July 24, 1958, 군사편찬연구소, SN 1682.
[264] 「농림부 산림국장 김영준이 외무부 장관에게」 1960.3.15, 「제3국에 송환된 반공포로관계철, 1960~61」, 외교통상부 외교사료관 소장.
[265] 「뉴델리에서 국무부 장관에게」 1955.6.21 외교사료관 소장
[266] "Department of State to Amembassy Rio De Janeiro" Sep. 7, 1955, 군사편찬연구소, SN 1682 ; "Department of State to Amembassy New Delhi" Sep. 15, Oct. 13, 1955, 같은 문서.
[267] *New York Times* Feb. 15, 1956 ; 「국무부에서 주 서울, 인도, 브라질 대사에게」 1956.2.21, 외교사료관 소장.

정정이 혼란하여 포로들의 수용을 미루다가 1956년 포로를 받아들이기로 결정했다. 그러나 일부 포로들은 아르헨티나로 가겠다고 정착지를 변경했으나 아르헨티나 정부가 이를 거부한 경우도 있었다. 현동화나 지기철은 자신들이 너무 반공적이어서 그러한 것으로 이해했다.268) 이로써 2년간 계속 말썽이 되어 잠재적으로 곤혹스런 포로처리문제가 아르헨티나의 이들의 수용으로 종결될 기미를 보였다.

인도 잔류희망자는 제3국의 태도에 따라 유동적이었다. 1954년 2월 미 국무부 당국자는 포로 가운데 29명이 인도에 정주하기를 희망한 것으로 파악했다. 그러나 주영복은 포로들을 실은 배가 인천을 떠나자마자 그들 중 20여 명이 인도군에게 인도영주를 표명하면서 남미행을 원하는 반공적인 포로들과 별도의 기거를 요구했고, 인도에 도착한 후 그 해 3월 하순경, 인도 잔류희망자 26명과 중남미 희망자 62명으로 분리되었다고 회고했다.269) 포로들의 제3국에서 정착이 어려움을 겪자, 인도 잔류희망자가 다소 늘어 34명이 되었다. 1955년 6월과 8월에 인도 정부는 한국에서 온 전 포로의 당시 상황에 대해 82명 가운데 인도 잔류희망자가 34명으로 이들에 대해서는 여러 직업훈련을 실시하고 있으며, 이들의 재활에 대해 만족할만하다고 평가했다.270)

일부 포로는 인도만큼 사람이 순진하고 정부가 민주적인 나라가 없다고 인식하면서 인도의 중립노선에 호의적이기도 했다. 하지만, 인도에서 신학을 공부하고 있었던 문명철의 경우처럼 인도는 가난했고 계급차별이 심한 나라라는 인식에서 나타나듯이 인도에 잔류

---

268) 「주인도 미국 대사가 국무부에」 1957.6.17, 외교사료관 소장.
269) 주영복, 『76인의 포로들』, 111 · 171쪽 ; 『내가 겪은 조선전쟁』 2, 426 · 444쪽 ; "Memo of Conversation: former pow who chose to go to neutral countries" Feb. 19, 1954, RG 59.
270) *New York Times* May 24, 1955 ; "Embassy, New Delhi to the Department of State: Parliamentary Discussion on Korean ex-pow" Aug. 17, 1955, 군사편찬연구소 SN 1682.

하는 것보다 브라질이나 아르헨티나로 가려는 포로들이 늘어났다. 1956년 브라질과 아르헨티나로 포로들이 떠난 후, 멕시코 행 대기자 9명을 제외하면, 잔류자는 6명으로 줄어들었고, 1957년 6월 13일 현재 인도 외무부에 따르면, 인도에 머물고 있는 포로는 11명으로 그 중 5명이 인도 정착을 희망했다. 그러나 멕시코와 아르헨티나, 혹은 북한으로 가려는 포로들이 그들의 희망이 좌절되어 인도 잔류자는 다소 늘었다.[271]

이와 같이 포로들은 미국·멕시코·인도 등으로 정착지를 바꾸면서, 그들 대부분은 그들을 받아 줄 나라가 결정되기 전까지 갈등을 겪었다. 주영복은 1954년 3월 하순경, 남미파는 1/2이 반공이고, 인도파는 1/4이 반공적이라고 평가했지만,[272] 정착지를 선택하는 과정에서 일부를 제외하고는 중립노선적 요소는 크게 희석될 수밖에 없었다. 멕시코로 가려다 아르헨티나로 가는 것마저 거부당한 채 인도에 정착한 현동화는 인도를 선택한 이유로 자신이 친공이어서가 아니고, 더욱이 네루의 중립정책을 숭배해서가 아니라, 전쟁 중 입은 상처와 슬픔이 중요 원인이라고 설명했다. 그는 중립국을 선택했지만, 공산주의와 투쟁하려는 의지는 절대로 그치지 않는다고 주장했다. 가족이 월남한 사실을 알았더라면 제3국으로 가려고 하지 않았을 것으로 고백했다.[273]

---

[271] 「주 인도미국대사가 국무부에게」 1956.7.30, 1957.6.17 ; 주영복, 『내가 겪은 조선전쟁』 2, 427·448쪽 ; 문명철, 『슬픔도 고통도 짜우 짜우』, 226~227쪽.

[272] 주영복, 『76인의 포로들』, 111·171쪽 ; "Memo of Conversation: former pow who chose to go to neutral countries" Feb. 19, 1954, RG 59.

[273] 「인도 대사가 미 국무부에」 1957.6.17 ; 현동화 구술(정동현 씀), 『격랑의 세월 인도에 닻을 내리고: 소설『광장』 실존 인물의 생생한 증언과 인도 체험』, 87~88·142쪽. 최인철의 경우도 포로수용소에서 고향(함흥)의 일가 친척이 모두 몰살되었다는 풍문을 듣고 "이 한스런 한반도 땅을 벗어나야겠다"는 생각으로 인도행을 택했다고 한다(「반공포로, 고 최인철님」, http://blog.chosun.com/blog.log.view.screen?blogId =32287&logId=4699376).

브라질로 갔다가 미국에 거주하고 있는 주영복은 그동안 북쪽에서는 '중립'이 곧 '반동'을 의미했고, 남쪽은 남쪽대로 '중립'을 외치면 당장에 '빨갱이'로 몰리기 일쑤였지만, 사회주의가 몰락하고 한국에서 군사정권이 물러나고 문민정치가 열림으로써 이 땅에서 진정한 '중립'의 의미를 찾을 수 있다는 주장을 했다. 그는 한반도에 스위스, 스웨덴과 같은 영세중립국을 건설하여 이념의 갈등을 초월하여 진정한 통일조국을 건설하자고 강조했다.274) 하지만 제3국 행 포로들 상당수는 처음에 미국이나 멕시코를 택했던 것이나 〈표 4〉에서 나타난 것처럼 그들의 정착지는 이념적 의미에서 중립적인 요소가 약했다.

〈표 4〉 제3국 행 포로의 정착국가

정착 국가	한국	북한	브라질	아르헨티나	인도	계
인원	5명	6명	48명	11명	6명	76명

---

274) 주영복, 『76인의 포로들』, 27~30쪽.

VI. 결론

한국전쟁 중 '제2의 전선'이라고 일컬어졌던 거제도 포로수용소는 포로들의 '폭동'을 떠올리게 하지만, "자유조국의 품 안에서 재생했음"에 안도하는 포로들도 많았다. 이들 반공포로들은 수용소에서 하루도 '자유조국'을 생각하지 않을 때가 없었다고 했다.[1]

북한과 중국으로 돌아가지 않고 송환을 거부하는 포로가 대량으로 발생했다. 그 규모는 17만여 명의 포로 가운데 송환을 희망했던 83,000여 명을 제외하고 민간인억류자로 분류되어 유엔군에 의해 석방된 39,000여 명, 송환거부포로로서 이승만 대통령이 석방한 반공포로 27,000여 명과 중립국송환위원회에 이송된 후 송환을 거부하여 결국 석방된 21,000여 명이었다.

이념전쟁의 그늘

민간인억류자들은 대부분 남한 출신 강제의용군으로서 당연히 석방되어야 할 대상이었으므로 제외하고, 순수 송환거부포로의 규모는

---

[1] 황세준, 『신생의 날』, 1954, 6쪽 ; 黃安道等 編, 『反共義士佳作選』, 16쪽.

중국군 14,000명을 포함한 48,000여 명이었다. 그런데 공산포로 가운데 귀순자의 규모를 10,000명으로 추정한다면, 수용 중 송환을 거부한 포로가 크게 늘어난 셈이었다.

이상과 같이 송환거부포로가 크게 늘어난 이유를 살펴보면, 첫째, 북한과 중국군 포로에게는 포로가 되어 귀환 후 받을 불이익에 대한 두려움이 컸다. 한 포로는 송환되면, 유엔군에게 투항을 했기 때문에 죽음을 당할 것이라고 두려워했듯이 중국군도 마찬가지였다. "항복하지 마라. 목숨을 희생하는 한이 있더라도 포로로 잡히지 말라"는 군인수칙에서 보이듯이, 전쟁 후 돌아간다면 남은 일생 동안 받을 불이익이나 차별을 두려워했다.[2]

둘째, 반공포로 단체들의 활동의 영향도 매우 컸다. 휴전협상이 시작되면서 수용소 내에서 반공포로들은 공산포로와 세력권을 장악하기 위해 투쟁을 전개했다. 이러한 노력은 판문점으로 이관된 후에도 계속되었다. 또한 휴전협상 이전 시기에 미군의 불간섭 정책이 이루어졌을 때, 한국군은 좌익포로를 견제하고 우익포로를 지원했다. 이는 이미 심사가 실시되기 전에 우익포로의 세력을 확대하는 데에 상당히 기여했다. 이러한 노력은 이승만 대통령의 반공포로 석방이나 중립국송환위원회에 이송된 포로들에게도 계속되었다.

셋째, 미군 포로정책의 영향을 들 수 있다. 유엔군의 포로 우대정책은 포로들 중 상당수에게 자유를 자각하는 계기가 되었다. 공산 측이 전쟁 동안은 물론 포로의 교환 후에도 미군의 학대를 주장했지만, 포로들의 식사·피복·주거 상태 등은 국군의 수준 혹은 그 이상이었다. 이는 많은 포로들이 잔류하는 데에 긍정적인 영향을 주었을 것이다. 또한 포로에게 자유로운 활동을 허용한 것은 한편으로 좌익 세력을 강화시켰지만, 우익포로의 세력 확대에도 기여했다. 종교 생

---

[2] 하진, 『전쟁쓰레기』, 158쪽.

활의 권장은 포로들에게 자유의 가치를 소중하게 여기는 계기가 되었다.

　미군의 체계적인 포로 교육의 영향도 빠질 수 없을 것이다. 포로 교육은 휴전협상이 시작될 무렵에 유엔군과 공산군 측에서 거의 동시에 시작되었다. 교육 내용에는 문맹 타파, 직업교육 등도 있었지만, 미군 측은 오리엔테이션 교육에 보다 역점을 두어 공산주의의 약점과 민주주의의 강점을 강조했다. 이 교육은 입대 전 교육수준이 낮았던 대다수의 인민군과 중국군 포로들이 민주주의의 우월성을 받아들이는 기회가 되었던 것으로 보인다. 특히 중국군 포로들은 북한군 출신보다 교육에 더 열의를 가지고 임했다. 이러한 요소는 송환거부포로를 증가시키는 데에 기여했을 것이다. 이 때문에 친공포로들은 크게 반발했고, 국제적십자사나 미군 일부에서도 정치적 성향을 비판하여 교육의 중단을 요구했다. 거제도 수용소장을 지냈던 보트너의 주장처럼 오리엔테이션 교육은 정치적 성격이 강했음을 알 수 있다.

　휴전 후 북한에 돌아간 포로들은 물론 중국 본토로 간 공산포로들도 포로수용소에서 자유주의적 경험과 영향을 우려한 당국으로부터 차별과 무시를 겪었다. 포로로 잡혔다가 살아서 돌아가면, 영웅 취급은 고사하고 북한과 중국 적십자회 대표의 위문사에 나타난 "애정에 넘친 동포 형제들의 따뜻한 손길"[3]이 아니라 가족을 치욕스럽게 만들 뿐 아니라, 그들은 그곳에서 쓰레기 취급을 당했다. 이들은 반역자라 불리며 대다수를 광산 등지에 배치하는 등 거의 죄인 취급을 받았고, 그들의 자녀들과 가족들 역시 고통을 겪었다.[4]

---

[3] 공동적십자소조 영등포분조 조·중측 수석대표 정림, 「위문사」 1953.8, "Procedures to Red Cross", RG 333 UN Command Military Armistice Commission / 8, NA.

[4] 「탈북한 전 국군포로 양순용 씨와 전화 인터뷰」 1998.11.19 ; 하진, 『전쟁쓰레기』, 6~7쪽. 한국전쟁에 대한 중국군 참전자 인물록에 포로수용소에서 투쟁한 인물

하지만 미군은 공산포로를 반공적 입장으로 변화시키려는 정책을 초기부터 체계적으로 실시하지는 않았다. 즉 송환거부포로의 핵심 요소인 귀순병이나 전 국민당군 출신을 좌익포로들과 분리하여 수용하지 않았다. 남한 출신 민간인억류자에 대한 처리에 있어서도 한국 정부의 조기 석방 요구를 무시하고, 유엔군사령부는 그들이 보안에 위협이 되고 휴전협상과 공산 측에 있는 아군 포로에 영향을 미칠 것을 우려하여 포로로 취급했다가 1952년 하반기에 이르러서야 석방했다. 또한 1952년 4월 초까지 유엔군사령부는 송환거부포로의 규모를 16,000여 명 정도로 파악했을 뿐이었다.

유엔군사령부는 송환거부포로의 규모를 제대로 파악하지 못했지만, 심사결과에 드러난 송환거부포로들을 확보하려는 정책은 확고히 했다. 이 과정에서 공산 측이 유엔군의 민간인억류자와 송환거부포로의 심사 결과에 반발함으로써, 유엔군 측은 휴전협상 과정에서 북한에 억류되고 있을 국군포로의 문제를 포기하게 되었다.[5]

거제도 포로수용소는 수많은 사건과 이에 따른 희생으로 포로수용소 역사의 모범이 되지는 못했다. 그렇다면 유엔군 포로수용소에서 왜 수많은 사건이 발생했을까? 먼저 한국전쟁 중 유엔군 측이 획득한 포로 규모가 17만여 명에 이르러 관리하기에 어려웠던 점에서 찾을 수 있다. 이 인원은 전쟁 초기에 예상한 15,000명보다 10배 이상 많은 규모로, 이들을 관리하는 일은 소규모의 간단한 사안이 아니라 대단히 복잡한 문제로 바뀌었다. 의용군 출신 민간인억류자를 1951년 초에 석방했다면 포로 관리 부담을 경감시킬 수 있었을 것이다.

또한 포로문제는 휴전협상에서도 가장 어려운 의제가 되었다. 그

들은 수록되지 않았다(譚錚,『중국인민지원인물록』, 북경: 중공당출판사, 1992).
[5] 조성훈,「국군포로 문제의 발생과 송환방안 모색」, 국방부 군비통제과,『한반도 군비통제』43, 2008.6 참조.

이유는 유엔군 포로수용소의 공산포로 중에서 자발적으로 혹은 교육 등의 영향을 받아 송환을 거부하는 자가 다수 발생했기 때문이었다. 그들의 규모는 남한 출신으로 북한군에 강제로 편입되었다가 포로가 되었던 민간인억류자는 물론이고, 일반 포로들도 다수 있었다. 이에 대해 공산 측은 유엔군이 송환거부포로를 의도적으로 확보했다고 불신하면서 휴전협상 지연과 수용소 내의 갈등을 야기시켰다.

제2차 세계대전에서는 포로들로부터 군사 정보를 획득한 후 수용소로 보내져서 노동력 이용에 관심을 가졌을 뿐이었으나, 양 진영의 이념대결의 장이었던 한국전쟁에서는 유엔군과 공산 측 모두 포로를 통해 이념적 우위를 확보하려 했기 때문에, 포로의 송환에 대한 협상에서 교환될 포로의 수에 집착했다.

유엔군 측은 휴전협상에서 인도적 원리에 입각한 자원송환원칙을 주장하면서 송환거부포로들에게 정치적 피난처를 제공할 의사를 표명했다. 그 배경에는 전쟁 초기 미군이 심리전의 일환으로 소규모이지만 포로들을 반공주의자로 만들 의도를 가지고 있었기 때문이었다. 그런데 공산 측이 포로명단을 교부할 때, 많은 국군포로를 탈락시킴으로써 유엔군 측이 획득한 포로의 수가 공산 측의 포로보다 훨씬 많다는 사실에서 자원송환원칙을 더욱 분명히 했다. 자원송환원칙이 전원송환을 규정한 제네바협약에 어긋나지만, 한국전쟁에서는 귀순자를 비롯하여 송환거부포로의 존재, 남한 출신 민간인억류자 등 그 구성의 복합성에 비추어 정당성을 확보할 수 있었다.

휴전협상에서 공산 측도 송환거부포로의 수가 16,000명 정도의 규모라면, 수용할 수 있다는 입장이어서 심사에 동의했다. 그러나 포로 심사의 결과, 송환을 희망하는 포로는 약 7만 명에 그치고 송환거부포로의 규모가 공산 측은 물론 유엔군이 예상했던 것보다 훨씬 많았다. 공산 측의 반발로 재심사를 실시했지만, 약간 늘어난 83,000여 명이 송환을 희망했고 송환거부자는 여전히 87,000여 명이었다.

유엔군사령부는 심사결과를 토대로 휴전협상에서 자원송환원칙을 관철시키려고 하는 한편, 수용소에서 포로의 저항을 무력으로 진압했다. 특히 포로의 심사와 송환문제는 수용소의 갈등과 바로 연결되었다. 유엔군과 공산 측 쌍방은 단 한 명이라도 더 많은 포로를 확보하여 이데올로기 전쟁에서의 승리를 인정받고자 한 '포로쟁탈전'에서 총을 맞대고 싸우는 전선처럼 격렬했다.[6]

한 반공포로의 기억 속에 거제도 포로수용소는 "전율의 섬 거제도, 생지옥으로 화한 거제도 여기 수많은 포로들의 죽음과 신음이 있었고 들리지 않는 아우성이 있었다."[7] 공산 측 언론에서는 미군이 수용 중 많은 포로를 살상했다면서 거제도 수용소를 '죽음의 수용소' '피의 수용소' 등으로 주장했다. 『조선통사』(1980년대 개정판)에서 송환을 요구하는 포로에 대한 학살만행은 인도주의와 자원송환 본질이 어디에 있는가를 드러낸 것이고, 이에 대한 증오와 적개심을 더욱 높여 미제에 복수할 것을 강조했다.

거제도 포로수용소에서 포로의 사망원인으로는 질병으로 인한 경우가 가장 많았고 부상, 자살, 포로의 부주의, 도주 중 피살 등의 여러 요소가 있었다. 좌우익포로들 사이, 포로와 수용소 당국간 갈등으로 인한 경우도 전체 사망자의 약 19%인 1,500명에 이른 것으로 추정된다. 이러한 갈등이 모두 미군과 한국군 경비대에 귀책되는 것이 아니지만 매우 많은 희생이 있었던 점은 부인할 수 없다. 그 결과 미군이 포로정책에서 강조했던 인도주의는 퇴색되었다고 할 수 있을 것이다.[8]

---

[6] K. S. 티마야, 『판문점일기』, 25·41쪽.
[7] 김교갑, 『아버지의 일기』, 39쪽.
[8] "The Battle for th Mind", Garrett, Richard, P.O.W., p.219.

휴전협상이 시작되기 전까지 포로들 사이에 커다란 갈등이 없었으나, 포로의 심사와 송환과 관련해서 많은 폭동이 일어났다. 특히 민간인억류자의 심사과정에서 발생한 2·18사건, 포로 심사 때 돗드 수용소장 피랍사건, 분산과정시 6·10사건, 분산 후 봉암도 사건 등이 대표적이었다. 이에 수용소 당국은 포로의 통제를 보다 쉽게 하기 위해 송환거부포로는 육지로 분산시켰고, 거제도 포로수용소의 수용 동의 규모를 500명 단위로 줄였다. 이때 보트너 소장 이후 포로에 대한 강력한 통제(uncontested control)를 강조한 결과, 좌익포로수용소에서 수용소 당국과 갈등이 계속되었다. 제주시 수용소, 봉암도 수용소, 용초도 수용소 등지에서 각각 많은 희생자가 발생했다. 여기에는 수용소 당국에 대한 포로의 도전도 문제가 있었지만, 유엔군 당국이 포로를 이제 비전투원이 아니라 활동적인 적(敵)으로 간주하고 총기 사용을 위주로 한 무력진압에도 있었다. 이상의 사건은 결과적으로 수용소에서 많은 포로들의 희생을 가져왔고, 유엔군의 포로의 인도적 대우원칙을 손상시켰다.

휴전이 될 때까지 송환거부포로들의 처리는 어려운 문제였다. 이 때문에 유엔군은 제3자의 공정한 감시에 의한 심사방식을 인도를 통해 중국과 접촉하여 결국 이에 합의했다. 이 과정에서 이승만 대통령이 송환거부포로 27,000여 명을 석방시킴으로써 미국과 대립했다. 반공포로의 석방 사건은 이 대통령이 포로문제의 해결보다는 휴전 후 한국의 안전 보장을 확보하려는 의도가 더 컸다. 이 과정에서 일부 포로들의 희생이 발생했고, 송환위원회의 처리과정에서 소수의 송환자만 발생했던 점을 생각하면 중립국에 의한 처리가 한 대안이 될 수 있었다고 생각된다.

중립국송환위원회의 활동 기간에도 유엔군의 송환거부포로의 보호정책은 계속되었다. 1953년 9월 25일부터 시작하여 12월 23일까지 중립국송환위원회의 감시 아래 송환거부포로 중 이미 석방된 자를 제외하고 중립국으로 이송된 포로들을 대상으로 설득작업이 계속되었다. 그러나 실제 설득기간은 1/9에 지나지 않았고, 공산포로 중 송환거부포로의 85%는 설명에 참석하지 않았다. 이에 대해 햄블린 유엔군 송환위원단 단장은 설득결과가 심리전에서 승리이며, 자유세계의 이러한 승리가 미래의 공산 측이 야기할 전쟁에 대한 억지력이 될 것이라고 평가했다. 결과적으로 한국전쟁에서 유엔군의 포로정책은 포로의 인도적 대우에서 출발했지만, 단순한 관리정책을 넘어서 송환거부포로를 둘러싼 이념전쟁의 일환으로 처리되었다.

포로문제와 전쟁유산 해결

거제도 포로수용소의 송환거부포로 가운데에는 흔히 중립국으로 간 포로라고 부르는 제3국으로 간 포로들도 있었다. 제3국을 택한 포로의 규모가 양측에 걸쳐서 88명에 그친 것은 수용소 당국이나 포로들 사이에 중립국 행이 장려되는 것이 아니라, 배척의 대상이 되었기 때문이었다. 이러한 선택을 했던 포로들도 스스로 세력화하거나 국제적십자와 같은 외부적 지원을 받은 것은 아니었다. 이들 가운데 일부가 교수, 목사, 사업가 등으로 성공한 경우도 있지만, 대부분은 남북분단과 전쟁이 빚은 희생자가 되고 말았다.

이승만 대통령은 석방된 반공포로들이 "일반 시민으로서나 군대의 일원으로서나 어디를 가든 인류자유의 원칙을 위해서는 죽음도 불사한 용사로서 큰 환영을 받을 것"이라고 말했다.[9] 그러나 반공포로들에게 정부가 제공한 것은 거의 없었다.

석방된 반공포로들은 당시 정부의 적절한 지원대책이 없는 상황

---

9) 「반공청년석방을 환영」, 『한국의 백서』, 48~49쪽. 자세한 내용은 조성훈, 「6·25전쟁과 반공포로」, 국가보훈처 편, 『국가수호정신: 나라사랑』, 2005 참조.

에서 일부 연령 초과자나 신체허약자 등을 제외하고 정부의 주선과 권유[10]와 포로 자신들이 자국민의 의무를 이행하려는 의지로 대부분 국군에 입대했다. 1953년 8월 10일, 경찰 당국이 석방된 반공포로들에게 국군에 입대하라는 전단을 배포했다.[11] 당시 반공포로들은 이를 "멸공구국 · 북진통일의 성업(聖業)"에 동참하는 것으로 인식했다.[12] 물론 남한사회에 연고가 없었던 포로들은 살길이 막막해서 군대를 택한 이도 있었다. 수용소에서 풀려나자마자 육군 부사관으로 지원 입대했던 홍모는 도와줄 사람 하나 없는 처지에 먹고 살 길은 그 길이 유일해 보였다고 말했다.[13]

1953년 7월 4일 현재 포항 제3신병보충대에 반공포로 1,793명이 지원을 하여 1,384명이 신체검사에 합격하여 1954년 5월 초까지 모두 13,000여 명이 군대에 입대했다.[14] 이외에 600여 명이 빨치산토벌을 위해 전투경찰대에 들어가는 등 약간 더 늘어났을 것이다.[15]

그 후 1954년 1월 20일 판문점에서 설득과정을 거쳐 석방된 포로 7,591명 가운데 육군 입대자 사병 3,040명, 보병학교 입교 188명, 해군 2명, 공군 1명 등 3,374명(44.5%)이 1954년 3월 22일자로 국군에

---

[10] 자진입대가 아니라 반강제적 요소가 있었다고 한다. "새로운 반공투사는⋯⋯전원 군문입대를 열망" 혹은 "군에 자원하여 입대했다"(황세준, 『신생의 날』, 1954, 7쪽 ; 송정택, 「제32회 반공의 날 기념사에서」, 『반공청년회보』 6~55, 1985년 7월 1일자)는 언급도 있었고 이미 포로단체에서 국군 헌병사령부와 군대 입대를 합의했다는 얘기도 있으나, 당시 정부에서는 포로의 지원책이 없는 상황에서 임시방편으로 군대입대를 추진했던 것으로 보인다.

[11] HQs KCOMZ G-2, "Intelligence Summary # 52" Aug. 25, 1953, 군사편찬연구소, SN 1841(2).

[12] 황세준, 『신생의 날』, 7쪽.

[13] 「독립투사의 증손 홍래준 씨⋯⋯ 신산한 삶」, 『한국일보』 2001년 8월 16일자.

[14] 육본, 「참모연구」, 1953.8.6, 1954.5, 육군기록정보단.

[15] 일부에서는 약 70%인 19,000명이 군대에 입대했을 것이라고 추산했다(이동헌, 「한국전쟁 기념의 주변인들」, 전진성 · 이재원 편, 『기억과 전쟁』, 휴머니스트, 2009, 353쪽).

입대했다.16)

입대한 포로들은 1956년 10월경 군대를 마치고 남한사회에 발을 들여놓았다. 당시 정부에서는 이들에게 아무런 대책을 세워주지 않았다. 공산주의에 반대해 목숨을 걸고 자유를 찾은 이들이지만 인민군 출신이라는 꼬리표가 늘 따라다녔고 한때는 정부에서 이들을 요시찰 인물로 분류, 일일이 감시까지 했다. 제대 후 연고도 없고, 특별한 기술도 없이 사회에 진출한 후 남한사회에 적응하기에 많은 어려움을 겪었다. 거의 황무지에서 성장했으므로 반공포로들은 자신들이 전쟁 중 최고 피해자라고 주장했다.17)

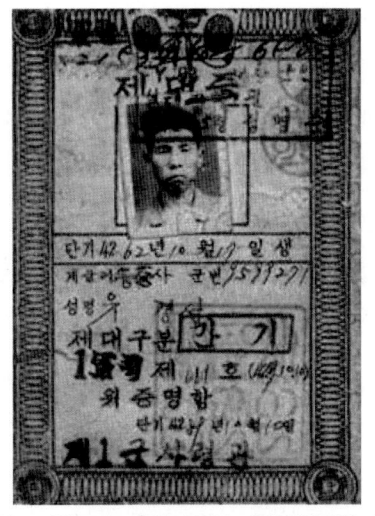

〈사진 1〉 반공포로 출신의 국군 제대증(유경성 제공)

16) 차기호, 「경남 합천지구 백호부대(6·18반공청년) 전투지건」, 1956.6.14(손구원 제공) ; 강동호, 「전북괴군 장교의 고백」, 송효순, 『대석방』, 381쪽 ; 차길진, 『빨치산 토벌대장 차일혁의 수기』, 기린원, 1990, 217면 ; 이태, 『남부군 비극의 사령관 이현상』, 학원사, 1990, 45쪽 ; 통일안보중앙협의회, 「탄원서」, 2004.11.12 ; 안정일(통일안보중앙협의회 사무총장) 증언, 2004.12.8, 통일안보중앙협의회 ; 손구원 증언, 2004.12.13.

17) 한승남 증언, 2006.8.10, 대전 자택.

한편으로 반공포로들은 통일조국을 위해 적극적인 반공투쟁을 전개했다. 그들은 전쟁 전 공산치하에서 공산주의를 체험했고, "포로수용소에서 그들의 살인마적 행태를 경험"하며 '반공전위대'로서 전후 반공활동에 앞장섰다. 즉 '대한반공청년단가'에서 나타나듯이 "공산제국 반대 격멸에 선봉대"가 되었다.[18] 1951년 8월 거제도 포로수용소에서 조직된 대한반공청년단은 석방된 포로들을 중심으로 1957년 대한반공청년회로 발전된 후 줄곧 반공투쟁에 앞장서면서, 안보의식을 계몽하기 위해 『반공청년회보』를 발간했다.[19] 휴전 후 회원 수는 3만 명이 넘었지만, 작고하는 회원이 늘어났고 포로 출신임을 밝히기를 원하지 않는 이들도 많아 1996년 6월경에는 약 1만 명으로 줄었다.[20]

총회와 지부에서는 반공포로들이 석방된 매년 6월 18일과 1월 23일을 각각 '반공의 날', '세계자유의 날'로 정하여 기념행사를 통해 반공의식을 고취시키는 한편, 청소년들에게 '공산주의의 폭력성, 6·25 남침배경, 공산학정, 6·25전쟁의 참상, 포로수용소에서 반공투쟁 등'에 대한 반공계몽강연회를 개최하여 왔다. 또한 북한에서 간첩단을 침투시키거나 국내외 정세가 불안할 때마다 안보 결의대회를 거행해 왔다.[21]

반공포로들은 때때로 지나치게 반공적인 태도를 보인 적도 있으

---

[18] 「대한반공청년단의 조직적 의의」, 백응태, 『거제도에서 판문점까지』, 498쪽 ; 고영근, 『우리 겨레의 나아갈 길』 1, 생활개혁운동본부, 목민출판사, 2001, 124쪽.
[19] 그 후 『통일안보신문』, 『통일신문』으로 제호가 바뀌어 발간되어오다가 재정난으로 휴간되었다.
[20] 통일안보중앙협의회, 「연혁」, 날짜 없음 ; 사단법인 통일안보중앙협의회, 「정관」, 2002 ; 안정일 증언, 2004.12.11, 통일안보중앙협의회 ; 『조선일보』 1990년 6월 19일자 ; 『한겨레 21』 2000년 9월 20일자.
[21] 『반공청년회보』 6~64, 1986.4.1 ; 『서울신문』 1992년 5월 15일자 ; 『통일안보신문』 1996년 10월 30일자 ; 『조선일보』 2001년 6월 22일자.

나, 1990년대 초 소련이 붕괴되고 남북의 교류가 활발해지면서 반공일변도에서 변화를 보이기 시작했다. 당시 대한반공청년회 송정택 회장은 "원수로만 알던 소련의 대통령과 우리나라 대통령이 회담을 갖는걸 보며 한편으론 섭섭하기도 하지만 다른 한편으론 통일의 날이 그만큼 앞당겨져 어쩌면 죽기 전에 고향 땅을 밟을 수 있다는 기대감이 겹쳐 더욱 마음이 착잡하다"고 말했다.22) 반공포로 가운데 이념에 치우치는 경향에서 벗어난 이들도 생겨났다. "이제 와서 얘긴데, 예나 지금이나 난 '이념'에는 큰 관심 없어요. 인민군이 된 것이나 반공포로가 된 것이나 다 시대가 선택한 것이었지, 내 선택은 아니었거든"이라고 고백하면서 "이젠 정말 고향에 가고 싶다"는 뜻을 나타냈다.23)

2000년 남북정상 회담 이후 대한반공청년회는 창립 49년 만에 '반공'이란 용어 대신에 통일안보중앙협의회로 바꿨다. 그 배경에 대해 안정일 사무총장은 "공산국가와도 교류하고 남북간 통일·화해 기운이 높아가는 시대 흐름에 발맞춰 '반공'이라는 낡은 구호를 벗고 통일과 국가안보를 지향한다는 뜻으로 이름을 바꿨다"고 설명했다.24) 대만으로 간 중국군 포로들도 군에 입대한 후 심리전에 종사하기도 했으나, 최근에는 대륙의 고향에 정착하는 경우도 늘어가고 있다.

이제 휴전협정이 체결된 후 50여 년이 지났다. 더 이상 늦기 전에 전쟁 중 포로로 인해 발생한 부정적인 유산은 정리되어야 한다. 전쟁이 남긴 포로문제를 비롯해 많은 상처들이 하루빨리 치유되어야 할 것이다.

---

22) 『조선일보』 1990년 6월 19일자.
23) 「반공포로' 안정일 씨 감회」, 『한겨레』 2000년 6월 16일자.
24) 「반공청년회 '반공' 꼬리표 없애」, 『한겨레』 2000년 9월 21일자 ; 『한겨레 21』 2000년 9월 28일자, 16쪽 ; 안정일, 「피 흘려 승리한 반공포로 석방투쟁」, 한국발전연구원, 『리뷰』 통권 107.

태평양 전쟁 말기 오스트레일리아 코우라 포로수용소에서 발생한 비극적인 희생이 일어난 후 1963년 이 지역에 코우라전쟁묘지(the Cowra War Cemetery)를 설치했다. 그 후 1979년 일본공원이 조성되었고 코우라지역과 일본과 관계강화를 위해 청동으로 만든 평화의 종이 기증되어 상호 우의를 다지고 있다.[25] 늦었지만, 판문점 혹은 거제도 포로수용소, 제주도 포로수용소에서 전쟁 중 희생된 포로들을 위해서나, 미귀환국군포로 및 실종자 문제 등에 대해 논의할 때가 되었다. 이제 포로수용소에서처럼 서로 죽이려 했던 시대를 마감하고, 한반도의 평화를 구축하는 노력을 하자는 것이다.[26]

끝으로 중국과 북한으로 돌아간 포로들이 자유롭게 회고한 자료 등이 수집된다면, 필자는 본서를 새로 보완할 것이다. 또한 이 책이 공산포로를 대상으로 한 연구이므로, 공산 측의 국군과 유엔군 포로대우를 정리하여 "포로를 통해 본 한국전쟁사"를 완성하고 싶다.

---

[25] http://www.anzacday.org.au/history/ww2/anecdotes/cowra.html.
[26] 김석태 증언, 2010.7.16, 과천 승리관. 거제도 포로수용소유적공원에 '평화테마파크'를 조성하려는 움직임도 이러한 취지일 것이다.

참고문헌

1. 사료

1) 간행본

『국민보』, 『동아일보』, 『로동신문』, 『민주조선신문』, 『서울신문』, 『신한민보』, 『조선일보』 등.
국사편찬위원회 편, 『남북한관계사료집』 1~25, 1995~1996.
국사편찬위원회 편, 『대한민국사 자료집』 29~32, 1996.
국방군사연구소 편, 『한국전쟁 자료총서』 1~17, 1996~1997.
육군본부 편, 『한국전쟁 사료』 1~99, 1985~1990.
정용욱 편, 『주한미국대사관 주간보고서(Joint WeekA)』 전8권, 영진문화사, 1993.
한림대 아시아문화연구소 편, 『빨치산자료집』 7, 1996.
The New York Times, The Washington Post, The Times, The Nippon Times, The Chinese Monthly Review etc.
U. S. Department of State, *Foreign Relations of the U.S.*, Washington D. C.: U. S. Government Printing Office, 1955~1985.

2) 미간행본

외무부 역, 『한국전쟁 관련 소련극비 외교문서』 1~4, 1994.
이형근, 「정전회담 경과보고」, 육본 군사연구실, 1951.
국사편찬위원회 한국사데이타베이스 http://db.history.go.kr
국립중앙도서관 해외수집자료
문화방송 시사교양국, 「이제는 말할 수 있다: 한국전쟁과 포로 자료집」, 2004.

Headquarters US Army, Pacific APO 958 San Francisco, Calif.: "The Handling of Prisoners of War during the Korean War", Oct. 1960.
HQ. Army Forces FC, "History of the Korean Conflicts: Korean Armistice Negotiations", May 1952~July 1953.
HQ. UN and Far East Command Military Intelligence Section, General Staff, "The Communist War in POW Camps: the Background of Incidents of among Communist Prisoners in Korea", Jan 1953.
Kim, Sun Ho, "Koje-Do in Complication: an Analysis of the social and political Organization of Korea POW In UNC Camps", 1955.
"Report of the Central Committee of the United Democratic Fatherland of Korea on Atrocities committed by the American Aggressors against captured Officers and Men of the Korean Peoples Army", April 30, 1954.
Records of Group(이하 RG로 줄임) 153, Records of the Judge Advocate General Army.
RG 218, General Records of US Joint Chiefs of Staff.
RG 319, Records of the Army Staff.
U.S. Army, Far East Command, Records of the Assistant Chief of Staff, G-2 Intelligence Library File, 1944~54.
RG 333, Records of HQ, UNC.
RG 338, Records of US 8th Army in Korea.
RG 389, Records of Provost Marshal.
RG 338 HHD, 22d US Army, POW/Civilian Internee).
RG 407, Records of US Army, Far East Command, G-2 Intelligence Summaries, 1950~52 ; Korean War Command Reports, 1950~54.
US Army, "Logistical support to POW"(Microfilm Shelf No. 51396), 1955.
U.S. Army, U.N. Command, Psychological Warfare Section, Consolidation Division, "Activity, Audio-Visual Education Adviser", 1952.
U.S. Congress, House, Committee on Armed Services-Requesting the Secretary of Defense to Furnish to the House of Representatives Full and Complete Information with respect to Insurgency in

Prisoner of War Camps in Korea, HR 2129, 82nd Congress, 2nd session, Washington: GPO, 1952.
War Crime Branch, "Operation Big Switch Interrogation Reports, 1953~54 ; International Affairs Division, War Crime Branch Case Files, 1950~54.

2. 저서

1) 국문

B. Cummings, 차성수・양동주 역,『한국전쟁의 전개과정』, 태암, 1989.
James F.Schnabel, Robert J.Watson, 채한국 역,『한국전쟁』상・하, 국방부 전사편찬위원회, 1990~1991.
K. S. 티마야, 라윤도 역,『판문점일기』, 소나무, 1993.
KBS 한국방송사업단(Video),『거제도 포로수용소』, 1987.
Thomas Rogers, 이덕형 역,『압록강 포로수용소』, 해동문화사, 1988.
강석희,『조선에 대한 미제의 사상문화 침략사』, 평양: 과학・백과사전출판사, 1987.
강용준,『나성에서 온 사내』, 정음사, 1985.
강정구,『좌절된 사회혁명』, 열음사, 1989.
강창성,『군벌정치』, 행당문화사, 1991.
고상진・전도명,『조선전쟁시기 감행한 미제의 만행』, 사회과학출판사, 1989.
고정훈,『군』상, 동방서원, 1967.
교육총본부,『교총사』제1집, 1958.
국방군사연구소,『한국전쟁』상・하, 1995~1997.
_____,『한국전쟁지원사』, 1997.
국방부 전사편찬위원회,『한국전쟁 휴전사』, 1989.
국방부 정훈국 전사편찬위원회,『한국전란 1년지』『한국전란 5년지』, 1951~1956.

국방부, 『국방부사』 제1집, 1954.
국제문제연구소 편, 『력사가 본 조선전쟁』, 평양: 사회과학출판사, 1993.
국회, 『국회속기록』 1950~54, 국회사무처.
국회도서관 입법조사국, 『미국의 대외원조관계자료』 제1~3집, 1964~1965.
군사편찬연구소 편, 『한국전쟁사』 1~7, 2003~2010.
김경수, 『인도와 한국전쟁』, 한국학술정보, 2006.
김경일, 홍면기 역, 『중국의 한국전쟁 참전 기원』, 논형, 2005.
김경현, 『민중과 전쟁기억: 1950년 진주』, 선인, 2007.
김계동, 『한반도의 분단과 전쟁: 민족분열과 국제개입·갈등』, 서울대출판부, 2000.
김교갑, 『아버지의 일기』, 집문당, 1998.
김귀옥, 『월남민의 생활 경험과 정체성』, 서울대출판부, 1999.
김동춘, 『전쟁과 사회』, 돌베개, 2000.
김석영, 『판문점 20년』, 진명문화사, 1973.
＿＿＿, 『판문점』, 신문화사, 1972.
김영호, 『한국전쟁의 기원과 전개과정』, 두레, 1998.
김용섭, 『학도는 이렇게 싸웠다』, 양우사, 1969.
김응교, 『조국: 어느 '북조선인민'의 수기』 상·하, 현장문학사, 1990.
김일수·김현, 『중공군포로의 고백: 그들은 이렇게 말하였다』, 대한군경교양협회, 1952.
김일영 외, 『1950년 한국사회와 4·19혁명』, 태암, 1991.
김점곤, 『한국전쟁과 노동당전략』, 박영사, 1974.
김정건 외 공편, 『국제조약집』, 연세대출판부, 1986.
김철범 편, 『한국전쟁』, 평민사, 1989.
＿＿＿＿, 『한국전쟁을 보는 시각』, 을유문화사, 1990.
김철범·제임스 매트레이 편, 『한국과 냉전』, 평민사, 1991.
김학준, 『한국전쟁 - 원인, 과정, 휴전, 영향』, 박영사, 2010.
김행복, 『한국전쟁의 포로』, 국방군사연구소, 1996.
김효순, 『나는 일본군 인민군 국군이었다 (시베리아 억류자, 일제와 분단과 냉전에 짓밟힌 사람들)』, 서해문집, 2009.
남상선, 『불멸탑의 증언』, 육법사, 1978.

남정옥,『미국은 왜 한국전쟁에서 휴전할 수밖에 없었을까』, 한국학술정보, 2010
대검찰청 수사국,『좌익사건실록』, 광명인쇄공사, 1965.
로버트 시몬스, 기광서 역,『한국내전: 전쟁의 내전적 성격과 북방동맹』, 열사람, 1988,
로버트 T. 올리버, 김봉호 역,『한국동란사』, 한국번역도서주식회사, 1959.
마크 클라크, 김형섭 역,『다뉴브강에서 압록강까지』, 국제문화출판사, 1981.
모스 맨, 백선진 역,『밀물과 썰물』, 대륙연구소 출판부, 1995.
문명철,『슬픔도 고통도 짜우 짜우』, 두란노, 1997.
박 도 편,『한국전쟁: 1950~1953』 2, 눈빛출판사, 2010.
_____,『지울수 없는 이미지』 1~2, 눈빛출판사, 2004, 2006.
박 실,『한국외교비사』, 기린원, 1980.
박관수,『한국반공투쟁사』, 금문사, 1962.
박명림,『한국전쟁의 발발과 기원』 1~2, 나남, 1996.
박종은,『그날 0시』, 종화사, 1994.
박태균,『한국전쟁: 끝나지 않은 전쟁, 끝나야 할 전쟁』, 책과함께, 2005.
백선엽,『군과 나』, 대륙연구소, 1989.
백응태,『거제도에서 판문점까지』, 대원출판사, 1987.
브루스 커밍스 외, 박의경 역,『한국전쟁과 한미관계 1943~53』, 청사, 1987.
사회과학원 역사연구소,『조선전사』 25~27, 평양: 과학백과사전출판사, 1981.
서동구역 편,『한반도의 긴장과 미국 - 25년 전과 오늘 ; 1950.1~12』, 대한공론사, 1977.
서상문,『모택동과 6·25전쟁』, 군사편찬연구소, 2006.
서주석,『한국의 국가체제 형성 과정: 제1공화국 국가기구와 한국전쟁의 영향』, 한국학술정보, 2008.
션즈화, 최만원 역,『마오쩌둥, 스탈린과 조선전쟁』, 선인, 2010.
小此木正夫, 현대사 연구실 역,『한국전쟁 - 미국의 개입과정』, 청계연구소, 1997.

송효순,『대석방』, 신현실사, 1976.
시성문·조용전, 윤영무 역,『(중국인이 본)한국전쟁: 板門店 談判』, 한백사, 1991.
신광식,『대한국군 발달사』, 동원문화사, 1959.
신복룡,『한국전쟁의 정치외교사적 고찰』, 평민사, 1986.
_____,『한국분단사연구: 1943~1953』, 한울, 2006.
신영덕,『한국전쟁기 종군작가 연구』, 국학자료원, 1998.
신화봉, 최태순 역,『휴전선이 열리는 날』, 한국논단, 1993.
양대현,『역사의 증언』, 형설출판사, 1993.
양영조,『남북한 군사정책과 한국전쟁: 1945~1950』, 한국학술정보, 2007.
葉雨蒙, 안몽필 역,『검은 눈: 중국군 한국전쟁 참전 비사』, 행림출판 1991.
예관수·조규동,『한국의 동란』, 병학연구사, 1950.12.
예프게니 바자노프·나딸리아 바자노바, 김광린 역,『소련 자료로 본 한국전쟁의 전말』, 열림, 1998.
용태영,『황야의 노방초』, 진선미출판사, 1996.
윌리암 린드세이 화이트, 조영철 역,『한국전쟁 포로』, 국방부전사편찬위원회, 1986.
유영익 편,『수정주의와 한국 현대사』, 연세대 출판부, 1998.
유영익·이채진 공편,『한국과 6·25전쟁』, 연세대 출판부, 2002.
유재흥,『격동의 세월』, 을유문화사, 1994.
육군본부,『6·25 사변사』, 1959.
_____,『육군발전사』제1권, 1955.
_____,『정책과 지도, 유엔군 전사』3, 1974.
_____,『휴전천막과 싸우는 전선, 유엔군전사』2, 1968.
육군본부 정보참모부,『판문점』, 1972.
육군사관학교,『육군사관학교 30년사』, 1978.
이건숙,『거제도 포로수용소』, 혜진서관, 1989.
이동희,『한국군사제도론』, 일조각, 1982.
이영희,『베트남 전쟁』, 두레, 1985.
이완범,『한국전쟁: 국제전적 조망』, 백산서당, 2000.

이용하, 『태안사 별곡』, 법정출판사, 1992.
이원복, 『판문점 700일』 상, 대림기획, 1989.
_____, 『전쟁과 협상』 상·하, 대림기획, 1990.
이응준, 『회고 90년』, 동 기념사업회, 1982.
이인모, 『전 종군기자의 수기』, 말, 1992.
이형근, 『군번 1번의 인생』, 중앙일보사, 1993.
이호재, 『한국외교정책의 이상과 현실』, 법문사, 1986.
이흥환 정리, 『구술 한국 현대사: 새로 캐낸 이 땅의 이야기』, 未完, 1986.
일본육전사연구보급회 편, 육본 역, 『한국전쟁』 9~10, 명성출판사, 1986.
장창국, 『육사졸업생』, 중앙일보사, 1984.
전득주, 『미국, 전쟁과 항복 사이에서』, 평민사, 2005.
전영규, 『따미땅』, 경도문화사, 1983.
전영호, 『324일: 6·25 참전 소대장의 전투실기』, 청림출판, 1987.
정병준, 『한국전쟁: 38선 충돌과 전쟁의 형성』, 돌베개, 2006.
정일권, 『전쟁과 휴전』, 동아일보사, 1986.
정채호 편, 『그날의 산하』, 드라이브사, 1983.
『조선인민군 및 중국인민군 포로들에 대한 미국침략자들의 만행에 관한 자료집』, 평양: 국립출판사, 1954.
죠셉 굴든, 김쾌상 역, 『한국전쟁』, 일월서각, 1982.
주영복, 『내가 겪은 조선전쟁』 1~2, 고려원, 1990~1991.
_____, 『76인의 포로들』, 대광, 1993.
중국 군사과학원 군사역사부, 한국전략문제연구소 역, 『중공군의 한국전쟁사』, 세경사, 1991.
중국군사과학원, 『중국군의 한국전쟁사』 1~3, 군사편찬연구소, 2002~2004.
중국군사과학원, 한국전략연구소 역, 『중공군의 한국전쟁사』, 세경사, 1991.
차상철, 『한미동맹 50년』, 생각의 나무, 2004.
최덕신, 『내가 겪은 판문점』, 삼구문화사, 1955.
최영보 외, 『미국현대외교사』, 비봉출판사, 1998.
최장집 편, 『한국전쟁 연구』, 태암, 1990.
최정기 외, 『전쟁과 재현: 마을 공동체의 고통과 그 대면』, 한울, 2008.

최종태, 『한국전쟁 일지』, 군사문제연구소, 1991.
최태환·박혜강, 『젊은 혁명가의 초상』, 공동체, 1989.
통일원, 『휴전회담 실무대표 회의록 부록』 1~2, 1979.
편집부 편, 『구술 한국현대사: 새로 캐낸 이 땅의 이야기』, 미완, 1986.
하기와랴 료, 최태순 역, 『한국전쟁』, 한국논단, 1995.
하영선, 『한국전쟁의 새로운 접근: 전통주의와 수정주의를 넘어서』, 나남, 1990.
하영선·김영호·김명섭 편, 『한국외교사와 국제정치학』, 성신여대출판부, 2005.
한국언론자료간행회, 『한국전쟁 종군기자』 1·2, 1987.
한국역사연구회 현대사증언반, 『끝나지 않는 여정』, 대동, 1996.
한국전쟁남북사건자료원, 『한국전쟁 남북사건 사료집』 1~2, 2006, 2009.
한국전쟁연구회 편, 『탈냉전시대 한국전쟁의 재조명』, 백산서당, 2000.
한국전쟁학회 편, 『한국 현대사의 재조명』, 명인문화사, 2007.
한배호 편, 『한국정치론 1: 제1공화국의 국가형성, 정치과정, 정책』, 나남, 1990.
한수산, 『400년의 약속』, 나남, 1999.
한용원, 『창군』, 박영사, 1984.
허종호 외, 『위대한 수령 김일성 동지께서 령도하신 조선인민의 정의의 조국해방전쟁사』 1~3, 평양: 과학백과사전종합출판사, 1993.
현동화 구술(정동현 씀), 『격랑의 세월 인도에 닻을 내리고: 소설『광장』 실존 인물의 생생한 증언과 인도 체험』, 나무와숲, 2003.
헌병사편찬회 편, 『한국헌병사』, 헌병사령부, 1952.1.

2) 외국문

阿部軍治, 『시베리아 강제억류의 실태』, 東京: 彩流社, 2005.
內海愛子, 『日本軍の捕虜政策』, 東京: 靑木書店, 2005.
貴志俊彦·土屋由香 編, 『文化冷戰の時代: アメリカとアジア』, 東京: 國際書院, 2009.
油井大三郎·小菅信子, 『聯合國捕虜虐待と戰後責任』, 岩波書店, 1993.

木畑 洋一 編集,『戰争と記憶と捕虜問題』, 東京大学出版会, 2003.
중국인민보위세계화평위원회 편,『朝鮮停戰談判中的戰俘問題』, 북경: 세계지식출판사, 1952.12.
『留韓反共義士處理案』1~5, 中華民國國防部史政局, 1953.
黃安道等 編,『反共義士佳作選』, 臺北: 反共義士就義輔導處, 1954.
反共義士奮鬪史編纂委員會,『反共義士奮鬪史』, 臺北: 反共義士就義輔導處, 1955.
大鷹,『志願軍 戰俘紀事』, 北京: 昆會出版社, 1987.
____,『志願軍 戰俘紀事 續集』, 北京: 中國靑年出版社, 1993.
邊麗君・馮金暉,『朝中戰俘 遣返內幕』, 北京: 華藝出版社, 1990.
程來儀,『朝鮮戰爭戰俘之迷』, 북경: 중앙문헌출판사, 2002.

Alexander, Bevin, *Korea, the first War We Lost*, N.Y.: Hippocrene Books, 1986.

Baily, Sidney D., *Korean Armistice*, New York: St. Martin's press, 1992.

Biderman, Albert D., *March to Calumny*, New York: The Macmillan Com., 1963.

Briggs, Ellis, *Farewell to Foggy Bottom*, N.Y.: David Mckay, 1964.

British Foreign Office, *Korea: A Summary of Developments in the Armistice Negotiations and Prisoner of War Camps*, Command 0596, London: HMSO, 1955.

Chang, Henry(ed), *6 Insides from the Korean War*, Dae-dong Moon Hwa Sa, 1958,

Cole, Paul M., *POW/MIA Issue, Vol.1*, California: RAND Corp., 1994.

Daws, Gavan, *Prisoners of the Japanese: POWs of World War II in the Pacific*, Carlton North, Vic.: Scribe, 2008.

Deane, Philip, *I was a captive in Korea*, N.Y.: W. W. Norton & Com., Inc., 1953.

Department of the Army, *Handling POW*, US GOP, Nov. 1952.

Doyle, Robert C., *Voice from Captivity: interpreting the American POW Narrative*, University Press of Kansas, 1994.

Faulk, Henry, *Group Captives: The Re-Education of German Prisoners of*

War 1945~48, Chatto & Windus, 1977.Felton, Monica, *That's why I went*, London: Lawrence & Wishart, 1953.

Foot, Rosemary, *Wrong War: American Policy and the Dimensions of the Korean Conflict, 1950~53*, Ithaca, N.Y.: Cornell University Press, 1985.

_____, *A Substitute for Victory*, Ithaca, N.Y.: Cornell University Press, 1990.

Goncharrov, Sergei N., Lewis, John W., and Xue Litai, *Uncertain Partners*, California: Stanford University Press, 1993.

Great Britain, Ministry of Defense, *Treatment of British Prisoners of War in Korea*, London: H.M.S.O., 1955.

Huston, James A., *Guns and Butter, Powder and Rice: US Army Logistics in the Korean War*, Selinsgrove: Susquehanna University Press, 1989.

Hermes, Walter G., *Truce Tent and Fighting Front*, Washington, D.C.: Center of Military History US Army, 1992.

Institute of World Policy, School of Foreign Service, *Prisoner of War*, Georgetown University, 1948.6.

Jamie Howren, Taylor Baldwin Kiland, *Open doors: Vietnam POWs thirty years later*, Washington, D.C.: Potomac Books, c2005.

Johnson, U. Alexis, *The Right Hand of Power*, New Jersey: Prentice Hall, Inc., 1984.

Kaufman, B.I., *The Korean War: Challenges in Crisis, Credibility and Command*, Philadelphia: Temple University Press, 1986.

MacDonald, Callum A., *Korea: The War Before Vietnam*, New York: The Free Press, 1986.

Mcfarland, Keith D., *The Korean War-an annotated Bibliography*, New York: Garland Publishing, INC., 1986.

Marc Landas, *The fallen: a true story of American POWs and Japanese wartime atrocities*, Hoboken, N.J.: Wiley, 2004.

Robin, Ron, *The Making of the Cold War Enemy*, New Jersey: Princeton University Press, 2003.

Robin Rowland, *a River Kwai Story*, Allen & Unwin, 2007.

Rosa, Allan, *The Regal Status of POWs*, Helsinki: Suomalainen Tiedeakatemia, 1976.

Schnabel, J.F., *Policy and Direction: The First Year*, Office of the Chief of Military History US, Army, 1972.

Stuart I. Rochester, Frederick T. Kiley, *Honor Bound: American Prisoners of War in Southeast Asia, 1961~1973*, US Naval Institute Press Date published: 1999.

Stueck, William W., *The Korean War*, New Jersey: Princeton University Press, 1995.

The Chinese People's Committee for World Peace, *UN POWs in Korea*, Peking: China, 1953.

The Chinese People's Committee for World Peace, *The Struggle for the Armistice in Korea*, Peking: Sep. 1953.

U. S. Senate Committee, *Hearing before the Subcommittee on Korean War Atrocities Part 1~3*, 1953.10~12.

US War Department, Office of the Adjutant General, *Procedures for Processing Return, and Assignment of exchange in Korea*, Washington D. C.: US Army Center Of Military History, 1951.

Weintraub, Stanley, *Long day's Journey into War*, New York: Dutton, 1991.

_____, *The War in the Wards: Korea's Unknown Battle in a POW Hospital Camp*, New York: Doubleday, 1964.

Wells, Donald A, *War Crimes and Laws of War*, N.Y.: University Press of America, 1984.

Vatcher, William H., Jr., *Panmunjom*, New York: Frederick A.Praeger, Inc., 1958.

Vietnam Veterans against the War, *The Winter Soldier Investigation: An Inquiry into American War Crimes*, Toronto: Beacon, 1972.

Zhang Shuguang, *Deterrence and Strategic Culture: Chinese-American Confrontation, 1949~1958*, Ithaca, N.Y.: Cornell University Press, 1992.

3. 논문

1) 국문

국방군사연구소 편,「한국전쟁과 전쟁포로 처리문제」, 1997.
국제인권옹호연맹,「북한억류 한국군 포로들의 실태보고서」, 단국대,『정책과학연구』26, 1994.
권영진,「북한의 남한 점령정책」,『역사비평』5, 1989.
김계동,「미국의 대한반도 군사정책변화」,『군사』20, 1990.
＿＿＿,「한미방위조약 체결과정과 개선방안」,『사상과 정책』23, 1989.6.
김동섭,「북한 생존 국군포로」,『주간 조선』1473, 1997.10.16.
김려실,「아시아 냉전사 연구의 새로운 지평:「문화냉전의 시대: 미국과 아시아」, 貴志俊彦・土屋由香 편 서평」, 부산대학교 한국민족문화연구소,『로컬리티 인문학』창간호, 2009.4.
김보영,「휴전회담연구」, 한양대학교 박사학위논문, 2008.
김석준,「한국전쟁과 국가재형성」,『현대사회』36, 1990.
김세균,「한국전쟁과 미국의 군사 외교정책」, 백낙청・정창렬 편,『한국민운동연구』(이영희 화갑기념논총), 두레, 1989.
김승태,「6・25전란기 유엔군 측의 포로정책과 기독교계의 포로선교」,『한국기독교와 역사』9~2, 2004.
김원관,「거제도포로폭동과 그 교훈」,『군사연구』89, 1978.
김재명,「거제도 포로수용소」,『월간중앙』148, 1988.5.
김종욱,「시인 정지용의 北行 비화: "芝溶은 가명 박창현으로 거제도서 포로생활했다": 차마 꿈엔들 그 아픔 잊힐리야…〈실화〉1954년 6월호에 실린 김태운의 글 발견」,『월간중앙』31~2, 2005. 2.
김찬규,「내란과 국제법」,『경희법학』9~2, 1971.
김창우,「한국전쟁 초기 미국의 전쟁정책과 북한점령」, 최장집 편,『한국전쟁 연구』, 태암, 1990.
김태영,「악랄한 공산포로들의 만행」,『정훈』54, 1978.
김행복,「거제도 포로수용소장 돗드 장군 피랍사건관련 미 하원청문회 논의 내용과 그 분석」,『군사』40, 2000.6.

김효정,「살아 있는 역사교육의 현장: 수용시설의 새로운 임무」, 한국문화관광정책연구원,『문화도시문화복지』173, 2005. 11.
나종일,「1952년의 정치파동: 행정부, 의회, 군부, 외국의 상호작용」,『한국 정치학회보』22~2, 1989.
마이클 샬라,「맥아더 장군: 중국문제, 정책갈등, 한국전쟁」, 김철범·매트레이 편,『한국과 냉전』, 평민사, 1991.
문창극,「한미간의 갈등유형연구」, 서울대학교 정치학박사 학위논문, 1993.
박태순,「거제도의 6·25, 그 전쟁 범죄」,『사회와 사상』10, 1989.
서주석,「한국전쟁과 이승만 정권의 권력강화」,『역사비평』9, 1990.
_____,「한국전쟁의 초기 전쟁과정」, 하영선 편,『한국전쟁의 새로운 접근』, 나남, 1990.
_____,「휴전협정의 체결과정과 그 성격」,『사회와 사상』10, 1989.
성기영,「'그들'이 북녘 땅에 살아 있었네: 국군포로 65명 명단 단독입수」,『시사저널』416, 1997.10.16.
성영창,「반공포로를 전원석방하라」,『북한』164, 1985.
손호철,「한국전쟁과 이데올로기지형」,『한국과 국제정치』6~2, 1990.
온창일,「휴전을 둘러싼 한미관계」, 김철범 편,『한국전쟁 – 강대국의 정치와 남북한 갈등』, 평민사, 1989.
유관종,「휴전회담 중의 포로전쟁」,『정훈』68, 1979.
유관종,「휴전회담중의 포로전쟁, 거제도 포로수용소에서의 흉계」,『정훈』69, 1979.9.
유숙현,「거제도 포로수용소에서 포로의 체험과 송환 선택」, 연세대학교 대학원 석사학위논문, 2008.
유지원,「대만 소재 한국문제·한국전쟁 관련자료 해제」1, 국사편찬위원회,『중국·대만 소재 한국사 자료 조사보고』2, 2007.
이완범,「6·25전쟁 연구의 국내적 신경향」,『군사』71, 2009.6.
이태섭,「6·25와 이승만의 민중통제체제의 실상」,『역사비평』5, 1989.
임재동·최정미,「미국의 전쟁전략과 전쟁정책」, 한국정치연구회,『한국전쟁의 이해』, 역사비평사, 1990.
전갑생,「거제도 포로수용소 설치와 포로의 저항」,『제노사이드 연구』2, 2007.8.

정 하, 「거제도 포로수용소, 남과 북의 단층」, 『世代』 8.7, 1970.7.
_____, 「거제도 포로수용소」, 『월간세대』 84, 1970.
정일영, 「이승만 통치기 정치체제의 성격에 관한 연구」, 성균관대학교 박사학위논문, 1991.
정해구, 「휴전회담 교착과 미국의 전략」, 『역사비평』 5, 1989.
조성훈, 「한국전쟁시 포로교육의 실상」, 『군사』 30, 1995.
_____, 「6·25전쟁과 반공포로」, 국가보훈처 편, 『국가수호정신: 나라사랑』, 2005.
_____, 「국군포로 문제의 발생과 송환방안 모색」, 『한반도 군비통제』 43, 2008.6.
_____, 「미국자료를 통해서 본 휴전협상의 지연 요인 연구」, 『정신문화연구』 23, 2000.6.
_____, 「미귀환 국군포로」, 『한국전쟁사의 새로운 연구』 1, 군사편찬연구소, 2001.
_____, 「북한의 포로문제 인식에 관한 연구」, 『사학지』 31, 1998.12.
_____, 「왜 이승만은 휴전협정에 반대했을까?」, 『내일을 여는 역사』 21, 2005. 가을.
_____, 「한국전쟁 중 공산 측의 유엔군 포로정책에 대한 연구」, 『한국근현대사 연구』 6, 한울출판사, 1997.
_____, 「한국전쟁 중 민간인억류자의 처리에 관한 연구」, 『군사』 32, 1996.
_____, 「한국전쟁기 제3국행 포로의 정착과정과 그 성격」, 『전사』 3, 2001.6.
차민기, 「거제도 포로수용소의 문학적 형상화」, 경남지역문학회, 『지역문학연구』 6, 2000.10.
최은범, 「국제인도법의 발전과 전시민간인 보호에 관한 연구」, 경희대학교 박사학위 논문, 1986.
한배호, 「한미방위조약의 체결과 협상과정」, 『군사』 4, 1982.
한은송, 「거제도포로들의 만행」, 『자유공론』 11~16, 1976.
할 베터, 「거제도 포로수용소」, 장행훈 역, 『신동아』 10~12, 1966.
할 베터, 장행훈 역, 「거제도 포로수용소: 폭동이 일어나기까지의 전말」,

『신동아』 28, 1966.12.
홍석률, 「한국전쟁 직후 미국의 이승만 제거계획」, 『역사비평』 26, 1994.
홍성태, 「휴전회담의 경위와 교훈: 공산당식 정치·선동전의 연장이었다」, 한국정책연구회, 『민족정론』 25, 1995.8.
홍용표, 「정전체제와 한반도 평화」, 부산: 21세기정치학회, 『21세기정치학회보』 18~3, 2008.12.

2) 외국문

Alapatt, G.K., "The Legal Implications of the Repatriation of War Prisoners in Relation to the Korean Armistice and in View of the Division of Korea", Saint Louis University, Ph.D., 1958.

Cooper, B., "Radio Broadcasting to Chinese and Korean POW's: a Rhetorical Analysis", Stanford University, Ph.D., 1956.

Kim, Myong Whai, "Prisoners of War as a Major Problem of the Korean Armistice, 1953," New York University, Ph.D., 1960.

Paik, Young-Chul, "Legislative Institutionalization and Political Instablity in the Modernization Process ; A Case Study of the First Republic of Korea", Unpublished Ph.D., University of Hawaii, 1985.

Toner, J. H., "Candid as Constable: the American Way of War and Peace in Korea, 1945~53," Indiana University, Ph.D., 1976.

Witherspoon, John A., "International Law and Practice Concerning Prisoners of War During the Korean Conflict(1950~54)", Duke University, Ph.D., 1968.

Yoo, Byong-Young, "British Policy towards Korean Cease-fire and the Gromyko-Kelly Conference during the Korean War", 한국정치외교사학회 편, 『동북아 질서의 형성과 변동』, 과학정보사, 1994.

유병용, "A Reappraisal of Prisoners of War Issue During the Korean War ; With Special Reference to the British Diplomatic Papers in London", 『강원사학』 7, 1991.12.

찾아보기

ㄱ

강제노동 65
강제송환 357
강제송환원칙 16
거제초등학교 77
경비대대 93
고문 52, 69, 110, 176, 240, 257, 308, 309, 398
고영근 48, 135
공동적십자소조 376, 378
광주 포로수용소 38
교화 145
구술사 23
구역수용소 74, 82
구타 65, 119, 121, 144, 175, 177, 210, 238, 239, 240, 249, 251, 266, 307, 313, 316, 319, 398
국립중앙도서관 22
국민당 52, 108, 171, 176, 177, 232
국민당계 240
국민당군 42, 44, 153
국부군 114
국사편찬위원회 22
국제적십자사 36, 65, 68, 114, 116, 124, 190, 193, 206, 207, 226, 228, 244, 285, 375
군사고문단 84, 358
군사분계선 16, 190
군사정전위원회 379
군사편찬연구소 22
귀순자 45, 46, 47, 216

금성돌출부 371
기륭 408
김명회 19
김선호 116, 173, 217
김성칠 50
김수영 56, 139
김일성 227, 368, 370, 375
김행복 20

ㄴ

낙동강 전선 60
남일 255, 258, 277, 302, 336, 338, 358, 375
네루 328, 329, 332, 334, 340
노동수용소 136
노래 141, 187, 280, 283, 287, 291, 295, 296, 297, 298, 300, 301, 304, 306, 316, 377, 393

ㄷ

단독북진론 353
단식투쟁 128
대만 23, 53, 153, 154, 158, 171, 172, 176, 201, 203, 205, 213, 214, 240, 314, 333, 379, 382, 388, 393, 404, 407, 408, 409, 430
대전 포로수용소 76
대한반공청년단 113, 132, 429
대한반공청년회 429, 430
덜레스 340, 404

도주 313, 315, 424
돗드 101, 244, 250, 252, 254, 255
딘 380

ㄹ

라디오 255
레흐너 124, 292
로버트슨 362, 372
리비 154, 196, 206
리지웨이 195, 203, 228, 252, 258, 260, 276

ㅁ

마셜 71
말라리아 311
맥거 288
맥아더 41, 68, 73, 98, 136, 148, 340, 351
맥클루어 198
머피 285
멕시코 341, 413, 414, 415, 417
모슬포 260
모슬포 수용소 317
무초 98, 285, 349, 350, 351
문자해득 강좌 158, 162, 169
미국 국립문서보존청 22
미귀환국군포로 192, 431
민간인억류자 41, 44, 45, 53, 54, 58, 63, 64, 70, 212, 214, 216, 220, 221, 222, 224, 226, 232, 249, 250, 343, 348, 419, 422
민간정보교육국 148, 150, 151, 152, 157, 397

ㅂ

박상현 102, 111, 253, 269, 308
박태순 20

반공민족해방단 154
반공유격대 61
반공의 날 407
반공의사 408
반공의사촌 409
반공청년단체 233
반공포로 16, 19, 118, 131, 135, 143, 147, 178, 182, 184, 185, 218, 236, 261, 262, 284, 288, 349, 360, 372, 396, 398, 419, 420, 426, 427, 428, 429, 430
방장련 40
배동걸 376
백두진 353
백선엽 359
백웅태 99
밴 플리트 24, 179, 228, 257, 260
버쳇 53
번스타인 19
범법포로 284, 285, 291
범죄수사대 218
벽동대학 146
변기통 287
변영태 66, 340, 341, 356, 406
보울스 329
보이스카웃 162, 163, 167
보켈 131, 135
보트너 92, 94, 169, 207, 263, 264, 276, 278, 281, 287, 425
봉암도 259, 260, 271, 293, 293, 299, 425
부산 포로수용소 30, 76, 77, 78, 82, 138, 171, 183
부산지구 포로심사위원회 223
북한군 15, 36, 45, 47, 58, 62, 72, 129, 184, 394
분산작전 90, 166
브라질 413, 415
브래들리 247, 332

브릭스 356
비무장지대 410
비신스키 248
비에리 70
비전향장기수 39
빨치산포로 38

ㅅ

사망자 312
사면장 227
사상전 115
사형집행영장 359
살해 177, 182, 238, 240, 249, 398
상무대 273
상무대 수용소 135, 365
상병포로 314, 336, 373
상호방위조약 357, 359, 364
석주암 359
선동 56
선전 전단 51, 115
설득 389
설득과정 401
설득기간 395, 401, 402, 403, 410, 426
설득전쟁 385
세계자유의 날 407
세균전 143, 267, 380
세뇌 389
손천관 239, 256
송환거부포로 17, 158, 200, 212, 216, 228, 243, 261, 288, 330, 338, 341, 356, 382, 396, 397, 405, 409, 419, 420, 422, 425, 426
송환희망포로 159, 220, 227, 230, 233, 234, 237, 239, 244, 261, 398
수류탄 266

스툭 19
시몬슨 332
시위 55, 115, 118, 157, 177, 182, 186, 242, 263, 278, 281, 287, 291, 293, 298, 300, 301, 304, 306, 314, 350, 388, 396, 399
식사폭동 187
실향사민 202
실향사민귀환협조위원회 370
심리전 27, 50, 51, 71, 152, 215
심사 139

ㅇ

아르헨티나 415, 416
아이젠하워 207, 339, 351, 357, 358, 372
안정일 430
애육원 64
애치슨 189, 202, 349
양순용 17, 364
양유찬 414
여성포로 40, 120, 283, 377
영등포 포로수용소 76
영천 포로수용소 158, 317
예배 132, 133, 283
예배당 83
오리엔테이션 강좌 159, 160
오리엔테이션 교육 168
오성홍기 295, 296, 297
용문산 전투 52
용초도 259, 293, 303, 306
용초도 수용소 84
워커 148
원용덕 359, 360, 367
육군포로수용소 73
의용군 36, 52, 55, 56, 57, 58, 59, 60, 65, 104, 220, 221, 345

이관순 113
이극농 195
이기붕 125, 219, 345
이든 243, 329
이상조 154, 193, 277
이선근 65
이승만 66, 241, 349, 350, 351, 358, 364, 419
이인모 39
이질 311
이학구 31, 107, 256, 268
이형근 203
인경산 133
인도 245, 332, 340, 343, 382, 388, 404, 405, 406, 412, 414, 416, 417
인도군 383, 396, 399, 400
인도주의 179, 202, 309, 424
인도촌 384
인민군 37, 55, 57, 58, 204
인민재판 115, 177, 182, 218, 219, 307
인천 포로수용소 75
인천상륙작전 31, 61
임부택 104
임충식 29
임한상 131, 132

ㅈ

자살 181, 211, 239, 253, 315, 316, 317, 356, 424
자원송환 196, 227
자원송환원칙 16, 17, 53, 198, 200, 206, 333
자유의 날 409
장개석 241, 379
장대익 131
장면 339, 362

장무환 17, 364
장택석 103
재심사 225, 242, 245, 249
적 포로정보국 37
적군묘지 36
적기가 115, 280
전범과 116, 117, 119
전범포로 380
전시 피랍자 61
전원송환 원칙 198
전원송환원칙 196, 201, 330
절식투쟁 187
점호 108
정봉욱 105
정일권 351
정전협정 16, 364, 375, 389, 393
제100포로수용소 74
제187공정연대 93, 264, 270
제2의 전선 419
제3국 410, 418, 426
제62수용소 249
제64탱크대대 91
제76수용소 210, 253, 261, 263
제78수용소 210
제8137헌병단 88
제네바협약 36, 65, 66, 68, 69, 70, 105, 110, 119, 123, 136, 137, 147, 155, 188, 196, 200, 201, 215, 241, 245, 276, 282, 285
제주 수용소 317
조선의용군 46
조이 41
조창호 17, 200
조흥만 115, 116
좌익포로 216, 218, 237, 238, 281, 287, 288
주영복 48, 107, 144, 237, 412, 418
주은래 114, 302, 329, 330, 331,

333
주입계획　169
죽음의 섬　182
죽음의 수용소　308
중국군　15, 35, 36, 37, 40, 42, 44, 163, 170, 184, 229, 298, 394
중국애국청년반공구국단　114
중노동　303
중립국　337, 342, 357, 383, 417, 426
중립국감독위원회　328, 331, 332
중립국송환위원회　19, 334, 337, 369, 372, 374, 381, 382, 385, 386, 389, 392, 398, 399, 401, 402, 403, 404, 405, 406, 407, 425, 426
중영창　249
지기철　412
직업교육　160, 161
직업훈련　159
진정서　215

ㅊ

청원　215
청원서　171, 213, 233
청천백일기　379, 388, 393
총상　297, 301
최덕신　66, 194, 203
최루탄　292, 295, 297, 300, 304, 305, 306, 314
충격수류탄　266

ㅋ

카투사　93, 94, 303
코우라 포로수용소　181, 431
콜린스　243
콜슨　253, 257, 258
클라크　24, 247, 257, 258, 285, 297, 335, 338, 342, 356, 357, 360, 367, 370, 372, 373

ㅌ

탈출　17, 47, 56, 108, 113, 129, 181, 200, 219, 236, 247, 262, 273, 289, 299, 305, 347, 359, 360, 364, 365, 366, 370, 389, 394, 398, 400
탱크　264, 266
테러　116, 118, 240
토라트　392
통금시간　291
통일안보중앙협의회　430
투항자　30, 45, 46
트루먼　98, 136, 199, 202, 245, 253, 349, 351
트루먼 대통령도서관　22
티마야　382, 401, 402, 403, 405, 413

ㅍ

파니카　329, 330, 333
판디트　407
판문점　154
팽덕회　34, 227, 370, 375
페더스톤 수용소　181
평양 포로수용소　75, 78
폐결핵　313, 314
폐렴　312, 313
포로 교육　155, 211
포로 대우　123
포로 심사　192, 193, 274, 425
포로교환협정　339, 358, 381
포로수용소사령부　87, 277
포로전쟁　16
포로집결소　74, 97
포로학대　119

포스터　287
폭동　20, 21, 68, 90, 93, 107,
　　108, 110, 179, 181, 182, 186,
　　220, 242, 249, 250, 252, 255,
　　264, 270, 275, 278, 281, 286,
　　290, 291, 292, 293, 297, 299,
　　301, 302, 305, 306, 346, 396,
　　405, 419, 425
푸트　19
피츠제랄드　222

ㅎ

학대　65, 141, 142, 143
학살　202, 238, 307, 309
한국후방기지사령부　86, 294, 407
한미상호방위조약　362, 367, 373
한센　167, 397
함마슐트　342, 414
해동중학교　74
해리슨　194, 331, 358, 360, 368,
　　375
해방동맹　111, 178
해방전사　44

해설위원　396
햄블런　384, 401
헐　406
헤렌　301
홍용목　154, 178
홍익찬　213
화염방사기　264
황국서　408
휴전반대　350
휴전반대운동　364
휴전협상　19, 35, 90, 188, 189,
　　196, 201, 209, 210, 242, 356,
　　421, 422, 423
힉맨　212, 241

기타

1:1 송환원칙　197
2·18사건　225, 249, 252, 260,
　　425
4·8분가　231
6·10사건　267, 425
6·18자유상이자회　366
9·17 폭동　217

■ 조성훈

전남 곡성 출신으로 한국학중앙연구원 한국학대학원 석박사과정에서 한국현대사를 전공하고 학위를 받았다. 단국대·한남대·상지대 등에서 강의를 했고, 현재 군사편찬연구소 선임연구원으로서 6·25전쟁사를 포함한 한국현대사·군사사 등을 연구하고 있다. 대학원 과정뿐만 아니라, 철도고등학교를 거쳐 단국대에서 법학공부, 메릴랜드주립대 방문연구원으로서 미국 국립문서보존청(NARA)에서 거의 2년 동안 많은 한국 관련 사료를 접했던 경험과 균형감을 연구에 접목시키려 고민하고 있다.

■ 주요 연구성과

『한미군사관계의 형성과 발전』, 『외국군사사연구기관의 조직과 활동』, 『한국전쟁의 유격전사』, 『한국전쟁과 중국』(공저), 『한국현대사의 재조명』(공저), 『한국외교사와 국제정치학』(공저), 『해방전후사 사료연구』 2(공저), 「북한의 한일협정인식과 남북협력 방안」, 「남북협상파의 철군론 연구」, 「인천상륙작전을 전후한 맥아더 역할의 재평가」, 「1954년 밴 플리트 사절단보고서와 미국의 독도인식」, 『미국흑인사』(공역) 등.